简明汉语常识

黄启岑 编著

JIANMING
HANYU CHANGSHI

郑州大学出版社

图书在版编目（CIP）数据

简明汉语常识／黄启岑编著 . —郑州：郑州大学
出版社，2017. 3
ISBN 978 - 7 - 5645 - 4059 - 3

Ⅰ. ①简… Ⅱ. ①黄… Ⅲ. ①汉语 – 基本知识 Ⅳ.
①H1

中国版本图书馆 CIP 数据核字（2017）第 044964 号

郑州大学出版社发行
郑州市大学路 40 号　　　　　　邮政编码：450052
出版人：张功员　　　　　　　　发行部电话：0371 - 66966070
全国新华书店经销
北京市金星印务有限公司印刷
开本：710mm × 1000mm　1/16
印张：22. 75
字数：360 千字
版次：2017 年 7 月第 1 版　　　印次：2017 年 7 月第 1 次印刷

ISBN 978 - 7 - 5645 - 4059 - 3　　　定价：86. 00 元

前　言

　　语言和文字，是文化的重要载体，也是文化的重要组成部分。既体现了本民族的历史文化，也促进了世界的人文交流与经济发展。

　　汉语是汉民族的语言、文字和文化的总称。现代汉语，是对古代汉语的继承和发展，是近现代中华民族的主要通用语言，也是世界最发达、最丰富、最优美、最重要的通用语言之一。学习汉语，是研究中国语言、文字和传统文化的重要阶梯。

　　中国传统的母语教育，从认字和识字开始。通过听、说、读、写等潜移默化的教育，让孩子认字、读书，并能正确、优雅地使用汉语言文字，学习和传承汉语文化。现代汉语教育，是在传统教育的基础上，不断增加新的元素而发展的。既要传承历史，也要把握当代，面向未来。作为当代的中国语文教育，不仅要学习"文以载道"的人文精神，也要体现对"语言"、"文字"的具体运用和对"传统文化"的继承；不仅要学习汉语言、文字和文化的精髓，也要懂得其发展和演化的进程。这应该是我们现代母语教育的基本要求。

　　鉴于各级语文教材，品种繁多；各类汉语专业论著，琳琅满目；诸多的传统文化资料，浩如烟海，有志学习汉语言文化者，甚感迷茫。为此，我们在科学、系统、通俗的前提下，简化和整合相关的基础知识，力求为他们提供系列化的套餐服务，让他们能够享受学习母语的文化快餐。既可以学习简明的汉语言文化知识，也能为进一步深入学习创造条件。我们经过两年多的学习与研究，反复征求意见，进行修改，尝试编写的《简明汉语常识》，是简要的汉语言文化读本。

　　我们依据传统的文字、语音、词汇、语法、修辞、逻辑、篇章的有关知识，根据现代教育的要求，从文体、写作、阅读与欣赏等方面，作了一些简单的梳理与整合，使之成为比较系统的和综合性的学习和普及汉语言文化的相关资料和有关工具。具体有三个主要的部分：

第一编，在简介语言、文字和文化的基本概况以后，系统简介了汉字的产生、演变和发展的概况以及汉字在形体变化中的书法艺术和在发展中的语言文化成果；还简介了有关汉语文字的运用、改革和发展等概况。以此体味中国汉字的源远流长、中国汉语言的丰富多彩和中国历史文化的博大精深。

第二编，简介了现代汉语的概况以及在词、句、章、语法、修辞、逻辑等方面的有关知识；还通过对现代汉语文学作品的阅读与欣赏的指导，以提高对汉语言文字的阅读、理解能力和运用水平。

第三编，通过对古代汉语基础知识的介绍，以明确古代汉语的基本特点、古代汉语与现代汉语的主要区别以及学习古代汉语的基本要求；并结合具体事例，说明古今词语的传承性以及学习古代汉语的重要性。也通过解读有关古代词语，掌握必要的基本知识；还通过对古文作品和传统诗词的阅读和讲解，以提高对古代汉语的阅读和鉴赏能力。

希望《简明汉语常识》，能对初、高中学生和中文爱好者学习汉语言文化知识有所帮助，也能为普及汉语基础知识、传承中华文明、促进我国文化教育事业的发展和对外文化的交流，作出有益的贡献。

目　录

第一编　语言、文字和文化

第二编　现代汉语基础知识

第三编　古代汉语基础知识

第一编　语言、文字和文化

一、语言、文字和文化的基本概况

在人类社会中，语言和文字，是人们重要的交际和交流的工具。文化，是语言和文字发展的必然产物，也是人类文明进程中所创造的物质财富和精神财富的总和。它们都是人类的祖先，在漫长的生活和劳动中，创造、发明和发展的。文字，是记录语言的工具；语言，是"文学、艺术、科学、技术"等信息的载体，也是文化的重要组成部分。语言、文字和文化，密切关联，内涵丰富。没有语言、文字和文化，就没有人类的文明和发展。我们学习语言、文字和文化的基础知识，是认识世界、弘扬世界文化遗产、发展现代世界文明的需要。

世界各个民族以及不同地区的语言、文字和文化，是不尽相同的，也是各具特色的。各民族的语言、文字和文化，既传承了本民族和本地区的历史文化，也促进了世界的人文交流与经济发展。

当今世界大致拥有 60 多亿人口、2500 多个民族、5000 到 6000 种语言。其中，使用人数超过 5000 万以上的主要语言有 13 种。联合国宪章规定的官方正式语言有：汉语、英语、法语、俄语、阿拉伯语、西班牙语，共 6 种，其中英语为国际通用语言。

中国，自古就是一个多民族的大家庭。我们的祖先，在漫长的劳动和生活中，形成了具有中国元素的以汉民族为代表的语言、文字和文化。汉语，是汉民族的语言、文字和文化的总称。随着社会的不断进步和发展，如今的汉语（简称中文或华文），已不仅是中华民族大家庭的通用语言、共同文字和传统文化，也已开始融入了世界文化和世界文明的潮流。一个学习汉语言文字、继承中华传统文化、开展不同区域文化交流的热潮，已经兴起。

当代，世界范围内的"汉语热"、"中国热"，方兴未艾。在全球118个国家的许多地区，已经兴办3500多所学习汉语言和中华传统文化的学校。还有许多来自五大洲的海外学子，到中国"学习汉语，读懂中国"。他们的学习热情和优异成绩，他们所激情展示的心目中的汉语文化，无不令人赞叹。弘扬中华文明的中医理论、中医诊断和中药治病，也在世界范围内得到运用和推广。当代中国医药科学家屠呦呦所创制的新型抗疟药青蒿素和双氢青蒿素，为人类作出了突出贡献，获得了诺贝尔医学奖，得到了世界的广泛认可和高度赞扬。

中国，是屹立在世界东方的泱泱大国，与古埃及、古巴比伦、古印度并列为世界四大文明古国，也是人类古代文明最早诞生地之一。中国的语言文字和中华传统文化，在世界范围内的弘扬、传播和发展，也进一步证明：世界需要中国，中国应该走向世界。为此，中国人更有责任学好汉语、弘扬中华文化、促进世界的人文交流与经济发展。

中国，具有五千多年的文明史。历史文化底蕴丰厚，灿烂辉煌。

历史，似乎遥远，但也似乎就在眼前。今天，当我们研讨"甲骨文字"、评论"诸子百家争鸣"的时候；当我们登上"万里长城"、站在"秦陵兵马俑"前赞叹古人"无所不能"的时候；当我们阅读《史记》等古典名著、感受古代"四大发明"享誉世界的时候，没有人不感受和赞叹中国历史遗存的博大精深，没有人不深深为之折服！

历史已成过去，但文化可以传承。中华传统文化，是研究中华民族历史和弘扬中华民族文化的重要依据。通过学习和传承中华文化，可以古为今用，推陈出新。让我们不仅知其然，也可知其所以然。

为便于我国的中学生和对中国语言文化有兴趣的中外朋友，更多地了解和熟悉汉语常识，我们将首先通过对"汉语言、文字和文化的基本概况"的介绍，使大家认识到：中国的汉语言，形式多样，丰富多彩；中国的汉文字，源远流长，历史悠久；中国的历史文化，博大精深，灿烂辉煌。

汉语言、文字和文化，是有其基本特点的。

语言，在人类的生活中，是获取信息的载体，也是表达情感、交流思想的重要工具。在人类的生活中，各种各样的信息，是看不见、摸不着的，必须依附于一个载体，这个载体就是语言。语言的构成，必须有"语音、词汇、语法"三大要素。其中语音是首位的，它是语言的物质外壳。语言单位又具有形式和内容两个方面。形式部分表现为语音，内容部分则是语义。其中语音是首位，有了语音，才能感到话语的存在。在实际的话语中，语音和语义总是结合在一起的。只有语音和语义的结合，才能形成真正的语言。

按照通常的理解，语言就是说话。用口头表达的语言为口头语言，用文字表达的语言为文字语言（即书面语言，也包含网络语言等）。我们的说话，包括说话的动作、方式和内容。音素，是最小语音单位。音素的不同，取决于音质的不同。汉民族的语言，则是以语音为外壳、以词汇为材料、以语法为结构、按照一定的规律形成的体系。

语言符号的多种形式的组合，也形成了语言结构的不同类型。比如语句的主谓关系、动宾关系、偏正关系等，都是语言具体的不同组合关系的类型。汉语言的构成，内涵丰富，形式多样，相对比较复杂。

语言和文字是密不可分的。

文字，是记录语言的图像符号，但不是所有的图像符号都是文字。

根据文字的性质，世界大致有表形文字、表意文字、表音文字三大类型。随着时代的发展，表形文字已经消亡。世界大多数的文字，除中国的汉文字是属于表意体系的文字外，都是表音文字（即用字母直接表示拼音的文字。又分音节文字、辅音文字和音位文字）这类表音文字，相对使用方便，流传也较广泛。

汉字与欧美及其它地区文字的明显区别，是以形表意的。不仅是记录语言的符号，也是书面记录语义的符号、书面表达思想的工具。欧美及其它的文字，属表音文字，是记录语言的符号。它们用书面记录语言，但主要是记录声音。通过能记录下来的声音的符号，启发读者想象语音的存在，然后再来理解记录者（书写者）的意图。他们的文字符号，除了记录声音以外，本身不能表达语义。他们对语音十分重视，但对字形，并不很讲究。

长一点，短一点，跟字义没有关系。因为他们是用字音来表示语义的，其本身不能表达思想。

中国的甲骨文，是典型的表意型文字。每个符号就叫字，既是书写单位，又是音节单位，并不单纯表示语音。这种用符号来表示词和词素的文字，经过不断的发展，今天仍是我们使用的文字。

汉字，远在公元前3000多年以前的新石器时代，就已经产生。中国早期的甲骨文字与古埃及的象形文字、苏美尔文以及古印度文，都是原始的最简单的图画和花纹产生的表形文字，其局限性很大。后来，除汉字外的其它三种文字，因不能够表达意义，并没有能够普及和发展，已经基本消亡。而汉字，却走过了一条自身发展和逐步形成的道路：开始用绘画表示语义，后来由图画发展为象形字；再后来，又以简单的象形字为基础，向表意和一半表意、一半表音的方向发展（以一半表意一半表音的形式为主），最终发展为表意型文字。

汉字，虽然脱离了表形文字，但始终并没有走上纯粹用拼音符号来记录语音的道路，这就是汉字的根本特点。从古到今，汉字的方块字的形式，一直存在，没有变化。汉字的这种独有的文字形式，也是区别于其它类型文字的最明显的标志之一。

汉字的以形表意功能，非常明白。例如：汉字"天"，就是指人头顶上的天空；"地"，就是指脚下踩踏的大地。再如："碧海"，就是指碧绿的海水；"蓝天"，就是指蓝蓝的天空。汉字的同一个字形，尽管不同地方（方言）的读音，有可能不同，但只要字形是确定的，在理解字义时，就不会有大的差异。同一汉字，可以有不同的读音。不同的汉字，才有不同差异。因此，欧美等地，重视音和义的紧密关系，比较忽略字形；中国汉字的形和义，联系紧密，比较忽略字音。这也是两者最明显的区别之一。

汉字的构成，有"字形、字音、字义"三大要素。汉字是记录汉语的一种符号，每一个字代表一个音节。一个汉字，可以是一个有完整意义的单音词，也可以是一个复音词的一个词素（或称语素），还可以是双音节或多音节单纯词的一个音节。通常一个汉字，就是一个音节。每个音节，都可以分成声母和韵母两个部分。声母由辅音充当，韵母中必须有元音。每个音节，都有声调。

汉字，作为语言的符号，也有"语素、词、句子"三种类型。语素是音、义结合的最小单位。词是最小的可独立运用或自由运用的单位。句子是由词按照语法规则构成的、能表达一个完整意思的语言运用单位。不同的汉字符号组成的不同的词和句，形式多种多样。表达的方式和表达的内容，多种多样。所构成的语言，也是丰富多彩的。

因此，汉字的基本特点是表意的，与汉语语音不发生直接联系。汉字的形体，是豆腐干式的方块字，与拼音文字不相同。

常有人问：文字和语言，既然密切不可分，那么是先有语言，还是先有文字？对此，当今世界仍有不少争论。

世界上的文字，除了中国的文字是表意型文字外，其它的几乎都是拼音文字，都是以音表义的，都是语言的记录。有人以现在仍有许多民族只有语言没有文字，来证明汉语的文字是语言的记录，证明汉语的文字产生在语言之后。这也是有很大争论的。

有人认为，人类最早在地上或岩石上画图画时，五音还发不全，只能有"嗷嗷"、"啊啊"、"喔喔"的叫唤。在他们能够有意识地发出单音时，中国的祖先早已结绳记事了。现在中国有几十种语言（方言），但是都能对应同一种汉语文字。一个汉字，可以有不同的读音；"一套文字"，可以有"多种语言"。文字与语音相对分离，这就是中国语言文字的特点，也能证明汉字并不是语言的记录。

也有人直接认为：先有语言，后有文字，应该是比较客观的。人类族群而居，唯言语沟通交流。无言语，不可能有群体。人类历史上有相当多族群并无文字，只有少数发育成熟的族群，才有文字。人类祖先在劳动和生活中的喜、怒、哀、乐、惊、悲、恐等情感的表达、传递和交流，就是原始的最简单的语言。随着对周围事物的不断认识、理解和交流，语言也不断得到丰富和发展。文字的产生，使语言有了进一步的依托，不断形成了大量的丰富的便于记忆和可以交流的语言。从此不仅有了可用于交际和交流的口头语言，也出现了可记忆的能够流传的文字语言（书面语言），推动了语言和文字的发展。

中外的儿童教育，都从认字和识字开始。据相关资料：教育大纲规定，中国小学六年，要能读 3000 个汉字，写 2500 个汉字。美国小学毕业，要掌握单词 8000 个，中学生是 16000 个，大学毕业生要掌握 25000 个。中文学习，要先打基础，先建"字库"，先难后易。英文学习，则先易后难。虽是拼音文字，但新单词就是一个个生词，必须学习和记忆，要活到老学到老。虽然最终经历都一样，但美国小学生，先走平路后爬山；中国小学生，则先爬山后走平路。似乎有点道理。

语言和文字，是文化的基础，与文化的关系密切。

110 多岁的著名语言学家、"汉语拼音之父"周有光老先生曾经说过：语言使人与动物分别开来，文字使文明与野蛮分别开来，教育使先进与落后分别开来。文化是时代和社会的产物，是文明发展变化的反映。

语言和文字之中蕴含着文化。文化的丰富和发展，也得益于语言和文字的发展。东、西方语言和文字的差异，也决定了东、西方文化的差异。今天，我们学习、沟通和交流中西方的语言、文字和文化，可以促进中西方乃至整个世界的人文交流和经济发展。

为更好地学习中国的汉语言文化，我们将首先介绍汉语文字的产生、发展和演变的过程，以了解汉文字的悠久历史和源远流长。

二、汉字的起源、演变和发展

各民族的语言和文字，体现了各民族的特点，是本民族传统文化的标志。汉文字是世界最古老的文字之一，至今大约已有六千多年的历史。我们今天使用的汉字，经历了孕育、产生、演变、改革和发展的极其漫长的道路。在各个不同历史时期形成的各种各样的汉字，其内涵丰富、数量之多，也是世界罕见的。对此，也必须首先了解。

（一）"结绳记事"是汉文字产生的"孕育阶段"

在人类原始时代，并没有文字。古人要记住什么事或者要传达什么信息，是非常困难的。汉民族的祖先为了帮助记忆，传递信息，就采用了简单的"结绳记事"法。即在绳子上打一个结，大事打大结，小事打小结，相连的事打连环结。以后看到这个结，就会想起那件事。如果要记住两件事，就打两个结；记三件事，就打三个结，如此等等。但如果打了很多结，恐怕想记的事情，也记不清楚了。所以，这个办法虽简单，但不可靠。以后，又逐渐发展到用刀子在木、竹上刻符号，用图画来记事。但这种符号或者是图画，既没有读音，也没有确定的意义，并不是记录语言的符号。

不论用一根绳子打结，还是用多根绳子横竖交叉，或者用符号、用图画来记事，归根结底，只是一种表示和记录数字的简单的概念和凭证。记事绳结的多少，只能代表数量，帮助人们记忆某些事情，却不能进行思想交流。随着历史发展，文明渐进，事情繁杂，名物繁多，用结绳和刻木的方法，已不能适应其需要，就有了创造文字的迫切要求。这就是汉文字产生的"孕育阶段"。

（二）传说中的"仓颉造字"

关于汉字的产生，流传最广、最久的说法是"仓颉造字"说。黄帝时代，是上古发明创造较多的时期。不仅发明了养蚕，还发明了舟、车、弓弩、镜子和煮饭的锅与甑等。轩辕黄帝统一华夏后，感到用结绳记事的方法，远远满足不了需要，就命史官仓颉想办法造字。

在许多发明创造的影响下，仓颉决心创造文字，用来记事。相传他曾把流传于先民中的各式各样的所谓文字加以搜集、整理和使用。应该说，他在汉字创造过程中，起了重要作用，功不可没。

关于仓颉造字，历史上有近似于神话的传说。

仓颉在洧水河南岸的高台上造屋住下，专心造字。他苦思冥想了很长时间，也没造出字来。有一天，仓颉正在思索，天上飞来一只凤凰，嘴里叼着的一件东西，正好掉在他面前。仓颉拾起来，看到上面有一个蹄印，但辨认不出是什么野兽的蹄印。正巧走来一个猎人，看了说："这是貔貅的蹄印，与别的兽类的蹄印不一样。"仓颉听了很受启发。他想，万事万物都有自己的特征，如能抓住事物的特征，画出图象，让大家都认识，这不就是"字"吗？于是，他到处巡狩，以"羊马蹄印"为灵感源，仔细观察各种事物的特征（譬如日、月、星、云、山、河、湖、海以及各种飞禽走兽、应用器物等）。他日思夜想，看尽了天上星宿的分布、地上山川脉络的样子、鸟兽虫鱼的痕迹、草木器具的形状，并按其特征，描摹绘写，造出各种不同的符号，也定下了所代表的意义。日积月累，时间长了，仓颉造的象形"字"也多了，就献给黄帝。黄帝非常高兴，让他立即把造出的这些字传授给召集来的九州酋长。于是，这些"图画文字"便开始不断地应用起来。

相传，仓颉曾著有二十八字的《仓颉书》。其释义为：身体变化，需要庇护。于是尼山是养老送终的好地方。杂草庄稼一并割下，求少子帮助。学使农具，取水灌地。小儿缠着叔叔玩弄兵器上的红飘带。

这短短的二十八字的《仓颉书》，涉及"老有所养"、"壮有所用"、"幼有所长"，与《礼记·礼运》篇所讲的大禹以前的社会情况吻合。此乃中华五千年文明史的见证，也是不可多得的艺术瑰宝。

史学界普遍认为，汉字由仓颉一人创造只是传说。汉字的诞生，非一人一手之功，是先民长期累积和不断发展的结果。汉字是经过不断创造、改进、简化、发展而成的，是有一定读音的古汉语中的符号。流传的"仓颉造字"，说明仓颉在汉字发展中，是具有特别重大贡献的，也可能是整理汉字的集大成者。仓颉被后人尊为"造字圣人"、"汉字始祖"，大概与传说不无关系。

圣人"观"人与万物，而取其"象"，书为"文"，由此而有文字。文字是直接取象于事、物所形成的独特的形体。每个文字，都有其读音。从表形、到表意、再到表音，是文字发展的一般规律。对于汉文字的形成路径，许慎《说文解字》之"序"说得很清楚："仓颉之初作书，盖依类象形，故谓之文。其后形声相益，即谓之字。文者，物象之本；字者，言孳乳而寖多也。著于竹帛谓之书。书者，如也。"

由于结绳记事和契刻记事的不足，人们不得不采用其他方法。比如用图画的方法，来帮助记忆，表达思想；用线条或笔画，表达物体的外形特征。通过具体的勾画和绘画，形成图画文字，从而导致了文字的产生。

这些以动物和人像为主的图画，是文字的雏形，发挥了文字的功能，逐步转变为文字。譬如：画了一头象，大家见了会叫它"象"。久而久之，约定俗成，类似于"象"的图画，介于图画和文字之间，就逐步成为普遍使用的图画文字。

随着时间的推移，图画越来越多，画得也不那么逼真了。这样的图画逐渐向文字方向偏移，最终导致文字从图画中分离出来。分成原有的逼真的图画和变成为文字符号的图画文字。文字不再是图画，而是书写。只要把特点写出来，使人能认识就够了。这便是原始的文字。

汉字，是世界使用时间最久、使用人数最多的文字之一。大约在距今六千年的半坡遗址，已出现的刻划符号，共达五十多种。近代考古又陆续发现 3600 多年前的商朝甲骨文、约 4000 年至 7000 年前的陶文、约 7000 年至 10000 年前的龟骨契刻符号。

考古和文献记载表明：中国的汉文字，至少在四五千年之前，已经诞生并日趋成熟。汉字起源的历史，就是中国古代文明的开端。汉字的应用，推进了中华文化的发展，对世界文化也有深远影响。

（三）甲骨文是已发现的中国最古老的文字

有关原始汉字的资料，主要是原始社会在陶器上遗留下来的刻画符号。有的类似字符，还不是文字，但对原始文字的产生有萌发作用。谈到汉字的起源，不能不提甲骨文：它上承原始刻绘符号，下启青铜铭文，是汉字发展的早期形式和关键形态。从初创到成熟，大致经历 2000 年以上。最早的应出现在夏朝或更早的时代。被学术界公认为是已发现的古代文字中时代最早、体系较为完整的、独具表意功能的最古老的文字。为最古老的汉字字体之一。目前发现最早的，是远古殷商时期的甲骨文字，主要指殷墟甲骨文。是商代后期（公元前 14—前 11 世纪）王室用于占卜记事而刻（或写）在龟甲和兽骨上的文字。

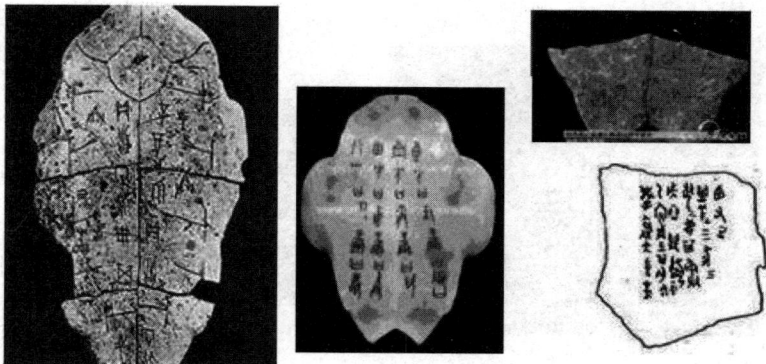

甲骨文，又称"契文"、"甲骨卜辞"、"殷墟文字"。甲骨文是龟甲、兽骨文字的总称，也称"龟甲兽骨文"。甲，是龟甲；骨，是兽骨。文字刻在甲骨上，统称"甲骨文"。

根据前人对大量文献资料的研究和对出土文物的考察，甲骨文是三千多年前我国殷、商、周朝时代的文字。当时，特别是商朝，崇尚占卜问神以知吉凶。大事用龟甲，小事用兽骨，将"卜辞"记载在甲骨上。商朝的占卜记录，内容多为"卜辞"，也有少数"记事辞"。占卜所用的材料主要是乌龟的腹甲、背甲和牛的肩胛骨。通常先在准备用来占卜的甲骨的背面挖出或钻出一些小坑（甲骨学家称之为"钻凿"）。占卜时就在小坑上加热，使甲骨表面产生裂痕。这种裂痕就叫"兆"。甲骨文里占卜的"卜"字，就像"兆"的样子。从事占卜的人就根据卜兆的各种纹络，来判断吉凶。占卜完毕，就将占卜的时间、人名、所问事情、占卜结果以及事后的验证等，刻在上面，形成了具有明显特征的甲骨文字。

甲骨文献的内容涉及当时天文、历法、气象、地理、方国、世系、家族、人物、职官、征伐、刑狱、农业、畜牧、田猎、交通、宗教、祭祀、疾病、生育、灾祸等，是研究中国古代，特别是商代社会历史、文化、语言、文字的极其珍贵的第一手资料。此类文献，表明当时的汉字已有了完整的文字体系，并已成为中国最早的定型文字。

从现有的古籍资料看，从武丁到纣（公元前 1300—1100 年）这一时期的刻辞最为完整，数量最多。此时的甲骨文，其形体结构已从独立体趋向合体，是中国已知最早的成体系的文字形式。在已发现的殷墟甲骨文里，既有大量指事字、象形字、会意字，也有大量的形声字（已占 25% 左右）。在字义的使用上，也可以明显看出假借字、异体字，说明使用已有长久的历史。

甲骨文与现在使用的文字，在外形上有很大区别。从构字方法来看，二者基本一致。这些甲骨上的文字，有刀刻的，也有朱书、墨书的。刀刻的甲骨文字，有的填满朱砂，其字体与今不同，难以辨认。经过文字学家和考古学家的分析、判断，此多为从图画文字中演变而成的象形文字。其笔画繁复，象形程度较高，近似于图画。甲骨文大都刻在兽骨上，所以笔画比较细，直笔比较多。

下面的甲骨文十二属相，是不是有点像鼠、牛等 12 生肖的简意画？

鼠	牛	虎	兔
龙	蛇	马	羊
猴	鸡	狗	猪

甲骨文字车""，是不是很像在博物馆或历史书里看见的古代车辆。古人在造字时已用了象形法、会意法和形声法，已经出现了象形字、形声字和会意字。如："日"就是个圆圆的太阳；"月"就是弯弯的月亮；"水"像条小溪；"牛"特别突出了两个犄角。会意字里的"明"写成为

"日月"，意为"日"和"月"带来的光明。"旦"写成为"旦"，意为太阳出地平线而升起。

甲骨文字"男"（男）字，左为"田"，右为"力"。"力"是古代农具"犁"的形状。古代男子的主要职责，是在田里劳动，于是就用"男"这个符号，表示男人。

甲骨文字帚"帚"（帚）字，像一把用植物做成的笤帚。上部为帚苗，下部为帚把，中间有绳索捆扎。至今我国北方仍用高粱秸、黍子杆做笤帚，很为相像。"妇"的繁体字为"婦"，表示女人在家里，主要做家务。这些都是很明白的例子。再如："爸"字，是表音的"巴"字和表形的"父"字的结合；"芭"字是由"巴"和"艹"搭配而成。这是大家熟悉的形声字。

现代汉字中，有许多都是从甲骨文演变而来的。如：

甲骨文字，具备汉字的基本形式和基本结构，是汉字成熟的标志。既是以象形为基础的形符文字，也是表意文字的前身。从语法上看，甲骨文中有名词、代名词、动词、形容词等。其句子形式、结构序位，也与后代语法基本一致，由契刻体向笔写体发展。有在刻画上涂砂或墨，有用毛笔写在甲骨上，也有先写后刻。一般为龟骨、牛肩胛骨上刻文，也有刻在墙壁、木器、石器等处。有刀刻，也有朱书、墨书的。

甲骨文的考古发现和研究资料

春秋后期，汉字逐步脱离甲骨形态，逐渐不被认知。偶有发现的遗留甲骨，一般被当成"龙骨"卖给药材商，作为药材。19 世纪后期，河南安阳农民在耕地时发现甲骨的碎片，也作为龙骨卖到药房。清光绪二十五年（1899 年），一个偶然机会，甲骨文首次被金石学家王懿荣发现，并考证为商周遗物。古文字学家刘 鹗在别人中药中，也发现有古文字的甲骨，开始收集研究。根据有关资料，目前甲骨文单字总数大约有 4500 个左右。经考释，能释读的约 1500 多字，大概认识的约 800 多个，真正认识的只有 600 多个。余下的 3000 多字，可知其意，但不可读其音。也有后世不再沿用，无法正确考释的。

由于甲骨文属卜人应用文字范围，并不等于社会的用字量，所以商代实际存在的字数，可能还要更多。现在的甲骨文，主要指殷墟甲骨文。最初，主要发现于河南安阳小屯村的殷墟。后来，又先后在山西洪洞、北京昌平、陕西丰镐、周原遗址等地也有所发现。经过不断考古发掘，迄今出土的甲骨大约有 16 万片左右。除大陆和台湾收藏大部分外，因战争被掠夺和商业因素流散到海外的（包括欧美等地的），大概有十多个国家。其中日本侵略中国时，该国曾有组织地在殷墟盗掘，其收藏数量最多，约有 12000 多片。

出土的甲骨文，大多已著录出版。早期的、中期的、近期的都有。1904 年孙诒让作《契文举例》，为第一部考释甲骨文的著作。近人孙海波著有《甲骨文编》。中国社会科学院出版的郭沫若主编、胡厚宣总编辑的《甲骨文合集》，搜集整理了大量资料，堪为集大成者。世界上有 500 多位学者，专门研究甲骨文，发表专著 2000 多篇。近年来，中外学者对于甲骨文的研究，仍方兴未艾。

文字，是民族文明的载体，也是民族的"根"。与中国甲骨文共同称为世界四大古文字的古埃及纸草文字、巴比伦泥版文字和美洲印第安人的玛雅文字，后因文字的逐步消亡，其原民族也逐步瓦解了。

文字的历史，就是民族文明的历史。郭沫若等文字学家的研究和考证认为：中国的甲骨文，从初创到成熟，起码要经历 1500—2000 年以上。3500 年前的甲骨文，已是较成熟的文字。这也是中国文明史已逾 5000 年的佐证。

（四）汉字的演变

随着时代的发展和甲骨文字的演变，在不同时期，又逐步出现了一些不同形体的汉字。为便于了解，也简要说明如下：

金文，出现在商代后期和西周时代，亦称"钟鼎文"。即铸或刻在铜器（有钟、鼎、兵器、货币、符节、度量衡器等）上的铭文。铜，古称为金。所谓青铜，实际是铜和锡的合金。夏代已进入青铜时代，其冶炼和制造技术，十分发达。周代前把铜叫金，铜器上的铭文，称"金文"。钟，为青铜器乐器的代表；鼎，为礼器的代表。"钟"和"鼎"，就是当时青铜器的代名词。铸或刻在青铜器上的铭文，又称钟鼎文或青铜器铭文。

金文，书体近于甲骨文，属于殷商甲骨文字体系。象形程度比甲骨文更高，有了线条化、平直化的趋势。笔道肥粗，弯笔多，填实的写法更形象、生动、逼真。今所见最早铭文青铜器，多为商代中后期的。最有代表性的是西周青铜器铭文。各种器物上的文字，少者数十字，多者数百字。西周前期大盂鼎的载字，有二百九十一个。金文的应用，上自商代的早期，下至秦灭六国，约1200多年。金文的字数，据容庚《金文编》记载，共计3722个。其中可以识别的字，有2420个。记事涉及面很宽，反映了当时的社会生活。西周前期的金文，保持象形意味。西周后期的金文，逐步发展演变为篆书。

篆书分大篆和小篆，是汉字书体发展的重要阶段。

大篆，产生于春秋战国时期，流行于秦国。甲骨文、金文、石鼓文，秦代称之为大篆（战国时秦国的籀文，也称"大篆"）。大篆上承西周金文，下启秦代小篆。大篆的代表，以周宣王时太史籀所作石鼓文最为著名。因刻于石鼓上而得名为石鼓文，是流传至今最早的刻石文字，为石刻之祖。

秦统一中国后，在大篆的基础上，通过简化、整理和规范，大致保留西周风格。字形结构趋向整齐，奠定了方块字的基础。后趋于线条化、平直化、整齐化，比较接近后来的小篆。

小篆，为大篆的对称，是在大篆的基础上简化整理的新篆体。东汉许慎《说文解字·叙》称："秦始皇帝初兼天下，……罢其不与秦文合者。（李）斯作《仓颉篇》，中车府令赵高作《爰历篇》，太史令胡毋敬作《博学篇》，皆取史籀大篆，或颇省改，所谓小篆者也。"

秦始皇统一六国后，丞相李斯等顺应时代要求，去繁就简，改"大篆"为"小篆"，亦称"秦篆"。简化形体，使线条化和规范化，完全脱离了图画文字，成为通行全国的标准字体。对汉字发展有重大影响。小篆形体偏长，匀圆齐整，字体优美，可随意曲折，一些印章的刻制，一直采用。但因笔画复杂、书写不方便，后逐步产生了隶书。

隶书，始为秦朝程邈所作。他本为狱吏，因得罪秦始皇，被投云阳狱中。他苦心凝思十年，作隶书三千字。始皇采纳使用，拜其为御史。当时社会发展，政务多端，文书日繁，迫切需要比小篆更为省简、规范的文字，以便书写和镌刻。致使隶书应运而生，得以面世。

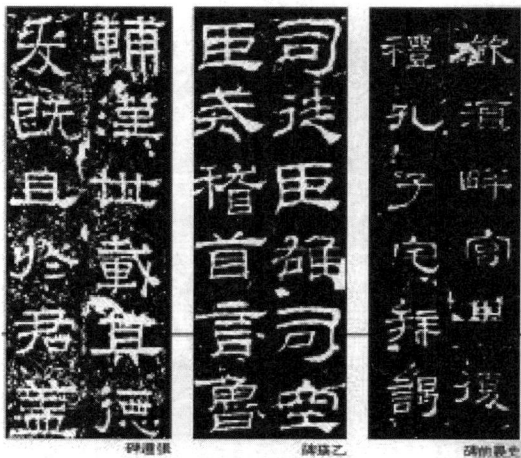

隶书，也叫"隶字"、"古书"，起源于秦朝，东汉时达到顶峰。分"秦隶"（称古隶）和"汉隶"（称今隶）。秦隶是隶书的早期形式，汉隶为隶书的成熟字体。

"秦隶"是对小篆的简化，将圆转的笔画改为方折。平直方正的笔画，书写速度更快。

"汉隶"是从秦隶演变的。到了汉代，隶书发展到了成熟阶段。汉字的易读性和书写速度，大大提高。其字体简化，书写简便，象形程度大为降低。隶书形体向两边撑开，成为扁方形。书写略微宽扁，横画长而直画短，讲究"蚕头燕尾"、"一波三折"。笔画有了波磔和挑法，字体庄重，成主要书体。东汉时达到顶峰，有"汉隶唐楷"之称。隶书的出现，是古文字与书法的大变革，对后世影响不可小觑。

"小篆"和"隶书"，实际是两个系统，标志着汉字发展的两大阶段。小篆是象形体古文字的结束，隶书是改象形为笔画的新文字的开始。这是汉字发展演变最关键的转折点，逐步奠定了楷书的基础。

草隶，即潦草的隶书。后又发展形成具有艺术价值的"章草"。章草带有浓厚的隶书味道，因多用于奏章而得名。汉末，张芝变革"章草"为"今草"，人们习称"一笔书"。草书，在隶书之后，由隶书演变而成。为隶书的草写体，是为书写便捷而产生的。上下字之间的笔势，往往相连相通，偏旁常常互相借用，笔画相连，不易辨认。

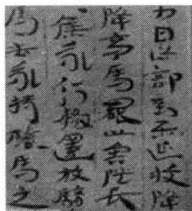 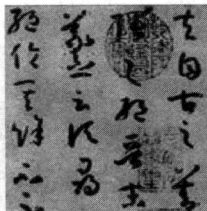 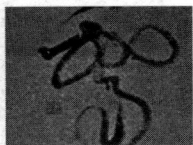

章草　　　　　　今草　　　　　　狂草

草书，又称破草、今草，沿袭多种古文字变化而成。今草，较章草及行书更趋于简捷，书法流畅、豪放不羁，字的体势一笔而成。

楷书，也称真书、正书。起源于汉末和魏晋时期，成为南北朝时期主要字体。楷书，是隶书的变体。基本与隶书一样，但笔画、形态略有不同，故有人称隶书为"古隶"、楷书为"今隶"。魏以后楷书取代了隶书，在唐朝开始盛行，史称"唐楷"。楷书之"楷"者，法也，式也，模也。楷书，字体方正，笔画平直，有撇、捺和硬钩，便于书写、容易辨认。当时亦称为标准字体，为世人喜爱，沿用至今。

关于楷书的首创者，众说不一。比较一致的说法，是东汉王次仲所创。现存实物中，只有魏时期钟繇的《贺克捷表》，可称为楷书之祖。钟繇，堪称中国历史上第一个楷书书法家。今天的楷书，其笔画端庄，是由古隶之方正、八分之遒美、章草之简捷等脱化、演变而成。

行书，书写流畅，用笔灵活。出现在东汉晚期，是介于楷书和草书之间的新字体。行书，简化了楷书的笔画，草化了楷书的结构；比楷书容易写，比草书易辨认；既不像草书那样潦草，也不像楷书那样端庄。它弥补了楷书的书写速度太慢和草书的难于辨认的不足，也称为楷书的草化或草书的楷化。是楷书的快写，亦称"连写体"。运笔自由，书写流畅，可自由运用。自晋迄今，用处最大，用得最广。

行书，古称为"非真非草"，有"真行"、"行草"之分。兼真者为"真行"，亦称"楷行"或"行楷"；带草者为"行草"，亦称"草行"。楷法多于草法的叫"行楷"，草法多于楷法的叫"行草"。

宋体字，是宋代为适应书刊印刷的需要，出现的横平竖直、方方正正的宋体印刷字体。其发端于宋朝，定型于明朝，也称"明朝体"。宋体的横细竖粗，是根据木质雕版的特点和为了刀工刻制的方便。字体有肥瘦两种：肥的，仿颜体、柳体；瘦的，仿欧体、虞体。无论肥瘦，都横细竖粗，方方正正，古朴端庄。因醒目易读，符合人们阅读的视觉要求，而成为出版印刷的主要字体。明代，宋体又演变为笔画横细竖粗、字形方正的明体。民间又流行横划很细而竖划特别粗壮、字形扁扁的洪武体。职官的衔牌、灯笼、告示、私人的地界勒石、祠堂里的神主牌等，都采用这种字体。刻书工人在模仿洪武体刻书的过程中，又创造出了一种非颜体、非欧体的肤廓体。笔形横平竖直，雕刻感到容易。别创一格，清新悦目。后来即成为16世纪以来的主要印刷字体，仍称宋体，也叫铅字体。

仿宋体，是后来人们又模仿宋体字的结构、笔意，改成笔画粗细一致、秀丽狭长的印刷字体。这种仿宋体，是模仿"宋体"而产生的一种规范字体。发展十分迅速，深受人们喜爱，得到了广泛的应用。

随着时代的发展，汉字在原有字体的基础上，又陆续出现了一些新的字体。比较突出的，如：

黑体字，又称方体或等线体，是依据西方无衬线体中的黑体创造的。由于汉字笔划多，小字黑体清晰度较差，所以开始主要用于文章标题。随着制字技术的发展，已有适用于正文的黑体字型。字体醒目大方，笔画横平竖直，笔迹一样粗细，结构醒目严密，笔画粗壮有力，撇、捺等笔画不尖，使人易于阅读，常用于标题、导语、标志等。

华文仿宋体。随着电脑的使用，由仿宋体演变而成。外观两者非常相像，不能一眼分出区别，都方正清晰。但华文仿宋体要稍微粗0.02%左右，略显优美的曲线，具有清晰美观、方正优雅、笔画流畅、弧度优美的特点。使用效果好，为人们喜爱，得到广泛的使用。

随着科技文化的发展，在西方文字型体的影响下，汉字又出现了多种新字体，如：美术体、海报（POP）体、综艺体、勘亭流、少女体等，还有仿宋、扁宋。随着汉字的电脑化，运用更加广泛。这是中国文化繁荣的具体表现，也是汉字适应时代发展的必然的结果。

对于汉字的演变情况，我们来看几个例子，如：

"保"字的演变过程：

"虎"字的演变过程：

"凤"字的演变过程：

"龙"字的演变过程：

汉字的演变，是从象形的图画到线条的符号，再到适应毛笔书写的笔画以及便于雕刻的印刷字体。总体来说，中国汉字的发展前后经过了6000多年的变化，其演变过程是：图画文字→甲骨文 → 金文 → 大篆→小篆 → 隶书 → 草书（章草——今草——狂草）→楷书 → 行书→宋体。

这种演变的总体趋势，就是不断地简化。其中"甲金篆隶草楷行"七种字体，称为"汉字七体"。从最初的甲骨文字，经过了不同时期、不同形体的演变和发展，其演变和发展的过程是及其漫长的。具体的演变和发展，可大致划化分为：

甲骨文（殷商时期）→金文（商周到秦统一前）→小篆（秦朝）→隶书（秦朝到汉代）→楷书（魏晋到唐代）→行书、草书（东晋到唐宋）这六个不同的阶段。

根据相关资料，有的认为，汉字的产生和构成以及演变，又可以大致归纳为："声、形、象、数、理"这五个阶段。具体如下：

其一、"声"即声音，是语言的必要组成部分。有一定的意义、代表一定事物的"声音"，就是语音的进化。语音进化到现代，是一个比较复杂的系统，但有其自身的规律。现代语言中约有1600多种声音，可以分辩出一些线索。例如："鹅、鸡、鸭、猫"等家禽和家畜，是依据其叫声而定其名的。"哈、喔、嘘、哎唷"等声音，是直接表示人在不同情绪下的自然发声。再如"五→午"、"苗→渺"、"木→冒"是声音相通、意义相联的一些字。

其二、"形"，即事物的形状或是形态，是语言的重要组成部分。远古时代，在人类与大自然和猛兽毒蛇的斗争中，有时需要用"形"或"画"来表示事物。例如：远出狩猎，为不迷失道路，可能会在岩石或树干上做一些必要的标记。在狩猎时，也会注意观察野兽的足迹，以辨别野兽的类别。出于对神秘大自然的崇拜或对美的事物的追求，在岩洞壁上，已会画出"日、月、人、山、木、中、动物、祖先"等图象。由"图画"经过简化的过程，就是选取事物形体的主要特征，开始"文字"进化的过程。

其三、"象"，即象形、形象，是创造汉字的主要方法。"日、月"等属于象形文字，是造字的基本部件。这些基本部件的相互组合，就产生各种各样的"象"，创造出更多的字。基本部件和字可进行更高层次的组合，产生表示各种事物、各种意念的诸多文字。

古之所谓"仓颉之初作书，盖依类象形，故谓之文。其后，形声相益即谓之字"，即如："明→日月"，"旦→日一"（下边的"一"表示"地"，与"天、人、地"相通）。这些字还可组成更多的字。如："盟→明 皿"、"但→亻旦"等。这些造字和易理完全相通，即所谓"取象生理"。

其四、"数"的概念，是人类在长期进化过程中逐渐形成的。"数"，就是数字、数学。在原始社会，还没有数和数学的概念。那时人们为了记事，就用绳子打结或堆积石子来表示数。后来在农业生产和劳动实践中发明了数和数学。这个概念的开始可能是"无"和"有"，发展就可能成为"有多少"或者"是多少"。没水喝会渴，没东西吃就会饿。于是便出现了："有→ナ月"字中"ナ"表示手，"月"表示肉。"有"字的原意是"手下有肉"，有肉吃就不会挨饿。"有"进一步分化，形成"一、二、三、多"等"数"的概念。奇数（一、三、五、七、九）和偶数（二、四、六、八、十），是两组不同性质的数。若奇数属阳，偶数则属阴。一些符号的不断组合，即产生所有的易符。

研究"数"的加减乘除，即为算术。研究"数"的"象"，并且以"象"说"理"，就是演绎《易经》了。

汉字中，字根重叠的现象比比皆是，这是"数理"在造字中的具体表现。例如：唱→口昌（"唱"，从口、昌声）哭→吅犬（"哭"，从吅、狱省声）噪→口喿→口品木（"喿→品木"，表示树上有许多小鸟在叽叽喳喳地叫，"品"三口，评头品足。）嚣→詽页（"嚣"，从詽、从页。页，首也）土→十一（《说文解字》中，土→二丨，从二，二为阴数，象地。直观分为"十一"与"士→十一"相同。）

类似的例子很多。如：金→鑫，木→林→森，水→淼，火→炎→焱，又→双，人→从→众，乂→爻，等等。根据通常的情况，字根相重表示"多"，三重则表示"众"。

其五、"理"是"象、数"的扩展。所谓"理"，就是推理、扩大和延伸。汉字外延的演变，主要是通过"理"来扩大的。即相"象"的事物，"理"也应该相通。例如："明"本意是明亮，延伸出"眼睛看得清楚、心里明白、事情变得明显"等，就是这个道理。

上述汉字演变的"音、形、象、数、理"的五个阶段，本质上也是创造汉字的五种基本的方法。例如："猫→犭苗→犭艹田"字，"犭、艹（艸）、田"都属于象形范围，猫的叫声为"miǎo"，所以，"猫"声定为"māo"，造字时声部用"苗"字表示。"苗→艹田"，音通"渺"，意为"田中渺小之草"。"猫"是在神农氏的农耕时期，为对付损害农作物和粮食的老鼠，才被人驯养的。确定人的十二生肖的时候，可能要早于这个时期。这也许就是"猫"没有被收录的原因。

汉字造字时，若两个重叠表示多。"艹→艸"表示草多，这便是汉字造字中"数"的概念。"苗"本意小苗，也延伸为"可培育的人才"。小孩、小苗相像，"理"则相通。这个字的外延就扩大了，这就是"理"的例子。从"猫"字的解剖中，我们可以看到"声、形、象、数、理"五种基本造字方法，并能看到汉字演变的历史。

拼音文字，是由原始图象向表音的字母方向发展的，以语音为主体。汉字，则是由原始图象向"象、数、理"方向发展的，用不同的图象表示各种不同的意思。这也是汉字不同于其他文字的特点。

（五）汉字形成的"六书"理论

所谓汉字形成的"六书"理论，就是指汉字造字的六种类型。

汉字是属于表意体系的文字，字形和字义有密切的关系。分析字形，有助于对字的本义的了解。对于汉字的造字方式及构造类型，从汉朝以来，相沿有"六书"的说法。汉朝班固《汉书·艺文志》说："古者八岁入小学。故周官保氏掌养国子，教之六书，谓象形、象事、象意、象声、转注、假借。"汉郑众注《周礼》，以为六书是：象形、会意、转注、处事、假借、谐声。汉朝许慎《说文解字·叙》以为六书是：指事、象形、形声、会意、转注、假借。由此可见，三家对于"六书"的解说基本上是相同的。

许慎的解说，是历史上首次对六书定义的正式记载。经后世不断总结、归纳的汉字造字类型，虽有不同意见，仍以许慎为核心。其流传中，有许多不同的版本。清代以来，普遍认为汉字表意方式的名称和次序是：象形、指事、会意、形声（形中有意）、转注、假借。

"六书理论"基本符合汉字的情况，但六书中只有象形、指事、会意、形声是汉字的造字方法，而转注和假借并不能产生新字，严格说来应属于用字的方法。我们学习汉语言，就必须了解汉字形体的构造、了解汉字的造字法和用字法。我们今天学习和了解"六书理论"，对帮助我们理解和认识古汉字、学习和运用现代汉语言文字，仍有积极的借鉴作用。现将其有关内容，大致简述如下：

象形，属"独体造字法"，是指用物体的形象表示物体名称的文字，也称"表形文字"。象形字来自于图画文字，容易辨认，易于区别；但图画性质减弱，象征性质增强，是一种最原始的造字方法。用文字的线条或笔画，把要表达物体的外形特征具体地勾画出来。

如：甲骨文中的"〇日"，像圆形中的一点，是直视太阳时的形态；"〇月"，像弦月的形状。这是比较典型的。还有"山"，有三个高高的山尖；"马"，就是一匹有马鬃、有四腿的马；"龟"，像一只龟的侧面形状；"鱼"，是一尾有鱼头、鱼身、鱼尾的游鱼；"艸"（草的本字），是两束草；"門（门）"，就是左右两扇门的形状。

这类文字，代表一定的意义，有一定的读音，与没有固定读音不能作为语言的"图画文字"不同，是文字发展的初级阶段。

象形字当中，也有不是直接表示具体实物，而是表示与实物有关的概念。例如："大"，像是正面直立的人的形状（大），手足展开，就表示"大"的意思。这种从名词推广到形容词的造字法，是后来发展出来的。象形文字，是古人用于记录和交流的图形符号。由简单地画出原物，演化为简洁抽象的象形汉字。现代汉字有许多都是从象形字演化的。如把"字"再还原成"画"，那就是象形字画设计。

用变形美术字组成的图画，是汉字艺术的又一种表现形式。以字作画，画中有字，字中有画，这是一种新的创举。进一步体现了汉字是文化、智慧和赏心悦目的艺术。近年来，从事艺术字画创作的人不少。他们富有思想性和艺术性，用自己的天赋弘扬汉字艺术，带给世人更多的快乐和艺术享受，值得称颂。现提供几例作品，以供欣赏：

少女的美丽形象如同鲜花一般开放在人间

舞　　　快乐王子

鸳鸯　　　雄鹰翔翔

这样的字例很多，是汉字所特有的，其他文字无法比拟

指事，属"独体造字法"。其与象形的主要区别，是指事字含有绘画中较抽象的东西，即用指示性的符号来表示抽象的概念。是指看到就能识别形体，见到造字的本意。也是在象征性的符号或在图形上，加上指示性符号来表示意义的造字法。大体上可分为两类：一类是单纯性的符号（即不成图形的符号；成了图形，就是象形字了）；另一类是附合在图形上的符号。

如甲骨文中的"刃 𠁡"字，是在"刀"的锋利处加上一点；"凶𠚡"字，则是在陷阱处加上交叉符号，以作标示。又如"上、下"二字，则是在主体"一"的上方或下方画上标示符号："上（⊥）"，就是在一画之上加一短画，以表示在上的方位；"下（丅）"，就是在一画之下加一短画，以表示在下的方位。"三（≡）"则由三横来表示。这些字的勾画，都有较抽象的部分。象形字虽起源最早，但数量却最少。因为宇宙间万物，不可能每一事物都造一个象形字。很多抽象的概念，是根本画不出来的。这种依样画葫芦的造字法，其局限性不可克服。为适应社会发展的需要，就有了"指事"造字法。

会意，属"合体造字法"，由两个或多个独体字组成。用指事法造字，是汉字从象形发展到表意的第一步。但还不能普遍地应用到很多的事物上，而且作为符号的点、横等，跟其他笔画混在一起不容易分辨。于是我们的祖先又想出了用几个图画合起来表示一个意思，这就是"会意（合体造字法）"。是把两个或两个以上的字，按各个意义合起来表示一个新的意义的造字法。这也就是说，把表示两类事物的字组合起来，共同表示同一个意义。如：

"信"字，从"人"从"言"，表示人心以诚信为贵；"值"字，从"人"从"直"，表示人站得直，身价才高；"伴"字，意味着他"人"是你的另一半；"酒"字，以酿酒的瓦瓶"酉"和液体"水"合起来，以表达字义；"解"字，是用"刀"把"牛"和"角"分开以表达字义；"鸣"指鸟的叫声，于是用"口"和"鸟"组合而成；"明"是由"日"、"月"两个字组成的，因为"日"、"月"都是能发光、是明亮的，所以"明"也就是"光亮、明亮"的意思；"尖"字，上面"小"，下面"大"，可不就是"尖"吗？"劣"字，表示平时少出力，其结果必然比别人低一等。如此等等。

汉字是智慧的体现，蕴含有深刻的道理。如"海"，是由每一滴"水"汇聚而成，海纳百川。"停"，由"人"与"亭"组成，表示人在亭子中补充体力、养精蓄锐，可以走得更轻松、更快捷。"路"，是"足"和"各"组成。"千里之行，始于足下"。路要靠自己走，走自己的人生之路，不能指望别人。"赶"和"超"，都有"走"，只有不停地走，向前走，才能赶上或超过。"舒"，左"舍"，右"予"，是舍得给予。舍得给予别人，自己就能收获快乐。"福"，左是"礻"，右是"一口田"，一个人有衣穿有饭吃，就是"福"。知足常乐，就是幸福了。"休闲"都有"木"，也很有道理。

汉字中蕴藏着智慧，有许多有趣的故事：有一个三口之家，老婆每天总是忙家务搞卫生，有点烦了，于是在家里的小黑板留言："家庭卫生，人人有责"。中午，儿子回家，在"人"字加一横，成为"家庭卫生，大人有责"。晚上，丈夫下班，在"大"字又加一横，成为"家庭卫生，夫人有责"。老婆见了，哭笑不得，当场气晕。类似的填字、添字、猜字、猜谜的文字游戏还有很多，都非常有趣。

汉字发展到会意，还不能满足表达的需要。有些要表达的意思，画三四个图，还不能解决问题。如果要画五六个或七八个图才能解决问题，那就不像一个字，倒像是一幅幅年画了。如果要写一篇短短的文章，就等于编一本厚厚的连环画册了。文字是记录说话的，说话跟声音有关，于是我们的祖先就又发明了形声字。

形声（形中有意），是在象形字、指事字、会意字的基础上形成的，属于"合体造字法"。由表示意义范畴的意符（形旁）和表示声音类别的声符（声旁）组合而成。这是一种非常巧妙的造字形式。形旁又称"义符"；声旁又称"音符"。形声字，就用表示意符的字来表示意义范围，再用表示声符的读音相同或相近的另外一个字来比喻声音，由两者共同构成的一个新的字。

例如"江"、"河"，水旁，表示这两个字在意义上与水有关；"工"字，表示"江"字的读音与"工"字相同或相近；"可"字，表示"河"字的读音与"可"字相同或相近。再如"樱"字，形旁是"木"，表示是一种树木；声旁是"婴"，表示发音与"婴"字一样。"篮"字形旁是"竹"，表示它是竹制物品；声旁是"监"，表示发音与"监"字相近。"齿（齿）"字的下方是形旁，画出了牙齿的形状，上方的"止"是声旁，表示了这个字的相近读音。

由于古今字音、字形的变化，今天形声字声旁的表音作用，已十分有限。因为汉字是表意性的文字，字形不能直接标示字音，除需要依靠拼音字母注明字音外，声旁也可以帮助提供字音信息。用形声法造字，非常方便。与金木水火、鸟兽虫鱼等有关的字以及叹词、拟声词，几乎都是形声字。

今天利用这种造字法，还是可以不断造出新字来的。比如后来发现的化学元素"镭、铜、锘"等，都是用新造的形声字命名的。对于简化繁体字来说，形声法也被优先采用，如"优"、"响"等。

在甲骨文、金文中，象形字占大多数。画出事物，是一种最直接的造字方法。当文字发展下去，要仔细分辨的东西愈来愈多，这就需要分类表达了。如"鲤"、"鲮"、"鲩"、"鳅"等都是鱼类，难以用象形的造字方法，把它们的特征和区别画出来。于是，形声字就成了最好的方法，只要用形旁"鱼"就可表达它们的类属，再用相近发音的声旁来区分这些字，这就比较明白了。

形声字，突破了汉字形体的束缚，沟通了方块汉字与语音的联系。这是汉字从表意迈向表音的重大发展，成了汉字发展的主流。因此，今天我们所用汉字80%以上的都是形声字。

转注，属于"用字法"。对于它的解释和说法比较多，不逐一说明。有认为是为适应方音分歧和语音的发展而采取的一种方法。我们认为，同属一个部首，在读音上有联系，意义相同或相近的两个字，这才是转注字。例如"老"字是个部首，"考"字属"老"部。甲骨文"老"是象形字，其意义为长发扶杖老人。《说文》解释："老，考也。七十曰老，从人毛匕，言须发变白也"，故"考，老也"。本义都是长者，有"同意相受"的意思。"考"、"老"二字同一部首，意义相同，声音又有叠韵关系，所以是转注字。

不同地区，因发音有不同，地域上有隔阂，以至对同样的事物会有不同的称呼。当这两个字用来表达相同的东西、词义一样时，会有相同的部首或部件。如"颠"、"顶"二字，本义都是头顶；"窍"、"空"二字，本义都是孔。它们都有相同的部首（或部件）及解析，读音上也是有音转的关系。

假借，属于"用字法"。是指用一个现成的字表示另一个词。有时，语言中本来没有这个字，靠借来的同音字寄托所写词的意义。如"令"、"长"就是这样的字。"令"字，原为"号令"的"令"，后借为"县令"的"令"。"长"字，原为"长久"的"长"，后借为"县长（zhǎng）"的"长"。

假借法，突破了表意造字法的局限性，利用词的同音关系，借用别的词的书写形式，舍其意义，取其声音，以记录新词，表达无法用象形造字法构字的虚词，使文字能够按语法组织全面记录语言。如借焉鸟的"焉"，表示同音的代词、语气词；借簸箕的"其"，表示助词、代词；借鼻义的"自"，表示代词、介词；借蜥蜴的"易"，表示形容词难易的"易"，等等，都属于这一类型。

假借就是同音替代，是借用同音字表示新义的一种方法。口语里，有的词没有相应的文字对应，就找一个发音相同的同音字来表示它的含义。例如："汝"本是水名，借为第二人称代词。这种假借现象，当初是因为没有本字而暂借同音字替代，但后来一直沿用下来，就鹊巢鸠占了。有的字本身的意义，是后来另找出路的。例如："然"，本是烧的意思，底下四点已经是火了，可是被"然否"借用后，只好自己在旁边再加一把火，变成形声字"燃"字。"自"，本来是"鼻"的象形字，后来借作"自己"的"自"，"鼻"则为再造的字了。

古人并不是先有"六书"才造汉字的。汉字在商朝时，已有相当系统，但那时还没有"六书"的记载。所谓"六书"，是后人分析归纳出的系统。有了"六书"后，人们再造新字时，都以此为依据。如"軚"、"镤"是形声字；"凹"、"凸"、"凼"是指事字；"畑"、"夵"是会意字，等等。

对汉文字的构成，有论述提出破除"六书说"，而倡"三书说"（即象形、象意、形声），并以三书规范文字，这又是一种新的见解。

根据以上简介，我们知道汉字历史悠久、内涵丰富；也知道汉字是音、形、义的紧密结合，丰富多彩。汉字从形态到内涵，不仅是独特的文字符号，也是具有社会背景、生命意识、民族思想和生活智慧的文化元素。有人赞美汉字具有神奇智慧，一个汉字，就是一幅画、一句成语、一首诗歌、一个故事或一段历史。千百年来的风俗礼仪、社会结构、伦理道德、哲学思考、审美意识等，几乎都隐藏在一个个汉字所反映的事物之中。汉字不仅是文化宝库，也是一个奇妙世界，只有深入其中，方能领悟。如：古汉字"國"（国），在几千年前就已经标明了构成國家的基本要素：外大"囗"（表示边境、疆域）、内小"口"（表示人口、老百姓）、"一"（表示土地）、"戈"（代表军队）等；"武"字从戈从止，表示军事行动，义为勇猛，有非常深刻的道理。"家"字，就是上层住人、下层养猪的房屋，是人食宿生活的地方。"富"字为"宀"＋"一"＋"口"＋"田"。"富"字与"穷"字相比较，富上边是"宀"而不是"穴"。"宀"下加"一"，表示富了，就离开"穴居"生活，有大屋顶的房子和比较舒适的家了。"富"字内含：有供人居住的房屋，有不断繁衍的人口（劳动力），有可耕种的田地，可创造出新的、更多的财富。"王"原义是大斧，既是劈山开路的工具，也是征战杀戮的兵器。后成为权力的象征，谁掌握大斧，便拥有至高无上的权力。"王"字三横一竖，三横代表天、地、人；一竖通天、地、人。"王"者，天、地、人都要管。汉字蕴含着既浅显又深刻的哲理，如"善"字，与羊有关。羊是最早被驯化，只吃草，不咬人，对人类贡献大，可谓善之极矣。"孝"字上为弯腰驼背的老人形象，下面的子为小孩，表示小孩搀扶老人。这是富有哲理、最科学的造字方法。其他的还有"恶"（恶）、"贫"（贫）、"人"、"思"等等，就不一一解读了。

汉字，"字小乾坤大"，凝聚了中华五千年文明的精华，是传统文化的重要载体。中华文明，就是通过汉字代代相传的。学习汉字，就是走近中华民族源远流长的历史，能引导我们进入神奇汉字的境界。一幅幅画面、一个个故事，不仅传承文化，也有做人做事的道理。汉字，见形知义，以形达义。汉语，是字、词、句的有序排列。我们学习汉语，首先就要尊重和热爱汉字。只有认真辨别字形、读准字音、理解字义，才能读懂汉语，真正学好汉语。

汉字从商代甲骨文到今天的楷书，大致可分为古文字、篆书、隶书、楷书等四个阶段。其中，篆书又有大篆、小篆之分；隶书则有秦隶、汉隶之别。任何一种新字体，都是经过长期演变、逐渐形成的。

汉字从大的方面可分为两大阶段：古汉字阶段和隶书楷书阶段。古汉字阶段，起自商代终于秦代，包含有：甲骨文、金文、大篆和小篆。隶书楷书阶段，自汉代起延续到现代，包含有：隶书、草书、行书和楷书。从小篆到隶书，是这两个阶段的过渡。

汉朝的隶书，从发展到成熟，与今天的汉字很接近。楷书的形成，中国的文字已基本定型。今天的印刷体，是由楷书演变的。宋代，雕版印刷广泛使用。雕刻刀影响了汉字的形体，产生了横细竖粗、醒目易读的新型的宋体印刷字（称为宋体）。明代，从宋体又演变为笔画横细竖粗、字形方正的明体。其后民间又流行洪武体。在模仿洪武体刻书的过程中，又创造出非颜非欧的肤廓体。其笔形横平竖直，雕刻容易，别创一格，成为流行至今的主要印刷字体，仍称宋体（铅字体）。

三、汉字发展不同阶段的形体书法艺术

各个时代的汉字，都有不同的内涵，记载着中华儿女的智慧与勤劳。不同时期形成的甲骨文、金文、大篆、小篆、隶书、楷书、行书和草书等不同形体，体现了特定时期的文化，具有明显的时代特征。

汉字不同时期的形体，也形成了不同风格的书体。既丰富了中华文化的艺术宝库，也体现了中华文化的辉煌成就。

文字的发展，文化的繁荣，也促进了书法艺术的进步。不同的汉字造型，风格多样，个性各异，有鲜明的艺术特征。如篆书古朴典雅，富丽中见奇巧；隶书静中有动，妩媚中呈秀逸；草书行云流水，结构严谨又飘逸；楷书工整秀美，若端庄之仕女；行书易识好写，且如壮士杖策天涯。这些不同形态的汉字书体，一直为古今中外汉字书法爱好者所喜爱。汉字自初始就承载着诗的情、书的韵、画的雅、印的秀。如果你善于书写汉字，汉字就会如你的衣服，让你光彩照人！如果你能用心书写汉字，并倾注情感于笔端，汉字便会传达出你的心声！

中华传统教育，就是从学"认字"和学"写字"开始的。能否写得一手好字，也是衡量其文化程度的标准之一。从古至今，国人对汉字形体的书法艺术，学习效仿，临帖临摹，始终情有独钟。书法艺术，不仅是笔墨游戏，更是中华民族数千年来文明生活方式的传承。

"纸"的发明和"文房四宝"（笔、墨、纸、砚）的相继出现，为书法艺术的发展创造了条件。"文房四友"（琴、棋、书、画）的形成，以文会友，为书法文化艺术，增添了新的风采。由此涌现出了不同历史时期、不同艺术风格的众多书法名家及其优秀作品，丰富了中华文化的艺术宝库。现将有关书法成就，分别大致简介如下：

（一）甲骨文、金文、石鼓文和小篆的书法成就

汉字书法，是中国特有的书法艺术。学术界公认，商代中后期的甲骨文和金文是最早的古汉字，已具有书法形式美的众多因素。如线条美、单字造型的对称美、变化美以及章法美、风格美等。随着书体的嬗变，书法的艺术性愈加丰富。甲骨文已具备书法的用笔、结字、章法三个基本要素，已可称为书法。这是此前图画符号所不具备的。

下图《祭祀狩猎涂朱牛骨刻辞》为商代武丁时期作品。其风格豪放，字形大小错落富有变化，自然潇洒，且别具一格，所以为甲骨文书法中的杰作。

大盂鼎，是西周康王时期的著名青铜器。内壁铭文长291字。书法体

势严谨，用笔方圆兼备，端严凝重，是西周金文书法代表作。

毛公鼎，是西周宣王时期青铜器中有名的重器。内壁铸498字铭文，为成熟的西周金文风格，显示出金文已发展到非常成熟的境地。

《祭祀狩猎涂朱牛骨刻辞》

散氏盘（见图）为西周后期青铜器，"浇铸"感强烈，有浓重的"金味"。现代著名书法家胡小石曾评论说："篆体至周而大备，其大器若《盂鼎》，《毛公鼎》，……结字并取纵势，其尚横者唯《散氏盘》而已。"

下图东周《石鼓文》，为秦国刻石。石鼓十枚，形似鼓状。以籀文刻四言诗一首，共十首。记述秦王游猎之事，又称猎碣。字迹磨损，今藏北京故宫博物馆。在书法史上承前启后，艺术成就很高。

秦代书法，开创中国书法先河，奠定了中国书法基础。在金文和石鼓文的基础上，创造的秦篆（小篆），为统一的特定书体。秦相李斯，是中国第一个有记载的书法家。所书《绎山石刻》《泰山石刻》《琅琊石刻》《会稽石刻》，继承了《石鼓文》特征，历代评价极高。

秦始皇东巡刻石多已残毁佚亡，今存仅《泰山刻石》，也称《封泰山碑》，是具有代表性的文字刻石。现北京故宫博物院藏有明拓本。

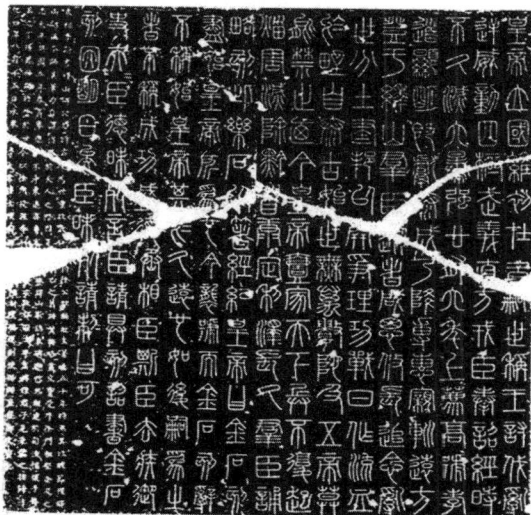

秦还有铭刻的秦虎符。如《阳陵虎符》铭文，是极精美的小篆。《新郪虎符》也是笔道圆融，结体严密，精美异常。清代杰出书法家、篆刻家邓石如对篆书造诣颇深，亦有篆书法帖《四赞屏》传世。

（二）隶书和章草的书法成就

秦代是继承与创新的变革时期。隶书的出现，是古代文字与书法的一大变革，对后世影响很大。一九七五年十二月在湖北出土的《云梦睡虎地秦简》，提供了真正的秦隶资料。秦隶既有隶书特征，又含有篆书特点。古人说"篆之捷隶也"，很有道理。秦简，为毛笔墨书。毛笔的运用，加上篆书的快写，才真正把中国书法向隶书的方向推进。

《马王堆帛书》，为秦代末期和西汉初期的墨书手迹。其用笔沉着、遒健，给人以含蕴、圆厚之感。它既不同于简书，也不同于石刻，具有强烈的跳跃节奏感，反映了由篆至隶的隶变阶段的文字特征。

马王堆帛书例字

汉代，是汉字书法发展的关键性一代，也是继往开来、不断变革而趋于定型的关键时期。隶书是汉代的主要书体。其结体扁平、工整、精巧。撇、捺等，点画、美化为向上挑起，轻重顿挫富有变化，具有书法艺术美。两汉期间，书法由籀篆变隶分，由隶分变为章草、真书、行书，其书体基本齐备，其特色也比较明显。

东汉隶书，型体娴熟、流派纷呈，主要的有石刻与简牍。《张迁碑》、《曹全碑》、《乙瑛碑》是其突出的代表。与《礼器》同属秀逸类，为汉隶中的奇葩。

汉代隶书碑刻《张迁碑》，以方笔为主，流畅自然。

《曹全碑》，1956 年藏入陕西博物馆碑林，在汉隶中独树一帜。

《张迁碑》   《曹全碑》

《乙瑛碑》是汉隶成熟的典型，学习的范本，历代都有好评。

《乙瑛碑》

章草，是篆书到隶书阶段的派生书体，为隶书的简化和草化。唐张怀瓘将张芝、杜度、崔瑗的章草列为神品，又将张昶的章草列为妙品。汉时，史游的《急就章》帖本"玉烟堂"，为最早最佳之范本。

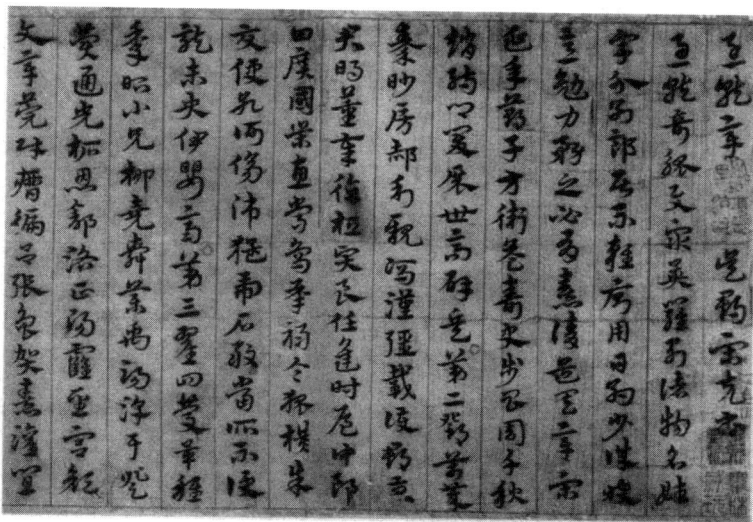

东晋王羲之章草书法《寒切帖》为其晚年书写，体现了王羲之晚年书法之高度成熟、水到渠成。

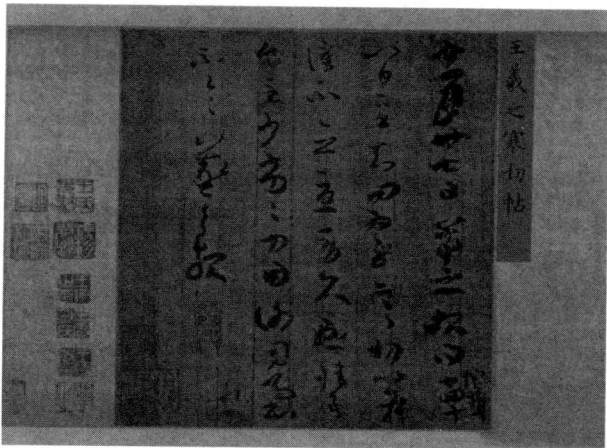

（三）草书和行书的书法成就

东汉大臣杜度以善章草著名。崔瑗、崔寔父子学杜度书，后人并称为"崔杜"，为张芝师。

崔瑗的《草书势》，后世评价很高，造诣超过他的老师杜度，称为"草贤"，已达到出神入化的境界。

《草书势》

东汉张芝的章草、草书为神品，为中国书法艺术的第一座高峰。墨迹在《淳化阁帖》里收有五帖三十八行，为历代书家珍视并临习。

下为张芝的草书作品《终年帖》：

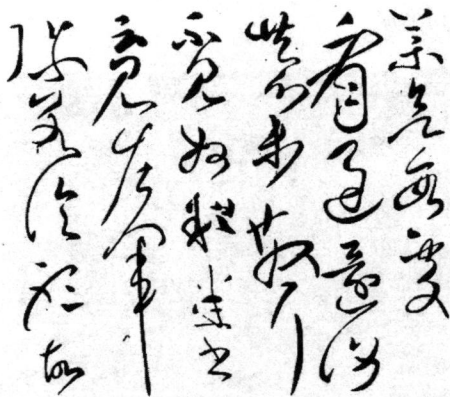

《终年帖》

东晋王羲之的行草书被世人尊为"草之圣"，古人称王羲之的行草如"清风出袖，明月入怀"，堪称绝妙的比喻。

王羲之《十七帖》，因卷首"十七"而得名，是写给益州刺史周抚的信礼，为王羲之草书代表作。

下为王羲之《十七帖》：

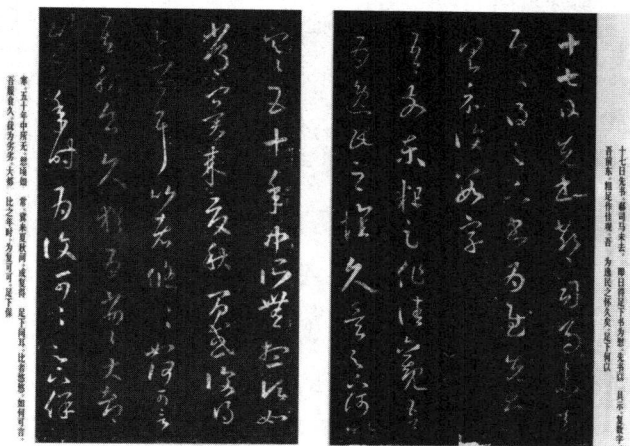

《十七帖》

唐代草书名家有张旭、贺知章、怀素、彦修、孙过庭等。张旭、怀素又将草书发展为"狂草"，其中张旭，被誉为"草圣"，为唐书法之冠。张旭嗜酒，大醉后挥毫作书，世称"张颠"。张旭与李白、贺知章、李适之、李进、崔宗之、苏晋、焦遂称为酒中八仙。张旭草书与李白诗词，斐旻剑舞合称三绝。张旭传世书迹有《肚痛帖》、《古诗四帖》等。张旭的《肚痛帖》为单刻帖，洋洋洒洒一气贯之。有"神虬出霄汉，夏云出嵩华"的气势。

《肚痛帖》

《古诗四帖》，墨迹本，草书。雄强奇伟，笔势纵逸。如"锥划沙"，无纤巧浮华之笔。

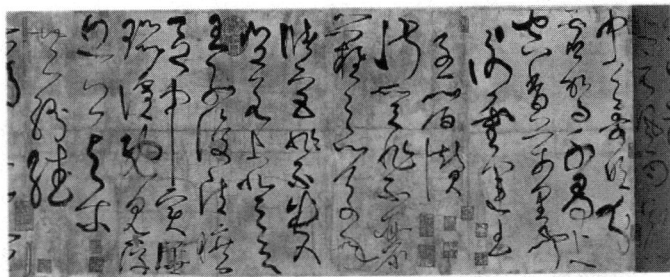

《古诗四帖》

　　怀素为继张旭之后的"狂草"代表。僧人，好饮酒，谓之"醉僧"。有"颠张醉素"之称。存世草书墨迹《东陵圣母帖》、《论书帖》，是章草优秀作品；《苦笋帖》、《千字文》和《自叙帖》，为狂草佳作。

　　怀素的东陵圣母帖：

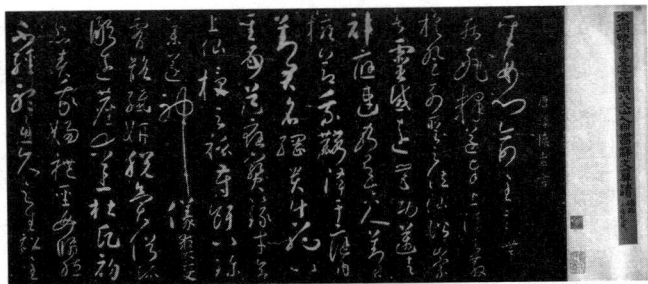

　　《论书帖》，与常见的怀素的草书大有不同，写得"匀稳熟"，"出入规矩，绝狂怪之形"，是今草中有章草遗意的佳作。

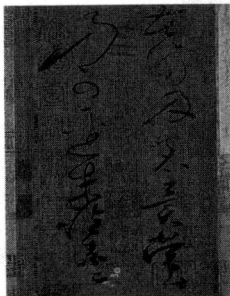

《苦笋帖》

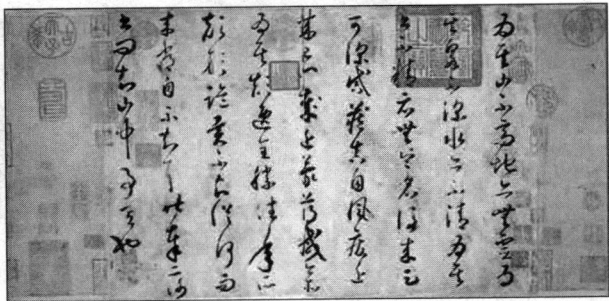

《论书帖》

　　《苦笋帖》是怀素传世书迹中的代表作。上海博物馆珍藏的是绢本，帖前乾隆引首"醉僧逸翰"四字；帖后有宋米友仁、聂子述，明项元汴、清李佐贤等题跋。铃有"绍兴""内府图书之印""欧阳玄印",以及项元汴、乾隆内府诸印。

《自叙帖》纸本,现在中国台湾故宫博物院。是怀素晚年草书代表作。

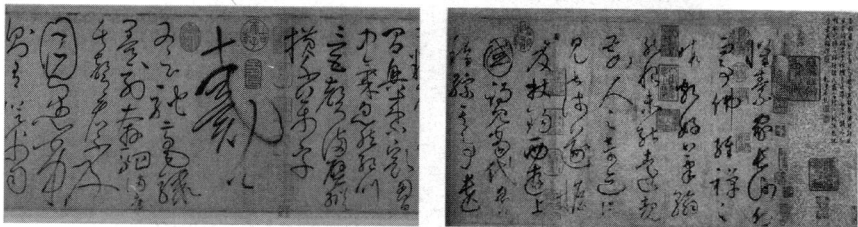

孙过庭,唐高宗称其小字足以迷乱羲、献。陈子昂将其书迹比作魏钟繇,推崇备至。其《书谱》,书文并茂,为书法美学理论奠定基础,成学习草书的楷范。《书谱》真迹,原藏宋内府,铃有"宣和"、"政和",宋徽宗题签。旧藏故宫博物院,现藏中国台湾。

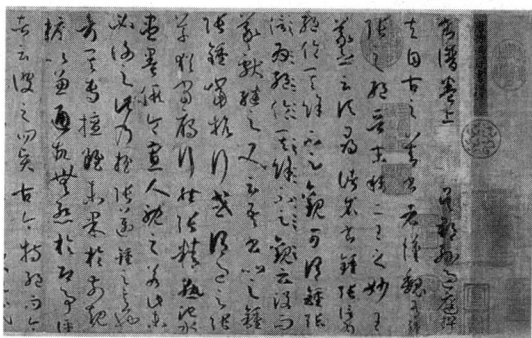

颜真卿的《祭侄文稿》为行草书。安史之乱,颜杲卿与子颜季明罹难,因作此书。通篇用微秃之笔,自首至尾,一气呵成,元鲜于枢评为"天下第二行书"。

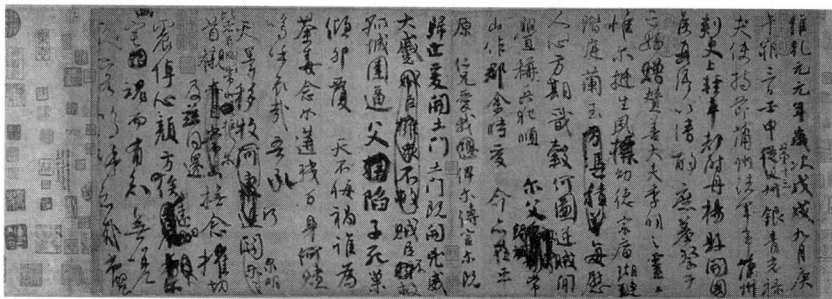

《争座位帖》，是颜真卿与郭英之书信稿，为颜真卿行草书精品。后世以此帖与《兰亭序》合称"双璧"。

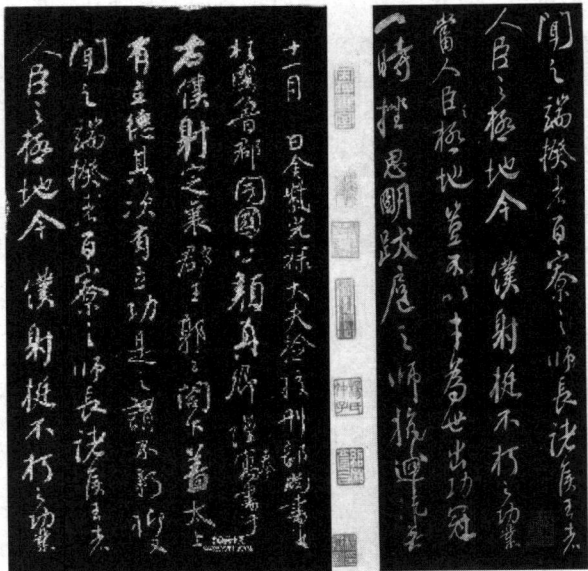

唐太宗李世民，提倡书法，对唐代书法繁荣，有不可磨灭的贡献。所书《晋祠铭》开行书上石之先河，是难得的书法名碑。

魏晋南北朝时期，真书、行书、草书的定型、美化，是汉字书法的又一巨大变革，造就了承前启后的大书法家钟繇和王羲之，揭开了书法发展新的一页。此后历朝历代，乃至东邻日本，莫不宗法"钟王"，尊王羲之为"书圣"。

王羲之的《兰亭序》，被誉为"天下第一行书。是东晋永和九年（公元353年）三月三日，王羲之在文人举行"修契"宴会上所写序文手稿。全文含有七个"一"，变化多端。前行楷，后行草，体现了"中和之美"。章法自然，气韵生动，得心应手，为王羲之书法艺术的最高境界。也是他三十三岁时的得意之作，给人以高雅、清新、华美、蕴藉的艺术感受。为后人学习行书的典范。隋智永、唐褚遂良及唐太宗李世民等诸多历代名人，都极为赞赏。后真迹无存，现多为临摹本。

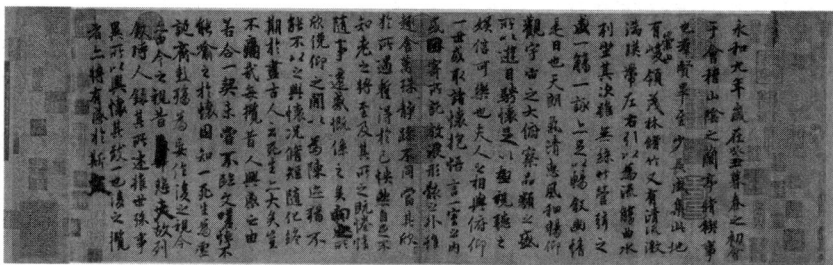

王献之，是王羲之第七子，与王羲之齐名，并称"二王"。

《鸭头丸帖》，为王献之行草代表作；"稿行之草"是其独创书体。

王献之草书名作《中秋帖》，是其"一笔书"代表作。《洛神赋》世称《玉版十三行》。

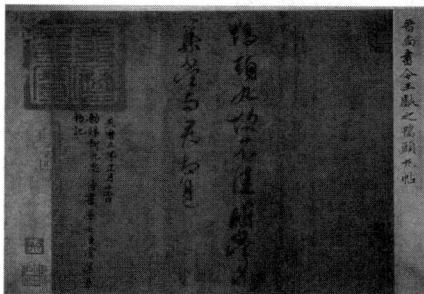

《鸭头九帖》

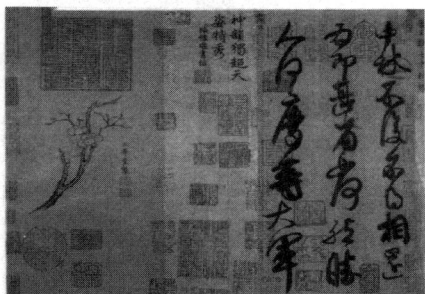

《稿行之草》

王珣，是王羲之之侄，亦善行书。传世真迹《伯远帖》，运笔自然，古逸洒脱，是晋人特有的风神，堪与二王争辉。

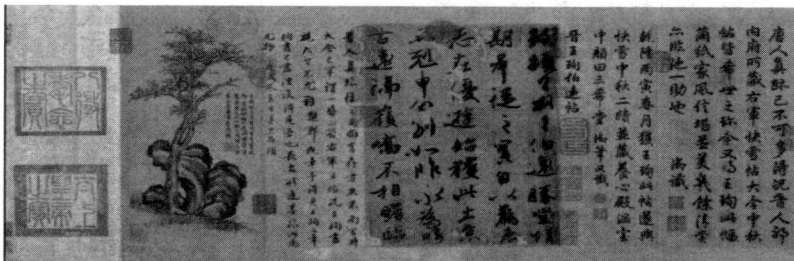

《伯远帖》

五代十国，书法家，以杨凝式为中流砥柱。

杨凝式，雅号"杨疯子"。后世将他与颜真卿相联系，以"颜杨"并称，对北宋书坛影响较大。

杨凝式著名的《韭花帖》，黄庭坚善评为："世人尽学兰亭面，欲换凡骨无金丹。谁知洛阳杨疯子，下笔便到乌丝栏。"

杨凝式的狂草《神仙起居法》，夹入行书，几入化境。米芾称"天真纵逸"。

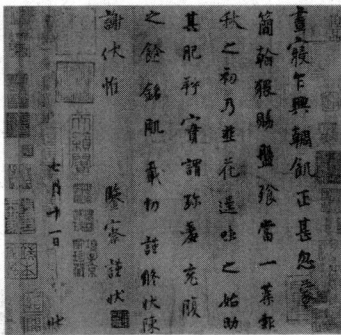

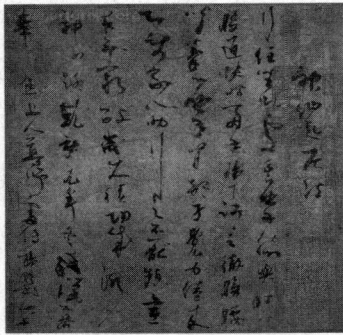

《韭花帖》　　　　　　　　《神仙起居法帖》

宋代书法家有苏轼、黄庭坚、米芾和蔡襄，合称"宋四家"。

苏轼，号东坡居士，在宋四家中排列首位。《黄州寒食诗帖》，被称为"天下第三行书"。下为黄州寒食诗帖

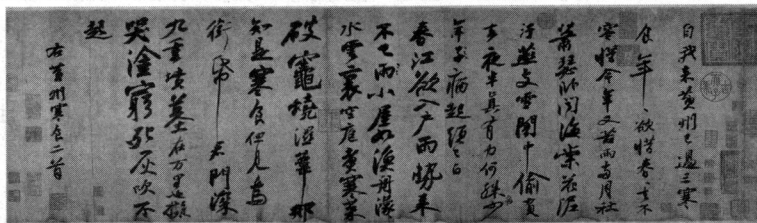

《赤壁赋》是苏轼真迹精品，被称为宋代第一。

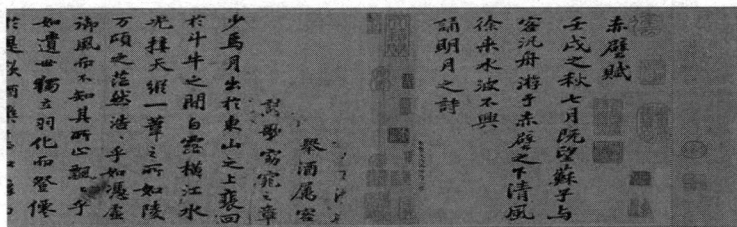

黄庭坚，善行草书，楷法。行书《松风阁》、《苏轼寒食诗跋》，以"画竹法作书"，堪称一绝；草书"如高人雅士，望之令人敬叹。"《花气

熏人帖》在宋四家水平最高。《李白忆旧游诗卷》，已炉火纯青。

《花气熏人帖》　　　　　　　　《李白忆旧游诗卷》

　　米芾，宋代杰出书画家。人称"米颠"或"米痴"，其书法，在北宋名声胜过其师苏东坡。传世墨迹《苕溪诗卷》，曾藏入南宋绍兴内府，后入清乾隆内府，并刻入《三希堂法帖》。《蜀素帖》，所用蜀素是十分珍贵的绢，滞涩难写。元佑三年（1088）八月，米芾结伴游览太湖近郊的苕溪，在蜀素上即兴写下八首诗，又名《书诸体诗卷》。

《苕溪诗卷》　　　　　　　　《蜀素帖》

蔡襄，书法学习王羲之、颜真卿、柳公权，浑厚端庄，雄伟遒丽。苏东坡称其书"端劲高古，容德兼备"。

《郊燔帖》为其行草书札的代表作。

元代有赵孟頫、鲜于枢等名家书法代表。赵孟頫的《兰亭帖十三跋》堪称精品。后遭火毁，有残本，已流入日本。《洛神赋》为赵孟頫行书帖，元人倪瓒称为元朝第一书人。

《洛神赋》　　　　　　　　《兰亭帖十三跋》

鲜于枢，悬腕作字，笔力遒健。赵孟頫对他十分推崇。二人书法并称"二妙"。其代表作《唐诗草书卷》，确有悬腕回锋之妙。

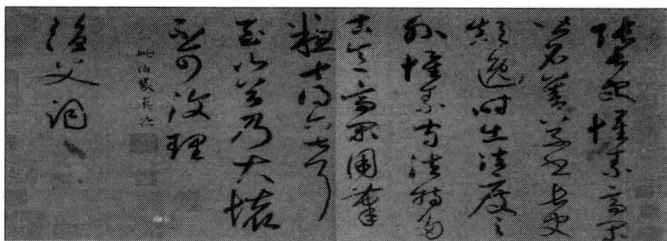

　　文征明，祝允明，唐寅、徐祯卿并称"吴门四杰"和"江南四大才子"。他们集各书家之长，为明中期"吴门书派"的代表。世称"唐伯虎的画，祝枝山的字"。大字行书《醉翁亭记》，为国家级一级文物，亦是沈阳故宫博物馆镇馆之宝。明朝三百年，唐伯虎《落花诗帖》是当之无愧的第一。存世四个藏本是：苏州市博物馆藏本、美国普林斯顿大学附属美术馆藏本、辽宁省博物馆藏本和中国美术馆藏本。

　　徐渭，以行草为长，狂草最为干练。追随者有八大山人朱耷、郑板桥等，近代艺术大师齐白石曾说："恨不生三百年前，为青藤磨墨理纸。"足见其对后人影响之深。传世作品有：《夜雨剪春韭诗轴》、《女芙馆十咏卷》、《七律朝廷久罢诗轴》等。

　　清朝与唐代遥相呼应，是书法文化又一景观。著名的书法家有王铎、邓石如、何绍基、赵之谦、张裕钊、郑燮、金农等。

　　王铎，善书画，尤工行、草书。传世代表作有《五言古诗轴》、《思台州诗轴》等。林散之曾认为王铎是"自唐怀素后第一人"。

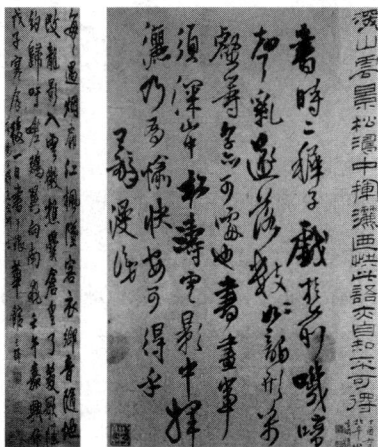

王铎书杜甫诗

刘墉，有"浓墨宰相"之称，"名满天下"。与梁同书、翁方纲、王文治并称"清四大家"，久负盛名。

清代中期，扬州八怪（郑燮、罗聘、黄慎、李方膺、高翔、金农、李鱓、汪士慎），是中国画史和书法史上的杰出群体。其中最富盛名的郑燮，号板桥，有独具特色的"六分半书"（"板桥体"）。其诗、书、画世称"三绝"。墨迹有《板桥润格》，还有《难得糊涂》题字。

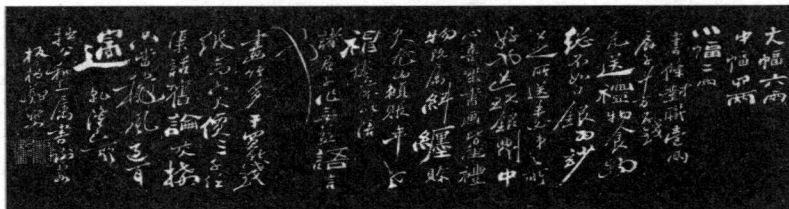

《板桥润格》

近代，吴昌硕代表了古典书法的终结和近代书法的开端。在吴昌硕时代之后，又迎来了于右任和沈尹默双峰对峙的新格局。

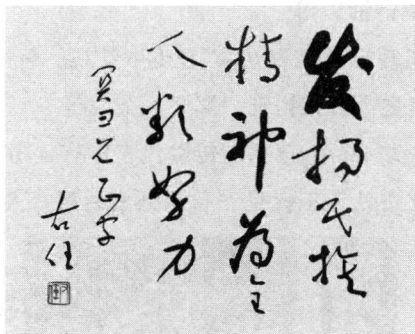

于右任，毕生致力修订推广《标准草书》，提出"易识、易写、标准、美丽"四大法则，为草书历史作了总结，开辟了新路，有划时代贡献。于诗为诗宗；于书为近现代之草圣。

沈尹默，书坛称"南沈北于（右任）"。是"超越元、明、清，直入宋四家而无愧。"被评为"数百年来，书家林立，盖无人出其右者"、"在赵孟𫖯后，难得一睹"。有书扎精品四十余件，其中有 1921 年为蒋介石母王太夫人书墓志（现陈列于中国台北中正纪念堂）。

民国中后期的书家可分为两类。带有浓郁学者风的书法，以马一浮、张宗祥、余绍宋、马叙伦、容庚等为代表。带有画家风格的书法，以黄宾虹、丰子恺、钱瘦铁、潘天寿、来楚生、张大千、吕凤子、吴湖帆等为代表。如黄宾虹的风骨、钱瘦铁的生辣、潘天寿的斩截、来楚生的圆畅、张大千的欹侧等等，都是这类书法中的典型。

高二适，熔章草、今草、狂草于一炉，创有一分隶、二分楷、三分行、四分草的高体。他与林散之书名并重，誉为一代书豪。

林散之、赵朴初、启功等，被称之为诗、书、画"当代三绝"。林散之"大器晚成"，诗书画均造诣精深，长于书法，为当代"草圣"。

赵朴初，作品俊朗神秀，在书法界久负盛名。启功，被世人赞为"当代的王羲之"。称其为自明董其昌以来，中国唯一书坛泰斗。

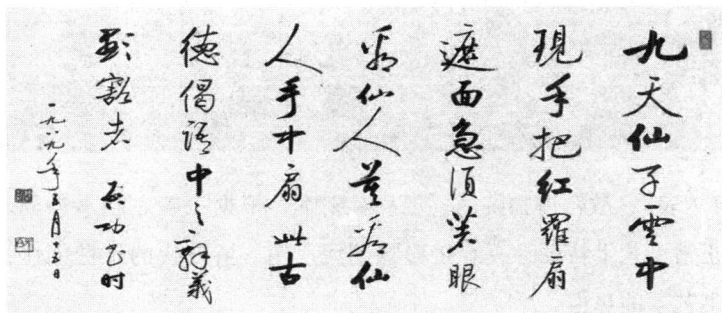

中国近现代书法，草书、行书方面有特色者，还有沙孟海、费新我、舒同和鲁迅、郭沫若以及毛泽东等。

沙孟海，以行草书最佳，被尊为当代书法泰斗、书风典范。费新我，因右手病残，改左手执笔，达到了"巧拙互用，拙茂巧稳，逆中有顺，似奇反正"的艺术效果。日本、新加坡、美国、台湾媒体称其为"墨仙"。舒同，融通行草楷三体之法，厚重稳健。鲁迅，文稿墨迹，严密精当。郭沫若，以行草见长，被誉为"郭体"。毛泽东，一生以毛笔作伴，其诗稿是绝妙的狂草，也是诗书经典。

（四）楷书的书法成就

钟繇，是三国时曹魏著名书法家。是小楷创始人，"楷书鼻祖"。唐张怀瓘评其为"神品"。钟繇的"五表"、"六帖"、"三碑"，为法艺术性最高的作品，但都不是真迹。《宣示表》是唐代所传王羲之临本。《荐季直表》在唐宋宫中收藏。周围印有唐太宗李世民"贞观"玉玺、宋徽宗赵佶"宣和"、宋高宗赵构"绍兴"以及清"乾隆真赏"等御印。后几经辗转，毁于民国十三年（1924年），今仅存其影印件。元代陆行直赞美称为"无上太古法书，天下第一妙迹"。

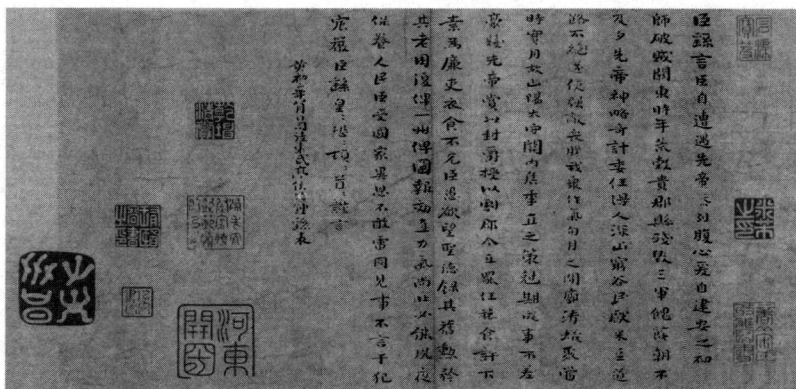

《宣示表》，故宫博物院藏。现只有刻本，根据王羲之临本摹刻。表现了魏晋正楷书艺术特征，一直接影响到元、明、清三代的小楷创作，可以说是楷书艺术的鼻祖。

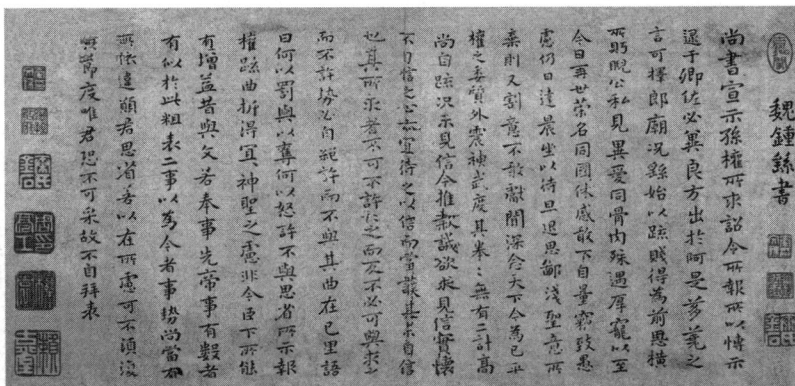

王羲之，博采众长，"兼撮众法，备成一家"。楷书《乐毅论》、《黄庭经》、《东方朔画赞》等"在南朝即脍炙人口"。

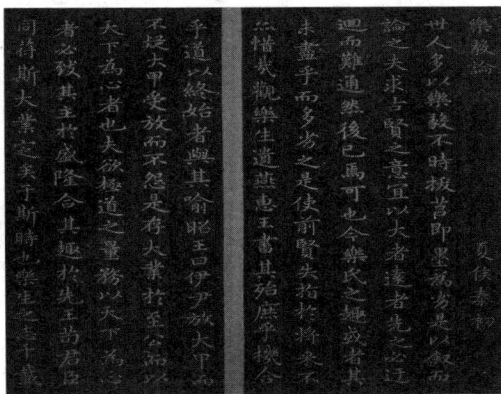

小楷《乐毅论》，笔势流丽，肥瘦相称　　　《黄庭经》

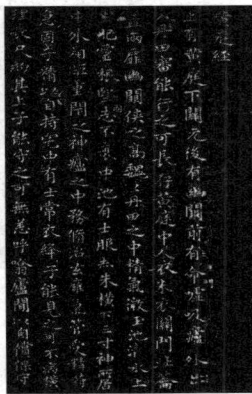

《洛神赋十三行》为王献之小楷书代表，是书法艺术的瑰宝。

南北朝书法，继承东晋的风气，上至帝王，下至士庶都非常喜好。发扬前代书法的优良传统，为唐代书法的鼎盛局面创造了必要条件。

南北朝书法以魏碑最胜，分碑刻、墓志、造像题记和摩崖刻石四种，尤以北魏的书法水平为高。

有名的如《郑文公碑》、《张猛龙碑》、《高贞碑》、《元怀墓志》及《张玄墓志》等，开隋、唐楷书法则的先河，为现代汉字的结体、笔法奠定了坚实的基础。

北魏寇谦之《嵩高灵庙碑》所含隶法较多，东魏《敬使君碑》较圆柔。

下为嵩高灵庙碑。

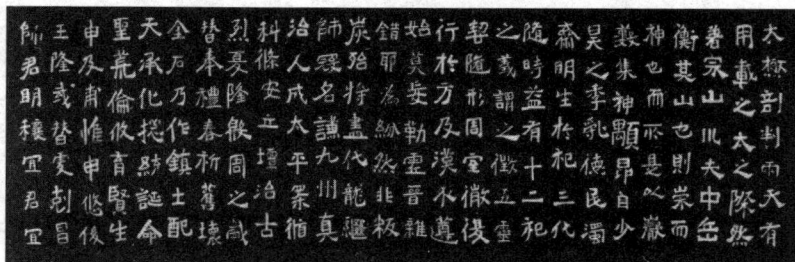

下面的《晖福寺碑》、《高贞碑》，则方峻端整，锋芒毕露。

《晖福寺碑》

《高贞碑》

《张猛龙碑》，是魏碑后期佳作。运笔刚健挺劲，斩钉截铁；字形变化多端，有方有圆、精美细腻。

《张猛龙碑》

"书至初唐而极盛"，唐代楷书名家还有颜真卿、柳公权、褚遂良、虞世南、欧阳询、薛稷等。其中颜真卿为盛唐书法旗帜，人称"颜体"。虞世南与欧阳询、褚遂良、薛稷并称楷书"唐初四大家"。唐太宗学书以虞世南为师。《孔子庙堂碑》是最著名代表作，公认为虞书妙品。

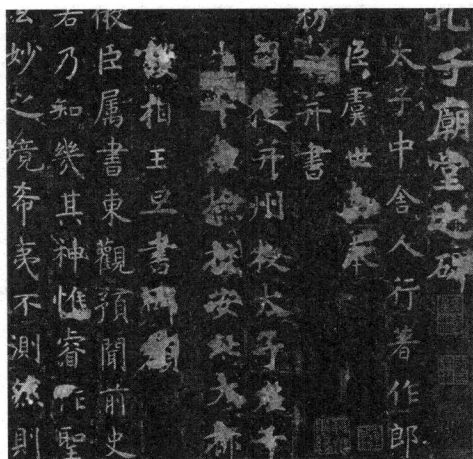

《孔子庙堂碑》

欧阳询，初唐著名书法家，以楷书为最，后人称为"欧体"，所写《化度寺邕禅师舍利塔铭》等，被称为"唐人楷书第一"。楷书《九成宫醴泉铭碑》是其代表作。

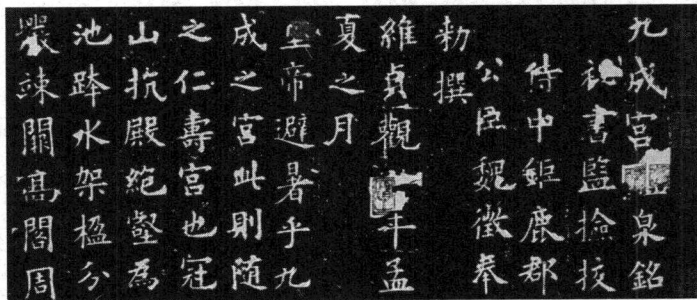

《九成宫醴泉铭碑》

褚遂良，书学王羲之、虞世南、欧阳询诸家，融为一体，深得唐太宗李世民的赏识。宋代米芾曾称颂他的楷书，有流动之美、舞蹈之美。传世墨迹有《倪宽赞》、《阴符经》等。

其碑刻《雁塔圣教序》，前石为序，唐太宗李世民撰文，褚遂良书。后石为记，唐高宗李治撰文，褚遂良书。均在陕西西安慈恩寺大雁塔下，是褚遂良楷书风格的代表。褚遂良改变了欧、虞的长形字体，创造了看似纤瘦，实则劲秀的独特字体。

颜真卿，汲取唐四家特点，自成"颜体"，对后世影响巨大。与柳公权并称"颜柳"，有"颜筋柳骨"之誉。是"二王"后成就最高、影响最大的书法家。作品有《多宝塔碑》、《麻姑仙坛记》等。

《多宝塔碑》，现藏西安碑林，是早期继承传统的成名之作，称近世撰史家鼻祖。

《麻姑仙坛记》，庄严雄秀，历来为人所重。欧阳修《集古录》中说："此碑遒峻紧结，尤为精悍，笔画巨细皆有法。"

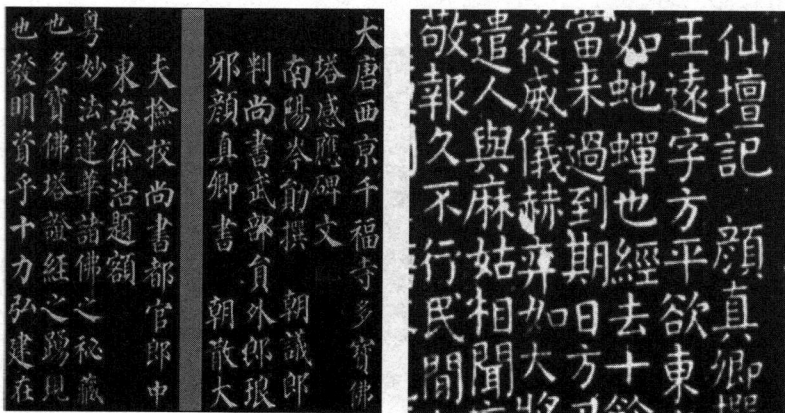

《多宝塔碑》　　　　　　　　《麻姑仙坛记》

柳公权，初学王羲之，精研欧、颜笔法，自成一家，创立"柳派"。与颜真卿齐名，人称"颜柳"，后世有"颜筋柳骨"的称誉，为学书者楷模。碑刻《金刚经刻石》，最能代表其楷书风格。原石毁于宋。今有甘肃敦煌石窟出唐拓孤本，现藏法国巴黎博物馆。

其《玄秘塔碑》，现在西安碑林，为柳体的代表作。《神策军碑》是柳公权楷书代表作。

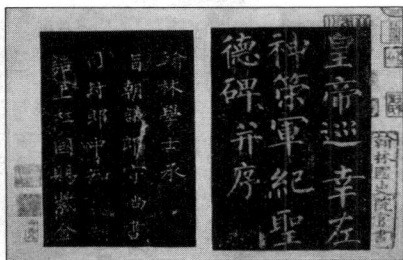

《玄秘塔碑》　　　　　　　　　《神策军碑》

钟绍京，唐代著名书法家。有《灵飞经小楷字帖》《唐人小楷字帖》等著名小楷范本。赵孟頫的楷书就是以他为师的。

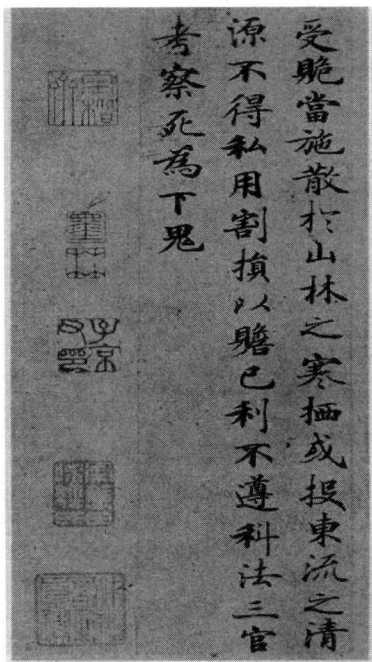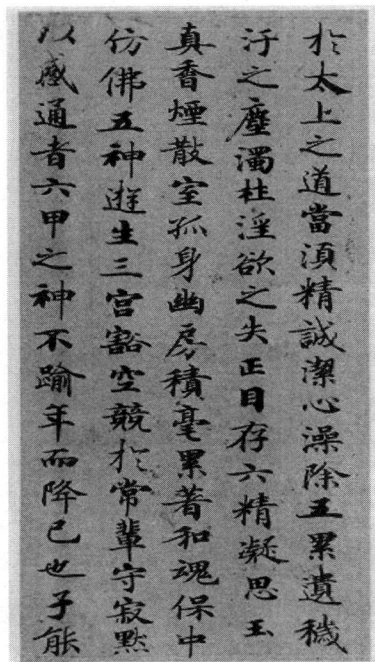

元代赵孟頫，集前代诸家之大成。《仇锷墓碑铭》，体现其风格。

《仇锷墓碑铭》

《汲黯传》为小楷帖，称一世之冠。还有《妙严寺记》《洛神赋》等。

《汲黯传》

《妙严寺记》

明代，继承了赵孟頫的格调，书体以行楷居多。

董其昌，为著名书画家。初学颜，后学虞，仿晋魏诸家，喜学苏轼，终创"董体"。

董其昌有楷书《跋黄子久富春山居图》等传世。清康熙帝对董书情有独钟。

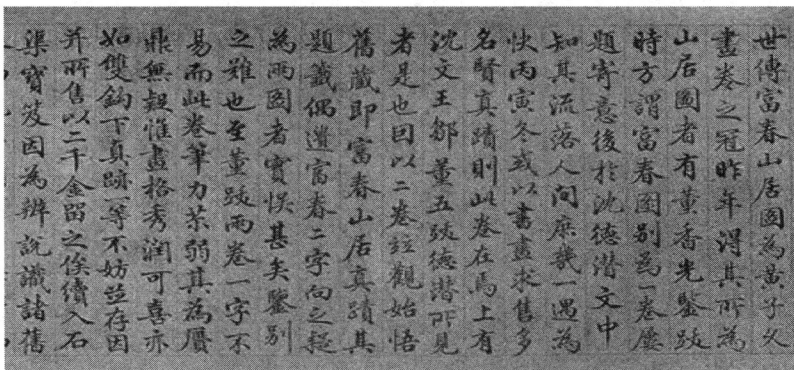

《跋黄子久富春山居图》

董其昌的《乐毅论》有颜柳笔意，是上品。

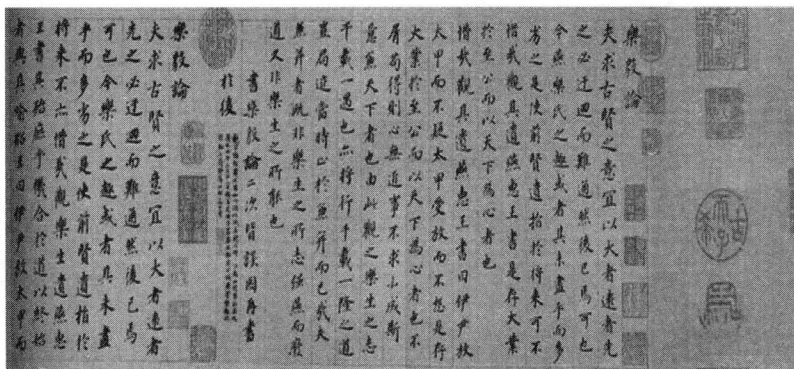

《乐毅论》

　　王宠的小楷代表作《游包山集》，为"天才妙绝"，其书风旷适疏宕，遒媚飘逸。

　　康有为，独有的"康体"、又称"破体"。其书法风格，有阳刚之美，亦有怪异之姿，在理论和风格上影响了整整一代人。

　　康有为书法的四位得意弟子是梁启超、徐悲鸿、刘海粟和萧娴。其中萧娴是当代最著名的女书法家。受康有为影响，她的书法，有伟丈夫气概，以大字行楷书胜出，点画纵横驰骋，与康书如出一辙；以重、拙、大的特点，颇夺人眼球。

　　综上所述，中国的书坛历史悠久，人才辈出，书法成就极其卓著。其中最杰出的、影响深远的、值得称道的有：

东汉书法家张芝，攀上了中国书法艺术的第一座高峰，其章草、草书，被列为神品，深受人们喜爱。

东晋王羲之为"真行"第一人，是楷书、行书成熟时期的最高成就的代表，有"书圣"之称，在书法史上影响最大。特别值得一提的是：东晋王羲之的《兰亭序》，前人以"龙跳天门，虎卧凤阙"形容其字雄强俊秀，赞誉为"天下第一行书"；唐代颜真卿所书《祭侄稿》（全称《祭侄季明文稿》），劲挺奔放，评之为"天下第二行书"（现藏中国台北故宫博物院）；宋代苏轼的《寒食帖》（全称《黄州寒食诗帖》），历代推崇为旷世神品，称为"天下第三行书"。其后，世人将王羲之《兰亭序》、颜真卿《祭侄稿》、苏轼《寒食帖》，合称为"天下三大行书"，各领风骚，对后世行书的发展有很大的影响。

唐代张旭被誉为"草圣"，为唐人书法之冠；继张旭之后的怀素为"狂草"代表。唐代的欧阳询、颜真卿、柳公权和元代的赵孟頫，被称为中国书法史上的"楷书四大家"，创造了欧体、颜体、柳体、赵体，闻名于世。米芾、蔡襄、苏轼、黄庭坚为"宋四家"。

这些历代书法大家的书体、字体，影响之深、流传之广，对后世青少年和国内外的书法爱好者，影响较大。学书、临摹，乐此不疲。其后世的书法大家和书法名品，亦络绎不绝，层出不穷。所有这些彪炳千古、流芳百世的书法珍品，则是中国汉语文字的一种独特的艺术呈现。

谈到中国历代书画名品的收藏，不能不提到故宫博物院。说到故宫博物院的书画名品，又不能不提及中国近现代民间收藏第一人张伯驹先生。据有关资料介绍，他出生名门世家，多才多艺，酷爱书画文化。中国故宫博物院顶级书画，近一半为张伯驹先生所捐。他自 1927 年收藏康熙御笔"丛碧山房"的横幅后，就爱上了收藏。其后又收藏了李白《上阳台帖》、杜牧《张好好诗》、范仲淹《道服赞》、宋代杨婕妤《百花图》、唐寅《王蜀宫妓图轴》等名品。在动荡年代，他为避免精品书画流失海外，不惜自筹重金，耗尽了万贯家财，收藏保护的顶级书画有 118 件。其中有 1937 年购买的距今已 1700 多年的西晋大文人陆机真迹《平复帖》。比王羲之手迹早七八十年，是中国已见最古老的书道瑰宝，又是汉隶过渡到章草的最初形态。上面盖满历代名家的收藏章记，被尊为"中华第一帖"。还有 1946

年，他克服重重困难、不惜变卖全部家产购买的距今 1400 多年的隋代大画家展子虔所绘《游春图》（现为故宫镇馆之宝）。这是中国现存最早的画作，运笔精到，意趣无限，有"天下第一画卷"之称。被书画界奉为"国宝中的国宝"。

新中国成立后，张伯驹先生将重于性命的 8 件最顶级的书画无偿捐献给了故宫，其后又将所藏书画，分批捐献给了故宫和吉林博物馆。当时，很多人对他"耗尽家业收藏，为何又无偿捐之？"很不理解。他则坦然："不知情者，谓我搜罗唐宋精品，不惜一掷千金，魄力过人。其实，我是历尽辛苦，也不能尽如人意。因为黄金易得，国宝无二。我买它们不是卖钱，是怕它们流入外国。"他表示"予所收藏，不必终予身，为予有，但使永存吾土，世传有绪。""此则终了宿愿亦吾生之一大事！"他的爱国心和民族情，将永远铭刻世人心中。

四、汉字发展不同阶段的语言文化

语言、文字和文化，是人类社会发展的产物，同时它又推动了社会的文明和发展。对于语言文字的应用，如果按不同历史时期的文字形体、书体变化、语音改变等，其文化的演进和发展，大致又可以分为六个阶段。在各个不同的历史阶段，都有许多著名的杰出人物和不朽的巨大成就。这是中华民族传统文化的结晶，也是中华民族的骄傲。

（一）先秦（甲骨文、金文、大篆）阶段

先秦是指秦朝以前，从传说中的三皇五帝到战国的历史时代。其间，经历了夏、商、西周、春秋、战国等历史阶段。春秋五霸、战国七雄。中国从分裂逐步走向统一，也从原始社会逐渐进入文明社会。

作为汉字起源的甲骨文，在这一时期，也经历了产生、演变和发展的过程，已发展成熟。殷商的青铜器非常精美，已成为人类文明的历史标志。商朝制造的司母戊大方鼎，是现今世界上发现的最大的青铜器。商代时甲骨文字中的记数法比同时期的埃及、罗马的记数法，要简单得多。算术中

的十进位制，被马克思称为人类"最妙的发明之一"。战国时的《甘石星经》，是世界上最早的天文学著作。

在甲骨文和金文基础上逐步发展形成的大篆体汉字，上承西周的金文，下启秦代的小篆。字形结构，趋向整齐，逐渐离开图画的原形，有了方块字的基础。在《说文解字》和后人收集的各种钟鼎彝器中，以周宣王时期的石鼓文，最为著名。

《易经》是中国最古老的经典文献之一。相传起源于伏羲的河图洛书。其后有夏代《连山易》、商代《归藏易》和周代《周易》三种。

《连山易》是神农时代的易，为夏代人对易学的总结。伏羲氏的易，经过19代传承到神农氏（传说中农业和医药的发明者）。他对易象进行推广，运用阴阳消长的原理来解释事物，为中医奠定了基础。

《归藏易》是黄帝时代的易，为商代人对易学的总结。易学发展从神农氏经过8代传承到黄帝（传说是中原各族的共同祖先）。黄帝以坤卦为首卦，讲阴阳调和，对后世的文字、音律、文、五行、干支、历算、礼制等文化的影响很大，特别是为中医打下了坚实的基础。

《周易》是周代人对易学的总结，是周文王、周公、孔子所作。分《古经》和《易传》两部分。《古经》是本文，由卦辞和爻辞组成。卦辞为周文王被囚羑（yǒu）里时所作，爻辞后来为周公所作。阐释《古经》的《易传》，为孔子及其后学弟子所作。《易传》是打开《周易古经》的金钥匙。他以阴阳辩证的哲学观念阐释《周易》，使其哲学蕴涵上升到更广阔的领域。又经过历代众多学者的研究，使《周易》成为中华文化的最高典籍，为世人所知晓。

由于历史久远，《连山易》和《归藏易》早已失传，只有《周易》流传至今。《周易》是对《易经》的继承和发展，对后世影响巨大。

《周易》是一部以哲学思维和从辩证角度来揭示宇宙周期变化大规律的非常奇妙的书。也是古代世界文化史中唯一的一部由符号和文字共同构成的书。以阴阳两种元素的对立统一，揭示了人世间万事万物的变化，表现了中国古典文化的哲学和宇宙观。为中华文化之源、哲学之根。也是华夏智慧与文化的结晶，被尊誉为"群经之首，大道之源"。对儒、道、墨和诸子百家的思想，有极大的影响。道家"道法自然"和儒家"中庸之道"都源于此，甚至连西方黑格尔辩证法中的"对立统一规律、量变质变规律、否定之否定规律"的三个基本规律的思想也包涵其中。西方有《圣经》，中国有《易经》（《周易》）。

《周易》奠定了中华国学基础，对中国后世历代的政治、经济、文化、生活的影响巨大而深远。其博大精神的原理在后世的各门学科都得到广泛运用，与天文、地理、文学、艺术、哲学、历法、数理、生物、音乐及军事、医学、武术、气功等方面都有密切的联系。特别是现代的建筑、医学、音乐、绘画、人文等，无不与之有关。

有专家考证，北京的古城建筑与现代规划的沿中轴线布局，体现了"内和外安"、"阴阳对称"的理念，是中华传统文化的晶华。现代建筑的"鸟巢"（圆形）为阳、"水立方"（方形）为阴，也体现了沿中轴线的"对称美"中的"不对称美"。它们相互交融，有美不胜收的效果。这是个比较突出的例子。

在此长达1800多年的历史长河中，语言文字的发展和变化，适应了社会发展的需要，促进了社会的进步，创造了光辉灿烂的"春秋"文化，也推动了文学艺术的繁荣和科学技术的发展。

先秦时期是思想活跃、学术自由、文化繁荣的时代。有史上著名的"诸子百家争鸣"（诸子：指孔子、孟子、老子、庄子、荀子、墨子、鬼谷子等；百家：是对先秦学术思想派别的总称，有儒家、道家、墨家、法家等流派）；有史称"六艺"（六种技能）的礼、乐、射、御、书、数；有备受推崇的"四书五经"（四书有《论语》、《孟子》、《大学》、《中庸》；五经为《诗经》、《尚书》、《礼记》、《周易》、《春秋》）；也有《国语》、《吕氏春秋》、《离骚》等经典作品。其中的"四书五经"，是儒家的经典著作，为中华文化瑰宝。提供了修身、齐家、治国、平天下的智慧和经验。其中的格言警句、妙语佳言、成语典故，至今仍在各个领域和日常生活被广泛运用。

春秋时代是成语大量出现的时代，流传至今的大约仍有七八百个左右。有一些，我们比较熟悉，如：一鸣惊人、一字千金、一言九鼎、狐假虎威、杞人忧天、亡羊补牢、一暴十寒、邯郸学步、三人成虎、退避三舍、卧薪尝胆、孟母择邻、三令五申、呆若木鸡、围魏救赵、毛遂自荐、纸上谈兵、兔死狗烹、买椟还珠、鹬蚌相争，两败俱伤、前事不忘，后事之师，等等，不逐一列举。每句成语，都是一个小故事。在历史的长河中，经约定俗成、流传至今的春秋成语典故，言简意赅、寓意深刻、文化内涵丰富，是我们学习汉语的捷径。

春秋文化浓缩了时代精华，是中华文化的名片。其精彩的语言、智慧的思想、生动的故事，对中华文化影响巨大。尽管后世不断有演绎，但似乎并没有超越。这一时期，产生了中国历史上伟大的"文圣"孔子、伟大的"智圣"老子、和伟大的爱国诗人屈原，以及迄今仍被军事、经济等领域格外推崇的"兵圣"孙子（孙武）等。这是中国文化史上的一个极其辉煌的年代。

（二）秦、汉（篆、隶文字）阶段

秦汉时期，是秦、汉两朝大一统时期的合称。秦朝和汉朝都是统一的、多民族的、疆域辽阔的国家。公元前 221 年秦灭六国，统一中国，结束长期分裂割据局面，建立了中国历史上第一个中央集权制的秦王朝。秦国修筑万里长城、统一了文字、度量衡，即所谓"书同文，车同轨"。稳定的大一统的国家，形成了稳定的秩序和统一的文化。

从春秋战国到先秦时期，古文字，品类繁多，是汉字形体大变动的时代。《说文解字序》云："秦书有八体：一曰大篆，二曰小篆，三曰刻符，四曰虫书，五曰摹印，六曰署书，七曰殳书，八曰隶书。"

秦统一文字，改"大篆"为"小篆"，亦称"秦篆"，使之成为通行全国的标准字体，这是文化史上的伟大功绩。从大篆到小篆的文字变革，在汉字发展史上有重大的影响。秦代小篆，以秦刻石为代表，光耀史册。秦始皇东巡刻石多已残毁佚亡，今所存者仅《泰山刻石》，也称《封泰山碑》，是秦代具有代表性的文字刻石。秦代小篆还铭刻在秦虎符上。如《阳陵虎符》等。

由秦到汉，汉字的形体由"小篆"演变成了"隶书"。隶书起源于秦朝，盛行于汉朝，东汉时达到顶峰。从古代篆书到汉代隶书，是质的飞跃。东汉后期出现的楷书，奠定了楷书的基础，字体便稳定下来。因此，汉字的形体，是汉朝定型的。从此，我们的文字才称为"汉字"，一直沿用至今。

秦汉时期，是中国古代文化大发展的时期。秦汉文化，是对先秦文化的继承和创新，是中国传统文化的重要部分。为中国两千多年的封建文化的发展奠定了基础。"文景之治"开创了中国历史上第一个盛世。"儒学"地位的建立和巩固，对后代的历史与文化产生了规范性的影响。通往西域的"丝绸之路"，为文化、艺术、经济、宗教等方面的交流，作出了巨大的贡献。

相传，《史籀篇》是秦国早期教学童的识字书。李斯作《仓颉篇》、赵高作《爰历篇》、胡毋敬作《博学篇》，汉代初年总称《仓颉篇》。四字一句，两句一韵，以便记诵。这是文字用于教育传播的开始。

《尔雅》是周代至西汉初历代学者解经的汇编，号称解经的钥匙。是中国第一部词典，收集了比较丰富的古代汉语词汇。为辞书之祖、中国古代《十三经》之一，是传统文化的核心。"尔"是"近"，"雅"是"正"的意思。《尔雅》意为接近、符合"雅言"，即在语音、词汇和语法等方面以雅正之言解释古语词、方言词，使之近于合乎规范的标准语。此后，在训诂学、音韵学、词源学、方言学、古文字学乃至医药本草著作方面，都基本遵循了它的体例，有着重要影响。

《尔雅》在历史上，备受推崇。在中国语言学史和词书史上都有显著地位。称为我国古代的百科全书，是我国第一部按义类编排的综合性辞书，也是疏通包括五经在内的上古文献中古文词语的重要工具书。在世界词书编纂历史上，也堪称第一。

东汉许慎用六书理论分析篆书的形体结构，著《说文解字》，收小篆9353个，收古文（战国文字）、籀（西周、春秋文字）文1163个。且对每个字的训释，兼顾到音、形、义三方面。还对每个字标明字形、注出读音、推究字义。全书分为540部，全部解说凡13万3千多字。这是我国最早的一部编辑完善、内容丰富的字典，也是世界最早、最具创造性的字典。书中保存大量的古文字和古音古义，对研究古文字有很大作用。其按部首编排文字的方法，一直沿用至今。

文化，是历史和时代的产物。中国的秦汉时期，是世界最先跨入封建时代的。它是中国封建时代发展的第一个高峰，也是中国文明走向世界的第一阶段。秦汉时期，天文、历法、算学、医药学，已有新的突破。史学、文学、艺术等方面，亦有突出成就。

既是东汉文学家，也是杰出的科学家的张衡，撰《灵宪》，作浑天仪和地动仪。《太初历》的编制，是我国历法史上的第一次大改革。《九章算术》标志我国古代数学的完整体系的形成。

《黄帝内经》（又称《内经》，由〈素问〉和〈灵枢〉构成）。它既是中国最早的医学典籍之一，也是中国传统医学四大经典《内经》、《难经》、《伤寒杂病论》、《神农本草经》）之首。后世普遍认为，此著成书于战国是时期，最终成型于西汉年代，而作者并非一人。

东汉最著名医生张仲景，著《伤寒杂病论》，提出辨症论治，对医学发展有重大贡献。杰出的外科医生华佗，以外科手术著称于世，是世界外科麻醉术的首创者。他的"五禽戏"健身操，一直流传至今。而《神农本草经》，则是我国现存最早的药物学专著。

秦汉时期，科学技术的许多重大成就，曾居世界领先地位。《周髀算经》记载的"勾三股四弦五"，比西方早 500 年。《九章算术》中的正负数、分数概念及其运算，比西方早 1000 多年。东汉科学家张衡，发明制作世界第一台地动仪，比西方早 1700 多年。

司马迁的《史记》，位列二十四史之首，是中国第一部纪传体通史，有很高的史学和文学价值。班固的《汉书》，首开纪传体、断代史之先河。汉赋、乐府诗，显示了两汉文学的突出成就。汉赋的代表作，有司马相如的《子虚赋》、《上林赋》和班固的《两都赋》。乐府诗中的《乐府》和《古诗十九首》，是反映两汉社会生活的民间文学的代表之作。汉末乐府《孔雀东南飞》与其后"北朝乐府"的长篇叙事诗《木兰诗》并称为名篇，长久为人们所传颂。

秦汉陶塑艺术、铸铜艺术、绘画艺术，发展迅速，水平很高。以秦始皇陵兵马俑、成都说唱俑、洛阳杂技俑为其典型。其制作精美，出神入化。秦汉帛画、画像石、画像砖、瓦当等，也有许多珍品。

纸是人类文明的重要标志。有了纸，人类的文化才能更好地保存和传播。西汉文学家东方朔向汉武帝进奏章时，所用竹简要两个人吃力地抬进宫去，收藏携带都不方便。东汉蔡伦最早发明造纸术，是我国古代四大发明（造纸术、印刷术、指南针、火药）之首。对人类的文明和发展，影响巨大。

当年，欧洲人还在羊皮上写字，据说写一部《圣经》就要杀掉三百只羊。当时，埃及用纸草、印度用贝叶、两河流域用泥板写字。中国造纸术的发明与传播，具有划时代的意义。

秦汉文化的成果，泽被后代，惠及世界。当代著名的英国学者李约瑟曾经这样表述：“现代世界赖以存在的重大发明创造中，有一半来自中国”、“中国这些发明发现远远超过同时代的欧洲”。

（三）魏晋（草书、行书、楷书）阶段

魏晋，即魏晋南北朝时期，可分为三国时期（魏、蜀、吴并立）、西晋、东晋、南北朝时期。魏晋以后，草书、行书、楷书迅速形成。南北朝时期，行书、草书、楷书盛行。

魏晋南北朝时期，中国社会处于较长时期的分裂割据状态。南北文化差异很大，风格迥异。文学、绘画、石窟艺术等，打上佛教的烙印，具有时代的特色。

魏晋南北朝编纂的字书，多收罗古今异体、多列举训释例证，对后世字书的编纂有很大的影响。如南朝梁代，顾野王编纂《玉篇》，便是第一部楷书字典。它沿袭《说文》编法，每字下详举字义，并引证经传文句，有的还加以注解。字有异体，则分列在两部或数部，与《说文》的列字不同。

魏晋南北朝文学，是两汉文学的继承与发扬。这在五言古诗和辞赋方面最为明显。魏晋南北朝的文学理论和文学批评，异常地繁荣。其中，陆机的《文赋》、刘勰的《文心雕龙》、锺嵘的《诗品》等论著以及萧统的《文选》、徐陵的《玉台新咏》等，一时形成了中国文学理论和文学批评的时代高峰。其间，杰出的文学家有陶渊明、曹植、阮籍、庾信等，还有至今仍为人称道的著名的“竹林七贤”（嵇康、阮籍、山涛、向秀、刘伶、王戎、阮咸七位名士的合称）。其中范缜的《神灭论》、王充的《论衡》、陶渊明的《桃花源记》及田园诗、曹植的《洛神赋》等，迄今仍是中外学子们阅读与鉴赏的范文。

《世说新语》又名《世语》，是魏晋南北朝时期“笔记小说”代表作。记述自汉末到刘宋时名士贵族的轶闻轶事，是有关人物评论、清谈玄言和

机智应对的故事。被鲁迅先生称为："一部名士底教科书。"可以看到魏晋时期几代士人的群像，进而了解那时上层社会的风尚。

科学技术成就突出的，有祖冲之的圆周率、郦道元的《水经注》、贾思勰的《齐民要术》等；艺术方面为后世嘱目并广有影响的，有顾恺之的《女史箴图》、《洛神赋图》，还有王羲之的《兰亭序》等。著名的石窟雕塑如大同云冈石窟、洛阳龙门石窟，亦曾名闻海内外。

（四）六朝及唐宋以来（俗字、简体字）阶段

六朝及唐宋，是从六朝到唐宋的历史时期。"六朝"，是对曾建都建康（即今南京）的孙吴王朝与东晋及南朝的宋、齐、梁、陈这六个国家的统称。唐宋就是唐朝和宋朝。宋朝又分北宋和南宋时期。

六朝政治动荡，从鼎盛走向衰落，但民族团结，思想活跃，文化多元，具有开放和融合的特点。

六朝文化，是以六朝京都建康（今南京）为中心的地域文化。既是两汉文化的终结，又是隋唐文化的起点。它承先启后，在中国文化史上有重要地位。其间，哲学（清谈）与文学、绘画与书法、陵基石刻艺术，具有独特风貌；诗歌、散文、骈文、小说和文学理论，也都有浓郁的时代特色。"六朝三杰"，是中国绘画史上著名的三位书画家，即东晋顾恺之、南朝·宋之陆探微、南朝·梁之张僧繇。风格各异，自成一家。六朝历史文化以古都南京为代表，其遗存的石刻文字和石雕刻品，艺术性很高。所留下的像台城、北极阁、鸡笼山、玄武湖、秦淮河、朱雀桥等名胜古迹，如今仍历历在目。他们都来历不凡且有许多传奇故事，迄今仍被广泛传颂。如今的南京"六朝博物馆"，一馆藏尽六朝梦。人们能够观赏六朝遗留文物，领略璀璨的六朝文化。

唐朝国家统一，社会安定，经济发展，国力强盛。唐代实行科举制，大批寒士崛起，创造出了当代辉煌的文化，影响巨大。

汉字，史有"汉隶唐楷"之说。唐代主要是刊正字体，规定文字的形体标准和使用规则，确定楷法，使楷书趋于定型。我们今天所用的印刷体，即由楷书变化而来。正字体是唐代文化的重要内容，由此楷书有了一定的规范。这一时期，也出现了大量的俗字和简体字。

汉字不断变化，简化是主要倾向。汉字从甲骨文发展到篆文，偏旁构成已基本固定；由篆文变为隶书，再变为楷书，其偏旁形态又进一步确定，书写已经规范。因此，合乎规范的字，就是正体字或正字。不合规范的字，就是俗体字或俗字。

俗体字，是民间的通俗字体，也是流行于民间的简体字。与正体字相比，俗体字改变了笔画或更换了偏旁，也有少数是另造的。由于比正体字笔画少，应用方便，所以千百年来流传不断。

简化字，是对原来结构复杂、笔画多的字，进行改造、简化。其中一些简化的汉字被作为简体字取代了原有的繁体字。比如：寶/宝、體/体、墳/坟、僅/仅、進/进、積/积等。此类简化字，在历代碑帖里就已有很多，六朝的碑刻也有不少；到隋唐时更加增多，以至影响到许多著名的书法家。如唐代欧阳询、颜真卿的书法作品里，就有很多俗体字：如流、景、明、损、珍、脱等。宋元以后的戏曲小说刻板里，也经常应用一些俗体字，其中很多的字，直到现在还在应用。

楷书、行书、草书发展到唐代，都跨入了新的境地，对后代的影响尤为突出。唐朝的大一统，把封建经济、文化推向新的高峰。唐朝文化，百花齐放，百家争鸣，尤以"诗歌"为盛。唐代的音乐、舞蹈、绘画、建筑等，还有唐三彩，也都有前所未有的成就。

唐代是中国诗歌发展的黄金时代。众多伟大、杰出的诗人，把中国诗歌艺术推向新的高峰。今天可考的唐诗作者有三千七百多人，可见的存世唐诗有五万四千余首。其中最能反映盛唐风貌、最能代表盛唐诗歌艺术成就的是伟大的"诗仙"李白和"诗圣"杜甫。除此以外，唐代特别著名的诗人，还有韩愈、柳宗元、刘禹锡、白居易、元稹、李商隐、王之涣、孟郊、杜牧、许浑、王维等，诗人中，还有特别擅长于写边塞生活的王昌龄、高适、岑参、祖咏等。

唐末五代时期，徐铉、徐锴兄弟二人通过著述，对《说文解字》的流传，起到了重要作用。

历经五代的分裂，北宋重新实现全国统一，文化又呈现了少有的繁荣与辉煌。

"唐诗"和"宋词"，是中国文学史上辉耀千古的两颗明珠。唐代被称为诗的时代，宋代则被称为词的时代。词源于民间，始于唐，兴于五代，盛于两宋。宋代皇帝几乎都爱词，大臣也几乎都是词人。宋代政治家范仲淹、王安石、司马光、苏轼、曾巩等，都是当代著名词人。甚至很少出头露面的女子李清照，也成为一代词宗，名垂后世。

"唐宋八大家"，是唐宋时期，以散文著称的八位文学家的合称。即唐代韩愈、柳宗元和宋代欧阳修、苏洵、苏轼、苏辙（其中苏洵是父亲，苏轼是兄长，苏辙是弟弟，合称三苏。有"一门三学士"之誉）、王安石、曾巩八人。亦可用"唐有韩柳，宋为欧苏"来概括。唐宋的文化成就，被誉为中国最灿烂辉煌的两个时代，对后世的影响巨大。无论是优美的诗词，还是洒脱的散文，其朗朗上口的韵律、曲径通幽的意境，都让人耳目一新。直到今天，人们对"唐诗宋词"和"唐宋散文"的经典名句和名篇，仍然情有独钟，记忆犹新。

中国的经典诗词，代表了当时的文学成就。其中许多著名文人、墨客的踪迹、遗闻、轶事，伴随着他们经典的作品，也留下了大量的文化景点。李白"烟花三月下扬州"的诗句，使得千百年来，扬州名闻天下，游人如织；张继的《枫桥夜泊》传唱了苏州千年的钟声，仍记忆犹新。正因为以其优美的诗词和动人故事为灵魂，才使得许多风格各异的景点、文物、古迹，充满活力。其它许多地方的旅游景点，也往往因此游人络绎不绝，常常流连忘返。

中国的诗词歌赋，是极为丰富的文学宝库。

不久前，央视黄金档播出的《中国诗词大会》，是央视继《中国汉字听写大会》《中国成语大会》《中国谜语大会》之后的又一大型文化益智节目。以"赏中华诗词，寻文化基因，品生活之美"为主旨，受到了各年龄层观众的广泛关注和热烈赞誉。这是一场诗词的狂欢，经过"个人追逐赛"和"擂主争霸赛"的比拼，十场比赛，高潮迭起。幽默的主持，精彩的点评，气氛热烈，传播了最美的中国诗词文化。参赛选手和电视观众，大家聚精会神，并非单纯比拼诗词背诵能力，而是重温经典诗词之美、感受诗词之趣，学习古人之情怀。体现了优雅与浪漫。

更让人感受振奋的，还有许多外国朋友为"学习汉语，读懂中国"所参加的汉语大会、汉语故事会、汉语才艺展示等各类比赛和对决。不仅有在国内的"北京代表队"、"南京代表队"、"杭州代表队"等，也有在国外的"亚洲代表队"、"欧洲代表队"、"非洲代表队"等参加比赛。他们的汉语知识面之广、汉语水平之高、领悟汉语传统文化精髓之深，无不让人赞叹。这对我们国人来说，也是鼓舞和促进。我们比他们具有优越条件，能不学好母语、传承好中华文化吗？

唐朝鉴真大和尚，历尽艰险，东渡日本，传播中华文明。对中日文化交流，有杰出贡献。日本借鉴唐宋文化，较好地保存了一些唐宋文化元素，如服饰、茶道、音乐舞蹈、书法绘画、日常起居的习俗等。

宋代开始注意对金石文字的研究。欧阳修《集古录》和赵明诚《金石录》，都有许多关于石刻及其研究的记载。另有《隶释》，则专门研究汉碑隶书，为考证文字的假借，提供了很多重要的材料。

北宋司马光，自幼聪慧过人。他不仅是著名学者，也是著名的政治家和历史学家。他历时 19 年主编完成的中国历史上第一部编年体史书《资治通鉴》（简称《通鉴》），共 294 卷，约 300 万字。此著以时间为纲、事件为目，从周威烈王二十三年（公元前 403 年）起，到五代后周世宗显德六年（公元 959 年）征淮南停笔，涵盖 16 个朝代 1362 年的历史。其内容以政治、军事的史实为主，借以展示历代君臣治国理政的盛衰和家族传承的兴亡。被誉为历史的镜子，以为借鉴，警示后人。司马光的《通鉴》，也被誉为继司马迁《史记》之后的又一颗巨星，亦称两"司马"双峰并峙。也有称《史记》为文学家笔下的历史，《通鉴》为政治家笔下的历史。

宋徽宗赵佶，是著名的书画爱好者，也是艺术家和收藏家。在他的授意和参与下，集体编写而成的《宣和书谱》和《宣和画谱》，是北宋宣和年间编撰的宫廷所藏书法作品和绘画作品的姊妹篇。

《宣和书谱》著录所藏历代法书墨迹，包括 197 人的 1344 件作品。每书体前有叙论，述及书体的渊源和发展、书法家小传、评论，最后列御府所藏作品目录。体例精善，评论精审，资料丰富。

《宣和画谱》由魏晋至北宋宫廷所藏历代著名画家的作品目录编撰而成，有画家 231 人，作品 6396 件。不仅是宋代宫廷绘画品目的记录，也是一部传记体的绘画通史。为绘画著录的重要典籍，著录完备，篇幅之大，不失为巨著。对了解和研究绘画发展史，有史料价值。

·

（五）元、明、清（方言字、文言文、白话文）阶段

元明清，即元朝、明朝和清朝三个历史时期。在文字和文体的应用方面，对方言字、文言文、白话文，有了比较明显的细化和区分。

方言字，是通行在方言区、记录方言词、反映方言读音的汉字。同一汉字，不同地域，读音往往不同，这就是方言音。方言不同而文字相同。中国幅员辽阔，是多民族国家。在中华数千年历史中，语言的口语变化非常之大。自古封建王朝大多建都中原，形成了以中原音为主的正统语音，其它地区的语音则为方音。另外，中国自古战争动荡，朝代更替。失败者往往逃跑到更为落后、更为偏僻的地区。长期封闭的生活，渐渐与中原地区形成差别，也就又形成了方言。西汉扬雄所著《方言》，调查和记载了不同地域之间的文化差异。广为流传的唐诗"少小离家老大回，乡音无改鬓毛衰"中的"乡音"，就是指方言。明代梅膺祚作《字汇》，亦汇集了许多方言字。

"文言文"，是指使用文言的作品。是以先秦口语为基础、视秦汉经典著作为范式、受封建主流意识而形成的一种书面文体。文言文形式规范，格式相近，用词用字统一。春秋战国时期，记载文字用竹简、丝绸等物，记录的字数有限。有了"纸"以后，"文言文"才成为读书识字的象征。"文言"，即"书面语言"。在1918年以前，中国几乎所有的文章都是用文言写成的。古代的正式文体，就是文言文。因此，"古文"即"文言文"。

白话文，是相对于文言文的又一种文体。白话文是用白话写成的文章，即使用常用的直白的口头语言写成的文章，也称语体文。"白话文"是汉语书面语的一种，是唐宋以来在口语的基础上形成的。白话文浅显通俗，起初只用于通俗文学作品，如唐代的变文，宋、元、明、清的话本、小说以及部分学术著作和官方文书。

清末进行文体改革，到"五四"新文化运动后，才在全社会普遍应用。由于方言的差异，白话文在各地差别较大，呈现出地域的差异。主要有四种：官话白话文（京白）、吴语白话文（苏白）、粤语白话文（广白）以及韵白（明代官话）。

元明清的文化成就，也不容低估。

元代戏剧（称"元曲"），是中国戏曲艺术进入成熟期的黄金时代，成为元代文学的代表，在文学史上取得了和唐诗、宋词并称的地位。

杂剧、散曲，合称曲。著名的"元曲四大家"是关汉卿、白朴、郑光祖、马致远。

元曲有杂剧和南戏两种类型。杂剧风行于大江南北，南戏流行于东南沿海。杂剧有王实甫《西厢记》、关汉卿《窦娥冤》、郑光祖《倩女离魂》等著名作品。南戏有高明《琵琶记》、《荆钗记》、《拜月记》等知名戏剧。散曲有马致远《天净沙·秋思》、雎景臣《高祖还乡》、张养浩《山坡羊·潼关怀古》等脍炙人口的名篇。

明代前期的著名作品，几乎都集中在元明之际。由元入明的诗文作家有宋濂、刘基等。其间，令人惊喜地出现了后来扬名世界的长篇小说《三国志通俗演义》（罗贯中著）、《水浒传》（施耐庵著）。

明代中叶以后，有汤显祖的《牡丹亭》。在诗文方面，以李梦阳、何景明为首的"前七子"，影响较大。明后期，戏曲步入中国全盛期。此时有杂居作家徐渭的《四声猿》，有传奇作品《宝剑记》、《鸣凤记》、《浣纱记》等。其间，还出现了众多著名的长篇和短篇小说，如吴承恩的《西游记》、兰陵笑笑生的《金瓶梅》，还有《北宋志传》（又名《杨家将传》、《杨家将演义》）、许仲琳的《封神演义》以及冯梦龙的"三言二拍"（即《喻世明言》、《警世通言》和《醒世恒言》，《初刻拍案惊奇》与《二刻拍案惊奇》）等。

明代梅膺祚作《字汇》，把540个部首改造为214个，创造了同部首按笔画多少检字的方法。

明代著名航海家和杰出外交家郑和，从明永乐三年（公元1405年9月）至宣德八年（公元1433年），曾先后率领庞大船队七次下西洋，经东南亚、印度洋，最远到达红海和非洲东海岸。足迹遍及亚洲、非洲等地区的30多个国家。规模之大，人数之多，航程之长，组织之严密，技术之先进，显示了明朝国家的强大。郑和是世界航海的先驱，为发展我国航海事业、传播中华文化、促进各国友好、合作、交流，贡献突出，享誉世界。后世几百年中，几无人能及。南京的"宝船遗址公园""郑和公园""郑和资料展"，都可展现当年风采。

明代著名医学家李时珍所撰《本草纲目》，是集中国古代医学成就为一体的最具影响的医学巨著。

清代的皇帝，大多崇尚和酷爱中华传统文化，成就突出。"康乾盛世"更加促进了文化艺术的繁荣和发展。

《康熙字典》，是在明朝《字汇》、《正字通》基础上，历时六年增订、编纂的。是张玉书、陈廷敬等三十多位著名学者，奉清康熙圣旨编撰的一部具有深远影响的汉字辞书，故名《康熙字典》。

《康熙字典》对《说文解字》又有了更进一步的研究，使之成为我国第一部分析字形、说解字义、辨识字音的字典。它反映了古汉字形体和古汉语词汇的面貌，不仅是研究和学习先秦两汉古籍的重要资料，也是辨识甲骨文和金文的桥梁。

《康熙字典》新版本，字头上方有宋体楷书，卷末附有新的"检字表"，编制较好，使用方便。通过订正讹误、探索体例、疏通字义、补充例证，对《说文解字》的广泛流传和普遍使用起到了重要作用。采用部首分类法，按笔画排列单字，字典全书分为十二集，以十二地支标识，每集又分为上、中、下三卷，并按韵母、声调以及音节分类排列韵母表及其对应汉字，共收录汉字四万七千零三十五个（47035个），为汉字研究的主要参考文献之一。《康熙字典》，如今仍是入选中国世界纪录协会中国收录汉字最多的古代字典。也是中国第一部以字典命名的汉字辞书。

清代，还把文字、音韵、训诂融会贯通，向新的语言文字方向发展。文字的形、音、义，与音韵学和训诂学互相联系。不懂古音，就不能理解谐声字和声旁在声音上的关系，也不懂得文字的假借或通用在声音上的关系。文字通假在秦汉古书中极为普遍，研究文字的通假，也可以考证古音。清代的《四库全书总目提要》把语言文字分为训诂、字书、韵书三类。训诂侧重解释字义；字书侧重辨别字形，兼及音义；韵书侧重辨别字音，兼释字义。这就是近代所谓的文字学。

由清乾隆皇帝主持、纪晓岚任总纂官的《四库全书》，是中国历史上规模较大的一部浓缩中华传统文化精髓的百科全书。

《石渠宝笈》是清代乾隆、嘉庆年间宫廷编纂的大型书画著录文献。自清乾隆8年开始编撰，耗时74年，收录我国上迄魏晋，下至清初近两千年书画名家最优秀的书画作品，达一万两千余种。汇集了清皇室收藏最鼎盛时期的所有作品，为我国书画著录史上集大成的旷古巨著，是中华民族历史和艺术史上珍贵的文化遗产。

清代文学，是中国封建社会文学的最后阶段。其小说创作，登上又一高峰。蒲松龄的《聊斋志异》、吴敬梓的《儒林外史》、曹雪芹《红楼梦》以及李汝珍的《镜花缘》，在中国小说史上，几无人可及。

在戏曲方面，南洪（洪升）北孔（孔尚任）是著名的传奇戏剧作家。洪之《长生殿》、孔之《桃花扇》，与此前的王实甫的《西厢记》、汤显祖的《牡丹亭》，并列为中国四大戏曲名著。乾隆时期的《吟凤阁杂剧》和《雷峰塔》传奇，其艺术成就亦颇高。李宝嘉《官场现形记》、吴沃尧《二十年目睹之怪现状》、刘鹗《老残游记》、曾朴《孽海花》为晚清四大谴责小说。

（六）近、现代（新文化）阶段

近代，是指自 1840 年中英鸦片战争爆发，到 1949 年新中国成立的时期。历经清王朝晚期、中华民国临时政府、北洋军阀和国民政府时期。现代即 1949 年新中国成立后的时期。科学与民主是近代文化的核心内容。康有为、梁启超的君主立宪、孙中山的民主共和以及实业救国、教育救国、科学救国等思想，在"五四"运动前，对中国思想文化的影响最大。"五四"运动，高举民主、科学与爱国的大旗，是近现代中国梦的开始。近代文化既丰富多样，又肤浅粗糙，没有形成完整的体系。在中国文化发展史上，处于承前启后的地位，是连接古代文化和现代文化的桥梁。

以康有为、梁启超、严复、谭嗣同为代表的资产阶级思想启蒙运动和以孙中山、章太炎、邹容、陈天华为代表的资产阶级民主革命，促进了中华民族的觉醒。近代，研究内容广泛，前所未有。不单纯识字，也由识字涉及词句意义、语法结构和从形体考索字的本义与引申义的关系。此后还有整理汉字和简化汉字的工作，以促进汉字规范化。

晚清白话文运动，开启了"五四"白话文运动的先声。"五四"白话文运动，使白话文最终取代文言文成为主要的书面表达方式。"五四"新文化思潮时期，以陈独秀、李大钊、鲁迅、胡适、刘半农等为代表，他们提倡新文学，反对旧文学；提倡白话文，反对文言文，由此提高了小说、戏曲的文学地位。白话小说鲁迅之《狂人日记》、诗集胡适之《尝试集》以及周作人"美文"系列、冰心散文、郭沫若《女神》等，无不具有开创或奠基的意义。在众多著名文人中，对中国近现代语言文化影响较大的有章太炎、蔡元培、陈独秀、鲁迅、胡适、陈寅恪、梁漱溟、林语堂、郭沫若、王 力、周有光等。

《辞海》是中国唯一以字带词，集字典、语文词典和百科词典的主要功能为一体的最大型的综合性辞书。自 1915 年开始，现已有百年的历史。是历经几代学人千锤百炼的结晶。《辞海》1936 年正式出版，1957 年修订再版。以其宏博气势，精良程度，轰动全国。被誉为"万宝金书"，成为载入中国出版史的大事。现在计划 2019 年出版的《辞海》第 7 版，将全面向互联网敞开胸怀，其影响会更大。

（七）历史文化综合概述

除上述不同阶段的语言文化的成果以外，体现中国文化博大精深的，还有许多传承下来的各种不同类型的传统文化。如：中华服饰文化、中华中医药文化、中华玉文化、中华陶瓷文化、中华园林文化以及中华饮食文化、酒文化、醋文化等许多具有中国元素的传统文化。也有中华非物质文明遗产名录的许多项目，如，中国传统的魔术、杂技、武术、戏剧以及具有地方特色的变脸、年画、剪纸、木偶及布袋剧等，都是丰富多彩、喜闻乐见的中华传统文化的体现。

中国领土幅员辽阔，中华民族勤劳智慧，在不同的历史时期，也形成了许多独特的地域文化。遍布全国各地的历史文化名城，正是这种地域性历史文化的集中反映，也是中华传统文化的组成部分。

西安、南京、北京和洛阳，并称为中国最著名的四大古都。加上开封和安阳，被称为著名的六大古都；加上杭州，被誉为七大古都。

其中的中国西安与雅典、罗马、开罗，并称为世界四大古都。

中国的国家级历史文化名城，国务院于 1982 年、1986 年和 1994 年先后公布的有 99 座；从 2001 年到 2014 年间又先后增补 27 座，现在共计有 126 座。它们彼此交相辉映，同样拥有丰厚的文化底蕴和历史遗存。其本身就是博大精深、诗意隽永的书，也是文脉悠长、值得品味的书。亦如璀璨的明珠，点缀在中华大地，熠熠生辉。

中国海峡两岸，同宗同祖，一脉相承。语言文字相同，文化习俗相通，历史遗存相似。两岸隆重祭拜黄帝陵和虔诚供奉妈祖，凝聚了中华情怀。台北故宫博物院的文物精品以及中国台湾"清华大学"和"中国文化大学"的设立，体现了中华传统文化。星云大师，乡音无改，中华情深。他身体力行，传承中华文明，造福两岸民众，堪称世界顶级大师。

有识之士呼吁：要坚持传统文化教育，牢记中华民族之"根"和中华文化之"源"。我们要向经典致敬，与时代同行。当前的学习传统文化和传承中华文明，正在广泛开展和深入人心。

回顾历史，不能忘记传统和伟绩，也不能忘记苦难和心酸，更不能容忍对文化的摧残和对文明的践踏！绝不能抹去那些沉痛的记忆：

古代，秦时规模宏大的"阿房宫"被焚毁，是对中国古代文明的一次较大的摧残。

近代的"火烧圆明园"，是一次野蛮的强盗行径。

清王朝举世无双的皇家御苑"圆明园"，是我国园林艺术的瑰宝。融中西方艺术为一体，有"万园之园"的美称。从 1709 年开始营建，至 1809 年基本建成，历时一个世纪。不仅有极为精美的陈设、装饰，还收藏和陈列着全国罕见的珍宝、文物、名人字画、秘府典籍、钟鼎宝器、金银珠宝和稀世文物。可以说，是集中了我国古代文化的精华。然而如此宏伟、举世无双的"圆明园"，竟在 1860 年和 1900 年，被英法联军和八国联军抢掠并付之一炬。这是古老的东方文明，遭遇到了西方列强的暴力摧残！如今，我们虽然只能看到"圆明园"遗址，不能看到当年"圆明园"的面貌，但有英、法等国珍藏的反映当年面貌的许多照片和史料为证，还有许多的"珍藏品"为证。一些已公开曝光的焚烧前的照片资料，既能反映当年"圆明园"的宏伟、壮丽、美轮美奂，也是当年侵略者的罪证！它们的暴行，我们不会忘记！

现代，更有日本军国主义的侵华战争和惨绝人寰的"南京大屠杀惨案"。南京 30 万同胞惨遭杀害，大批文物珍品被掠夺。据查，日军占领南京后，除大肆抢夺财物外，还派出专业特工 330 人、士兵 367 人、劳工 830 人、卡车 310 辆（每天运送十几卡车），历经 38 天，共抢劫图书文献 88 万多册。超过当时东京最大图书馆 85 万册的藏书量。在全国范围内，更有无数的文物、财宝被掠夺和摧毁。这是中国史上的又一空前浩劫。在侵华战争中，中国军民死伤 3500 余万人，经济损失达 6000 亿美元以上。前事不忘，后事之师。对此，中国人民也绝对不会忘记！

当代，有些人以"破四旧"为名，用愚昧、无知、鲁莽的方式，造成了对文化古籍的破坏和损毁；部分地区在开发和建设中的不文明行为，也使一些文物古迹遭到不同程度的破坏，也令人痛心！

对于各种破坏和毁灭人类文明成果的罪恶行经，不管东方文明，还是西方文明，乃至整个世界文明，都应该深恶痛绝！

中国，曾历经磨难和沧桑。见过风雨，走过逆境，挺过失败，浴火重生，有着充满尊严的顽强。中华文明，绵延不绝；中国文化，依然辉煌。

中国，是任何侵略、扩张和任何野蛮、凶残，都无法摧毁的！中国，是不可阻挡和无法战胜的！

中国，无愧是伟大的国家！中华民族，无愧是伟大的民族！这是我们的骄傲和自豪！作为中华民族传承人的我们，要牢记历史，热爱国家，关爱社会，要有传承中华文化的情怀和振兴中华民族的责任。

五、汉字的书写规则、使用状况和发展概况

我们知道了汉字的产生和发展，也知道了汉字在发展过程中的变革以及在具体实践中运用。下面，我们将进一步具体介绍汉字的书写和应用规则，以及汉字在现代语言实践中的使用状况和发展前景。

（一）汉字的书写规则

汉字的书写，是从学童开始的。分笔画、笔顺、偏旁、形旁、声旁、部首、行款等组成部分，每个部分都有严格的区分和具体的要求。汉字的书写，必须按照一定的规律，符合其规范化的具体要求。

笔画，是指组成汉字的点和线，是汉字的最小构成单位。

写字时，每下笔到提笔一次为一笔或一画。汉字的基本笔画有五种：

点（丶）、横（一）、竖（丨）、撇（丿）、捺（㇏）。它们的变形有三种：挑、钩、折（乛）。具体细分，可达30多种。认识笔画形状，会数笔画数目，有助于写字、教学和查阅字典。

笔顺，是指汉字笔画的书写顺序。

笔顺的规则是：从上到下（如："主"），从左到右（如"林"），先横后竖（如"干"），先撇后捺（如"八"），先进后关（如"田"），先中间后两边（如"水"）等。再如"仗"，笔顺为丿，丿丨，丿丨一，丿丨一丿，丿丨一丿㇏。掌握笔顺关系到书写速度和字形好坏，对书写整齐、迅速和识字、教学都是会有帮助的。

偏旁，是合体字的结构单位。

古代人把左右结构合体字的左方称为"偏"，右方称为"旁"。现在把合体字的组成部分统称为"偏旁"。位于字左边，叫"左偏旁"；位于字右边，叫"右偏旁"。现代汉字除了二百多个独体字外，都是合体字。

偏旁是部首作为左旁或右旁时的称呼。合体字由两个以上的部件构成，如：从、疤、球、蠢等。汉字的部件分为声旁、形旁、记号三种。声旁和字音有关；形旁和字义有关；记号既不表义，也不表音，如"鸡"中的"又"，"毕"中的"十"。

汉字绝大部分是形声字，由形旁和声旁组成。"偏旁"，也有形旁和声旁两类。表示意义的叫形旁（也叫义符）；表示读音的叫声旁（也叫音符）。如"语"字，由"言"和"吾"两个偏旁组成；"盆"字由"分"和"皿"字为底两个偏旁组成；"问"字由"门"字框和"口"两个偏旁组成。

中国的汉字妙趣横生，有时巧用偏旁，恰当表达词义，会有意想不到的效果。传说，古代三国时期，周瑜十分嫉妒诸葛亮的才智，总想找借口杀他。在一次宴会上，周瑜、诸葛亮针锋相对，鲁肃从中斡旋，彼此对白，十分精彩。他们巧用汉字偏旁，或添加，或去除，或更换，进行斗智斗勇，妙趣横生，值得欣赏：

周瑜首先对诸葛亮说："孔明先生，我吟首诗你来对，对出来有赏，对不出杀头问罪，如何？"诸葛亮从容笑道："军中无戏言，请都督说。"周瑜大喜，开口便道："有水便是溪，无水也是奚，去掉溪边水，加鸟便是鸡；

得志猫儿胜过虎，落魄凤凰不如鸡。"诸葛亮听罢，心中暗想，自己身为蜀国军师，今日落入周瑜之手，岂不是"落魄凤凰"吗？便立即吟诗以对："有木便是棋，无木也是其，去掉棋边木，加欠便是欺；龙游浅水遭虾戏，虎落平阳被犬欺。"周瑜闻言大怒。鲁肃早已留意这场龙虎斗，见周都督意欲爆发，急忙劝解道："有水也是湘，无水也是相，去掉湘边水，加雨便是霜；各人自扫门前雪，莫管他人瓦上霜。"

风波平息了，周瑜怒气未消。他更换内容，又吟诗一首："有手便是扭，无手便是丑，去掉扭边手，加女便是妞；隆中有女长得丑，江南没有更丑妞。"诸葛亮听了，知道是在嘲笑自己的夫人黄阿妞长得丑，便立即应道："有木便是桥，无木也是乔，去掉桥边木，加女便是娇；江东美女大小乔，铜雀奸雄锁二娇。"周瑜知道这话是在奚落自己的夫人，怒发冲冠，几次都想发作。剑拔弩张之时，鲁肃又和了句："有木便是槽，无木也是曹，去掉槽边木，加米便是糟；当今之计在破曹，龙虎相斗岂不糟！"诗罢众人一齐喝彩。周瑜见鲁肃调解，无奈只好收场。

虽然千年弹指已过，传说已成历史，但他们巧用汉字成功应对、斗智斗勇以及化干戈为玉帛的故事，却一直流传，成为美谈。

形旁，是形声字的义符。

形旁，只能表示某种意思的范围（事物的属类），不能标明这个形声字的具体含义。例如"页"，是项、颈、额、颜、领、题等字的形旁，都以"页"为义符，只表明都是页的属类，与人头有关，但并不具体表示脖子、前额、脸面、头顶等意思。义符表示某种意思的范畴，有大小宽窄之别。具体含义彼此相关联，可能是相同、相近、相通，也可能是相逆、相反。如从"日"的形声字，昭、晴、晞、昕等含有明亮之意；晚、昧、暗、晦等则含有昏暗之意。有日则明，无日则暗，地球的明暗皆系于日。

事物有时具有对立的两个方面，注意到这一点，对判别字义是有帮助的。汉字中大致有二百多个形旁，除可以和声旁组合成形声字外，还可以互相组合成字，如尘、拿、吠、采。同一个形旁和不同的声旁结合，可以构成许多意义相关的字。例如用"木"作形旁，可以组成"桃、梅、梨、枝、株、棵"等与树木有关的形声字。

形旁和字义的关系比较复杂，主要的有以下几种类型：

一、形旁和字义相同、相近的。如：

父—爸、舟—船、月（肉）—肌、光—辉等。

二、形旁表示字义大类的。如：

鱼—鲤、金—铁、木—松、气—氧等。

三、形旁和字义有直接联系的。如：

氵—渴、革—鞭、贝—财、扌—握等。

四、形旁和字义有间接联系的。如：

火—炮、艹—芳、鱼—鲜、犭—狡等。

由于事物的变化，有的形旁已丧失表义作用。如："桥"、"机"、"杯"，已不限于表示木制。"镜"，也不限于表示铜镜了。再如"骄"、"验"，原指马，现指骄傲、检验。

利用形旁对字义的提示，可以结合语境推断字义，也可以利用形旁的不同，来区别字的意思。形旁表示大体意义，声旁表示读音。例如：铜，形旁"金（钅）"，声旁"同"。棍，形旁"木"，声旁"昆"。蝈，形旁"虫"，声旁"国"。语音是发展变化的，有些形声字的声旁在现代的表音并不准确，按声旁读音会读错，这是应该注意的。

声旁，在形声字中，形旁表义，声旁表音。

如"钢"，金旁表意，表示是金属。冈表读音（gāng）。"蚂蚁"，虫就是形旁，表示属于昆虫类的，而马和义表示读音。由于古今读音的差异，有些形声字已不能从声旁推知现在的读音了，如"柳"，形旁是木，而声旁现在读卯，和 liǔ 的读音就差得多了。由于时间的推移和汉字的发展，表音的声旁，有的已不能准确表示字的读音了，特别是有些简化字。

声旁表示读音，可以帮助认字，但又常常让我们读错了字。声旁和字的读音关系比较复杂。同一个读音可以用不同的声旁表示，如"亿、议、溢"，读音相同，而声旁则为"乙、义、益"。同一个声旁，也可以表示不同的读音，如"台"在"抬、苔、胎"及"怡、治、贻"中分别表示不同的读音。声旁对于认字有积极的作用，如"召"可以提示"诏、招、沼、昭、照"和"绍、邵、韶、苕"这两组字的读音。但读字读半边，常会闹出笑话。所以在利用声旁认字时，要重视工具书的使用。同一个声旁和不同的形旁结合，又可以构成许多声音相同或相近而意义不同的字，例如用

"冈"做声旁，可以组成"刚、钢、纲"等读 gāng 的形声字。

形声字的结合的方式是多种多样的：

有的形旁在左，声旁在右，即左形右声，如：肤、材、偏、铜、冻、证、骑、秧、破、搬等；

有的形旁在右，声旁在左，即右形左声，如：攻、颈、削、瓢、放、鹉、雌、故、剧等；

有的形旁在上，声旁在下，即上形下声，如：管、露、爸、芳、芬、崖、宵、界等；

有的形旁在下，声旁在上，即下形上声，如：架、案、慈、斧、贡、膏、凳、赏等；

有的形旁在外，声旁在内，即外形内声，如：迁、固、病、庭、阀、园、匾、裹、衷等；

还有形旁在内，声旁在外，即内形外声，如：闷、问、闻、辫等。

我们学习汉字偏旁、形旁和声旁，是为了知道合体字的读音和理解它所表达的意思，也就是要能够认字和识字。但对于许多不知道读音、不理解字义的汉字，就必须借助有关的工具书进行查找，来认识那些不认识的字。现在的条件更好了，也可以利用网络来查找。

比较通行的查字法有：部首查字法、音序查字法、笔画查字法、四角号码查字法、字义（词义）查字法、拼音字母检字法等。

部首，是为汉字分类而确定的字类标目。

部首的概念和偏旁不同，是从分析字形结构而产生的。把汉字按相同的表义偏旁归类，每类属一"部"。每部用一个共同的表义偏旁标目，并首先解释它的含义，即称之为部首。如"木、杜、李"等字都属木部，"木"就是部首。

部首一定是偏旁，但偏旁不一定都是部首，只有表义偏旁才能成为部首。汉字按部首分类的第一部字典，是东汉许慎首创的《说文解字》。千百年来，一直为编纂字书者采用，只是分部的多寡有所不同。如《说文解字》分为 540 部，《康熙字典》分为 214 部，《新华字典》分为 189 部。部首的范围，小于偏旁范围。字典为汉字分类而确定的字类标目，是从分析字型的结构产生的。

　　为了容易检字，采用韵目排列汉字的字书，更加流行。宋代就有改以韵目为顺序排列的说文解字。明朝梅膺祚编纂的《字汇》，是第一本采用笔画数顺序排列部首与部首内文字的划时代的字书。《说文解字》中"男"部只有"男、甥、舅"三个字，而《字汇》废掉"男"部，归到"力"部。将"甥"归到"生"部、"舅"归到"臼"部里。"甥"与"舅"都是形声字，"生""臼"是音符，"男"是意符，使部首检字容易了许多。

　　《康熙字典》为近代字典的标准，使用文字的意符作为分类。例如"读、计、诗、订、训、话、誓、变（變）、闇"，都归属"言"部，表示一组文字的共通意义。部首所在的位置并不一定，例如"鴃、鸠、凫、莺"等字，无论什么位置，都分类在"鸟"部。汉字部首多使用意符，有助于判断部首部分。例如"教"字的"孝"是声符、"攵"是形符，归在"攴"部。"牧"字的"攵"是声符、"牛"是形符，归在"牛"部。"阀"字的"伐"是声符、"门"是形符，归在"门"部。但"闻"字的"门"是声符、"耳"是形符，归在"耳"部。会意字完全由形符所组成，难以判断部首。例如"相"是"木"与"目"构成的会意字，归在"木"部或"目"部均可，但《康熙字典》、《说文解字》都归在"目"部，增加了检字难度。为求搜寻的方便，甲、申、由这些象形字，全都归类到"田"部。另外，"宀"部，原没有文字，是专为字形分类用而制造的部首。

　　同一个汉字在不同字典里，可能分类不同部首。通常正统的以《康熙字典》为主。大部分汉字简化，是整个部首一起调整，但也有些字简化后部首完全消失，多半选择相近字型，徒增检索难度。如"發（癶部）"与"髮（髟部）"的简化字为"发"，只好归为"又"部。"電"本属"雨"部，简化省去雨字头，变成了"电"，只好归"田"部。"心"部为左偏旁时，如"情、性、憎"，会变形为"忄"，称为"竖心旁"。在字下方时，有"志、慕"两种外形。"心"与"忄"相同。

　　《新华字典》获得"最受欢迎的字典"和"最畅销的书（定期修订）"两项吉尼斯世界纪录。全球发行量已达 5.67 亿本。出版 60 多年来，伴随着几代人的成长，已经成为中华文化的标志性符号。

　　常有人问：中国究竟有多少个汉字？比较难以准确回答。但从字典的收字数来看，就能明白。东汉《说文解字》收字 9353 个，清朝《康熙字典》收字 47035 个，当代《汉语大字典》收字 60370 个，1994 年版《中华字海》收字 85568 个。这应该是比较具体可靠的数字。

"○"也是汉字，是最圆的方块字，这是很多人不知道的。有朋友曾在一起讨论过，谈到"○"是一个与中文数字"一、二、三"等配套使用的同等汉字。使用已有很长时间，如"一八八○年""一九六○年"等。鲁迅在文章中也曾含蓄、幽默地使用过"生命○"。有人以为"○"没有部首，汉语字典没有查到，就不认为是汉字。实际在汉语拼音排序的辞书中是明确列为汉字的。追根溯源，"○"是个舶来品。表达完全的"空无"，言简意赅，不等于"零"的多义性。有专家认为"○"很美，"你看'二○○八'就比'二零零八'和谐，不像后者那么繁简不均"，这是一种新的见解。

中国大陆使用汉语拼音排列的字典，比部首排列的风行。台湾的字典仍采用部首排列为主。部首检字在不知道文字读音时，有其不可替代性。每个部首都是汉字，都有自己的读音，但很多人并不知道部首有读音，称呼为某某旁，某某底，并不准确。比如"厂"字和"工厂"的"厂"，原本是不同的字，读音也不同。简化为"厂"，但部首读 hǎn 为宜。汉字简化，有的一个简体字对应多个繁体字；有的简化字，原本就是古字，与被简化的字有区别，这需要注意。

行款，是指字与字之间的有机联系、书写或排印文字的行列款式。第一字的末笔与第二字的起笔，第一行的末笔与第二行的起笔，虽不一定相连，但笔意贯通，一气呵成，这就叫"行款"。

不论楷书、行书、草书、隶书，都要讲究行款。这样才能生动、完整，而不是勉强拼凑。行款是指文字的书写顺序和排列形式，包括字序和行序。文字的书写或排印的形式，包括字序和行序。

古籍书多为汉字直排，其字序自上而下，行序自右而左。汉字横行字序由左而右，行序由上而下。单行大字从右往左，行款于左偏下侧，如有引首章，落于右偏上侧。多行字，现代写法，从左往右写，落款下偏右侧。古人刻版印书或活字排版印书，既降低成本，又行款讲究，提高版式效果。论文定稿誊清，要遵守书写的行款格式。

行款格式，是在长期写作实践中总结出的约定俗成的规范，大家都要遵守。比如书写，文字要清楚、整齐、规范。都要有一定的章法，首先要把标题安排好，讲究"衣冠整齐"。标题要写在稿子上端的中央，两边空格要均匀。标题较长须回行时，亦应居中排列。如有副标题，破折号应比正题缩进两格，用稍小字体抄写。署名要放在标题之下，占一行；如和标题隔一行，下面正文也要隔一行。要与标题对应而居中。名字是两个字的，当中要空一格。署名不应放在文后。毕业论文不用化名和笔名。多人共同合作的科研成果，应按工作量大小，安排姓名次序。工作量相等的，可按姓氏笔划少多的次序安排署名。也要正确使用标点符号。标点符号不能点在一行开头的第一格。

随着网络化时代的到来，人们在获得便捷的同时，不仅手写文字的机会少了，对一些书写行款格式的具体要求，也逐步淡化了。以至有些人不会写书信、不会写报告，更有甚者，有的连请假条也写不好。这是一个值得重视、应该重视的事情。

"书信"自古就是传递信息、交流思想、表达情感的应用文书。由笺文和封文构成。其庄重的行款格式，具有丰富的传统礼仪内涵和浓厚的民族文化色彩。书信，历史悠久，也是传统文化的标志之一。其中典型的、优秀的"书信"，也是中华文化艺术珍品。尽管现在手写文字少了，使用书信少了，但其运用的格式和规则，应该得到尊重。在日常的社会生活中，我们不管是手写还是用电脑，都要学习和规范各类应用文体的行款格式，要学习规范写作对联、祝寿文、问候信、求职信、辞职信、求婚信等等，不至于出现一些不必要的笑话。

各种文体、报告，都有自己的规范和要求，都有各自的行款。甚至对阿拉伯数字和公元、世纪及年、月、日的使用，都有约定俗成的规范要求，在此就不一一举例说明了。

（二）汉字的形体分类

汉字的形体：有正体字、繁体字、简化字、异体字之分。

正体字

是指在特定时代及范围内使用的符合标准或规范的文字，字形（结构和笔画）符合规范的字体。此概念多用于标准汉字。

正体字，最早源于楷书。原"正书"，即"楷书"或"真书"。"正体字"，称之"正体汉字"，为"正"、"通"、"俗"三字体的概念。这已有二千多年历史，直到20世纪，一直是各地华人通用的中文书写标准。

1950年后，在繁体中文的基础上简化形成了新的中文书写标准，即简体中文。主要由传承字及简化字所组成。2000年颁布《中华人民共和国国家通用语言文字法》提出："国家推广普通话，推行规范汉字"。规范汉字是指经过简化、整理并颁布的规范化汉字，包括由国家以《简化字总表》正式公布的简化字和未被整理简化的传承字。

"不规范汉字"主要指已被简化字取代的繁体字、已废除的异体字、错别字和生造字。以"规范汉字"表示官方标准用字，与中国港澳台地区的标准字不尽相同。台湾采用"正体字"，不用所称的"繁体字"。其标准写法和中国内地、香港、澳门都有些不同。

繁体字

是汉字的一种书写方式，是对应简体中文的称呼。亦称为繁体与繁体中文等。目前已拥有数千年的历史，称为传承字。初现于汉代楷书的书写结构，之后结构变化少，沿用至今。目前通行于我国台湾、香港、澳门地区以及海外，特别是美国、欧洲与大洋洲和印度洋上岛国的一些华人社区。中国大陆地区和新加坡、马来西亚等地的部分民众，可对繁体中文的有关媒体完整阅读，但书写多用简体中文。各个使用繁体中文的地区，都有相应的规范。我国台湾的繁体中文和中国大陆的繁体写法有些不同，如"麼"，大陆简化字为"么"；大陆将"廠"简化字为"厂"等。中国香港和澳门的中小学教育亦以繁体中文为教学文字，但香港的标准写法和台湾及中国大陆的繁体写法，很多的字形都不同，如"黃"，台湾为"黃"，中国大陆为"黃"，等等。

简化字

是指对原来结构复杂，笔画多的汉字进行改造、简化，产生笔画、结构简单的汉字。也就是简化了的繁体字。

简化汉字由来已久，汉字是从甲骨文、金文变为篆书，再变为隶书、楷书的。隶书是篆书的简化，草书、行书又是隶书的简化。简化字是正楷书的简化。楷书在魏晋时开始出现，现在使用的简化字，始见于南北朝（4—6世纪）的碑刻，到隋唐时代简化字逐渐增多，在民间相当普遍，被称为"俗体字"。

因此，可以说，简化字是在已有的俗字、古字、草书的基础上进一步整理改进的，包括俗字、古字、草书等体。笔画省简，易认易写。俗字如"体、宝、岩、蚕"等；古字如"气、无、处、广"等；草书如"讨、实、为、会"等，皆为简易而通俗。

有的用已经存在的简单的字，代替复杂的字。如"后"（皇后、皇天后土），代替"後"（后面）；"斗"（dǒu），如"斗笠、斗篷、五斗米、北斗七星"，代替"鬥"（dòu，如斗争）；"里"（故里、公里、里程碑），代替"裏"（里面）；"谷"（山谷），代替"穀"（稻谷）。用一个新简化字，代替两个或多个字的，如"发"（fā，如发展）和"髮"（fà，如毛髮、理髮）合并为"发"；"曆"（日历）和"歷"（历史）合并为"历"。

将某字的部分意义合并到另一笔画简单的字上，仍然保留该字意义的，如"藉口、凭藉"的"藉"简化为"借"；"慰藉、狼藉"等的"藉"仍用"藉"；"瞭"读liǎo（瞭解）时，简作"了"，读liào（瞭望）时作"瞭"；"乾坤、乾隆"的"乾"读qián，不简化为"干"；"宫商角徵羽"的"徵"读zhǐ，不简化为"征"。通用字的合并，容易误读，如唐德宗李适的"适"（kuò），可能被误读为shì；中药"白术"的"术"（zhú），可能被误读为shù；"叶韵"的"叶"（xié），就很可能被误读为yè。

多年来的实践表明，使用简化汉字，减少了汉字的笔画数目。原来的繁体字平均笔画是16画，简化后平均笔画是10.3画。同时也减少了通用汉字的字数，降低了记忆难度。

目前，简体中文，主要在中国内地以及马来西亚、新加坡等东南亚华人社区中使用。繁体中文主要在中国台湾、香港特别行政区、澳门特别行政区使用。过去简体字与繁体字并存于联合国各式文件中，目前联合国的汉字体系标准与大陆的简体汉字一致。对外发布的汉字正式文本以简体汉字为准。近年来，随着世界各地来自中国内地移民不断增加，简体中文正逐渐取代海外华人所使用的原有汉字。

汉字简化，去除繁冗，笔画省简，易认易写，总体是好的，取得了一定的成效。汉字是表意型文字，在简化汉字的同时，不应该削弱其表意功能。但简化后的有些字，少了汉字的文化内涵。有认为"爱"简化了"心"，是不合适的。因为"爱"只有发自内心，才是真心的"爱"；而真正的"爱"，必须要有"爱心"。这虽是一些人的说法，也许有点道理，可以借鉴。

值得注意的是，尽管有些学者和有些资料认为汉字的简化存在一些不如人意和不够规范的地方，但作为学习者和使用者来说，我们认为，还是应该维护统一和规范，仍要以已经公布的简体汉字为准，不要随意乱用，不能各行其是，没有把握的要查阅字典和有关资料。

异体字

是字音字义相同而字形不同的一组字。由于汉字是由意符、音符和记号组成，意符选取的角度因人而异，音符又不同于拼音文字中的字母，一字多形的现象在汉字的历史上比比皆是。除正体字以外的重文、古字以及民间的俗字、别字、讹字、省笔字、行草书等则统称为异体字。异体字，又称又体、或体、重文。《说文解字》中所称重文，是指读音、意义相同，但写法不同的汉字。有时也包括经常假借乃至可以通用的字。平常所说异体字，皆为狭义异体字。如"攷"是"考"的异体字，"隄"是"堤"的异体字，"峯"是"峰"的异体字。异体字又可分为"完全异体字"（在任何情况下读音和意义都一样）和"部分异体字"（只在某些情况下相通）。

异体字是形体不同而音义完全相同，可以互相代替的字。例如：猫—貓（义符不同）；猿—猨（声符不同）；畧—略（声符、义符的位置不同）；岳—嶽（会意字，形声字）；礮—砲—炮（会意字，形声字）。从文字和词的对应关系看，异体字是同一词的几个不同字形，即异形同词。汉字和汉语词的关系，并非一对一的关系。

汉字异体字主要有以下六种类型：

1、形旁不同。形声字的形旁在很多字里只表示字义的类别，因此，很多意思相近的形旁在某些字里可以通用。比如：咏/詠、歌/謌、猫/貓、坡/陂、坑/阬。也有为同一语词而造、在使用中功能没有分化的一组字。如泪—涙、覩—睹、徧—遍等。在异体字中，这类字数量最多。

2、声旁相同。汉字里同音字很多，同一个读音可以用不同声旁来标识。比如：粮/糧、怜/憐、绣/繡、胶/膠、裤/袴、线/線。也有造意不同，但在实际使用中用法相同、功能重合的一组字。如 罪—辠、颿—帆等。"罪、颿"的本义，可能是根据字形的造意推的。是这类异体字与一般假借字的区别。

3、偏旁位置不同。一些合体字的偏旁是不固定的。比如：拿/舒、峰/峯、群/羣、够/夠、略/畧、稿/稾。也有同一古文字形体由于传承演变、隶定楷化的方式不同，而在楷书平面出现两个或两个以上不同的形体，这些字形之间构成了异体字关系。如宜—宐等。

4、造字方法不同。有些异体字，字形差别很大，是用不同方法造出来的。比如：吊/弔、体/體、泪/淚、算/祘。有些异写字主要是针对早期的楷体而言的。异写字之间的差异主要是笔画上的差异，它不对构形模式、结构分布和构意产生任何影响。

5、偏旁多少不同，比如：汞/銾、彷/徬、医/醫、声/聲。讹字也是在传抄、书写过程中字形发生讹变的字。一般不能看成异体字，但积非成是并进入字书后，讹字与相应的正字之间的关系，与一般的异体字之间的关系便没有两样了。这类讹字是异体字中特殊的一类。

6、繁简不同，有些字在简化时，笔画少的作为简体字保留，笔画多的作为繁体字较少使用。比如：垄/壠、学/學、头/頭、对/對。

异体字不是固定不变的，有些异体字最初字义不同，不能通用，后来由于字义的变化，可以通用，变成了异体字。比如，"闲"的本义是门栓，"閒"的本义是空隙，最初不通用，后来"闲"的本义不用了，"閒暇"也可以写成"闲暇"，"闲"和"閒"变成异体字了。

繁体字网（www.fantizi5.com），致力传承和发扬中国传统文化，为开发的"异体字转换"工具，将中国传统文化搬上互联网。拥有亚洲最大的异体字字典库，包含六万八千多个异体字形。将免费提供汉字的异体字查询与在线异体字转换。输入单个简体汉字，可一键查询该字的异体字，是学习古文字的最佳渠道。

（三）汉字的改革

汉字历史悠久，形体优美，内涵丰富，是世界上最美妙的文字。但也确实存在难读、难写、不便于学习和推广的弊端。汉字的简化和改革，自古就有，由来已久。汉字是从甲骨文、金文变为篆书，再变为隶书、楷书的。隶书是篆书的简化，草书、行书又是隶书的简化，简化字是正楷书的简化。简化字是在已有的俗字、古字、草书的基础上进一步整理改进的，包括俗字、古字、草书等书体。

我国的汉字改革，是对于通用文字的改革。广义指语言和文字的有计划发展，又称"语文规划"。狭义只指文字的有计划发展，又称"语文现代化"。语言的有计划发展，就是要推广多民族国家的全国共同语，学习外国语以及书面语的口语化。文字的有计划发展，包括将词符文字改为字母文字，制定表音符号，统一汉字读音等。

汉字积累有 6 万多，但缺乏表音符号。历史上曾有过所谓的"切音新字"（厦腔）和"切音字运动"。1918 年正式公布，小学生先学注音字母，后学汉字。可是，注音字母是汉字式字母，不便在国际间应用，又制订"国语罗马字拼音法式"，1928 年公布，开展了拉丁化群众运动。

汉字的简化，书写序列的横排，清末已开始提倡。1935 年公布"第一批简体字表"（324 字），上海有 15 种杂志试用手头字（300 个）。行书中多半是简体字，存在已久，只是未被承认为正体。

1954 年 10 月，周恩来总理提议设立"中国文字改革委员会"，并指示：汉语拼音方案可以采用拉丁化，但要能标出四声。一九五六年，毛泽东提出："文字必须改革，要走世界文字共同的拼音方向"。

汉字简化的要求，1956 年得到了政府采纳并实施，公布了"汉字简化方案"（515 个简体字和 54 个简化偏旁）。

1958 年全国人民代表大会公布汉语拼音字母，用于给汉字注音和拼写普通话，代替注音字母和国语罗马字。到目前为止，我国政府的政策是以拼音辅助汉字，不是代替汉字。推广共同语，改用白话文。汉字和汉语拼音字母，都是书写汉语的符号。推广共用语，是文字改革的中心工作。1964 年推广成为《简化字总表》（2236 字）。同时推广横行书写，用于一切报章、杂志和书籍，只有翻印古书等特殊场合仍用直行书写。

在方言复杂的汉民族中间，需要通用的民族共同语。明清时代，最需要的共同语称为"官话"。到了清末，把"官话"改称"国语"。

1919 年"五四"白话文运动，要求文体改革，废文言，用白话。1924 年决定以北京语音为标准音，1932 年出版《国音常用字汇》。小学语文改用白话文，国文课改称国语课。

1955 年全国文字改革会议，把"国语"改称"普通话"。确定普通话以北方话为基础方言、以北京语音为标准音的汉民族共同语，以典范的现代白话文著作为语法规范。经过 20 多年的实践，各民族往来频繁，需要一种全国通用的共同语。1982 年推广全国通用的普通话。推广普通话不是废除方言，也不是强制少数民族学习，而是在母语以外自愿学习的一种应用更广的共同语。同一文字沟通多样的语言，人们既有共同语，又有口语多样；既可共同生活和交流，又保持生活方式的多样性，这是中国文明最为伟大的地方。

1958 年归纳文字改革为简化汉字、推广普通话、制订和推行汉语拼音方案三大任务。我国台湾不谈文字改革，但由于实际需要，也做了不少有益的工作。首先是推行"国语"（不称普通话）为教学语言。其次是提倡标准行书，第三是出版大量的注音读物，用注音字母直排，不同于汉语的拼音字母横排。1986 年我国台湾公布修订的国语罗马字，改称国语注音符号第二式，跟汉语拼音方案接近。

我国香港地区官方文书用英文，群众口语通用广州话（称为广东话），印刷用繁体字，现在利用汉语拼音学习普通话的人多起来了。由于和我国内地的往来频繁，语言和文字也必将逐渐有所变化。

国外华人社区也有文字改革问题。新加坡共和国多数是华人，除用英文以外，也产生华语教育的改进问题。为了沟通方言，他们推广共同语，称为"华语"（不称普通话，也不称国语）。他们规定在学校里只说华语，不说方言；在社会上多说华语、少说方言。他们采用简体字，采用拼音字母，比较易学易用，便于在新加坡和国际间应用。新加坡的成功，已成为马来西亚和东南亚其他华人社区的榜样。

在 1977 年，联合国地名标准化会议采用汉语拼音字母作为拼写中国地名的国际标准。在 1982 年，国际标准化组织（ISO）采用汉语拼音字母作为拼写汉语的国际标准。汉字在拼音的帮助下正在向应用技术现代化前进。随着社会经济文化的发展，文字在词组的变化以及受相关外来文化的影响下，改革和发展也越来越国际化。在迅猛发展的网络时代，我们应注意保持汉语言文化的独特性、先进性和适应性。

最近，教育部、国家语言委发布《国家语言文字事业"十三五"发展规划》，提出到 2020 年我国将基本普及国家通用语言文字，全面提升语言文字信息化水平和语言文字事业服务国家需求的能力。

（四）汉语拼音

1958 年 2 月 11 日，第一届全国人民代表大会第五次会议批准颁布《汉语拼音方案》，秋季起，全国小学开始教汉语拼音。50 多年来，汉语拼音已经成为识读汉字、学习普通话、培养和提高阅读及写作能力的重要工具，成为创制少数民族语言文字、编制盲文、手语、旗语、灯语的重要基础。随着现代信息技术的普及，汉语拼音输入汉字被普遍使用。汉语拼音作为拼写中国人名、地名的国际标准，作为各外文语种在指称中国事物、表达中国概念时的重要依据。广泛用于对外汉语教学、对外文化交流等领域，为我国经济和社会生活的现代化、信息化提供了极大便利；为我国扫除文盲、普及教育、发展科技、提高信息化水平做出了重要贡献。

汉语文字的特点、地位和作用，赋予了汉语体系的独特格局。汉字的特点，又天然铺就了汉字拼音化改革的坦途。学习汉语，始于识字。学会二三百基本汉字，便可自行发挥，组织成大量语汇进入日常应用。这是一笔不断升值的财富。对于词、词素、语素、音节等进行研究，离不开对于汉字特点和语音的分析。进行文字改革，更不能离开对文字相关特点的研究。

汉字具有极高的独立性、灵活性和操作运用的简洁性，具有强大、灵活的构词功能。其简易、直白、好用的风格，也是非常明显的。

汉语文字的拼音化，是改革的必然。然而，由于受 26 个字母的限制、受音节标调和同音字等几大问题的困扰，汉语拼音化改革的进程，已多年迟滞不前。

新中国成立初期，我国就有文字改革要走拼音化道路的方针，推出了音素化的《汉语拼音方案》，为文字改革打下了基础。然而，汉语拼音并不是一种文字，要创建真正的拼音文字，还要走很长的路。处理好"四声"，是文字拼音化改革的关键。同音字（词）现象，是一个语言运用的问题，不是文字问题。"四声"是汉语一大特色，堪称"杰出"。面对每一个音节（字），都统一开发提炼出"四声"。

如此协调而易于辨析的声调模式，堪称在语言工程上令人惊叹的发明创造。但此并非易事。拼音文字的简化，则是改革中必须注重的问题。拼音文字的构建，应当是对汉字文化的终极保护措施。对此，当是任重而道远的！

六、汉字运用中的错别字

作为母语教育，"认字"和"识字"，是从儿童教育开始的。随着教育程度和运用范围的普及、深入和不断发展，认字和识字，也将随时随地或将伴随终生。汉字运用中的错别字，是不容忽视的。

错别字，顾名思义是指错字和别字，也称作"白字"。古时所谓的"白字先生"，是对经常读错字或写错字的人的称呼。

（一）错别字的类型及产生的原因

错别字两种类型。可以说，错字是无中生有，别字就是张冠李戴。错字，就是在字的笔画、笔形或结构上写错了。这种似字非字的"字"，就是"错字"。如将"染"字右上角的"九"写成了"丸"，将"猴"字右半部写成了"候"，甚至将"曳"字右上角多一点，都是错字。

别字，就是本该用这个字，却写成另外一个字。这个另外的字就是"别字"。如将"戊戌政变"写成了"戊戍政变"，将"按部就班"写成了"按部就搬"，将"寒暄"误写成"寒喧"，将"股掌之间"误写为"鼓掌之间"，这里的"戍"、"搬"、"喧"、"鼓"，都是别字。

有的人认为写字少一笔多一笔没关系，只要能看懂就行；有的人没有掌握一些字的结构和写法，有时自以为会写，但下笔时却写错了。如把"武"的部首"弋"写成"戈"，把"锲而不舍"写作"契而不舍"，更有甚者将"治癌"写成"致癌"、将"花卷"写成"花圈"、将"胸"写成"凶"，闹出了很大的笑话，产生了不良的后果。

也有些人贪图方便，写一些不规范的简化字或别字，如将"酒"写成"氿"、把"饼干"写成"并干"、把"餐厅"写成"歺厅"等。还有些商家为了炒作，故意写错字，用以扩大影响，如"咳不容缓"、"默默无蚊"等等。

再有的，就是汉字本身属于表意文字，笔画比较多，难记难写，出错率相当高。汉语中同音、近音的字词太多，如"嬴"与"赢"、"辩"与"辨"、"罄"与"馨"、"必须"与"必需"、"那里"与"哪里"、"符合"与"附和"等等，很容易混淆或写错。

根据有关专家及资料的分析，造成错别字的主要有几种情况：

第一、形似致误。字形相似的，如将"气概"误为"气慨"；"辐射"误为"幅射"；"松弛"误为"松驰"；"潦草"误为"缭草"；"相形见绌"误为"相形见拙"等。

第二、音近致误。读音相同相近的，如"提纲"误为"题纲"；"国籍"误为"国藉"；"重叠"误为"重迭"；"粗犷"误为"粗旷"；"川流不息"误为"穿流不息"；"一筹莫展"误为"一愁莫展"；"竭泽而渔"误为"竭泽而鱼"；"食不果腹"误为"食不裹腹"等。

第三、义近致误。如"擅长"误为"善长"；"掠夺"误为"略夺"；"鸠占鹊巢"误为"鸠占雀巢"；"积毁销骨"误为"积毁消骨"；"好高骛远"误为"好高鹜远"等。也有不明白典故而致误的，如将"墨守成规"误为"默守成规"；"黄粱一梦"误为"黄梁一梦"等。其原因，就是不知道"墨"是指战国时的"墨翟"，也不知道"黄粱"是指做饭的小米。

第四、音、形两近致误。因词的读音、意义相同或相近致误，意义混淆。将"凑合"误为"凑和"；"针砭"误为"针贬"；"急躁"误为"急燥"；"贪赃"误为"贪脏"等。

第五、音、形、义三者相同或相近致误，即因词的读音、字形、意义相同或相近致误。如"摩擦"误为"磨擦"等。也有忽视语文法规，将"重叠"误为"重迭"；"天翻地覆"误为"天翻地复"等，在1986年重新公布《简化字总表》时，"叠""覆"，已经恢复使用。将"大拇指"错成"大姆指"，是高考出错率最高的字。

这些常见错别字的基本错误，都是因为音、形、义的某个环节出现了问题。汉字书写笔画要规范，不规范的书写会造成对字的理解的偏差。一些形似的字，如果写得潦草，就会混淆，无法辨认。如果有意或无意写了错别字，会令人费解甚至误解，就会影响意义的表达，失去文字的交际作用。

错别字的不良影响和危害是不容忽视的。我们要准确地掌握汉字的音、形、义的不同情况，要努力避免写错字和别字。正确使用文字，是确保各种文化信息真实无误、完整无缺地积累与传播的重要条件。

（二）容易写错的字

《咬文嚼字》杂志，在多年大量调查研究的基础上，公布了当代汉语出版物 10 年来最常见的、出错频率最高的 100 个"别字"，有很大的学习和参考价值。若将这 100 个常见的错别字纠正过来，现在出版物的别字总量将会减少一半以上。《咬文嚼字》还将不断公布，希望留意，不断学习，不断更正。

现在将这 100 个最常见的错别字，以正字的音序排列（括号中的字为正字）如下，以供参考。

1. 按（安）装
2. 甘败（拜）下风
3. 自抱（暴）自弃
4. 针贬（砭）
5. 泊（舶）来品
6. 脉博（搏）
7. 松驰（弛）
8. 一愁（筹）莫展
9. 穿（川）流不息
10. 精萃（粹）
11. 重迭（叠）
12. 渡（度）假村
13. 防（妨）碍
14. 幅（辐）射
15. 一幅（副）对联
16. 天翻地复（覆）
17. 言简意骇（赅）
18. 气慨（概）
19. 一股（鼓）作气
20. 悬梁刺骨（股）
21. 粗旷（犷）
22. 食不裹（果）腹
23. 震憾（撼）
24. 凑和（合）
25. 侯（候）车室
26. 迫不急（及）待
27. 既（即）使
28. 一如继（既）往
29. 草管（菅）人命
30. 娇（矫）揉造作
31. 挖墙角（脚）
32. 一诺千斤（金）
33. 不径（胫）而走
34. 峻（竣）工
35. 不落巢（窠）臼
36. 烩（脍）炙人口
37. 打腊（蜡）
38. 死皮癞（赖）脸
39. 兰（蓝）天白云
40. 鼎立（力）相助
41. 再接再励（厉）
42. 老俩（两）口

43. 黄梁（粱）美梦　　44. 了（瞭）望　　45. 水笼（龙）头

46. 杀戳（戮）　　47. 痉孪（挛）　　48. 美仑（轮）美奂

49. 罗（啰）唆　　50. 蛛丝蚂（马）迹　　51. 萎糜（靡）不振

52. 沉缅（湎）　　53. 名（明）信片　　54. 默（墨）守成规

55. 大姆（拇）指　　56. 沤（呕）心沥血　　57. 凭（平）添

58. 出奇（其）不意　　59. 修茸（葺）　　60. 亲（青）睐

61. 磬（罄）竹难书　　62. 入场卷（券）　　63. 声名雀（鹊）起

64. 发韧（轫）　　65. 搔（瘙）痒病　　66. 欣尝（赏）

67. 谈笑风声（生）　　68. 人情事（世）故　　69. 有持（恃）无恐

70. 额首（手）称庆　　71. 追朔（溯）　　72. 鬼鬼祟祟（祟祟）

73. 金榜提（题）名　　74. 走头（投）无路　　75. 趋之若鹜（鹜）

76. 迁徙（徙）　　77. 洁白无暇（瑕）　　78. 九宵（霄）

79. 渲（宣）泄　　80. 寒喧（暄）　　81. 弦（旋）律

82. 尤（犹）如猛虎　　83. 膺（赝）品　　84. 不能自己（已）

85. 竭泽而鱼（渔）　　86. 滥芋（竽）充数　　87. 世外桃园（源）

88. 脏（赃）款　　89. 醮（蘸）水　　90. 蜇（蛰）伏

91. 装祯（帧）　　92. 饮鸠（鸩）止渴　　93. 坐阵（镇）

94. 旁证（征）博引　　95. 灸（炙）手可热　　96. 九洲（州）

97. 床第（笫）之私　　98. 姿（恣）意妄为　　99. 编篡（纂）

100. 做（坐）月子。

上述所列的 100 个别字，大致可分为五种情况。要能正确掌握有关情况，尽量避免别字，必须把握以下窍门。

第一、把握字音和字形的关系，"以音辨形"。一定的字音规定了一个具体的字，如"墨守成 chéng 规"，知道中间的字是 chéng 而不是 chén，就可有效避免写为"陈规"。如能大声念诵出来，培养读音的惯性。碰到一个词，只要读准字音，就可能知道字形。如"奴颜婢 bì 膝"，如果读成 bēi，难免会误写成"卑"，而知道为 bì，也不可能写另外的词。

第二、把握偏旁和字形的关系，"以偏辨形"。汉字绝大部分是形声字，有"表形"部分，也有"表音"部分。我们可以抓住形旁，加上它的含义，来辨别读音。掌握重要的形旁代表的含义，可以帮助我们分辨错别字。如"干燥、燥热"和"急躁、躁动"，不要弄混。"干燥、燥热"都包含干的意思，燃起火常常会让空气干燥，空气干燥也容易着火。人"急躁"时常会跺脚，必须是足字旁。这种联想式的记忆，可以帮助我们识认很多字形相近而偏旁不同的字。

第三、把握字义和字形的关系，"以义辨形"。汉字是象形字或指事字，我们辨认字形的时候，可以顺便了解词的意思。如"惦量"的"惦"是"掂"的误写。惦，读 diàn，有"记挂"的意思，而"掂"读 diān，是用手托着东西估轻重的意思。字义决定汉字的使用，是明辨字形正误的基础。如果明白了字义，就能有效地避免错别字。如"坚"是结实、硬、坚固的意思。"艰"是困难的意思。了解它们之间的区别，"坚固、坚强、艰难、艰辛"等就能区分清楚了。再如"戴"是加在头、面、颈、手等处的，还有尊奉、推崇的意思；而"带"是携带、捎带的意思，就能够区分。对"戴帽子、拥戴、带口信、带行李"等就一目了然了。还有"厮打"中的"厮"，是互相的意思，明白了字义，就不会写成"撕打"。"贪赃枉法"中"赃"是赃款，明白了字义，就不会写成"贪脏枉法"了。

第四、根据词语的结构关系，"结构辨形"。大部分成语词素和词素之间的关系是对应的，结构上也常常是两两对应的，如："提心吊胆"，不能误写为"提心掉胆"；"美味佳肴"，不能误写为"美味嘉肴"。因为"提"和"吊"、"美"和"佳"是对应的相近的意思。再如"一张一弛"，不能误写为"一张一驰"，因为"张"和"弛"是对应的相反的意思。

第五、很多词语、成语都源于历史典故、成语故事、寓言故事，找到字词的源头，就能避免写错别字。如"班门弄斧"，"班"指鲁班，古代有名木匠。在鲁班门前摆弄斧头，比喻在行家面前卖弄本领。了解了这一点，就不会写成"搬门弄斧"。"再接再厉"总有人写成"再接再励"，这个成语意为一次次地继续努力，常用来鼓励别人。最早是为使自己的斗鸡获胜，在磨刀石上磨鸡的喙，使嘴尖锋利。"厉"通"砺"，指磨刀石。因此，只能是"再接再厉"。

第一次见面的生字，一定要形成清晰、准确的印象，要从音、形、义三方面来理解记忆。如果形成错误印象，会留在脑中，不易抹去。

写字时，多一笔、少一笔就会发生错误的字有很多，如"梁、染"，

"低、纸"，"县、具"，"丧、嚷"等字，可以分类强化记忆，也可通过了解造字法，进行理性记忆。

我们每个人在使用汉字时，都免不了出现差错，可以将常写错的字编成小册子，常常翻看，对于减少错别字，也是非常有益的。

中国历史上，因写错字闹出的笑话不少，故意写错字的趣闻也颇多。其影响很大，有教育和启示。今且略举一些，与大家共享：

*承德避暑山庄，在清代，是接待宾客的重要场所。正宫内午门上方悬挂的是四周环绕鎏金铜龙、蓝色匾心有金光闪闪的四个大字"避暑山庄"的匾额。相传为康熙帝亲笔御书于康熙五十年。可仔细一看，会发现"避"字右边的"辛"下部竟多写了一横，应该是个错字。当时的臣僚和大众应该是当场就能够看出来的，但皇帝是金口玉言，谁也不敢提醒皇帝说是写错字了，这就造成了在这样的主要场所出现的"天下第一错字"了。因此"天下第一错字"是康熙写的。据说，其后的乾隆皇帝看出了问题，于是用满、汉、蒙、藏、维五种文字，另写了没有错字的"避暑山庄"鎏金匾，挂于内午门上。

*有一个传说，在杭州西湖，有块"花港观鱼"碑，是康熙的御笔。碑上的繁体字"魚（鱼）"下的四点变成了三点，少了一点。这里的错字是"鱼"字。康熙不是不会写这个字，而是"有意错"。原来康熙信佛，有好生之德。题字时他想，"鱼"字下面有四个点不好。因为在旧时四点代表"火"，鱼在火上烤，这是杀生啊！于是有意少写一点，三点成"水"，这样鱼便能在湖中畅游，潇洒地活下去了。因此，这是"最有说法的错字"。后来乾隆下江南时，还曾和诗一首："花家山下流花港，花著鱼身鱼嘬花；最是春光萃西子，底须秋水悟南华。"并将诗刻在碑后，从此，成为一段佳话。

*在江苏扬州大明寺的平山堂，正堂右边的"坐花载月"匾额，是民国初年著名的宁夏马福祥所题。左边的"风流宛在"匾额，是清光绪初年两江总督刘坤一为追念曾在扬州任主政官员的欧阳修所作。"风流宛在"这四字中，有两个错字："流"字少一点，"在"字多一点。据说是因为欧阳修在扬州的风流韵事而传下来的。刘坤一把

"流"有意少写一点，"在"多一点，其意即希望少点风流，多点实在，极富哲理。因此，这是"最具哲理的错字"，错得恰到好处。至今也无人说三道四，可谓有奇思妙境，反成为一段佳话。

　　*山东曲阜孔府，是天下最有文化的地方，但到孔府，未进大门便能看到特别明显的错字。孔府大门正上方悬挂着一块蓝底金字"圣府"匾额，两侧有一副楹联："与国咸休安富尊荣公府第，同天并老文章道德圣人家"，上联中的"富"字少上面一点，宝盖头成了秃宝盖。下联中的"章"字下面的一竖直通到上面。在最有文化的地方，怎么会弄出这么个笑话？其实这不是笑话，而是最有文化的错别字之一。错之妙，在于其寓意："富"不出头，意思是"富贵无头"；"章"字下的一竖出头，则表示"文章通天"。两个错字，一下子就体现孔府这个非常门第的身份，不但没有人说它是错字，游人明白后反而连连叫绝。因此是"最令人叫绝的错字"。

　　也有传说，在孔子第42代孙孔光嗣成亲那一天，恰有神仙路过，碰到了府前影壁上写的"富"字。神仙把"富"字上的一点抹去了，孔家怪之。神仙道出玄机，称孔家不宜过富，要"去一点"，据说此后孔府凡书写"富"，上面皆无点。"章"一竖通天，据说与大才子纪晓岚有关。当年纪晓岚应邀给孔府写联，但"章"字就是写不好，写了多遍皆不满意。他索性放下笔，去休息了。不一会儿进入梦乡，看到有一老者在他写的"章"字上划了一笔。纪晓岚当即醒来，得了灵感，挥毫泼墨，把"章"字的一竖写出了头。"文章通天"的意境，用在孔府的大门上十分贴切。

　　*在南京的明孝陵，也有两处错字。在明孝陵保护碑上"明孝陵"写成了"眀孝陵"；入明楼，在陵墓宝顶正南面的石砌墙体上有"此山明太祖之墓"七个字，其中的"明"也写成了"眀"。前者是著名书法家武中奇的"有意错"，后者虽不知是民国初年何人所题，估计也是精通书法者所为。

　　"眀"这个错字，很有来历。东晋大书法家王献之著名的《洛神赋》帖中，"明"字便写成了"眀"。"眀"也是在国内景点中出现最多的错字之一。在成都著名的武侯祠内也有块匾额"眀良千古"，其中的"明"就写成"眀"；在新都的宝光寺有"光眀世界"匾，上面的"眀"字也写成"眀"；在济南市大明湖的门牌上"明"字，同样写成"眀"。

在清代，把"明"写成"眀"的现象有很多。其原因，可能是文字狱厉害。当时文人不敢直书大明王朝中的"明"，担心惹祸，但又不能绕过，于是便把"日"易为"目"，是"睁眼写错字"。也有认为：用"目"代替"日"是一种智慧，代表一双慧眼。如武侯祠的"眀良千古"就有此意。更有认为：是出自书法名家之手，可以归结为艺术字或是书法体的沿用。几种推测，个中原因，只能自己体会了。

（三）容易读错的字

现行方块汉字，没有可靠的读音标志，有些形体十分相似，有些读音变化较多，所以很容易读错。经过大致的分析，汉字有六种可能读错的原因，现在简单列举说明一下，以供参考。

第一，形声字

可能读错的有三种情况：

①有声旁不起注音作用的，却按声旁读这个字，如"屹"yì读成qǐ；"涸"hé读成gù等，就是读错了。

②有声旁仍起注音作用，却不按声旁的音读这个字，如"蹄"tí，不读dì；"嘈"zāo，不读cáo的字音等。如果按声旁读字音，就容易读错。

③还有就是遇到有的"独体字"不会读，如按声旁类推，就会读错的。如读"冗"rǒng为chén、读"韦"wéi为wěi等。

第二，形近字

有人常把形体相近的这个字，误读成那个字的音，读成了"别字"。如将"鳌 áo"读成"鳌 móu"，将"郴 chēn"读成"彬 bīn"，将"丏 miǎn"读成"丐 gài"，将"迥 jiǒng"读成"迴 huí"，将"祇 qí"读成"祇 zhì"，将"祇 zhí"读成"祇 dī"，将"铍 bō"读成"铍 pō"，将"畲 shē"读成"畲 yú"，将"冼 xiǎn"读成"冼 xǐ"，将"锒 láng"读成"锒 yín"，将"薜 bì"读成"薜 xuē"，将"赢 yíng"读成"赢 léi"，将"崇 suì"读成"崇 chóng"，将"毒 ǎi"读成"毒 dú"，将"麈 zhǔ"读成"麈

chén"，将"籴 cuān"读成"籴 tǔn"，将"汩 gǔ"读成"汩 mì"，将"壸
kǔn"读成"壸 hú"，将"昊 hào"读成"昊 wú"等，要注意区别。

第三，多义多音字

有些字的字义不同，字音也不同，但有人往往不加区别读成一个音。
如"蚌"在"蚌 bèn 埠"和"蚌 bàng 壳"中的读音是不一样的。不加区
分，就往往容易读错。

第四，同义多音字

一个字用在不同的词里，字义没有明显的不同，字音却不同了，一般
不容易把握。如"臂"bei 在"胳臂 bei"和"臂 bì 膀"中的读音是不一样
的，不注意区分，也容易读错。

第五，异读字

读音不同，却没有字义的区别，也没有习惯用法的区别。如"凹"，
在不同情况下，就有 āo（熬）/yāo（腰）/wā（洼）三个不同的读音。

第六，难读字

有些字，根据上下文的意思可以理解，但字音读不出来。有的根本找
不出一点读音的依据，如"卉"（huì）、"刍"（chú）等。有的虽有声旁，
但连声旁也不认识，如"鹬"（yù）、"攫"（jué）等。有的声旁熟悉，但
不敢贸然按声旁读，如"黔"（qián）、"淬"（cuì）等。这样的字，不好
归类，是属于"难读字"，要注意查阅字典。

比较难读的字还有：鱻（xiān）、猋（biāo）、麤（cū）、"毳"（cuì）、
蛊（gǔ）、羴（shān）、赑（bì）、垚（yáo）、犇（bēn）、淼（miǎo）、矗
（chù）、籴（dí）、芈（mǐ）、囧（jiǒng）等。

有几个特殊的事例，应该提醒一下：

第一，结尾的"尾"字，应该读"wěi"，而骡马牲畜"尾巴"的
"尾"字，应该读"yǐ"，正确地念"yǐba"。

第二，毛泽东《沁园春·雪》："俱往矣，数风流人物，还看今朝"，
在很多大型文艺演出场合，常有人深情并茂地朗诵，把"还（hái）"字，
朗读成（huán）。还（hái），是"还得，还须，接下来"的意思。而还
（huán），是指返回原来的地方，或恢复原来的状态，如：①还家、还乡、
还俗；②偿还、还东西、还击。对这类字应该注意区分。

第三，"给"字，应该读 gěi，而不能读作 jǐ，这是使对方得到东西或使某人受到某种遭遇，如：给你手机，给我力量，给了她致命的打击。当作为"书面语言"时，它读作 jǐ，如：给予（jǐ yǔ）。或作为特定词，比如：供给，给养，补给，给予，这里都必须读 jǐ。

容易读错的姓

中国人的姓氏文化，源远流长，丰富多彩，非常有趣。虽有《百家姓》，但何止百家。所谓百家姓，是虚指，实质五花八门，很难统计，没有准确数目。有的含糊其辞，说有 8000 多个；也有言之凿凿，说有 4100 多个。其中有些，如果不注意，就很容易会读错。如：

①单姓（读音相异）：朴，读 piáo，不读 pǔ（多见于朝鲜族）；仇，读 qiú，不读 chóu；单，读 shàn，不读 dān；解，读 xiè，不读 jiě；区，读 ōu，不读 qū；查，读 zhā，不读 chá（如金庸原名查良镛）；繁，读 pó，不读 fán（如《雷雨》中的繁漪）；牟，读 móu，不读 mù；瞿，读 qú，不读 jù（如瞿秋白）；句，读 gōu，不读 jù；员，读 yùn，不读 yuán；能，读 nài，不读 néng；缪，读 miào，不读 móu；阚，读 kàn，不读 hǎn；秘，读 bì，不读 mì；都，读 dū，不读 dōu；乜，读 niè，不读 miē；阿，读 ē，不读 ā；冼，同洗，读 xiǎn，不读 xǐ。

②单姓（声韵相同声调不同）：华，读 huà，不读 huá（如数学家华罗庚）；任，读 rén，不读 rèn（如任弼时）；那，读 nā，不读 nà（如歌手那英）；过，读 guō，不读 guò；应，读 yīng，不读 yìng（如香港影星应采儿）；曲，读 qū，不读 qǔ；訾，读 zī，不读 zǐ；哈，读 hǎ，不读 hā；舍，读 shè，不读 shě；要，读 yāo，不读 yào；钻，读 zuān，不读 zuàn。

③单姓容易读错的姓还有：蒯，读 kuǎi；逄，读 páng；靳，读 jìn（如美籍华人靳羽西）；邢，读 xíng（如央视主持人邢质斌）；胥，读 xū（如央视主持人胥午梅）；厍，读 shè；钮，读 niǔ；钭，读 tǒu；栾，读 luán；桓，读 huán；逯，读 lù；昝，读 zǎn；麹，读 qū；璩，读 qú；郏，读 jiá；郤，读 xì；郗，读 xī，古籍中也有读 chī（如东晋名臣郗鉴）；郦，读 lì；殳，读 shū；禤，读 xuān；歆，读 xīn；夔，读 kuí；蓟，读 jì；毋，读 wú，郜，读 gào；邴，读 bǐng；邬，读 wū。

④复姓读错的有：令狐，读 líng hú，不读 lìng hú，令，单独作姓时读

lìng；尉迟，读 yù chí，不读 wèi chí，尉，单独作姓时读 wèi；万俟，读 mò qí，不读 wàn sì；长孙，读 zhǎng sūn，不读 cháng sūn；澹台，读 tán tái，不读 dàn tái；夏侯，读 xià hóu，不读 xià hòu；皇甫，读 huáng fǔ，不读 huáng pǔ；宰父，读 zǎi fǔ，不读 zǎi fù；亓官，读 qí guān；鲜于，读 xiān yú，不读 xiǎn yú，鲜，单独作姓也读 xiān，另有复姓鲜卑（xiān bēi）；单于，读 chán yú，不读 dān yú。

⑤双音双姓：盖，一读 gě，一读 gài，一般念 gě（如京剧艺术家盖叫天）；乐，一读 yuè，一读 lè，一般念 yuè；种，一读 chóng，一读 zhǒng，一般念 chóng；纪，一读 jǐ，一读 jì，一般念 jǐ（如纪晓岚，但翻译外国人名时一般念 jì）召，一读 shào，一读 zhào（傣族姓）；覃，一读 tán，一读 qín；相，一读 xiāng，一读 xiàng；柏，一读 bǎi，一读 bó；会，一读 huì，一读 kuài；折，一读 shé，一读 zhé；隗，一读 kuí，一读 wěi；阙，一读 quē，一读 què。

容易读错的地名

中国的地名，典故颇多，读音不尽相同，已有约定俗成。如果不注意，有许多的地名，往往容易读错。如：

浙江省：丽水的"丽"读 lí，不读 lì；台州的"台"读 tāi，不读 tái；鄞县的"鄞"读 yín，不读 jín；乐清的"乐"读 yuè，不读 lè；角堰的"角"，读 lù。

安徽省：歙县的"歙"读 shè，不读 xī；六安的"六"读 lù，不读 liù；亳州的"亳"读 bó，不读 háo；黟县的"黟"读 yī，黄山古称黟山；枞阳的"枞"读 zōng，不读 cōng；濉溪的"濉"读 suī；蚌埠读 bèng bù，不读 bàng fù；砀山的"砀"读 dàng，不读 tāng。

江苏省：南京市六合的"六"读 lù，不读 liù；盱眙，读 xū yí，不读 yú tái；邗江的"邗"读 hán；邳州的"邳"读 pī；甪直的"甪"读 lù；氾水的"氾"读 fàn；栟茶的"栟"读 bēng，不读 bīng。睢宁的"睢"，读音为 suī；浒墅关的"浒"，读音为 xǔ，不读 hǔ。

上海市：莘庄的"莘"读 xīn，不读 shēn。

黑龙江省：穆棱的"棱"读 líng，不读 léng。

吉林省：珲春的"珲"读 hún；桦甸的"桦"读 huà。

河北省：蔚县的"蔚"读 yù，不读 wèi；乐亭的"乐"读 lào；大城的"大"读 dài，不读 dà。

山西省：洪洞的"洞"，读 tóng，不读 dòng；解池的"解"，读 xiè。

山东省：茌平的"茌"读 chí；郯城的"郯"读 tán；东阿的"阿"，读 ē；曲阜读 qū fù；鄄城的"鄄"，读 juān，不读 yān；莘县的"莘"，读 shēn，不读 xīn。

江西省：铅山的"铅"读 yán，不读 qiān；浒湾的"浒"，读音为 xǔ，不读 hǔ。

湖北省：黄陂的"陂"，读 pí，不 bēi；郧县的"郧"，读 yún；监利的"监"，读 jiàn，不读 jiān。

河南省：浚县的"浚"读 xùn，不读 jùn；泌阳的"泌"读 bì，不读 mì；中牟的"牟"读为 mù，不读 móu。汜水的"汜"，读 sì。

广东省：番禺的"番"，读 pān；高要的"要"，读 yāo。

海南省：儋县的"儋"，读 dān，不读 zhān 或 shàn。

四川省：犍为的"犍"，读 qián，不读 jiān；邛崃，读 qióng lái。筠连的"筠"，读 jūn，不读 yún；阆中的"阆"，读 làng。

重庆市：綦江的"綦"，读 qí；北碚的"碚"，读 bèi。

云南省：勐海的"勐"，读 měng。

陕西省：栎阳的"栎"读 yuè，不读 lè；吴堡的"堡"，读 bǔ。

新疆自治区：巴音郭楞的"楞"，读 léng，不读 lèng；喀什的"什"，发 shi 的轻读音；尉犁，读 yù lí。

为方便对比，有"容易读错的字一览表"，可供参考阅读

A	挨(āi)近 挨(ái)饿 白皑皑(ái) 狭隘(ài) 煎熬(áo) 拗(ǎo)断 拗(ào)
B	扳(bān)平 同胞(bāo) 炮(bāo)羊肉 剥(bāo)皮 薄(báo)纸 蓓(bèi)蕾 奔(bēn)波 投奔(bèn) 迸(bèng)发 卑鄙(bǐ) 秘(bì)鲁 包庇(bì) 麻痹(bì) 复辟(bì) 濒(bīn)临 针砭(biān) 屏(bǐng)气 摒(bǐng)弃 剥(bō)削 停泊(bó) 淡薄(bó) 哺(bǔ)育
C	璀(cuǐ)璨 粗糙(cāo) 嘈(cáo)杂 参(cēn)差(cī) 差(chā)错 偏差(chā) 搽(chá)粉 猹(chá) 刹(chà)那 差(chāi)遣 谄(chǎn)媚 忏(chàn)悔 孱(chàn)杂 场(cháng)院 赔偿(cháng) 倘(cháng)佯 绰(chāo)起 嗔(chēn)怒 惩(chéng)罚 驰骋(chěng) 鞭笞(chī) 痴(chī)呆 踟(chí)蹰(chú) 奢侈(chǐ) 整饬(chì) 炽(chì)热 不啻(chì) 叱(chì)咤 憧(chōng)憬 崇(chóng)拜 踌(chóu)躇(chú) 罢黜(chù) 处(chǔ)于 揣(chuǎi)摩 椽(chuán)子 创(chuāng)伤 凄怆(chuàng) 啜(chuò)泣 辍(chuò)学 宽绰(chuò) 皴(cūn)裂 忖(cǔn)度 蹉(cuō)跎 挫(cuò)折 氽(cuān)丸子 称(chèn)心如意
D	呆(dāi)板 答(dā)应 逮(dǎi)老鼠 逮(dài)捕 档(dàng)案 追悼(dào) 提(dī)防 并蒂(dì)连 缔(dì)造 掂(diān)量 玷(diàn)污 装订(dìng) 订(dìng)正 恫(dòng)吓 胴(dòng)体 句读(dòu) 兑(duì)换 踱(duó)步 安步当(dàng)车 掇(duō)拾
E	阿(ē)谀 婀(ē)娜 讹(é)诈 扼(è)要
F	蜚(fēi)声 菲(fěi)薄 沸(fèi)点 氛(fēn)围 菲(fěi)薄 肤(fū)浅 仿佛(fú) 凫(fú)水 篇幅(fú) 拂(fú)晓 佛(fú)然 果脯(fǔ)
G	准噶(gá)尔 大动干戈(gē) 诸葛(gě)亮 脖颈(gěng) 提供(gōng) 供(gōng)销 供(gōng)给 供(gòng)认 口供(gòng) 佝(gōu)偻 勾(gòu)当 骨(gǔ)气 蛊(gǔ)惑 商贾(gǔ) 桎梏(gù) 粗犷(guǎng) 皈(guī)依 瑰(guī)丽 刽(guì)子手 枸(gǒu)杞(qǐ) 呱(gū)呱(gū)坠地 鳜(guì)鱼 聒(guō)噪 力能扛(gāng)鼎

H	哈(hǎ)达 蒿(hāo)草 负荷(hè) 哄(hōng)抢 豢(huàn)养 和(huó)面	尸骸(hái) 呵(hē)欠 附和(hè) 起哄(hòng) 隐晦(huì) 豁(huò)达	罕(hǎn)见 干涸(hé) 蛮横(hèng) 糊(hú)口 污秽(huì) 一哄(hòng)而散	巷(hàng)道 上颌(hé) 横(hèng)财 华(huà)山 混(hùn)浊
J	茶几(jī) 即(jí)使 狼藉(jí) 古迹(jì) 缄(jiān)默 发酵(jiào) 倔强(jiàng) 痉(jìng)挛 矩(jǔ)形 矍(jué)铄 角(jué)逐 通缉(jī)	畸(jī)形 即(jí)兴 脊(jǐ)梁 夹(jiā)道 渐(jiān)染 姣(jiāo)好 反诘(jié) 抓阄(jiū) 龃(jǔ)龉 攫(jué)取 咀嚼(jué) 人才济济(jǐ)	羁(jī)绊 嫉(jí)妒 给(jǐ)予 夹(jiá)袄 眼睑(jiǎn) 蛟龙(jiāo) 拮(jié)据(jū) 针灸(jiǔ) 镌(juān)刻 龟(jūn)裂 猖獗(jué) 绢(juàn)花	羁(jī)旅 棘(jí)手 凯(jì)觎 信笺(jiān) 离间(jiàn) 缴(jiǎo)纳 攻讦(jié) 内疚(jiù) 隽(juàn)永 竣(jùn)工 诡谲(jué) 粳(jīng)米	汲(jí)取 贫瘠(jí) 成绩(jì) 歼(jiān)灭 僭(jiàn)越 校(jiào)对 桔(jié)梗 狙(jū)击 角(jué)色 口角(jué) 跻(jī)身 靓(jìng)妆
K	颏(kǎn)颔 可(kè)汗(hán) 岢(kuī)然	鸟瞰(kàn) 恪(kè)守 窥(kuī)探	窠(kē)臼 倥(kǒng)偬(zǒng) 傀(kuǐ)儡(lěi)	坎坷(kě) 财会(kuài) 感喟(kuì)	
L	邋(lā)遢(tā) 落(lào)色(shǎi) 擂(léi)鼓 罹(lí)难 寂寥(liáo) 仓廪(lǐn) 掠(lüè)夺	书声琅(láng)琅 奶酪(lào) 羸(léi)弱 潋(liàn)滟 镣(liào)铐 雕镂(lòu) 裸(luǒ)视	唠(láo)叨 烙(lào)印 果实累(léi)累 入殓(liàn) 打猎(liè) 贿赂(lù) 连累(lěi)	落(lào)枕 勒(lè)索 擂(lèi)台 端量(liáng) 恶劣(liè) 棕榈(lú)	
M	抹(mā)布 联袂(mèi) 奢靡(mí) 模(mú)样 幽冥(míng) 抹(moò)墙	阴霾(mái) 闷(mēn)热 靡(mǐ)丽 模(mú)具 酩(mǐng)酊(dǐng)	埋(mán)怨 愤懑(mèn) 蓦(mò)然 静谧(mì) 荒谬(miù)	耄(mào)耋(dié) 蒙(méng)难 牟(móu)取 分娩(miǎn) 腼(miǎn)腆(tiǎn)	
N	老衲(nà) 气馁(něi) 宁(nìng)愿 驽(nú)马 怄(òu)气	羞赧(nǎn) 匿(nì)名 泥泞(nìng) 虐(nüè)待	泥淖(nào) 拘泥(nì) 忸(niǔ)怩ní 讴(ōu)歌	木讷(nè) 亲昵(nì) 执拗(niù) 呕(ǒu)吐	

P	扒(pá)手	迫(pǎi)击炮	蹒(pán)跚	滂(pāng)沱(tuó)
	袍(páo)泽	炮(páo)制	炮(páo)烙(luò)	胚(pēi)胎
	喷(pèn)香	抨(pēng)击	坯(pī)胎	纰(pī)漏
	砒(pī)霜	毗(pí)邻	癖(pǐ)好	媲(pì)美
	扁(piān)舟	剽(piāo)窃	饿殍(piǎo)	一瞥(piē)
	乒(pīng)乓(pāng)	湖泊(pō)	糟粕(pò)	解剖(pōu)
	奴仆(pú)	洁癖(pǐ)	匍(pú)匐(fú)	曝(pù)晒
	睥(pì)睨(nì)	娉(pīng)婷	骠(piào)勇	大腹便便(pián)
Q	沏(qī)茶	栖(qī)息	蹊(qī)跷(qiāo)	颀(qí)长
	岐(qí)途	绮(qǐ)丽	修葺(qì)	休憩(qì)
	关卡(qiǎ)	潜(qián)水	悭(qiān)吝	掮(qián)客
	虔(qián)诚	天堑(qiàn)	缱(qiǎn)绻(quǎn)	戕(qiāng)害
	强(qiǎng)迫	勉强(qiǎng)	襁(qiǎng)褓	翘(qiáo)楚
	翘(qiáo)首	地壳(qiào)	胆怯(qiè)	惬(qiè)意
	衾(qīn)枕	倾(qīng)慕	引擎(qíng)	亲(qìng)家
	龟(qiū)兹 cí	曲(qū)折	祛(qū)除	黢(qū)黑
	清癯(qú)			
R	冉(rǎn)冉	攘(rǎng)除	妖娆(ráo)	围绕(rào)
	荏(rěn)苒(rǎn)	丰稔(rěn)	稔(rěn)知	妊(rèn)娠(shēn)
	仍(réng)然	冗(rǒng)长	偌(ruò)大	
S	丧(sāng)钟	缫(sāo)丝	稼穑(sè)	堵塞(sè)
	芟(shān)除	潸(shān)然	禅(shàn)让	讪(shàn)笑
	赡(shàn)养	折(shé)本	威慑(shè)	教室(shì)
	狩(shòu)猎	倏(shū)忽	束(shù)缚	刷(shuà)白
	游说(shuì)	吮(shǔn)吸	瞬(shùn)间	朔(shuò)方
	怂(sǒng)恿(yǒng)	夙(sù)仇	簌(sù)簌	虽(suī)然
	教唆(suō)	婆娑(suō)	浩浩汤汤(shāng)	禅(shàn)让
T	趿(tā)拉	鞭挞(tà)	拓(tà)本	叨(tāo)扰
	熏陶(táo)	体(tī)己	孝悌(tì)	倜(tì)傥 tǎng
	腼腆(tiǎn)	轻佻(tiāo)	调(tiáo)皮	妥帖(tiē)
	请帖(tiě)	字帖(tiè)	绿汀(tīng)	悲恸(tòng)
	荼(tú)毒	湍(tuān)急	颓(tuí)唐	
W	逶(wēi)迤(yí)	违(wéi)反	崔嵬(wéi)	桅(wéi)杆
	圩(wéi)田	推诿(wěi)	猥(wěi)琐	龌(wò)龊(chuò)
	斡(wò)旋	藤蔓(wàn)		

X	膝(xī)盖 翩跹(xiān) 挟(xié)持 铜臭(xiù) 颉(xié)颃(háng) 自诩(xǔ) 炫(xuàn)耀 戏谑(xuè)	檄(xí)文 混淆(xiáo) 采撷(xié) 远岫(xiù) 纸屑(xiè) 体恤(xù) 眩(xuàn)晕(yùn) 驯(xùn)服	狡黠(xiá) 肖(xiào)像 省(xǐng)亲 星宿(xiù) 机械(xiè) 酗(xù)酒 穴(xué)位 殉(xùn)情	纤(xiān)细 咆哮(xiào) 珍馐(xiū) 叶(xié)韵 歆(xīn)羡 和煦(xù) 噱(xué)头 逊(xùn)色
Y	倾轧(yà) 妍(yán)媸(chī) 吊唁(yàn) 鹞(yào)鹰 摇曳(yè) 荫(yìn)蔽 黝(yǒu)黑 娱(yú)乐 驾驭(yù) 允(yǔn)许 造诣(yì)	殷(yān)红 衍(yǎn)变 赝(yàn)品 揶(yé)揄(yú) 拜谒(yè) 应(yīng)届 园囿(yòu) 伛(yú)偻(lǚ) 熨(yù)帖 愠(yūn)色 友谊(yì)	湮(yān)没 梦魇(yǎn) 佯(yáng)装 哽咽(yè) 迤(yǐ)逦(lǐ) 应(yìng)用 宽宥(yòu) 舆(yú)论 艺苑(yuàn) 后裔(yì) 肄(yì)业	筵(yán)席 俨(yǎn)然 窈(yǎo)窕(tiǎo) 笑靥(yè) 旖(yǐ)旎(nǐ) 邮(yóu)递 逾(yú)越 囹(líng)圄(yǔ) 晕(yūn)车 游弋(yì) 莫邪(yé)
Z	登载(zǎi) 臧(zāng)否(pǐ) 憎(zēng)恨 精湛(zhàn) 挣扎(zhá) 着(zhāo)数 肇(zhào)事 啁(zhōu)啾(jiū) 啄(zhuó)木鸟 油渍(zì)	装载(zài) 宝藏(zàng) 咋(zé)舌 颤(zhàn)栗 札(zhá)记 着(zháo)凉 中(zhōng)听 压轴(zhòu) 着(zhuó)陆 箭镞(zú)	拒载(zài) 确凿(záo) 占(zhān)卜 上涨(zhǎng) 轧(zhá)钢 沼(zhǎo)泽 中(zhòng)肯 灼(zhuó)热 渣滓(zǐ) 作(zuō)坊	暂(zàn)时 谮(zèn)言 客栈(zhàn) 驻扎(zhā) 择(zhái)菜 号召(zhào) 胡诌(zhōu) 卓(zhuó)越 恣(zì)意 帝祚(zuò)

（四）容易用错的字

有些字，字形相似，读音相同，如亿忆、才材、历厉励等。有些字，字形相似，读音相近，如风凤、扎礼、仆扑朴等。有些字，字形相似，读音不同，如儿几、义叉、己已巳、夕歹等。有些字，字形不同，读音相同，如了潦、干甘、川穿、以已等。有些字，字形不同，读音相近，如：又、由、有，广、光等。

上述这些字，如果不注意区分具体情况，都有可能用错字，造成指鹿为马或语意表达不清。

为方便对照，将常用易错字列表，供参考（括弧内是正确用字）

1. 重迭（叠）

2. 表帅（率）

3. 峻（竣）工

4. 格（恪）守

5. 脏（赃）款

6. 九洲（州）方圆

7. 坐阵（镇）

8. 寒喧（暄）

9. 萤（荧）光

10. 雾淞（凇）

11. 凭（平）添

12. 装祯（帧）

13. 弦（旋）律

14. 座（坐）落

15. 冒（贸）然

16. 钉（订）书机

17. 名（明）信片

18. 一滩（摊）血

19. 笑咪咪（眯眯）

20. 鼎立（力）相助

21. 磬（罄）竹难书

22. 蛛丝蚂（马）迹

23. 声名雀（鹊）起

24. 渊（源）远流长

25. 常（长）年累月

26. 公诸（之）于众

27. 谈笑风声（生）

28. 人情事（世）故

29. 有持（恃）无恐

30. 额首（手）称庆

31. 旁证（征）博引

32. 饮鸠（鸩）止渴

33. 绿草如荫（茵）

34. 真知卓（灼）见

35. 灸（炙）手可热

36. 宁缺勿（毋）滥

37. 安祥（详）

38. 蜇（蛰）伏

39. 防（妨）碍

40. 幅（辐）射

41. 泻（泄）气

42. 编篡（纂）

43. 急燥（躁）

44. 气慨（概）

45. 元霄（宵）

46. 夜霄（宵）

47. 发轫（轫）

48. 痉孪（挛）

49. 趟（蹚）水

50. 了（瞭）望

51. 罗（啰）唆

52. 大姆（拇）指

53. 老俩（两）口

54. 三步（部）曲

55. 入场卷（券）

56. 沤（呕）心沥血

57. 一如继（既）往

58. 鬼鬼祟祟（祟）

59. 金榜提（题）名

60. 走头（投）无路

61. 趋之若骛（鹜）

62. 终身（生）事业

63. 终生（身）受益

64. 明火执杖（仗）

65. 不能自己（已）

66. 姿（恣）意妄为

67. 相辅相承（成）

68. 身体姿式（势）

69. 挑肥捡（拣）瘦

70. 甘败（拜）下风

71. 维（惟）妙维（惟）肖

72. 粗旷（犷）

73. 一杯（抔）黄土

74. 针贬（砭）

75. 缘份（分）

76. 凑和（合）

77. 脉博（搏）

78. 就序（绪）

79. 既（即）使

80. 追朔（溯）

81. 九宵（霄）

82. 渲（宣）泄

83. 膺（赝）品

84. 沉缅（湎）

85. 精减（简）

86. 装璜（潢）

87. 振（震）撼

88. 爱（艾）滋病

89. 挖墙角（脚）

90. 泊（舶）来品

91. 烩（脍）炙人口

92. 默（墨）守成规

93. 不径（胫）而走

94. 萎糜（靡）不振

95. 娇（矫）揉造作

96. 一愁（筹）莫展

97. 竭泽而鱼（渔）

98. 滥芋（竽）充数

99. 世外桃园（源）

100. 死皮癞（赖）脸

101. 金壁（碧）辉煌

102. 弹（殚）精竭虑

103. 张惶（皇）失措

104. 出奇（其）不意

105. 床第（笫）之私

106. 老声（生）常谈

107. 开天劈（辟）地

108. 尾大不调（掉）

109. 蜂涌（拥）

120. 复（覆）盖

121. 震摄（慑）

122. 松驰（弛）

123. 家俱（具）

124. 苍（沧）桑

125. 迷（谜）团

126. 精萃（粹）

127. 偶而（尔）

128. 善（擅）长

129. 迁徒（徙）　　　　　　130. 雏型（形）

131. 殒（陨）石　　　　　　132. 颂（诵）读

133. 修茸（葺）　　　　　　134. 做（坐）月子

135. 哈蜜（密）瓜　　　　　136. 渡（度）假村

137. 不落巢（窠）臼　　　　138. 黄梁（粱）美梦

139. 一诺千斤（金）　　　　140. 再接再励（厉）

141. 悬梁刺骨（股）　　　　142. 一股（鼓）作气

143. 草管（菅）人命　　　　144. 穿（川）流不息

145. 言简意骇（赅）　　　　146. 指手划（画）脚

147. 迫不急（及）待　　　　148. 按步（部）就班

149. 一幅（副）对联　　　　150. 美仑（轮）美奂

151. 五州（洲）四海　　　　152. 洁白无暇（瑕）

153. 食不裹（果）腹　　　　154. 山青（清）水

155. 拾人牙惠（慧）　　　　156. 不记（计）其数

157. 既往不究（咎）　　　　158. 精兵减（简）政

159. 天翻地复（覆）　　　　160. 州（洲）际导弹。

对于"象"和"像"、"度"和"渡"、"做"和"作"、"借"和"籍"、"届"和"任"等容易用错的字，我们要注意区分。还有"出生"和"出身"是不同的概念，也要注意区分。

总之，我们遇到不认识或拿不准的字，要养成查字典或上网查找的好习惯，要尽量避免读错或用错字。

（五）综合测试（练习题）：

在对错别字不同类型的分析和鉴别的基础上，现进行简单的测试，看看是否真正理解了一些词语的含义，能否准确运用。请在下列词语后的括号内打上正确（√）或错误（×）符号，以便区别。如果能够及时改正，则更好。

擅长（　）善长（　），貂蝉（　）貂婵（　），追溯（　）追塑（　），

辈分（　）辈份（　），陷阱（　）陷井（　），覆盖（　）复盖（　），

安装（　）按装（　），打蜡（　）打腊（　），高亢（　）高吭（　），

作践(　　)作贱(　　),差池(　　)差迟(　　),赝品(　　)膺品(　　),

琢磨(　　)啄磨(　　),妨碍(　　)防碍(　　),粗犷(　　)粗旷(　　),

噩耗(　　)恶耗(　　),作为(　　)做为(　　),绅士(　　)绅仕(　　),

凭借(　　)凭籍(　　),做出(　　)作出(　　),当作(　　)当着(　　),

舶来品(　　)泊来品(　　),入场券(　　)入场卷(　　),

雄赳赳(　　)雄纠纠(　　),座右铭(　　)坐右铭(　　),

麻风病(　　)麻疯病(　　),制高点(　　)至高点(　　),

暖烘烘(　　)暖哄哄(　　),肖像权(　　)肖相权(　　),

牛仔裤(　　)牛崽裤(　　),暴发户(　　)爆发户(　　),

照相机(　　)照像机(　　),殊不知(　　)孰不知(　　),

想象力(　　)想像力(　　),粘豆包(　　)黏豆包(　　),

不至于(　　)不致于(　　),

画地为牢(　　)划地为牢(　　),决不罢休(　　)绝不罢休(　　),

挤挤一堂(　　)济济一堂(　　),秉承传统(　　)禀承传统(　　),

浮光掠影(　　)浮光略影(　　),幅原辽阔(　　)幅员辽阔(　　),

纷至沓来(　　)纷至踏来(　　),遗笑大方(　　)贻笑大方(　　),

箴口不言(　　)缄口不言(　　),许许如生(　　)栩栩如生(　　),

一帆风顺(　　)一番风顺(　　),责无旁代(　　)责无旁贷(　　),

皮肤白皙(　　)皮肤白晰(　　),想入菲菲(　　)想入非非(　　),

一鸣惊人(　　)一名惊人(　　),欲盖弥彰(　　)欲盖迷彰(　　),

举一返三(　　)举一反三(　　),百练成钢(　　)百炼成钢(　　),

安份守己(　　)安分守己(　　),百尺竿头(　　)百尺杆头(　　),

神采奕奕(　　)神采弈弈(　　),独占鳌头(　　)独占鳖头(　　),

怨声载道(　　)怨声在道(　　),心狂神怡(　　)心旷神怡(　　),

为虎作伥(　　)为虎作畅(　　),千头万绪(　　)千头万序(　　),

一视同人(　　)一视同仁(　　),无稽之谈(　　)无机之谈(　　),

生死悠关(　　)生死攸关(　　),礼尚往来(　　)礼上往来(　　),

中流砥柱(　　)中流抵柱(　　),惹事生非(　　)惹是生非(　　),

千钧一发(　　)千均一发(　　),方兴未爱(　　)方兴未艾(　　),

化险为夷(　　)化险为宜(　　),汗流浃背(　　)汗流夹背(　　),

无精打采( )无精打彩( ),炯然不同( )迥然不同( ),

情不自禁( )情不自尽( ),攻城掠地( )攻城略地( ),

待价而沽( )待价而估( ),物资匮乏( )物资馈乏( ),

末齿难忘( )没齿难忘( ),良秀不齐( )良莠不齐( ),

有口皆碑( )有口皆杯( ),克苦钻研( )刻苦钻研( ),

漠不关心( )默不关心( ),草菅人命( )草管人命( ),

天翻地復( )天翻地覆( ),自抱自弃( )自暴自弃( ),

报仇血恨( )报仇雪恨( ),和颜悦色( )和言悦色( ),

卓尔不凡( )卓而不凡( ),永葆青春( )永保青春( ),

徇私舞弊( )徇私舞壁( ),利兵秣马( )厉兵秣马( ),

挺而走险( )铤而走险( ),馨竹难书( )罄竹难书( ),

一如既往( )一如继往( ),趋之若骛( )趋之若鹜( ),

人情世故( )人情事故( ),名不符实( )名不副实( ),

恣意妄为( )姿意妄为( ),饮鸩止渴( )饮 止渴( ),

世界纪录( )世界记录( ),开天辟地( )开天劈地( ),

各行其事( )各行其是( ),虎视眈眈( )虎视耽耽( ),

自名得意( )自鸣得意( ),出其不意( )出奇不意( ),

名门旺族( )名门望族( ),惩前毖后( )惩前毙后( ),

一股作气( )一鼓作气( ),蜕化变质( )退化变质( ),

脍炙人口( )烩炙人口( ),洁白无瑕( )洁白无暇( ),

不落巢臼( )不落窠臼( ),莫名其妙( )莫明其妙( ),

断章取义( )断章取意( ),先发制人( )先发治人( ),

大声急呼( )大声疾呼( ),分庭抗理( )分庭抗礼( ),

张灯结采( )张灯结彩( ),令人发指( )令人髪指( ),

做好准备( )作好准备( ),及其光荣( )极其光荣( ),

一揽子计划( )一篮子计划( ),

英国脱欧,即脱离欧洲( )英国脱欧,即脱离欧盟( )。

第二编　现代汉语基础知识

一、现代汉语的基本概况和学习要求

（一）现代汉语的基本概念

汉语，是以汉民族为主体的语言，历史悠久，源远流长。如果按照历史年代的先后顺序，可划分为"古代汉语"和"现代汉语"两大部分。有关的资料还按照历史发展的不同时期，将"古代汉语"细分为上古汉语、中古汉语、近古汉语几个阶段；又将"现代汉语"细分为近代汉语、现代汉语、当代汉语几个阶段。尽管众说纷纭，不够一致，但我们认为，"古代汉语"和"现代汉语"以"五四"运动为界限的划分，还是比较客观的。是"五四"新文化运动催生了"现代汉语"的发展。这个分界与划分的突出标志，就是"古代汉语"是以古"文言文"为主体的；"现代汉语"是以现代"白话文"为主体的。

古代文言文与现代白话文，在词语的运用和表达方式方面，是有差异的。比如，问某人是否吃饭了，现代白话文的表述是"你吃饭了吗？"，而文言文的表述，却是"饭否？"。"饭否"，是文言文。"饭"是名词作动词用，意思为吃饭。这应该是一个比较明显的例子。因此，顾名思义，"现代汉语"，就是距离我们所处年代比较接近的基本符合现代人语言习惯的大众化的语言。而"古代汉语"，则是距离我们年代久远的适合书面运用的古代的文言文。古代汉语，是现代汉语的前身；现代汉语，是古代汉语的继承和发展。它们一脉相承。当然，这种分段划分，这只是一个广义的概念，并不是截然分开的。存在一定的过渡时期，合情合理。其他的有关"汉语历史分期"的所谓"三古七段"的表述，都是在大前提下的具体分支，这里不作详细的阐述。

我们的祖先在汉语言的学习、运用和传承中，积累了丰富的经验，也总结出了大量有益的教训，是值得我们学习和传承的。他们根据汉语言的结构规律和基本特点，规定了在"字、词、句、章"方面的运用原则和基本常识。今天，我们无论是学习"现代汉语"还是学习"古代汉语"，首先必须学习和掌握相关的基础知识，才能在现实的教学、生活和工作中进一步做好学习、交流、应用和推广的具体工作。

在以下的章节里，我们将就学习"现代汉语"以及"古代汉语"的有关基础知识，作一点简要的概述，希望通过具体的语言实际，使大家能够有所了解，对大家有所帮助。

（二）现代汉语的学习范畴

语音、词汇、语法，合称为语言的三大要素。我们学习和研究的现代汉语，是汉语言学有关研究汉语言文字的、内容及其广泛的重要学科。其中的汉语词汇、语法、修辞、逻辑，是其重要的组成部分，分属其中的几个重要的分科。汉语词汇学、语法学、修辞学、逻辑学，就是我们学习和研究汉语言文字的基本的重要范畴。具体来说，汉语词汇学，是研究词的来源、音义演变和同源词的学科；汉语语法学，是研究关于汉语语言结构规律的学科；汉语修辞学，是研究关于汉语语言表达手段的学科；汉语逻辑学，是研究关于逻辑思维的形式与规律的学科。在汉语言的具体运用实践中，有人通常认为，我们说的话或写的文章，"词不达意"是有关词汇范围内的事；"通不通"是有关语法范围内的事；"好不好"是有关修辞范围内的事；"对不对"是有关逻辑范围内的事。这不是没有道理的。从这一点看，就充分说明汉语的词汇知识、语法知识、修辞知识、逻辑知识，在我们的学习和运用的过程中，是多么重要了。

二、现代汉语基础知识

在"现代汉语"部分，我们将主要介绍有关现代汉语的基础知识和学习汉语言所必须掌握的基本要点。为便于理解，我们将有重点介绍"词、句、章"等方面的基础知识和基本要点。

（一）汉语语音和语言

1、语音、语言、思维

语音，是语言的声音。语音同语义是紧密结合的。有声语言是区别人类与动物的重要标志之一。在现实生活中，人们所要表达的某种意义，通常都是要借助语言的声音，才能体现出来的。音素，是语音的最小单位。可分为元音与辅音两大类。依据发音动作来分析，一个动作就构成一个音素。由于音素的不同，就形成了语言中的不同音节。如汉语"啊"（ā）只有一个音素，"我"（wǒ）有两个音素，"高"（gāo）有三个音素，"天"（tiān）有四个音素，等等。

语言，是声音和意义的结合体。语言，由语音、词汇、语法构成，是人类所特有的最重要的交际工具。语言，有时也泛指一篇文章、一部作品所使用的词语。任何民族的语言，都有该民族的文化特色，具有民族性。汉语，是人类语言的一个语种，也是有其特色的。汉语言，是以汉语语音为物质外壳、以汉语词汇为建筑材料、以汉语语法为结构规律构成的。人类的语言，也是人类思维的重要工具。

思维，是人脑对客观现实间接的和概括的反映。语言是民族的，思维是全人类的。思维和语言，是人们在劳动过程中同时产生的。没有思维，就没有语言。没有语言，也没有思维。思维是内容，语言是形式，二者不可分割。在通常情况下，人们思维的过程，就是运用语言文字进行分析、作出判断、进行推理的过程。

2、语音的音标、音节、声调和语调

音标，是指研究、记录和使用语音的专用符号。音标，能精确标记和

说明语言的音素。古今中外，各种语言，都有各种音标。一般拼音文字，虽可记录语音，但不够精确，也不能普遍适用于不同的语言。为准确记录语音，现在普遍通行的是国际音标。

音节，是语言结构的基本单位。音节，由音素按一定方式配合音高（声音的高低）、音强（声音的强弱）等组成的。汉语正在由单音节词为主向双音节词为主发展。汉语的每个音节最少含有一个、最多含有四个音素。通常一个汉字代表一个音节，如"振兴中华"，四个汉字，就是四个音节。汉语的音节是由声母、韵母、声调三要素构成的，又称为"三维结构"，其中韵母和声调是必不可少的。西方的则由元音和辅音构成，也称为"二维结构"。

声调，也称"字调"，是指能够区别音节所含意义的声音的高、低、升、降。汉语的每一个音节（汉字）都有声调，也就是所谓的"四声"。四个字发音的不同，就是声调不同。

语调，在句子中表示一定的语气和感情，可以通过贯穿句子里的声音高低、轻重、快慢、间隙，配合句子表达的内容和现实的环境来实现思想交流。这也是句子所具有的标志之一。

3、现代汉语普通话

现代汉语普通话，是当代中国以汉民族为主体的多民族的共同语言。

所谓共同语言，即社会成员共同使用的交际语言，是以一种地域性方言为基础形成的中心语言，又称"标准语"。现代汉语言，有明确的规范。具体来说，这就是以北京语音为标准音、以北方话为基础方言、以典范的现代白话文著作为语法规范的普通话。

现代汉语普通话，就是当代的标准语和通行全国的共同语言。现代汉语普通话，是区别于各地方方言的，也是众多方言中的基础方言。方言，自古就存在。中国的汉族方言，大致可以分为七大方言，但也有"八大方言"、"九大方言"、甚至"十大方言"之说。如果加上少数民族的语言，中国的方言还可以划得更多、更细。按照一般的说法，有北方方言、吴方言、湘方言、赣方言、客家方言、闽北方言、闽南方言、粤方言、四川方言等。近一千年来，中国许多优秀的文学作品，从唐宋白话到元曲和明清小说，都是在北方话的基础上创作的。北方方言以外的所有方言统称南方方言，但并没有自己的方言文字。其原因是方言文字不为公众接受，在文学史上没有地位。迄今为止，还没有用方言文字进行的创作，大众也多不使用方言文字。

在全国范围内推广普通话，并不是用普通话强行代替所有方言，也不是要消除地区性方言。统一的汉语普通话，有利于全国范围内的沟通和交流。统一的汉语文字，可以沟通多样的语言。多样的语言（地区方言和少数民族语言），有利于维系各地区的民风民俗，繁荣地区的社会文化。事实上，现在各地区恢复和保留的具有地方特色的方言栏目，生动活泼，喜闻乐见，就是很好的说明。推广普通话，并不会造成多样、丰富的地方文化的消失。这样，人们既可共同生活和交流，又能保持生活方式的多样性，这也是中华文明最为伟大的地方。

根据相关统计，截止 2015 年底，全国普通话普及率已从上世纪末的 53.06% 上升到了 70% 以上，将更加有利于多层次语言文化交流。

现代汉语普通话，是规范化的共同语言。它既不同于当时当地的大众语言和流行语言，也不同于现在的网络语言。所谓大众语言，就是当地群众化的语言，普通老百姓的语言。所谓流行语言，是指在特定时期、特定区域流行的语言。所谓网络语言，是伴随着网络的发展而出现的一种新的语言形式。包括拼音或者英文字母的缩写，含有某种特定意义。在特定范围内，得到网友偏爱。在现代生活中，网络改变了世界，也改变了语言。我们已明显感觉到现代语言正在迅速变异，如："单位"称"机构"、"集体"称"团队"、"领导"称"老板"、"开会"称"论坛"、"目录"称"菜单"、"计划"称"路线图"、"暴发户"称"土豪"、"包工头"称"项目经理"、"嫁不出去的姑娘"称"剩女"、"瘦弱"称"骨感"、"减肥"称"塑身"、"八卦新闻"称"秘闻"、"桃色新闻"称"绯闻"、"奸情"称"劈腿"、"争论"称"对话"、"辞职"称"跳槽"、"辞退"称"炒鱿鱼"、"贪官污吏"称"老虎苍蝇"、"滋补"称"养身"、"酒席用餐"称"饭局"、"痛快"称"爽歪歪"、"关系密切"为"零距离接触"、"结伴出游的"称"驴友"、"同吃同住"为"资源共享"、"意见一致"称"共识"、"你我都受益"称"双赢"等。

如果不明白这类语言，就被批评为太落伍、患现代语言表达障碍综合症、说话词不达意等。

有些流行语言或网络语言，由于不了解原有词语的含义，也会造成误解或错误，产生不良的后果。

比如：乱说"哇塞"，会有伤风雅，应该注意，不要乱用。

"哇塞"原是闽南方言，上世纪 70 年代在台湾地区流行。80 年代初传入大陆，首先流行于开放的沿海地区。其中"哇"，就是人称代词"我"，而"塞"，则是表示性行为的动词，很不文雅。这个主谓词组，宾语省略了，但意思仍很明确。有明显的性挑逗意味，不能登大雅之堂。

这种不文明的、很难听的话，本来是不应当流行开来的，但现在却成为一些人的口头禅。先是在我国台湾地区的影视传媒出现，后来我国大陆的一些影视明星又刻意模仿，连省级电视台的节目主持人的嘴里也经常说，甚至连幼儿园的小朋友也跟着学起来。原因是，一些影视传媒机构的不负责任，一些影视明星的刻意模仿和一些年轻人的盲目跟风。他们根本不知道"哇塞"是什么意思，只是主观地认为是一个叹词，跟"哇呀"、"哦哟"、"呜呼"差不多，仅是表示惊叹而已。其实不然，有本质不同。有些男女老少，都赶时髦地抢着用，开口闭口"哇塞"。有的看别人不说不用，就嘲笑人家"土得掉渣儿"、"跟不上时代的潮流"。更有一些女孩子在大街上打招呼时，也会大呼小叫地用"哇塞"，真让人觉得有点难为情啊！

有些词语，虽然广泛流行或传播，但缺乏全民性和约束性的认同，只能是现代汉语中带有局限性的一部分，并不是现代汉语的共同语言。但是随着社会的发展和需要，这其中有的部分，可能发展成为具有全民性和得到认同的现代汉语的新词语，并将补充成为共同语言。

（二）汉语词汇

汉语里的词汇，是词的总汇，即所有的词的集合体。研究汉语词汇的构成、词的形式与意义及其发展变化规律，是汉语词汇学的内容。按照传统的语法定义和要求，"词""词义""词汇"等曾属于语法范畴。而按照"词汇和语法又可以各自形成系统"的论述，汉语语法，则不应列入这些属于词汇的内容。现简单介绍一些有关词汇的基本知识和基本概况，可以为进一步深入学习和研究，打下基础。

1、词的组成

词汇，由词组成。词，是语言组织中可以独立运用的最小结构单位，也是语言结构中的基本单位。词是声音与意义的结合体，能够独立运用，具有声音、意义和词汇功能、语法功能。词是由词素构成的。

词素，是构成词的最小的有意义的单位。词素也称语素，即构成语言的要素。在汉语中，汉字、词素、词三者不同，但有重合。一般情况下，词素和汉字多为一对一的关系，即一个字就是一个词素。单音节词素单独构成的词，三者是一致的。如"人"、"牛"、"走"等。多音节词素构成的词，往往是不一致的。如"扬州市"、"公共汽车"、"南京长江大桥"等。语素绝大部分是单音节的。它们单用的时候是词，不单用的时候是构词成分。许多单音节语素，能独立成词，又能自由复合成词，有很大的灵活性。用复合法构成的词，我们也是容易理解和接受的。用复合法构词，能方便自如地创造新词，表示不断出现的新概念，以满足社会对于语言的要求。例如"生"和"产"这两个语素，它们既能单独成词，又能相互组成复合词"生产"和"产生"。同时还能各自与其它单音节语素组成一系列复合词，也能组成新词。如：生活、生存、生物、生理、生态，发生、滋生、派生、寄生、卫生及产业、产品、产量、产值，出产、资产、特产等。

根据词素表示的意义和在结构中所起的作用，词素的构成，又包括词根、词缀两个大类。

词根，是词素的主要的核心的部分，表示具体的词汇意义，不单独表示语法意义。词根与词根可以合成，如"正直"、"开端"、"光明"等。词根也可以与词缀合成，如"阿姨"、"桌子"、"记者"等。有的词根也可以单独成词，如"大"、"天"、"家"等。

词缀，是词素的附加成分、词的辅助部分。根据在词中所处的地位，又可分为前缀和后缀。如"第一"、"不景气"、"超声波"、"老干部"几个词里的"第"、"不"、"超"、"老"都是前缀（汉语中典型的前缀不多）。再如"编者"、"音乐家"、"艺术性"、"奢侈品"几个词里的"者"、"家"、"性"、"品"都是后缀。还有少数嵌在词中间的所谓中缀，如"慌里慌张"、"稀里糊涂"、"花里胡哨"中间的"里"，也称中缀。词缀大多能够兼表词汇意义和语法意义，如"演员"、"科学性"中的"员"和

"性"。少数只表示语法意义，如"褥子"、"前头"中的"子"和"头"。词缀还具有类化作用，可以帮助识别词类，如带"者"的"作者"、"记者"、"科学工作者"等，都是名词。这是值得注意的。

2、词义

词义，是词的语音形式所表达的内容，包括词的词汇意义和语法意义。

正确理解词义，是准确表达思想和感情的前提。词义还往往带有形象色彩、感情色彩和风格色彩，能够比较准确地表情达意。根据词义的不同，通过对词义的辨析，词义又可以划分为不同的类型：

①褒义词，是带有赞许、肯定色彩的词，如"顽强"、"坚定"、"勇敢"等。

②贬义词，是带有贬斥、否定色彩的词，如"顽固"、"指使"等。还有，既可用于表达好事、也可用于表达坏事的，是中性词，如"结果"等。

③同义词，是语音不同，但有两个或两个以上意义相同或相近的词，包括"等义词"和"近义词"。

④等义词，是指意义完全一致的同义词，如"爸爸"和"父亲"、"包谷"和"玉米"、"西红柿"和"番茄"、"星期日"和"礼拜天"等。等义词也称绝对同义词。

⑤近义词，是指意义相近的同义词，如"赞美"和"歌颂"、"掩盖"和"掩饰"、"优良"和"优秀"、"优异"等。语言中大量的是近义词。

准确使用同义词，可以使意义更加明确、更加灵活、更加多样，能够增强语言的修辞效果和感情色彩。如"看、望"、"办法、措施"、"死、逝世"、"老鼠、耗子"等等，用在不同的场合，会有不同的效果。同义词的丰富，反映语言的发达。

⑥反义词，是词性相同而意义相对或相反的两个互为反义的词。如"善"和"恶"、"好"和"坏"、"成"和"败"、"优"和"劣"、"失败"和"胜利"、"扩大"和"缩小"、"深刻"和"肤浅"、"赞成"和"反对"、"朋友"和"敌人"等，是客观事物的矛盾和对立在词汇中的反映，多为表现事物性质、状态的形容词。动词也有，名词较少。

通常一个多义词可以有几个不同的反义词，如多义词"进步"，可以分别同"退步"、"倒退"、"落后"、"反动"相配合组成反义词。同样的，几个近义词也必然有一个共同的反义词。如"坏"、"糟"、"烂"的共同反义词是"好"。准确运用反义词，可以表义周密，对比鲜明，还可以辨别同义词之间的细微差别。

⑦多义词，与单义词相对，是具有两个或两个以上意义的互相关联的词。如"老"，指年岁大，分别同"幼"、"小"、"少"相对；表示久已存在，与"新"相对；对于植物生长、食品制作，与"嫩"相对。还含有"经常"、"很多"、"排行最末"等意思。再如"深"，本指水深，有"从上到下距离大"、"深奥"、"深刻"、"深厚"、"颜色浓"、"时间长久"等意思。这里的"老"和"深"，就是多义词。

在具体的上下文中，多义词只表示一个意义。几个意义之间有一定关联的，才是多义词；不互相关联的，就不是多义词，而是同音词。

⑧同音词，是声音相同而意义完全不同的词，也称"同音异义词"。有的写法相同，如"仪表"（人的外表）和"仪表"（一种仪器）；有的写法不同，如"公示"和"工事、攻势、公事、公式"等。

同音词在"谐音双关"和歇后语中有积极作用，但也有使词义混乱、影响语言表达的消极作用。现代汉语的同音词数量不大，多数同音词的词义，本来就不存在什么联系。

在现代汉语中，也还存在一定数量的熟语（含成语、谚语、格言、歇后语等）、古词语、方言词、外来词等。这些不同风格的语言形态，对于丰富汉语言词汇，进一步发挥汉语言的表达能力，有很大的作用。

（1）熟语，是指语言中一些定型的固定的词组和句子，包括成语、谚语、歇后语、惯用语等，也是词汇的组成部分。其中：

①成语，是汉语中习惯使用的固定词语，多数由四字组成，结构严谨，具有定型性和整体性。用字不可随意更换或增减，结构形式不能随意变更，词序不能随便颠倒。如"朝三暮四"、"五光十色"、"卷土重来"、"生吞活剥"等。

成语类型多样，有来自口头语的，如"一清二白"、"得过且过"、"大材小用"等；有来自书面语或寓言的，如"一鼓作气"、"草木皆兵"、"刻舟求剑"等；有从字面理解的，如"水落石出"、"临危不惧"等；有需了解历史典故的，如"叶公好龙"、"四面楚歌"、"项庄舞剑，意在沛公"等。

成语言简意赅，要注意正确理解意义，辩证字音和字形。在运用上，成语相当于一个词，是汉语词汇的重要组成部分。

②谚语，是民间口头流传的通俗、简练、含有深刻道理的固定语句。如"眉头一皱，计上心来"、"三个臭皮匠，顶个诸葛亮"、"只要功夫深，铁杵磨成针"、"天下乌鸦一般黑"等。其中有农谚，如"头伏萝卜二伏菜"等；有气象谚语，如"早霞不出门，晚霞行千里"等；有保健谚语，如"冬吃萝卜夏吃姜，不劳医生开药方"等；有品质修养的，如"要得人不知，除非己莫为"等。

③格言，言简意赅，是指作为法式、标准的语言。一般专指富有教育意义和品德修养的语句和成语。如"流水不腐，户枢不蠹"、"学然后知不足"、"实践出真知"、"失败是成功之母"、"虚心使人进步，骄傲使人落后"、"横眉冷对千夫指，俯首甘为孺子牛"、"人不犯我，我不犯人；人若犯我，我必犯人"等。格言大多来自名人、名著或寓言故事等。

④歇后语，又叫藏词，多为人们熟知的诙谐而形象的语句，一般由两个部分组成。一句话的前一部分是比喻或隐喻，后一部分是解释前一部分的。在语言环境中，可以只说前一部分，留下后一部分让别人去体会、猜测，所以称"歇后"。如"猪八戒照镜子——里外不是人"、"外甥打灯笼——照舅（旧）"、"猫哭老鼠——假慈悲"、"老鼠过街——人人喊打"等。

歇后语运用比喻，往往很形象，很生动。含义深刻，大多带有幽默、讽刺的色彩。如："老鼠过街，人人喊打"，前半句是比喻，后半句是解释，形象说明没有藏身之处。"拆卸机器时，孟师傅忙得满头大汗，姑娘们却是骑着老牛撵兔子——有劲使不上。"用破折号把比喻和解释两个部分联系起来，语句新鲜生动，通俗风趣。

歇后语主要有几种类型：

用事理打比方——前半句举出普通事物作比，后半句说出事理。如："热锅上的蚂蚁——走投无路"、"快刀斩乱麻——一刀两断"、"哑巴吃黄连——有苦说不出"等。

用想象打比方——现实中不会有的，用想象的富有特征的事以启发读者。如："泥菩萨过河（江）——自身难保"、"猫哭老鼠——假慈悲"、"茶壶里煮饺子——肚里有货倒不出"等。

用假借打比方——前半句的比喻，只是用来引出后半句的意思。如："擀面杖吹火——一窍不通"、"隔着门缝瞧人——把人看扁了"、"骑着毛驴看唱本——走着瞧"等。

用典故打比方——前半句选用典故，引出后半句的意思。如："周瑜打黄盖——一个愿打，一个愿挨"、"刘备借荆州——有借无还"、"姜太公钓鱼——愿者上钩"等。

用谐音双关的歇后语。如："狗撵鸭子——呱呱（刮刮）叫"、"小葱拌豆腐——一青（清）二白"、"梁山泊的军师——吴（无）用"等。有些歇后语有浓厚的封建意识和庸俗趣味，不宜使用。

⑤惯用语，是人们所熟知的固定词组，具有完整的意义，经常为人们所使用。如"背黑锅"、"碰钉子"、"穿小鞋"、"冷板凳"、"挖墙脚"、"卖力气"、"吃大锅饭"等。有的可拆开，插进词语，但仍需保持原结构关系。如"碰了一个大钉子"、"挖了我们的墙脚"。

除了熟语所包含几种词语外，其他还有：

（2）古词语，是指现代汉语中很少用的已由别的词替代了的文言词。

如"汝"、"哉"、"呜呼"、"齑粉"、"莞尔"等，有些历史名称只在叙述历史时才用，如"可汗"、"诸侯"、"奏折"、"斋戒"、"刖"等。一些古语词在现代汉语中都有相当的同义词，如"疾"（快）、"卧"（睡）、"汤"（开水）"目"（眼睛）、"犊"（小牛）、"雉"（野鸡）、"晓"（天亮）、"徐"（缓慢）等。有很多的古语词仍是现代语词的组成部分，如"驰骋"、"徘徊"、"渊博"、"磐石"、"濒于"、"纵然"等。有些古语词可以与其他词组成习惯用语，如"之"，可以组成"之上"、"之外"、"非常之大"等；"以"，可以组成"以南"、"以防"、"用以"、"要以"等。在文学作品中，也可以用作修辞手段，表达隆重和典雅。

（3）方言词，即社会某一地区的人们所使用的特有的词语。

如粤方言"跑"（走）、"马蹄"（荸荠）、"番枧"（肥皂）；湘方言"给"（把）、"里手"（内行）；吴方言"嗲"（形容撒娇的声音或姿态）等。方言词有地方性限制，但也是民族共同语词汇的源泉。普通话由于表达的需要，也经常吸收一些新鲜的富有表现力的方言词。如湖南、四川一带的方言"晓得"、"里手"；吴方言的"瘪三"、"垃圾"、"货色"、"龌龊"等，现在已经成为普通话的词。

（4）外来词，也称"外来语"、"借词"，是指从其他民族语言中吸收的词，也是丰富汉语词汇的重要途径之一。如"磅"、"沙发"、"坦克"是英语译音；"哈达"是藏语译音。还有"葡萄"、"罗汉"、"咖啡"等。外来词是按照汉语的发音翻译的，只能是近似。还有在译音词上增加表意成分、显示词属的，如"啤酒"（英语译音"啤"加表意成分"酒"）、"芭蕾舞"（法语译音"芭蕾"加表意成分"舞"）。一些使用汉语的构词成分和构词方法意译的其他民族的新词，如"火箭"、"马达"、"中子弹"等，已经不是真正的外来词了。

除此以外，还有一些行业词语、专业词语等，不一一赘述。

3、词汇的发展变化

词汇，也称语汇，是一种语言中的全部词的总称。词和词汇是个体和整体的关系。词汇是语言的建筑材料，反映语言发展的状态。词汇和社会生活联系密切，经常处在变动之中。词汇反映社会的发展变化最敏感，新词产生、词义变化、旧词消失，是经常发生的。

改革开放以来，汉语词汇有了不断的变化，也出现了需要规范的问题。一些新词得到广泛的应用，例如"开发、创收、走红、保值、官倒、转产、举报、群体、扶贫、追捧、正能量"等。有些词语增加了新义，如"病毒"，原指使发病的病原体，现在还指破坏计算机程序的程序。"炒"，原指烹调方法，现在增加了"经营"或"倒卖"等意义，如"炒作""炒股票"等。"发烧"原指体温升高，现在增加了热衷、适合热衷使用等意义，如"发烧友"等。

为了丰富词汇，也吸收了一批方言词、外来词。如吸收了广东话的"炒鱿鱼、酬宾、爆满、摊档、水货、发廊"等。吸收的外来词如"卡拉OK、基因、艾滋病、桑拿浴、镭射"等。与此同时，也有了一些生造词和滥用方言词、外来词的问题，如"抽吸、热炒、虏捉、罩盖、芬香"等。还有广东话的"炒更、拍拖"等，外来词的"迷你、影碟"，这些也都是应该规范的。

词汇的不断丰富，标志着语言的不断发展。汉语是世界上最发达的语言之一，在长期的发展中积累了丰富的词汇。词汇可分为基本词汇和一般词汇两部分。

（1）基本词汇，以词根为核心，是词汇中最重要最稳固的部分。基本词汇中的词为基本词，在实际生活中最必须、意义最明确，能为一般人理解，使用最频繁。它具有全民性和稳固性，是构成新词的基础，能够代代相传。如"天、地、上、下、人、手、父、母、男、女、大、都、好、千、万、国家、社会、民族"等。基本词汇代表的事物是生活中最重要的，表示的概念是最基本和最必须的。基本词汇和语法结构是语言的基础，是语言特点的本质。有的基本词不断构成新词，如"人"就构成"人口、人才、人类、人权"等。它的发展比较缓慢，但也不是一成不变的。如"矢"原为基本词，现在已退出，不是基本词了；"党"本是非基本词，已经发展成为基本词了。

（2）一般词汇，就是除基本词汇以外的词汇。在汉语言中，一般词汇包括古语词、新造词、方言词、外来词等，数量都大大超过基本词汇中词的数量。与基本词汇相比，一般词汇不具有全民性、不稳固，没有构词能力或构词能力比较弱。它也是语言词汇总体中经常变动的部分，可以随着社会的发展而得到丰富和充实。一般词汇中的某些词，在发展的过程中也可能成为基本词，如"党"、"组织"、"解放"等，原来都不是基本词，现在已经成为现代汉语的基本词了。

在汉语中，词汇丰富，但词和词的组成关系，相对比较复杂。我们首先必须弄清楚一些基本概念，厘清各种相对复杂的关系，才能深入学习、理解和运用相关词语，也才能够有事半功倍的效果。

（三）汉语语法

语法，是语言的基础、语言的要素之一。

汉语语法，是汉语语言的结构规律、词的构成和变化的规则以及组词成句的规则的总和。现代汉语语法，是对汉语言的运用规律和经验的总结，也是我们现在学习和运用汉语言文字，必须遵循的"文法"。它具有民族性、体系性、稳固性的特点。如"这句话不合语法"中的"语法"，就是指语言的语法结构规律。我们通常所称"语法学"，就是研究语法规律的科学。词组接受语法的支配，语言才具有现实的可理解的性质。如"写"、"会"、"学"、"字"、"他"这五个单独的词，按照语法可组成"他写字"、"他学写字"、"他会写字"、"他学会写字"，组成后的意义与孤立的五个词就不同了。语法是对组词成句的基本共同点的归纳和综合。在具备了词和词组、句子成分这些"建筑材料"的基础上，要搭建起各式各样形态优美的语言文字的"高楼大厦"，就必须遵照语法的规律进行组合、安排和施工。如果将许许多多的词和词组杂乱无章地堆砌在一起，自己说不清楚，别人听不懂，看不明白，既不能表情达意，也起不到交际和交流的作用，更不能够准确、形象、鲜明、生动地构成一篇篇好的文章。因此，在汉语中词的组合以及句子成分的搭配等，都必须符合汉语语法的基本要求。现按照我们的学习和理解，简述如下：

1、词类

词类，是词的语法性质的分类，也是指词在语言结构中的类别。词的语法分类主要是依据词的形态变化、词和词的组合能力、词的意义等方面。我们说话或写文章，总是要一句话一句话表述的。每一句话又是由许多的词组合而成的。词是语言的基本单位，也是语言的建筑材料。语言中的词千千万万，作用和性质各不相同，不能杂乱无章地将它们凑合在一起，必须根据词的不同性质和不同作用加以分类。只有认识各类词的不同特点，我们才能在具体的语言实践中，准确地加以使用。

词的语法分类，不同于词的语义分类。按照词的内部结构，词类可分为单纯词和合成词两大部分：

（1）单纯词，是由一个词素构成的词。它可以是一个字，也可能是几个字。如"人"、"山"、"水"、"狐狸"、"维生素"等，都是单纯词。有单音的单纯词，如"大"、"小"、"天"、"地"等。也有多音的单纯词（亦称复音词），如"蜘蛛"、"蟋蟀"、"蝙蝠"、"抗生素"等。多音的单纯词，有汉语本身固有的联绵词，如"弥漫"、"逍遥"、"参差"、"堂皇"等，两个音节一般都是双声或叠韵关系；也有从外来语中借来的译音词，如"葡萄"、"马达"、"胡同"、"歇斯底里"等。

（2）合成词，是由两个或两个以上的词素构成的词。根据汉语的特点，现代汉语的构词方式，主要有三种类型：

第一，复合型，是由两个或两个以上词根合成，也称为复合词。又有五种形式：

①联合式，也称并列式，如"道路"、"因为"、"动静"、"编辑"、"调查"等。

②偏正式，如"高铁"、"梦想"、"政权"、"先进"、"人行道"等。

③支配式，也称动宾式，如"动员"、"化妆"、"司机"、"告别"、"讨厌"等。

④补充式，也称动补式，如"提高"、"改正"、"加强"、"革新"、"改良"、"扩大"等。

⑤表述式，也称主谓式，如"地震"、"心疼"、"性急"、"路过"、"年轻"等。基本都是多音词。

有些复合词经过约定俗成，已经变成了一组词语的简称，如"北大"，就是"北京大学"的简称；"高铁"，就是"高速铁路"的简称；"空运"，就是"航空运输"的简称等。经过合成的合成词，已具有特定的意义，是不能够随意拆开的，拆开了就不是原来的意思了。如"霜降"，是一个季节的名称，拆开了，即成两个词，就不是原来的意思了。再如"耐烦"，同样也是不能拆开的。这也是合成词的特点。

第二，附加型，是由词根加词缀构成，也称为"派生词"。表示前缀的主要有"老"、"第"、"初"、"多"、"半"等，可以合成"老朋友"、"老张"、"第二"、"第九"、"初一"、"初步"、"多弹头"、"多功能"、"半成品"、"半决赛"。还有"单"、"超"、"非"、"次"等，附在多音节词前，成为专有名词。表示后缀的主要有"者"、"们"、"头"、"家"、"品"、"化"等，可以合成"读者"、"编者"、"我们"、"学生们"、"念头"、"苦头"、"专家"、"小说家"、"精品"、"奢侈品"、"现代化"、"机械化"等等。

第三，重叠型，即以字形、语音、意义相同的词或词组组成的新词，能够加强语气，强调内容，表达感情。主要的形式有：

AA 型，如：

星星　宝宝　娃娃　想想悠悠　历历　凄凄　张张　点点

AAB 型，如：

呱呱叫　　麻麻亮　　娘娘腔　　飘飘然　　泡泡糖　　毛毛雨　　团团转

欣欣然

ABB 型，如：

亮晶晶　　冷冰冰　　金灿灿　　沉甸甸　　胖墩墩　　红彤彤　　笑呵呵

赤裸裸　　雾茫茫　　轻飘飘　　静悄悄　　美滋滋　　绿油油　　白茫茫

AABB 型，如：

清清楚楚　　祖祖辈辈　　蓬蓬勃勃　　熙熙攘攘　　鬼鬼祟祟

干干净净　　郁郁葱葱　　浩浩荡荡　　勤勤恳恳　　堂堂正正

平平安安　　明明白白

AABC 型，如：

恋恋不舍　　心心相印　　欣欣向荣　　历历在目　　津津乐道　　滔滔不绝

孜孜不倦　　鼎鼎大名　　楚楚动人　　津津有味　　落落大方　　娓娓动听

滚滚而来　　侃侃而谈　　循循善诱　　苦苦哀求　　咄咄逼人　　喋喋不休

ABAC 型，如：

百战百胜　　不卑不亢　　大风大浪　　潮涨潮落　　称王称霸　　多姿多彩

如火如荼　　善始善终　　惟妙惟肖　　载歌载舞　　古色古香　　绘声绘色

可歌可泣　　偏听偏信　　群策群力　　挨家挨户　　百战百胜　　百发百中

ABCC 型，如：

大腹便便　　文质彬彬　　生气勃勃　　衣冠楚楚　　信誓旦旦　　忠心耿耿

人才济济　　含情脉脉　　千里迢迢　　小心翼翼　　气势汹汹　　喜气洋洋

神采奕奕　　众目睽睽　　虎视眈眈　　死气沉沉　　怒气冲冲　　来去匆匆

以上四字词语中，有一部分是我们熟悉的成语。

根据语法功能和词汇意义，汉语词类又可划分为实词和虚词两个部分。两者互为对应，是相对而然的。

（1）实词，是有实在意义、能够单独充当句子成分、能够单独回答问题的词。如"日、月、体制、听、说、知道、高、低、重要、肯、应该、愿意、一、三、五、个、块、座、我、你、他、都、更、非常、一定、难道、究竟"等。

根据 1981 年 7 月重新修订的《暂拟汉语教学语法系统》，汉语实词包括名词、动词、助动词、形容词、数词、量词、副词、代词八类。它们的意义比较实在，都能表示一定的语义或概念。有学者认为，有些副词尽管没有实在意义，但能单独充当句子成分，也应归入实词。

名词，是表示人或事物名称的词，又称"体词"。

如"爷爷"、"演员"、"中国"、"世界"、"早晨"、"品质"、"效率"、"孩子们"等。名词的主要语法特点有：

①能接受数量结构的修饰，组成数量词组。如"一本书"、"两支铅笔"、"三个士兵"、"一缕青烟"、"一帮政客"、"几次会谈"等。

②能同介词组成介词结构。如"从南京"、"向北京"、"自汉唐"等。

③能与前缀、后缀结合。如"儿子"、"老工人"、"作者"、"思想性"、"同志们"等。

④含有代表方位的词。如"东西"、"上下"、"里外"、"中间"、"以前"等。

⑤能经常充当主语、宾语和定语。如"同学们来了"、"出太阳了"、"孩子们的情绪好多了"等。

⑥一般不能同副词相组合，也就是名词前不能加"不"、"太"、"也"、"最"、"很"等。如"桌子"，就不能是"不桌子"、"太桌子"、"很桌子"，加了就说不通。名词在汉语词类中的数量最大。名词做谓语，一般要求前边用"是"。如"今天是晴天"、"那个人是老爷爷"等。名词及以名词为中心的偏正词组、数量词组、"的"字结构充当谓语的称之为名词性谓语。如"那个人黄头发"、"这本书五块钱"等。

动词，是表示人或事物的动作、行为、发展、变化的词。

如"吃"、"走"、"听"、"说"、"完成"、"发送"、"怀念"、"解决"等。动词的主要特点有：

①能接受副词修饰和限制，如"不走"、"没有来"、"忽然看见"、"已经复习"、"很相信"、"很羡慕"、"十分热爱"、"非常憎恨"等。

②能够用肯定否定相叠的方式表示疑问，如"听不听"、"写不写"、"去不去"、"调查不调查"等。

③一般能重叠，如"读读"、"学习学习"等；重叠后有尝试的意味，如"看看"、"问问"、"等等"、"布置布置"等。

④大部分能带宾语，如"研究问题"、"想办法"等。

⑤一般能带"着"、"了"、"过"表示一定的时态，如"等着"、"念着"（进行态）、"等了"、"念了"（完成态）、"等过"、"念过"（经验态）等；能加"化"，将名词动词化，如"机械化"、"静态化"、"集体化"等。

⑥在汉语词类中动词数量很大，其中有表示能愿的动词，如"能"、"会"、"应当"、"必须"、"肯"、"要"、"愿意"、"想"、"希望"等；有表示趋向的动词，如"去"、"往"、"到"、"回"、"赶"等；也含有表示判断的，如"是"、"不是"。

动词在句子中主要充当谓语。如"找他"、"去上海"、"发射卫星"、"解放思想"等。动词前加状语或后带宾语、补语充当谓语的称动词性谓语。如"他慢慢说"、"我们非常愉快地接受了任务"、"大家讨论得非常热烈"等。

助动词，是表示可能、必要或意志、愿望的动词，又称"能愿动词"。经常用在动词或形容词前面，表示主观意愿和可能性、必要性。如"能"、"能够"、"得"、"会"、"应"、"该"、"应该"、"要"、"须"、"必须"、"可"、"可以"、"可能"、"肯"、"敢"、"愿"、"愿望"等。助动词的主要特点：

①单独充当谓语，如"他会"、"更应该"、"也可以"等。

②能同副词"不"组合，如"不能"、"不应该"、"不会不"、"不可能不"等，表示强调或委婉的口气。

③能放在一般动词前起修饰或限制作用，如"肯学习"、"应该帮助"，同副词的特点相近。

④一般不带"着"、"了"、"过"。

形容词，是表示人或事物的形状、性质或者动作、行为、色彩、发展、变化状态的词。

表示性质的，如"大"、"小"、"长"、"短"、"新"、"旧"、"高"、"紧"、"好"、"坚强"、"辛苦"、"可爱"、"纯洁"、"豪爽"等；表示状态的，如"火红"、"急匆匆"、"红艳艳"、"绿油油"等。

两类形容词各有特点：

①性质形容词常受程度副词"很"、"最"、"非常"、"十分"等的修饰，如"很高"、"很大"、"很强"、"最新"、"最可爱"、"最纯洁"、"非常满意"、"十分高兴"等；状态形容词本身就表示程度，不受程度副词修饰。

②性质形容词大部分能重叠，如"短短的"、"辛辛苦苦"、"痛痛快快"、"规规矩矩"、"疙里疙瘩"、"油里油气"等；状态形容词则不能重叠。

③性质形容词可受数量结构的修饰，如"三尺长"、"两米厚"等；状态形容词不受数量结构的修饰。

④性质形容词充当谓语时，常常带有对比的性质，或直接出现对比，如"昨天冷，今天暖和"、"东西又好，价格又便宜"等；状态形容词充当谓语，没有对比的意味，并且可以单独出现，如"太阳火辣辣的"、"房里暖烘烘的"、"里面黑洞洞的"等。

⑤性质形容词可充当主语和宾语，充当主语的条件是谓语为形容词或带"是……的"格式，如"新鲜才好"、"诚信是必须的"；充当宾语的条件是谓语为表心理活动的动词，如"我喜欢豪爽"、"我希望痛痛快快"等。状态形容词不能充当主语和宾语。

⑥性质形容词和状态形容词都可做定语、状语和补语，如"火红的太阳"、"亮晶晶的黑眼睛"、"认认真真地学习"、"屋子打扫得干干净净的"等。有些形容词常用来修饰名词，但不能做谓语，称之为"非谓形容词"，如"大型"、"特等"、"初级"、"天然"、"四方"、"五彩"、"慢性"、"人工"、"多彩"、"万能"等。

汉语的形容词和动词虽然有些区别，如形容词前能加程度副词（"很"高、"非常"快），动词一般不能；但它们有很多共同的特点，如，都可以直接做谓语，都可以用"不"否定。因此，有语法学者主张将形容词算作动词的一个小类。

数词，是表示数目和次序的词。

表示数目多少的数词为基数词，如"一"、"三"、"五"、"九"、"万"、"亿"、"几"等。表示次序先后的数词为序数词。一般在数词前加"第"表示序数，如"第一"、"第六"、"第八"、"第十一"等。有的不用

"第"也可以表示，如日期"二月八日"、"十二月三日"，排行"二哥"、"三姨妈"等。还有倍数、分数、概数等。

倍数，用数词加量词"倍"表示，如五倍、十倍、二十倍等。

分数、概数，用数词词组表示，如"百分之六"、"千分之五"、"五百多"、"三十左右"、"七十来（人、个）"、"八十上下"等。几个数词连用或与相关数目的词语配合组成的词组，称之为数词词组。如"三千五百八十六"、"百分之五十"、"六十上下"等。

数词还经常与量词组合构成数量结构，如"三个"、"第一个"、"五只"、"七艘"、"八头"、"一百次"、"一千遍"等。数词一般不能直接用于名词前，必须有量词的配合。如"三（个）西瓜"、"第二（座）塔"等。基数词一般不能单独做句子成分，序数词可单独做句子成分，如"他第一，我第二"、"明天初三"等。

量词，是表示事物或行为的数量单位的词。

也称"副名词"、"单位词"。计算事物数量所用的单位叫物量词或名量词，如"个"、"件"、"斤"、"寸"、"双"、"码"、"条"、"根"、"块"、"本""句"、"群"、"点"、"些"、"里"等。

计算行为数量所用的单位叫动量词，如"次"、"遍"、"趟"、"下"、"顿"、"回"、"番"等。

以上也统称为单纯量词，还有复合量词，如"人次"、"架次"、"吨公里"、"秒平方"、"光年"等。

单纯量词大多可以重叠，如"个个"、"件件"、"条条"、"回回"、"块块"等，表示"每一"的意思。

量词，常用在数词、指示代词的后面，组成可独立运用的"数量结构"和"指量结构"，如"一千个"、"一万次"、"这件"、"那次"等。由物量词构成的数量结构，经常充当定语；由动量词构成的数量结构，经常充当补语。

副词，是表示动作、行为、性质、状态的程度、范围和时间、频率或语气等的词类。如"很"、"都"、"已经"、"正在"、"终于"、"不"、"又"等。具体的有：

表示程度的，如"最"、"越"、"很"、"太"、"更"、"极"、"非常"、

"十分"、"特别"、"格外"、"稍"、"稍微"、"略"、"略微"等。

表示范围的，如"都"、"全"、"全部"、"统统"、"只"、"仅仅"等。

表示时间的，如"将"、"在"、"正在"、"立刻"、"马上"、"刚才"、"渐渐"、"往往"、"忽然"、"终于"等。

表示频率的如"再"、"再三"、"又"、"还"、"屡次"等。

表示然否的如"别"、"不"、"不行"、"没"、"没有"、"一定"等。

表示语气的，如"可"、"却"、"居然"、"偏偏"、"果然"、"竟然"、"幸亏"、"难道"等。

副词主要用在动词、形容词前起修饰限制作用，一般不修饰名词、不能做谓语。主要做状语，少数充当补语，如"（非常）漂亮"、"鬼得（很）"、"坏得（很）"等。有些副词有关联作用，可联接或组合动词、形容词词组或分句。如"越早越好"、"又大又好"、"不比不知道"、"只有他到这里，才可以笑几声"等。

代词，是指代替各类实词或词组的词，具有替代或指示的作用。

也有称"指代词"。根据不同的作用，可分为三小类：

第一，人称代词，如"你"、"我"、"他"、"咱"、"俺"、"自己"、"我们"、"人家"、"大家"等。

第二，疑问代词，如"谁"、"哪"、"哪儿"、"哪里"、"多少"、"几"、"几时"、"怎么"、"怎么样"等。

第三，指示代词，如"这"、"这里"、"那"、"那里"、"这样"、"那样"、"这会儿"、"那会儿"、"这么些"、"那么些"、"某"、"各"、"每"等。

代词的造句功能与所代替的各类实词或词组相当。如："他的成绩怎么样？""怎么样"可代替形容词"好"或词组"不好"、"特别好"等语言片段，在句中充当谓语。

代词还有特殊的"虚指"用法，如"你一言，我一语"、"你看看我，我看看你"等。这里的"你"和"我"并不指特定的人，可泛指任何一个人，是人称代词的虚指用法。"他看看这，摸摸那"中的"这"和"那"，并不是特指而是泛指各种事物，是指示代词的虚指用法。"谁笑到最后，谁就笑得最好"、"哪里有困难，他就战斗在哪里"中的"谁"和"哪里"，并不表示疑问，而是指所代替范围内的全部，是疑问代词的虚指用法。代词一般不能重叠、不接受修饰。

（2）虚词，与实词相对而言。是不表示实在意义、不能充当句子成分、不能单独回答问题、只能表示语法关系的词。

如："从"、"向"、"自"、"同"、"与"、"而"、"及"、"虽然……但是"、"即使……也"、"的"、"地"、"得"、"们"、"了"、"吗"、"呢"、"啊"、"吧"等。

根据1981年7月重新修订的《暂拟汉语教学语法系统》，汉语虚词包括介词、连词、助词、语气词、叹词五类。各类虚词意义不够实在，一般不表示具体概念。独立性较差，附着性较强，常常附着在词、短语、句子后面或前面，起一定的语法作用。副词有做状语的能力，有学者认为应归入实词。虚词的数量不多，但出现频率很高。

介词，是用在词或词组前，表示动作、行为或性状的对象、方式、处所、时间等的虚词。如"对"、"按"、"从"、"在"、"把"、"被"等。

表示处所、时间、方向的，如"自"、"从"、"当"、"朝"、"向"、"到"、"于"、"沿着"、"由"、"在"等。

表示目的、手段、方式的，如"以"、"为"、"为了"、"为着"、"按照"、"根据"、"通过"等。

表示对象、范围的，如"对"、"对于"、"关于"、"至于"、"跟"、"连"、"给"、"被"、"让"、"教"等。

表示排除、比较的，如"除了"、"除非"、"比"、"和"、"同"、"像"等。

介词不能单独使用，必须附着在名词、代词或名词性词组前组成介词结构，才能充当句子成分。主要充当动词、形容词的修饰语，如"为现代化建设贡献力量"中的"为现代化建设"是介词结构，修饰动词"贡献"。修饰名词时，后面带助词"的"，如"关于如何合作共赢的问题"中，介词结构充当"问题"的定语。

有些介词（如"在"、"向"、"于"、"到"、"给"、"自"等）常附在动词后，与之形成复合动词，如"归功于人民"、"驶向了远方"、"勇于接受任务"、"落在了我们的肩上"等。介词大多由动词演化，有些兼属动词和介词两类，如"叫"、"让"、"拿"、"在"、"给"、"替"、"比"等。有些还兼属于连词，如"和"、"跟"、"同"等。还有值得注意的是，介词结构不能做主语。

连词，是连接词、词组和分句的一类虚词。

有的可单独连接两个成分，如"老师和学生"、"你来或者我去"。也能够连接两个以上的语言单位，表示它们之间的关系。经常连接词和词组，表示联合关系的有"又"、"和"、"跟"、"与"、"同"、"及"、"以及"、"并"、"并且"、"或"、"或者"等。经常连接分句的有"不但……而且"、"既……又"、"或者……或者"、"虽然……但是"、"只有……才"、"即使……也"、"如果……就"等。有的连词（如"但"、"但是"、"因此"、"所以"等）还可以连接两个以上的句子或语段，如"因为他有突出的贡献，所以他能够赢得大家的尊重"。连词可与副词配合使用，但不能附加时态助词。

助词，是附着性最强、独立性最差、意义最不实在的特殊虚词。

主要用途是附在词、词组或句子上，表示一定的附加意义，一般念轻声。具体可分为三类：

第一，结构助词"的、地、得"。"的"是定语的标记，可与前面的词或词组组合成"的字结构"，如"说的"、"做的"、"好的"、"坏的"、"开汽车的"、"穿花衣服的"等。"地"是状语的标记，用在动词前。"得"是补语的标记，用在动词后。

第二，时态助词"着、了、过"，多用在动词后，相当于"词尾"。"着"表示进行态，如"看着"。"了"表示完成态，如"看了"。"过"表示经验态，如"看过"。

第三，语气助词"啊、罢、吧、吗、呀、嘛、呢、罢了"等，常附在整个句子的末尾，表示全句的语气。如"他可以嘛！"表示理所当然的语气；"他可以吗？"表示疑问的语气。

有些语气助词在句中表示提示性的停顿，如："我自己呢，还没有考虑好。""你们呐，要认真工作啊！"还有些助词，如"们"相当于名词或代词的词尾；"第"、"初"相当于数词的词头；"似的"常附着在词或词组后面组成具有描写或比况性的结构，如"一阵风似的"、"像野马似的"等。

"所"常在动词前组成"所字结构"，相当于名词，如"所见"、"所说"、"所闻"。修饰名词时后面常带"的"，如"所说的事"、"所解决的问题"。

语气词，是指在句中表示感情色彩、语言气势及说话人态度的词，通过在句子末尾的语调或语助词体现说话的不同目的。通常分为陈述、疑问、祈使、感叹四种语气，表示语气的程度，也称语气助词。

朗读、说话时通过语调和语气词表示，书面通过句号、问号、感叹号等表示。直述一个事实、语调平匀或用语助词"了"、"呢"、"嘛"等的为陈述语气，如："事情办好了。"提出一个问题、语调上升或用语助词"吗"、"吧"等的为疑问语气，如："事情办好了（吗）？"请求或命令别人一件事、语调下降或用语助词"吧"、"了"、"啊"等的为祈使语气，如："把事情办好了（吧）！"表示惊喜、愤怒等感情、语调先升后降或用语助词"啊"、"啦"等的为感叹语气，如："事情办好啦！"

叹词，表示感叹或呼唤应答的声音，也称"感叹词"，是一种特殊的虚词。

表示感叹的词如"哎呀"、"哟"、"唉"、"哩"、"嗨"、"嘿"、"哦"等。表示呼唤应答的词如"喂"、"嗯"、"唔"、"哎"等。

叹词独立性强，附着性差，在句中一般独立存在，不同别的词发生组合关系。有时一个叹词就可以成为一个句子。还可以借做句子成分，相当于动词或形容词，如："他突然地'哎呀'了一声。"叹词在句中的位置灵活，如："嗯？你说什么？""你说什么？嗯？"

有语法学者把摹拟声音的象声词（"乒乓"、"叮当"）也归入叹词。

弄清楚词与词组之间的关系，才能明白词和词组要表达的意义。划分词类必须依据词的语法功能、形态和意义。认清词与词的组合，才能够有利于理解词与词组所要表达的词义。

2、词组

词组，是由两个或两个以上意义能够配搭的词，按一定的结构方式组成的语言单位。词组的结构方式，与合成词多数一致。基本类型，大致有：常见的、特殊的、复杂的、固定的和简称的五个大的类型。

常见词组结构的类型有：联合词组、偏正词组、主谓词组、动宾词组、补充词组、同位词组、数词词组、量词词组、数量词组等。

（1）联合词组，是几个部分并列，表示联合关系的词组，又称"联合结构"、"并列结构"。并列的几个词语，地位平等或相当。如"工业和农业"、"揭露和批评"、"继承并发展"、"研究并且决定"、"既美丽又漂亮"、"上午或下午"等。特定的关联词有"又"、"和"、"但"、"并"、"并且"、"而"、"而且"、"或"、"或者"等。联合词组可以充当主语或谓语，如"花鸟虫鱼构成了特有的自然景观"、"他喜悦至极"等。还可以充当定语、宾语和补语，如："勇敢顽强的他不幸牺牲了！""我感到了细腻而柔软。""她打扮得美丽、朴素、大方。"等等。

（2）偏正词组，由两部分构成，前偏后正。前部分为修饰词，后部分为中心词。偏、正之间，有时用"的"、"地"、"得"相连接。中心词是名词的，如"新衣服"、"英雄儿女"、"我的故乡"、"美丽的风光"、"这位朋友"等。中心词是动词或形容词的，如"快跑"、"已经知道"、"很热情"、"不愉快"、"认真地思考"等。也有教材以此分为名词性的和非名词性的两种。偏正词组可充当谓语、宾语、状语和补语，如"水面一片金光"、"他碰到过车祸"、"他很少迟到"、"大报恩寺显得非常壮观"等。

（3）主谓词组，由两个部分构成，主语在前，谓语在后。后一部分陈述、说明前一部分。如"大家讨论"、"太阳红"、"水平高"、"斗志昂扬"、"精神焕发"等。主谓词组可充当主语、谓语、宾语、定语和补语，如"山羊走钢丝很有趣"、"这部电影我看过"、"我看到他慢慢走过来"、"市政府讨论深化改革的会议正在进行"、"一阵微风吹得稻穗沙沙作响"等。

（4）动宾词组，由两部分构成，动词在前，宾语在后，又称动宾结构。如"提问题"、"晒太阳"、"保卫祖国"、"解放思想"、"去北京"、"来一个人"等。动宾词组可以充当主语、补语，如："保卫祖国是我们的责任！""他累弯了腰。"等等。动词前加状语，后带宾语、补语等充当谓语的是动词性谓语，如"你慢慢说"、"我们愉快地接受了任务"、"大家讨论得非常热烈"等。复杂的动宾词组也还包括连动词组和兼语词组。

（5）连动词组，又称"连动结构"，是一个词组里有几个动词或动词性词组（动宾词组、动补词组及以动词为中心的偏正词组等）连用、之间没有主谓、动宾、动补、偏正等关系、没有明显的语音停顿、没有关联语的词组。表示其动作是连续性的，如"吃了饭去"、"倒杯茶喝"、"拿起钢笔写字"、"打电话找人"、"走进亭子里看风景"、"你们研究解决吧"、"他们想坐飞机出国调研"等。连动词组除经常充当谓语外，还可充当定语，如"排队买票的人越来越多"。

（6）兼语词组，又称"兼语结构"、"递系结构"，是一个词语兼作两种句子成分的词组。也就是，一个动宾词组和一个主谓词组套在一起，动宾词组的宾语兼做主谓词组的主语的词组。如"靠他联系"、"请他考虑"、"组织大家抢修"、"我们唤猪吃糠"、"让大家发言"、"打电话通知大家抗洪"等。前一动词大多带有"使令"的意义，或用"喜欢"、"怕"等表示心理活动的动词。

兼语词组与主谓词组做宾语的动宾词组很相似，但结构不同。常用添加词来区别，如"希望大家今后多帮助"也可以说成"希望今后大家多帮助"；但"请大家今后多帮助"却不能说"请今后大家多帮助"。也可用答问的方法来区别，如"希望什么？"，不是"希望大家"，而是"希望大家今后多帮助"。"请什么？"，"请大家"；"请大家干什么？"，"请大家今后多帮助"。"大家"既是"请"的支配对象，又是"多帮助"的陈述对象，这就是兼语词组的特点。兼语词组除充当谓语外，还可做补语，如"海水蓝得使人心醉"等。

（7）补充词组，由两部分构成，前正后偏。后一部分补充说明前一部分、前一部分是动词或形容词的词组。有的补充词组的两部分中间需要用"得"，如"想得周到"、"好得很"、"走得快"、"冷得发抖"、"摆放得整整齐齐"等。

（8）同位词组，是指两个或两个以上的词或词组同指一个事物，充当句子中的同一成分、处在同一位置上的词组。如"中国首都北京"、"咱们工人"、"你们两位"、"铁人王进喜"等。有的将做句子成分的部分称为"本位语"，将解释本位语部分的称为"同位语"，合起来称"同位成分"。有的把同位词组看作是偏正词组，认为前面的词语是同位性定语，后边的词语是中心语。

（9）数词词组，是几个数词连用或数词同其他有关数目的词语配合组成的词组，用来表示几位数目或者分数、概数。如"第一、三、五"、"一千九百八十八"、"百分之五十"、"八十上下"等。

（10）数量词组，由数词加量词组成，简称"数量词"。如"十八条（香烟）"、"一百八十头（猪）"、"两本（书）"、"五十斤（大米）"等。

（11）指量词组，是指示代词加量词（或数量词）组成的词组。如"这块"、"那回"、"这三本书"、"那五条烟"等。

以上这些词组，在具体的语言环境里都可以成为句子。

特殊词组结构的基本类型，是以实词和虚词各为一方的组合，通常称为"结构"。这些比较特殊的词组结构，通常有方位结构、介词结构、"的"字结构、"所"字结构、"不"字结构几种类型。

①方位结构，也称"方位词组"。方位词是名词的附类，亦称方位名词。方位结构，是方位词附在别的词（主要是名词）或词组的后边组合而成的结构。方位结构主要的用途，是表示时间、处所或概数。如"革命前"、"三千年前"、"长白山下"、"主席台上"、"街道旁"、"教室里面"、"散会以后"、"北京西郊"、"南京东郊"、"房屋周围"、"车站附近"、"二十岁左右"等。

方位结构，可充当主语、状语和定语。如"湖面上非常平静"、"我们家里来过几个南京朋友"、"田里庄稼长得好"等。

②介词结构，是介词与后边的名词、代词等词或词组构成的结构。如"在那遥远的地方"、"从莫斯科"、"向英雄模范"、"为解放全人类"等。

介词结构不能作主语，它的基本用途是做状语，如"从北京来"、"对他们说"、"在儿童时代发生过"等。能够表示时间、方向、处所、方式、范围等。

介词结构也可以做补语，如"住在北京"、"'五四'运动发生在一九一九年"、"习惯于这种生活"、"他每天奔走于图书馆与办公室之间"等。

介词结构还可以做定语，如"对群众的态度"、"沿湖的道路"、"为人民的思想"等。做定语时，后边要有助词"的"。

③"的"字结构，是结构助词"的"用在词与词组后边、替代人或事物的名称的结构。如"我的"、"红的"、"伟大的"等。"的"字结构，常用来充当主语、宾语。如"他抱的是别人的孩子"、"他们是到村子里来找吃的"等。

④"所"字结构，是结构助词"所"用在动词前面构成的结构，相当于名词。如"所得"，就是"所得到的东西"。常见的"所"字结构的组成，还有："所见"、"所闻"、"所在"、"所说"、"所做"、"所感动"等。

⑤"不"字结构，是以否定副词"不"与其他词组合、表示否定的结构。常与动词、形容词组合，如"不去"、"不听话"、"不美"、"不整齐"等。也有与副词组合的，如"不太"、"不都"、"不很"等。有表示选择的，如"好不好"、"去不去"、"对不对"等。也有对合成词的意思表示否定的，如"离不开"、"打不倒"、"好不了"、"阻止不了"等。

复杂的词组结构的基本类型，是指两个或两个以上的词的组合，构成一个新的复杂的复合词。常见的是"三个字"和"四个字"的结构形式。通常类型有：三字结构、四字结构。

三字结构，由三个字联合组成，能够表达各种关系的词组。

常见的多为表示偏正关系，如"电冰箱"、"樟木箱"、"海岸线"等。有表示并列偏正的，如"糖醋鱼"、"绸缎店"；表示动宾关系的偏正组合，如"录音机"、"打字室"；表示动补关系的偏正组合，如"扩大器"、"漂白粉"；表示主谓关系的偏正组合，如"地震仪"、"胃痛散"等。

四字结构，由四个字联合组成，能够表达各种关系的词组。

表示两个偏正词组合成的，如"珍禽异兽"、"半紫半黄"；表示两个联合词组合成的，如"男女老少"、"柴米油盐"；表示两个动宾词组合成的，如"尊师爱生"、"尊师重教"、"昂首挺胸"；表示两个主谓词组合成的，如"电闪雷鸣"、"月缺花残"；表示两个动补关系组合的，如"晒干扬净"、"斩尽杀绝"等。

固定词组类型，是词和词按照一定的语法规则组合而成的、结构关系比较固定的词组。也是社会公认的经过约定俗成的词语。

常见的固定词组有成语和专有名词两类型。

成语，前面讲过，比较熟悉。如"循规蹈矩"、"呕心沥血"、"中流砥柱"等。有口语中的词语，如"悲欢离合"、"花言巧语"、"狐假虎威"等。有历史典故的，如"刻舟求剑"、"亡羊补牢"、"四面楚歌"等。

专有名词，是经过社会公认的约定俗成的词语。如"北京大学"、"南京长江大桥"、"妇女联合会"、"大型彩色纪录片"等。

简称词组类型，有的词组还可凝缩成词，成为专有名词的全称的简称。如"文工团"是"文艺工作团"、"培训"是"培养训练"、"文艺"是"文学艺术"、"中小学"是"中学小学"的简称等。

3、句子和句子成分

句子，由词按照语法规则构成，是能表达一个相对完整意思的语言运用的基本单位。句子有一定的语调，能够表达不同的语气。在具体的语言环境中，句子与句子之间有较大的停顿。在书面表达方面，句子的末尾要用句号、问号或感叹号的特定的标点，表示语调和停顿。凡能独立叙述说明一个事实，或提出一个问题，或发出某种号召，或表达喜怒哀乐等感情，不论长短，都是句子。如："出发了。"语气平匀，是陈述句；"出发了？"语调上升，是疑问句；"出发了！"降语调，是祈使句；"出发了！"语调先升后降，是感叹句。

句子有长有短。短的只有一字句，长句可多到十几个字，也有"长短句"之称。句子大多由一组词构成，但有时一个词也可以构成一个句子。如："火！""谁？""什么？"等等。

句子成分，是句子的组成成分或句子里具有一定职能的成分。

在句子中，按照词和词之间不同的结构关系，可以把句子分为不同的组成成分。这种句子的组成成分，就是句子成分。句子成分由实词充当，虚词只帮助表明句子成分的语法作用或之间的语法关系。

汉语的句子成分，一般分为主语、谓语、宾语、定语、状语、补语共六种。主语、谓语、宾语为句子的基本成分。定语、状语、补语是分别附加在主语、谓语、宾语上的，称之为附加成分。特殊成分有呼语、插说和同位成分等。

现分别概述句子的六种成分：

主语，为句子成分之一，是谓语陈述或说明的对象，表示谓语说明的是什么人或者什么事情，是说话的人要说的题目或话题。

如"他们都走过来了"中的"他们"；"天气渐渐地冷了"中的"天气"；"我是中学生"中的"我"。主语经常由名词、代词、名词性词组充当。主语一般在谓语前边，表示确定的事物或表示谓语所说的是"谁"或"什么"。如："车开了？""她是老师。""四个现代化一定要实现！"这几句中的"车"、"她"、"四个现代化"都是主语，对谓语回答"谁"或"什么"的问题。

谓语，为句子成分之一，是对主语加以陈述的部分。

谓语经常由动词、形容词充当，通常用在主语之后，说明主语"怎么样"或"是什么"、"做什么"。如"他们知道"、"市场繁荣"、"去南京"、"这是我准备的调查报告"几句中的"知道"、"繁荣"、"去"、"是我准备的调查报告"，都是谓语，可具体回答主语的问题。汉语中充当谓语的还可以是各类词组。

宾语，为句子成分之一，是动词性谓语后面的连带成分，表示动作的对象、结果以及动作涉及的处所等。

用在谓语后面，对谓语回答"谁"和"什么"之类的问题。如"我们欢迎新同学"、"我们永远不会忘记过去"中的"新同学"、"过去"，就是宾语。宾语有名词性宾语和谓语性宾语（动词性和形容词性宾语）。及物动词多数要求带名词性宾语，只有少数动词要求带谓语性宾语。如"主张"、"禁止"、"觉得"、"予以"、"加以"等。还有少数动词，如"开始"、"爱"、"怕"、"喜欢"、"表示"等，既可以带名词性宾语，也可以带谓语性宾语。如"喜欢中国"、"开始新生活"、"开始上课"等。

定语，是用在主语、谓语、宾语前起修饰和限制作用的成分，经常由名词、动词、形容词、代词、数量词、"的"字结构等充当。

定语，是名词、代词前的附加成分，表示人或事物的性状、数量、所属等意义。副词一般不充当定语。结构助词"的"，常用为定语的标志。如"伟大的祖国"、"人民的总理爱人民"、"他门有丰富的战斗经验"句中的"伟大""人民""丰富"，是定语。也有不带"的"的，如"他父亲帮助过我们"和"他弟弟是三好生"句中的"他"，是定语。

状语，是句子中谓语前起修饰或限制作用的成分，表示"怎么样"、"几时"、"哪里"、"多么"、"然否"等意义，主要由副词、形容词、表示时间和处所的名词和方位结构充当，为动词、形容词前的附加成分。

用在动词为中心的谓语前，表示动作的状态、方式、时间、处所，如"愉快地笑"、"马上从北京来"、"气冲冲地说"、"他正在研究工作"、"他昨天回来了"几句中，"愉快"、"马上从北京"、"气冲冲"、"正在"、

"昨天"，都是状语；用在形容词为中心的谓语前，表示性质和状态的程度，如"非常清楚"、"很不严肃"、"很严厉"、"雨哗哗地下着"几句中的"非常"、"很不"、"很"、"哗哗地"都是状语。状语后面有时带结构助词"地"作为标志。

补语，是谓语后面的补充成分，回答"怎么样"、"多少"、"多久"等问题，表示程度、时间、处所、结果等意义。

补语是动词、形容词后的连带成分。经常充当补语的是动词、形容词，还有数量词组、介词结构、联合结构、主谓结构，也经常充当补语。如"他好得很"、"课堂听得懂"、"我真的看得清清楚楚"、"他说得大家哈哈大笑"几句中的"很"、"懂"、"清清楚楚"、"哈哈大笑"，都是补语。有些补语前面要用助词"得"作为标志。

动词后面可以带补语，也可以带宾语。区别动词后面的成分是补语还是宾语，主要看动词与后面成分的结合关系。补语是补充说明动词的，宾语是受动词支配的。宾语多为名词或名词性词组，补语一般不能用名词或名词性词组。这是需要注意的。

主语和谓语是句子的主要成分，其余是连带成分。如"书房里的孩子正在补习功课"这个句子，分析为"书房里的"（定语），"孩子"（主语），"正在"（状语），"补习"（谓语），"功课"（宾语）。其中主语"孩子"和谓语"补习"是主要成分，其余是连带成分。

主语和谓语在句子中的常见形式有：主谓句和非主谓句。

主谓句，是在句中同时既有主语又有谓语的句子。主语是谓语的陈述对象，谓语是陈述和说明主语的。这是句子的一般形式，如："天气渐渐地冷了。"

非主谓句，是对主谓句而言的，即不同时具备主语和谓语，也能表达一个完整意思的句子。如："下雪啦!"

从主语和谓语在句子的结构方式看，有省略句、无主句和独词句。

第一，省略句，是主谓句有所省略的句子，大致有三种形式：

①承前省，即后面分句的主谓宾语承前面分句而省略的，如："他下了车，便拿着包走回家了。"这句就省略了后面分句的主语"他"；"南京下雪了，何况北京。"这句就省略了后面分句的谓语"也下雪了"，意思是北

京"也下雪了"。

②蒙后省，即前面分句的主谓宾语承蒙后面分句而省略的，如："看了这房子，他非常高兴。"这句就省略了前分句的主语"他"；"不仅小孩，大人也爱看。"这句就省略了前分句的谓语"爱看"。

③对话省，即在特定的对话环境里，具体的说话人省略。特别是小说中的对话，常常如此。如："他们去哪了？""都上街了。"这里就省略了具体的对话人。

第二，无主句，是单缺主语的句子。如："下雨了！""熄灯了。""禁止吸烟！""活到老，学到老。"等等。

第三，独词句，是由单个词或词组完整表达一个意思的句子，主要由叹词和名词构成，有叹词独词句和名词独词句两种。如："多好！""啊！"、"炮声！""美味的饭菜。"等等。

根据句子的语调所表达的语气和表达意思的方法，句子可以划分为陈述句、疑问句、祈使句、感叹句几种类型。

陈述句，是用来陈述事实或告诉别人一件什么事情的句子。如："他是博士研究生。""他们出发了。""葡萄熟了。"等等。陈述句有肯定形式，如："他一直坚守岗位。"也有否定形式，如："早班车现在还没有到。"有时肯定的意思可以用双重否定的形式表示，如："这件事他不会不知道。"陈述句的语调一般是平的，句终用句号。

疑问句，为提出疑问的句子，是根据说话的不同目的和语气而划分的一种句型。表示确有疑问，并期待对方回答。根据结构特点，疑问句可分为是非问、特指问和选择问三种。

①是非问，是指陈述句的形式用疑问语调表示，也可以用语气助词"吗"、"啊"等，希望得到肯定或否定的回答。如："他知道这件事情吗？""这部电影，他看过吗？""你不喜欢物理吗？"等等。

②特指问，是指用疑问代词表示期待回答的内容，代替未知的部分。如："现在几点？""这件事你打算怎么办？""谁是他爸？"

③选择问，是指并列两种情况或几个问题，让对方选择一项回答的句型。如："他的想法，你同意不同意？""是我一个人去，还是我们两个人一起去？""他去不去？"等等。

疑问句的语调末尾是上扬的，句终用问号。

祈使句，是根据说话的目的和语气的不同而划分的句型。表示请求、劝阻、催促、命令、禁止别人做什么事或不做什么事的句子。如："给大家表演一个节目吧。""请等一等。""请勿喧哗！""不准随地吐痰！"等等。请求、劝阻的语气缓和，可用"吧"、"啊"等语气助词。命令、禁止语气直率，通常不用语气助词，只用急促的语调表示。祈使句的语调末尾是向下降的，句终用句号，语气较强的用感叹号。

感叹句，是抒发某种感情的句子，表示的感情有喜悦、兴奋、感激、悲伤、钦佩、惊奇、愤怒、厌恶、惋惜等，多种多样，是根据说话的目的和语气的不同而划分的句型。如："哎呀！是你啊！""嗨！真漂亮啊！""祖国啊！我的母亲！"等等。感叹句末常用语气助词"啊"、"呀"等，有时在句中用"多"、"多么"、"这么"等代词。有的认为叹词构成的独词句，也是感叹句。感叹句的语调一般末尾是下降的，句终多用感叹号。

从句子成分的结构方式看，可分为单句、分句和复句。

单句，是只有一个主谓结构的句子。如："祖国万岁！""孩子聪明。""她真漂亮！"等等。单句也包括无主句和独词句。

分句，为连接复句的小句，是复句里划分出来的相当于单句的部分。每一分句都不做另外分句的任何成分。复句的分句，可以是完全句或省略句，也可以是无主句或独词句。分句与分句间一般有停顿，在书面用逗号或分号表示。分句与分句在意义上有一定的联系，常用一些关联词语来连接。如"他今年大学刚毕业，可是已经有三项发明专利了。"两个分句间是转折关系。

复句，又称"复合句"，是两个以上结构相对独立、意义有一定联系的分句组合而成的语言运用单位。如："你来了，我也来了。"这个复句，包含两个分句。"尽管条件很差，问题很多，我们也要积极努力，按时完成任务。"这个复句有四个分句。每个分句都相对独立，不充当另一个分句的任何成分，但意义上是转折关系。一般分句可长可短，最短的只有一个词，长的可几十个字。分句可以是主谓句，也可以是非主谓句。复句只有一个句终语调，不同于连续的几个单句。

根据复句结构，一般分为联合复句和偏正复句两大类型。

第一，联合复句，是两个或两个以上小句之间互不从属、在结构上没有主次之分的一类复句。又称"并列复句"或"等立复句"。如："这是革命的春天，这是人们的春天，这是科学的春天！"根据复句中小句间的不同的意义关系，联合复句中常见的类型有并列、递进、选择、连贯关系，也有转折、因果、假设、条件等关系。

①并列复句，是复句中各分句在意义上为并列关系。如："时代在发展，改革在深化，社会在进步，这是必然的趋势。"常见的关联词有："也"、"又"、"同时"、"既……又……"、"一方面……另一方面……"、"是……不是……"、"不是……而是……"等。

②递进复句，是复句中分句间的意思一层比一层推进。如："他不仅态度恶劣，还污蔑他人。"常见关联词有："尚且……"、"况且……"、"甚至……"、"不但……而且……"、"不仅……还……"、"连……也……"等。

③选择复句，是在复句中分句间有选择关系。如："你要么乘我的车一起走，要么自己买票一个人走。"常见的关联词有："或者……"、"要么……要么……"、"不是……就是……"、"是……还是……"、"与其……不如……"、"宁可……也不……"等等。

④连贯复句，是在复句中分句间具有相继或承接关系，如："他的事情，开始发生在 2012 年，后来组织上已经帮助解决了。"常见的关联词有："首先……"、"然后……"、"于是……""才……"、"便……"、"就……"、"先……接着……"、"第一……第二……"、"最早……后来……"等。

⑤转折复句，是在复句中分句意思间有转折关系。如："尽管目前我们的困难较大，但是只要我们加强团结，目标一致，共同努力，还是可以获得成功的。"常见的关联词有："……却……"、"……偏……"、"虽（虽然）……但是（可是）……"、"……然而……"、"尽管……还是……"等。

⑥因果复句，是在复句中分句间具有原因与结果的关系。如："因为他总是固执己见，所以我们之间是很难沟通的。"常见的关联词有："因为……所以……"、"既然……就……"、"既然……那么……"、"由于……因此（因而）……"、"之所以……是因为……"等。

⑦假设复句，是在复句中分句间有假设和结果的关系。如："假如当初她能够听从大家的劝说，事情就不可能像今天这个样子。"常见的关联词

有："倘若……"、"否则……"、"要是（要不、要不然、要不是）……"、"如果……那么……"、"假如……就……"、"即使……也……"等。

⑧条件复句，是在复句中分句间有条件与结果的关系。如："你一定要记住，只有通过坚持不懈的努力，才能获得成功。"常见的关联词有："只要……就……"、"只有……才……"、"无论……都……"、"除非……才……"、"不论（不管、任凭）……都……"等。

第二，偏正复句，是两个或两个以上小句间在结构上有主次分别的一类复句，又称"主从复句"，是由正句和偏句组成的复句。一般偏句在前，正句在后。如果偏句在后，正句在前，则偏句往往带有补充说明的意味。如："他的性格，在我的眼里和心里是伟大的，虽然他的姓名并不为许多人所知道。"根据复句中小句间的意义关系，也可分为因果、条件、假设、目的、转折等关系。

根据复句的形式，又可以分为多重复句和紧缩复句。

①多重复句，是由三个或三个以上的小句构成，具有两层或两层以上意义关系的复句。如"因为我们是为人们服务的，所以，我们如果有缺点，就不怕别人批评指出。"这是一个二重复句，由三个小句构成，有两层关系。上句只有一个小句，"所以"前后是第一层，为因果关系。下句由两个小句构成，是第二层，为假设关系。多重复句的层次最少的有二重，多的可以有三重、四重、五重、六重、七重等。

②紧缩复句，是分句与分句结合紧缩在一起，说话时没有明显的语音停顿，书面不用标点符号隔开，形式上像一个单句的句子。是偏正复句的紧缩形式，有比较固定的格式。在内容上，包含偏正复句所表示的假设或条件等关系。如："他说一是一，说二是二。"其中每个小句都由紧缩复句构成。"说一是一"是条件关系，意思是"只要说一，那就一定是一"，毫不含糊。

紧缩复句可以充当复句的分句或小句。有的如果加进适当的关联词语和停顿，就构成一般复句。如："我们再忙也得去一趟。""他们一起床就跑步。"等等。有些紧缩复句往往有特定的关联格式。表示假设关系的关联词有："不……不……"、"不……也……"、"再……也……"等。表示假设关系的紧缩复句如："钟不敲不响。""这病不医也会好。""她再苦也不说。"表示条件关系的关联词有："非……不……"、"一……就……"、"越……越……"等。表示条件关系的紧缩复句如："我非弄清楚这个问题不可。""树叶一黄就落。""你越是迁就他越坏。"

4、文章阅读

汉语语文，是从幼儿园到小学，到初中、高中，甚至到大学，几乎都要学习的基础课。在各个不同阶段，都要学习好多年。虽有不同层次，但大多数人似乎都没有学好。有的不会读书，也写不出像样的汉字；有的写不出通顺的文章，不能体现出中国人应有的汉语言文化水平。作为汉语语文教育，应该首先是文字，要理解不同文字的含义；其次是文章，要学会读文章、写文章，懂得汉语言文字的具体运用。

有关的汉语语法知识，要在加强整体认知和感悟中得到体验。有人认为，字不离词、词不离句、句不离篇，是符合汉语特点和学习规律的。汉语教育，要加强阅读，重视语言积累、语感培养、写作训练等。这是值得借鉴和总结的。我们要重视以文章为中心，提倡阅读与欣赏各种不同类型的文章。不仅要阅读和欣赏中国现代的、古代的经典著作，也要阅读和欣赏外国优秀的著名作品。要阅读文艺的、人文的、科技类的书籍，也要阅读哲学和政论书籍。我们要不断提高阅读和欣赏的难度，不断增加新的知识，不断提高阅读与欣赏的水平。

大量的实践表明：阅读与欣赏，是行之有效的学习汉语言的方法。阅读，可以在语言实践中，学习语言文字的具体运用和表达方式，同时也会受到启发、教育和震撼。欣赏，也是学习、感悟和受到震撼的过程。阅读的过程，就是欣赏的过程。欣赏的过程，也是学习和提高的过程。通过阅读与欣赏，我们不仅可以身临其境，感受经典著作所描述的意境美、生活美和境界美，还能够陶冶情志，净化思想，为我们提供成长的力量和生活的品味。作品中的诗情画意，只有通过阅读和感悟，才能体会和欣赏。如唐代王维诗句"大漠孤烟直，长河落日圆"，短短十个字，内涵丰富，精简有力。前面的"直"，后的"圆"，突出了"诗中有画，画中有诗"的意境，有"诗情画意"之美！

现在有"世界读书日"。我国的许多地区，也都有"读书日"和"读书节"等大型的读书活动。全社会都在大力呼吁和倡导全民阅读，这是很有道理的，也是非常必要的。阅读，不仅可以弘扬中华文化、激发爱国热情，也可以学习文化科学知识，帮助引领科技创新。

"为什么要阅读?"、"为什么爱阅读?"、"好书不厌百回读!"都很有学问。读书，不光是用眼睛读，还要用脑子读；阅读，不分文化高低和身份贵贱；要读懂一本书、读透一本书。这些，也都很有道理。

如果在阅读和欣赏的过程中，能够不间断地写一些读书笔记和评论文稿，将有助于加强记忆和吸收其精华，也能提高语言文化水平和实际运用能力。

值得提一下的是：最近，中国中央电视台中文国际频道联合乐正传媒推出的《辩论改变世界，世界听我说》两岸及港澳大学辩论赛的实况，正在黄金时段连续播放。这是一档以中华文化为主题，兼具社会、文化和教育的大型辩论竞赛节目。以辩论赛为基本载体，"以辩明道，以论正言"展现思想的碰撞，观点的交锋，文化的交融。通过两岸及港澳不同地区百所高校的选拔，展现青年一代的风采。通过辩论，将促进两岸及港澳地区青年的深入交流，培养传播中华文化的优秀青年，向世界传递中国的声音。

比赛由影视演员喻恩泰担任主持，由著名的文化名人南京师范大学郦波教授、澳门大学林玉凤教授、中央电视台资深主持张泽群老师、台湾新闻传媒资深主持陈文茜老师，担当评委和带队指导。这次比赛，真不愧是一次高水平的语言文化盛宴。一场场比赛，选手们群枪舌战，引经据典，谈古论今，高潮迭起，精彩纷呈。涌现了一批辩论高手和优秀人才。在整个比赛的过程中，幽默的主持，激烈的争辩，精彩的点评，及时的指导，展示了渊博的知识和扎实的语言文化功底，无不体现了中华传统文化的博大精深。也震撼了现场和电视机前的观众，给人们留下了及其深刻和难忘的印象。

对于我们的青少年来说，这就是一次学习和普及汉语言文化知识、弘扬和传承中华文化的极好的机会，也又一次证明了提倡阅读的重要性。阅读是获取知识的基础，没有博览群书，就不会就有渊博的知识，更不会有融会贯通的实际运用，这是非常明确的。读书，读好书，是有道理的，也是非常必要的。

综上所述可知，如果我们了解了句子结构，掌握了句子成分，学会了分析方法，注重了在实践中的运用，对于我们在学习汉语言过程中的遣词造句，阅读理解，分析判断或修改文章等，都是会有很大帮助的。

三、汉语修辞常识

修辞，就是根据表达的需要，选用最恰当的语言形式来提高语言的表达效果。我国春秋战国时代，就有了关于修辞的论述和见解。据《说文解字》："修，饰也。"当作"修饰"解。"修辞"就是调整和修饰语言。调整语言，是根据内容的需要，对词语、句子、段落作恰当的选用和安排。修饰语言，主要是指用修辞方式，增强语言的形象性、生动性。据《辞海》："修辞"是"依据题旨情境，运用各种语文材料、各种表现手法，恰当地表现写说者所要表达的内容的一种活动"。

修辞学，是语言学的分科。是以研究语言的修辞规律，包括选词、炼句、篇章结构、修辞方式、语体风格等为内容的一门学科。在汉语言运用的具体实践中，我们应该很好地学习和掌握相关的修辞方法，对于语言文字有灵活正确的运用，以提高语言文字表达效果。

修辞能起到帮助人们修饰言辞和文辞的作用。我们可通过几个实例，来具体领会修辞的作用。

例1，《汉文文言修辞学》中有这样一个故事：清朝末年，平江李元度本是书生，不懂兵法，曾国藩命令他带兵作战，屡战屡败。曾国藩大怒，拟奏文劾之，有"屡战屡败"语。曾国藩幕中有人想为李元度减轻罪责，就把"屡战屡败"调整为"屡败屡战"。这便将李元度败军之将的形象，改变成为败而不馁、顽强作战的形象。

例2，宋朝洪迈的《容斋续笔》第八卷记载王安石作诗练字："王荆公绝句云：'京口瓜州一水间，钟山只隔数重山。春风又绿江南岸，明月何时照我还。'吴中士人家藏其草，初云'又到江南岸'，圈去'到'字，注曰'不好'，改为'过'，复圈去而改为'入'，旋改为'满'，凡如是十许字，始定为'绿'。"为何这么改呢？"到"、"过"、"入"等字均简率而无意绪，"满"字稍佳，但只是径直言春风之满，不是表示时序之推移以感人；"绿"字，则有以寄"又是一年春草绿"之慨，且全诗句句在暗写"望"字，"绿"是目中之色，尤觉贴切。

例3，臧克家的诗《难民》中第二句，原稿为"黄昏里煽动着归鸦的翅膀"，后改为"黄昏里还辨得出归鸦的翅膀"，定稿时又改成"黄昏还没溶尽归鸦的翅膀"。为什么要这样改呢？诗人在《写诗过程中的点滴经验》中分析说："请闭上眼睛想一想这样一个景象：黄昏朦胧，归鸦满天，黄昏的颜色一霎一霎的浓，乌鸦的翅膀一霎一霎的淡，最后两者难于分辨，好似乌鸦的黑色被黄昏溶化了。"

例4，有一首民歌《小篷船》，原稿为："小篷船，装粪来，橹摇歌响悠悠然，来自柳树林，进入桃花山。"修改稿则把"来自"和"进入"分别改成"穿过"和"融进"，这就写出了异常明媚的景色和运肥的繁忙，增添了丰富的意境美。

纵观上述各例，可见修辞确能把述者或写者的思想感情准确、鲜明、生动地表达出来。学点修辞，能使我们说的话、写的诗文更准确、更鲜明、更生动，也能更好地发挥宣传和感染的作用。用词准确、鲜明、生动，会有意想不到的效果。例如：

唐朝高适赴台州巡察，路过杭州清风岭，触景生情，停步僧房，写诗一首："绝岭秋风已自凉，鹤翻松露湿衣裳，前村月落一江水，僧在翠微角竹房。"写完告辞，路上反复吟味，细观钱塘水，发觉月落时江水随潮而退，只剩半江，想来想去，遂改诗中"一"为"半"。巡察归来，特回僧房改诗。此可谓"细察出佳文"。

修辞，简言之，就是为提高语言表达效果的修辞方式，也称修辞手段。依据修辞理论，修辞又分为消极修辞和积极修辞两大分野。

1932年出版的陈望道著《修辞学发凡》，在批判继承前人研究成果的基础上，首次论述了关于"消极修辞"和"积极修辞"两大修辞分野的不同要求。《修辞学发凡》是我国第一部系统性很强的修辞学巨著，在学术界影响很大，有兴趣者可以深入学习和研究。对于普通学习者，抽象的和概念的理论，似乎有点深奥。但是，一些基本的和基础的知识，只要认真学习和仔细体会，还是可以理解的。

消极修辞，又称"普通修辞"。是以明确、通顺、周密为标准、以要求表达必须明白、正确、不出现用词造句和逻辑错误为目标的修辞手法。要让表达的表达得极其明白，没有丝毫的模糊，也没有丝毫的岐解。明白，是消极修辞的总目标。内容的明确和通顺、形式的平匀和稳密，是消极修辞最低的限度，也是消极修辞的最高标准。

所谓明确，就是要语意明白，毫不含混，绝无岐解。例如：

（1）"以上"两字，有两种数法：

①作连身数，从本数数起，如说"十以上"，就是说从"十"数起直至无穷。

②作离身数，从本数的下一数数起，如说"十以上"，就是从"十一"数起直至无穷，"十"的本身却不在内。

为避免此类的岐解，现在通常用一种审慎的表达方式：作连身数时，则说成"X（含 X 在内）以上"；作离身数，则说成"X 以上"。

（2）韩愈《马说》："世有伯乐，然后有千里马。千里马常有，而伯乐不常有。"文中用了两个"千里马"，但并不表示同一意思。如代表一样的意思，这两个句子便互相矛盾了。细心分辨才知道，第一个"千里马"是说千里马的名，第二个"千里马"是说千里马的实。

所谓通顺，是依顺序，相衔接，有照应，而不语无伦次。例如：

①《礼记·曲礼》中有句："猩猩能言，不离禽兽。"猩猩是兽而不是禽，句中"猩猩"和"禽"欠照应，无伦次。

②有的句子："我们应当正确地贯彻党的方针政策，深刻地理解党的方针政策。"由于词序颠倒，并不能正确地表达意思。应该先"深刻地理解"，然后"正确地贯彻"，才合乎客观的顺序。

所谓平匀，就是表达一个意思时，要平易而没有怪词僻句，匀称而没有夹杂或驳杂的弊病。要使听者或读者不致被形式多而分心，可以把整个心意聚注在内容上面。例如：唐朝大诗人白居易，每作一诗，总要读给老妪听，并问是否理解。如理解就定稿，如不理解就修改，做到语言简明，通俗易懂。

所谓稳密，就是词句的安排，要契合内容的需要。要有切境切机的稳和不盈不缩的密。如果作者意在诱导的却用了些嘲讽语，意在叙述的却用了些教诲语，或者有同内容需要却有不相符合的表达。如果表达某一意思，却用了烦赘或疏缺的词句，也会走到稳和密的反面。例如：

《红楼梦》第十九回有一段写道："（袭人）一面说，一面将自己的坐褥拿了来，铺在一个杌子上，扶着宝玉坐下，又用自己的脚炉垫了脚，向荷包内取出两个梅花香饼儿来，又将自己的手炉掀开焚上，仍盖好，放在宝玉怀里，然后将自己的茶杯斟了茶，送与宝玉。"这段文字连用了四个"自己的"，看上去似乎烦赘，其实不然，正因为如此，才表现出了作者所要竭力描写的袭人那种善于讨好主子的光景。因此，这里的重复非常需要，同所述内容十分贴切。

《汉书·张苍传》中写道："苍免相后，年老口中无齿，食乳。"唐朝刘知几在《史通·叙事》中指出："盖于此一句之中，去'年'及'口中'可矣。夫此六文成句，而三字妄加，此为烦也。"因为，人"老"当指"年"，"齿"当在"口中"，故原文显得烦赘。

在修辞体系中，消极修辞是积极修辞的基础。积极修辞是消极修辞的延伸、发展和深化。

积极修辞，又称"高级修辞"。是以鲜明、生动、形象、深刻为标准、以要求不仅表达得明白、正确，而且要说得动听、写得传神、唤起美感、呈现出具体形象和具有感染力为目标的修辞手法。就是要注意在积极的方面，能够体现生活的真理，反映生活的趋向。

积极修辞的内容，可分为两部分：一部分为语言要素的选择，如语音、词汇、句式的选择等。一部分为修辞方式的选择和创造。

积极修辞包含有辞格和辞趣两大部门。辞格涉及语辞和意旨，辞趣是对语言文字本身的情趣的利用。

（一）辞格

辞格，为"修辞方式"，又称"修辞格"。是从长期的修辞实践中总结出来的各种修辞格式。如比喻、夸张、比拟、借代、排比、对偶、对比、衬托、反复、回环、顶真、层递、设问、反问、双关、象征、拈连、仿连、反语、析词、引用、委婉等。辞格之多，约有六七十格，不逐一介绍，只就其中重要的概述如下：

（1）比喻

比喻，也称"譬喻"，俗话"打比方"。就是用具体形象的事物或浅显通俗的道理打比方，来描述不同的陌生事物或表达比较深奥的道理，使其具体、生动、形象，易于理解的修辞方式。如："他长着一副微黑透红的脸膛，高高的个儿，站在那儿，像秋天田野里一株红高粱那样淳朴可爱。"这里用"秋天田野里一株红高粱"比喻"高高的个儿，站在那儿"、"长着一副""微黑透红的脸膛"的"他"，突出了"淳朴可爱"的形象，使人有了具体的认识和强烈的感染。

比喻是在"相似"的基础上产生的。两种不同的事物，在某一点上极其相似，就可以拿来打比方；通过相似点的相比，可以用一种事物来生动地说明另一种事物。

比喻一般包含三个成分：被比喻的事物，称为"本体"；打比方的事物，称为"喻体"；表示比喻联系关系的词语，如"像"、"如"、"犹如"、"仿佛"等，称为"喻词"。根据这三个成分的异同和隐现情况，比喻一般又可以分为明喻、暗喻、借喻、引喻四个类型。

明喻，是本体、喻体和比喻语词同时出现，表明比喻与被比喻的相似关系的一种比喻。也是一种明显的一看就知道的比喻。本体和喻体之间常用的比喻词语有"像"、"好像"、"似"、"好似"、"若"、"如"、"有如"、"如同"、"仿佛"、"一样"、"一般"、"似的"等。如"他壮得像头牛"、"那锭子一层一层加大，直到大得沉甸甸的，像成熟了的肥桃"等。明喻能够使人感到明快、生动。

暗喻，也称"隐喻"或"暗比"，是本体、喻体都出现，在本体和喻体中用"是"、"成为"、"变为"、"叫做"、"等于"等比喻词语连接的一种修辞手法。这是一种不露形迹，但语意比明喻还要坚决肯定的比喻。如："人民教师是培养后代的园丁。""一切反动派都是纸老虎。""长征是宣言书，长征是宣传队，长征是播种机。"等。暗喻中的比喻关系同一般的句子结构融为一体，表面看不像比喻，实际更强调了本体与喻体的相似点，不是"像"而是"是"。含蓄精炼，更能发人深思。

复杂的暗喻还有两种情况：

①本体、喻体直接连接，组成修饰与被修饰的关系的，为修饰性暗喻。

如："知识的海洋"、"真理的长河"等。

②本体是喻体的复指成分或喻体是本体的复指成分。如："故乡的一只聚宝盆——太湖。""祖国——我心中的母亲！"

借喻，也称"借比"，是指本体和比喻词语都不出现，直接用喻体代替本体，比隐喻更进一步的比喻。也是形式上本体、喻体融为一体的比喻。如："敌人在大筑乌龟壳。""乌龟壳"，即用于防御的碉堡。本体如不能不言而喻，则必须在上下文表明。如："三个臭皮匠，顶个诸葛亮。"本体是"人多办法多"，但不出现，直接以喻体的形式出现，十分形象含蓄，文字简洁而深刻。

引喻，是指喻体是引述的一个故事，本体和喻体往往不在一个句子里的一种比喻。如："鸟美在羽毛，人美在心灵。""我们看问题，不但要看到部分，也要看到全体。如果一个蛤蟆坐在井底说：'天有一个井大。'这是不对的，因为天不止一个井大。如果说：'天的一部分有一个井大。'这是对的，因为符合事实。"有时先出现喻体，然后引出本体，喻体又常常是两个并列的句子，喻词一般也不用，这类比喻，又称类喻。如："天上的云，姑娘的心。""花常开，水常流，彩霞姑娘要出头。"

（2）夸张

夸张，是运用形象化的语言，故意言过其实，给人以异乎寻常的感觉，以增强感染力量的修辞方式。夸张是对事物的特性加以强调、铺张，突出它的形象，写得比实际的事物更高、更强烈、更有集中性，从而使人获得鲜明而又深刻的印象。

夸张大致有增益性夸张、缩减性夸张、描写性夸张和窜前性夸张四种类型：

增益性夸张，也就是扩大的夸张。这类夸张，是把事物的某种特征尽量向大、重、高、深、强、长处去说。如，"白发三千丈"极言其"长"，"银河落九天"极言其"高"；"春风得意马蹄疾，一日看尽长安花"极言其"快"；"山下旌旗在望，山头鼓角相闻。敌军围困万千重，我自岿然不动"用"围困万千重"的夸张，更突出"岿然不动"的英雄气概；"山，快马加鞭未下鞍。惊回首，离天三尺三"用"离天三尺三"缩小数量，极言山之高；"装卸工，左手高举万担粮，右手稳托千吨钢"用数量的扩大，突出装卸工的高大形象和雄伟气魄。

缩减性夸张，也就是缩小的夸张。这种夸张是把要说的事物的某种特征尽量向小、轻、低、浅、弱、短处说。如"三十六年过去，弹指一挥间。"极言其"短"；"君看一叶舟，出没风浪里。"极言其"小"；"五岭逶迤腾细浪，乌蒙磅礴走泥丸。"极言"五岭""乌蒙"在红军眼中显得何等渺小，突出显示红军的高大形象；"上无片瓦，下无插针之地。"极言其经济地位的低下。

描写性夸张，是对事物的性状进行描写、渲染，来强调事物的某种特征。如："上有骷髅山，下有八宝山，离天三尺三。人过要低头，马过要下鞍。"除用增益性夸张，还用形象的描写，极言山之高；"大红旗下逞英豪，端起巢湖当水瓢；不怕老天不下雨，哪方干旱哪方浇。"（民歌），发挥丰富的想象，把"巢湖当水瓢"，并轻松地"端起"，是描写性的夸张，反映民众大搞水利建设，改天换地，使巢湖听从使唤的伟大气魄。

窜前性夸张，是把事态过程提到前面来说。如："看见这样鲜绿的麦苗，就嗅出白面包的香味来了。""说着，越发加了两鞭，那马早已转了两个弯子，出了城门。"把事态过程提前说，极言速度之快。

还有用其他修辞方式来表现的夸张，就是说，夸张有时会借助比喻、比拟、借代等修辞方式，来达到夸张的效果。如："燕山雪花大如席"、"我的喉咙干得起了火"等，就是比喻兼表夸张，能显得更具体、更生动、更形象。这是修辞方式的综合运用。如："五岭逶迤腾细浪，乌蒙磅礴走泥丸。"既是比喻，又是夸张，也是对"万水千山只等闲"的具体描绘；"横空出世，莽昆仑，阅尽人间春色。飞起玉龙三百万，搅得周天寒彻。"用拟人手法表现夸张，极言昆仑山历史悠久；"还有一些人很骄傲，读了几句书，自以为了不起，尾巴翘到天上去了"，用拟物手法达到夸张效果。

夸张能够启发读者或听者的想象力，鲜明突出地表达某种意思或描述某种景象。夸张运用得好，则能揭示人物或事物的本质，鲜明地表达作者的思想感情。运用夸张，必须以生活的真实作基础，要用得自然合理。鲁迅谈"漫画"时，曾谈到夸张："漫画要使人一目了然，所以那最普通的方法是'夸张'，但又不是胡闹。""漫画虽然有夸张，却还是要诚实。'燕山雪花大如席'，是夸张，但燕山究竟有雪花，就会有一点诚实在里面，使我们立刻知道燕山原来有这么冷。如果说'广州雪花大如席'，那就变成笑话了。"夸张并非信口开河，并非"吹牛"，总得多少有点根据。如果写麦粒大，就说"一辆汽车装一颗"，写肥猪，就说"猪背上可以踢足球"，那就纯属开玩笑了。

夸张得过分，失了分寸，固然不好，但是夸张不充分，不突出，以致使人辨不清是事实还是夸张，这种情形也应避免。因此，要敢于夸张，使别人知道你在夸张，这样效果才好。如：老李身高六尺，你说"老李像电线杆"（比喻·夸张），人家就会心地笑了。如果你说"老李身高七尺"，人们就认为，这不是夸张，而是说假话。夸张虽是超出实际的描绘，但必须有现实依据，不能漫无边际说大话、空话。

夸张的生命，就在于真实与可信。夸张主要用于文艺与政论语言，科学与公文语言要求严格的科学性和准确性，一般不宜用夸张。

（3）比拟

比拟，是指把人比作物，把物比成人，或把甲物当作乙物来描写的修辞方式。是依据人或事物的某一特性，通过丰富的想象，用描写人的词语来描写事物，或用描写事物的词语来描写人，也有把甲事物当作乙事物来描写。运用比拟，可以更充分、生动、形象地表达强烈的思想感情，能够达到形象鲜明，具有幽默、讽刺的修辞效果。

比拟有拟人和拟物两种类型：

①拟人，就是用描写人的词语来描写事物的修辞手法。作者对某种事物有了强烈的感情，觉得它们仿佛也有像人一样的思想感情或者性质、动作，为了表达这种感觉，就采用拟人的手法，用描写人的思想感情、动作的词语来描写事物，使事物人格化。有的作品通篇用拟人手法，也叫做"讽喻"，如寓言故事、动物童话。

通常的拟人手法。如："星星眨着眼睛。""油蛉在这里低唱，蟋蟀们在这里弹琴。""白云南山来，就我檐下宿。""高粱涨红了脸，稻子笑弯了腰。""小河在哭泣。""成熟的麦穗儿，像是就要出嫁的闺女，含羞地低着头，又忍不住地发出微笑。"

拟人通常是把物当作人描写。如"倒塌的亭子边还有一株山茶树，从暗绿的密叶里显出十几朵红花来，赫赫的在雪中明得如火，愤怒而且傲慢，如蔑视游人的甘心于远行。"（鲁迅）。把山茶树的"红花"当作人来写，显出"愤怒而且傲慢"的神情，浸透了作者的思想感情。"工程兵，举举手，高山峻岭排队走；工程兵，说句话，江河湖海就搬家。"把"高山峻岭"、"江河湖海"当作人描写，生动地表现了工程兵改天换地的英雄气概。"巍巍青山，默然肃立。"用"默然肃立"描写青山，渲染了当时悲壮哀痛的气氛。

拟人的另一手法，是人直接同事物说话，这又称"呼告"。多用于抒情散文和诗歌，便于托情于物，充分抒发作者的感情。如："列车呀，你等一等！时间呀，你停一停！"把列车和时间当作人来呼告，同它说话，抒发自己盼望英雄脱险的急切心情。"雄伟庄严的天安门啊，你经历了千百次战斗的风雨，带着七亿人民胜利的豪情，傲然挺立在东方大地！"把天安门当作人来呼告，同它说话，热情洋溢地歌颂了不平凡的天安门，表现作者为祖国能屹立在世界的东方，为中国人民能以独立的姿态出现于世界的舞台上而自豪。

②拟物，是用描写事物的词语来描写人，或把甲事物当作乙事物来描写。如："这歌声，飞过黄河，飞过长江，飞遍全中国。"把没有生命的歌声，比拟为能飞的鸟儿。"黄河在咆哮。"这是拟野兽的，也是"拟物"。

用描写事物的词语来描写人，较多地用在暴露批判方面，表达憎恶的感情，有强烈的讽刺作用。如："自以为是，老子天下第一，'钦差大臣'满天飞。这就是我们队伍中若干同志的作风。""满天飞"原来是指飞鸟，这里批评像"钦差大臣"到处乱跑，不作调查研究，就乱发议论的那种人。既讽刺又幽默。也有用在积极方面，但很少。如：

"黄浦江畔的红旗呵，鼓舞我们继续革命，永远飞翔！""永远飞翔"，表达自己要像雄鹰一样，飞向革命的前程。

把甲事物当作乙事物来描写。如："喝令长江东流水，快向黄河展翅飞。"用"展翅飞"描写水，把水写活了。"朔风吹林涛吼峡谷震荡。""吼"本是指狮吼，这里的"林涛吼"使人如闻其声，如临其境。（"林涛"是暗喻。）"歌逐晨雾飞，脚踏寒霜碎，跨过海堤上海滩，海滩上面植芦苇。"用"飞"写雾，用"碎"写霜，生动形象。

运用比拟手法，一定要有真实的情感，同时要掌握事物的特征。这样，写出来才会显得亲切自然。若滥用之，则会使人感到矫揉造作。

比拟与比喻的区别，主要的有如下两点：

①比喻反映的是事物间的相似关系（即乙事物喻甲事物），喻体都出现；而比拟，则反映事物间的交融关系（即甲事物当乙事物），拟体不出现。如"他像头公牛"（出现喻词"像"）；"牛在发脾气"（拟人。拟体"人"，不出现，"人"与"牛"的某种情意，交融其中）。

②比喻句的谓语，主要是比喻词；比拟句的谓语，多为表示行为的动词。如"他成了一头咆哮的狮子"（谓语"成了"是比喻词）；"黄河咆哮"（谓语"咆哮"，是表示行为的动词）。

（4）借代

借代，也称"换名"或"代替"，是指用与本体事物有密切关系的事物来代替本体事物的修辞方法。也就是，不直接说事物的名称，而用有密切关系的另一事物的名称去替代它。如："那时候，他还是个红领巾。"这里用"红领巾"代替"少先队员"。

借代通常用具体的事物代替抽象的事物，用生动形象的事物代替一般的事物，还常常利用现实生活中名字与名字之间的各种关系，在特定的上下文中构成同义关系，唤起人们的联想。借代是语言运用上巧妙的艺术换名，可突出事物生动鲜明的形象。

借代与借喻相似，都用另一名称来代替本体，但也有明显区别：

①借喻是比喻的手法，以喻体代本体。借喻的本体与喻体具有相似性。借代不是用比喻的手法，而是用与本体有关联的事物的名称来代替。借代的本体与借体具有相关性。如鲁迅诗："战云暂敛残春在，重炮清歌两寂然。我亦无诗送归棹，但从心底祝平安。"诗中"归棹"是归客所乘所在，二者无相似而有关联，故以"归棹"代归客。再如："今天我们批判了那个寄生虫。"是借喻。"今天我们批判了那个胖子"是借代。"寄生虫"，是指"不劳而获的人"，两者之间有某种品质上的相似性。"胖子"，是形容肥胖的人，为人体的外貌特征，与人体的外貌特征具有相关性。

②借喻可改成明喻，借代则不能改成明喻。借喻在本体与喻体之间可以加"像"、"好像"等，而借代则不能。如"归棹"代归客，我们就不能说"归客像归棹"，因为"人"怎么像"船"呢？再如"今天我们批判了

那个寄生虫"，也可改为明喻，"他像寄生虫，今天我们批评了他"。而"今天我们批判了那个胖子"，则不能改成"他像个胖子，我们今天批判了他"。这是非常明显的。

借代与借喻的主要特征是：

借代是指一件事情换个说法；借喻则是指比方和被比方两件事物。借代只能起代替作用而不能起比喻作用。如"朱门酒肉臭，路有冻死骨"，（杜甫）"朱门"代富贵人家。

（5）排比

排比，是指用结构相同或相似、语气一致的句子或词组排列在一起，表达意义密切相关的内容，借以增强语言气势的修辞方法。排比项一般必须是三个或更多，各项字数可以有多有少。如："他们的品质是那样地纯洁和高尚，他们的意志是那样地坚毅和刚强，他们的气质是那样地淳朴和谦逊，他们的胸怀是那样地美丽和宽广。"排比句的特点是结构整齐，语调协调，说理周密，表现充沛，论证雄辩，气势磅礴。在文艺语言和政治语言中常常使用。

排比句的词组与词组、句子与句子之间，可以是并列的关系，如："那人，花白的头发，浓黑的眉毛，明亮的眼睛，我好像见过。""人们在忧虑中度日，在沉默中思考，在悲愤中秣陵。""门前那弯弯的小河，可钓鱼，爸爸喜欢它；可洗衣，妈妈喜欢它；可游泳，我和弟弟喜欢它。"也可以是承接的关系，如："保卫家乡，保卫黄河，保卫华北，保卫全中国。"排比常同对偶、对照、反复等修辞手法配合使用。排比句的词组或句子，末尾常用分号（；）或逗号（，）。

（6）对偶

对偶，是把内容相关或相反、结构相同或相似的词组或句子并列起来使用的一种修辞手法。也有用字数相等、结构相同或相似的两个词组与句子表达平列、对照（对立）或相连的内容。如："卖花姑娘花儿朵朵，早春二月春雨潇潇。""春催桃李甜蜜的事业，虎穴追踪神圣的使命。"

一般的对联就是对偶句。对偶句结构整齐匀称，读起来朗朗上口，听起来和谐悦耳，便于记忆和传颂。如："独有英雄驱虎豹，更无豪杰怕熊罴。"对偶句的上句，称为"起句"；下句称为"对句"。在对联的运用中，则称为上联和下联。

在律诗中,第三、四句称为"颔联",第五、六句称为"颈联",这两联为对仗,就是对偶句。如:毛泽东的《七律·长征》中的第三、四句"五岭逶迤腾细浪,乌蒙磅礴走泥丸"为"颔联";第五、六句"金沙水拍云崖暖,大渡桥横铁索寒"为"颈联"。

对偶句中的起句、对句,如果是意思贯通的,称为"串对"。如:"欲穷千里目,更上一层楼。"如果内容是平列的,称为"正对"。如:"墙上芦苇,头重脚轻根底浅;山间竹笋,嘴尖皮厚腹中空。"如果内容是对照(对立)的,称为"反对",如:"横眉冷对千夫指,俯首甘为孺子牛。"

诗词中的"对仗",不仅符合对偶的基本要求,还有更严格的要求:相同的词类相对,如名词对名词、动词对动词、虚词对虚词等;同类事物相对,如草木对草木、天文对天文等;并且要平仄相对,不得重字。如:"金猴奋起千钧棒,玉宇澄清万里埃。"

运用对偶,要服从内容的需要,不可生拼硬凑,不要以辞害意。

对偶与排比的区别:

①对偶,成"对",只有两个词组或句子相对(只限两句);排比,成"串",一般必须有三个或更多词组或句子排列(要求在三句或三句以上。但陈望道《修辞学发凡》第八篇《积极修辞四》谈排比时,则认为"排比格中也有只用两句互相排比的",有白居易《夜雨》和杜甫《前出塞》为例)。

②对偶句的要求是字数必须相等,忌用相同词语;排比句的字数则没有严格要求,没有限制,可用相同词语。如对偶句"生当为人杰,死亦作鬼雄。"排比句"在观摩比赛中,雄壮的队伍,整齐的步伐,嘹亮的歌声,震撼了全场。"排比句有时还有意重复某些词语,以加强句子的气势。如:"我们的同志在困难的时候,要看到成绩,要看到光明,要提高我们的勇气。"

(7)对比

排比,是把两个互相对立(或矛盾)的事物或同一事物的两个对立面,并列出来加以比较,形成鲜明对照的修辞方法。如:"虚心使人进步,骄傲使人落后。""买盐的,喝淡汤;种田的,吃米糠。""有的人活着,他已经死了；有的人死了，他还活着。""锲而舍之，朽木不折；锲而不舍，金石可镂。"

对比与对偶的区别：

对比与对偶，有联系也有区别。相似之处，都要求成"对"。对偶要成对的句子或句子成分，对比要成对的事物或问题。对偶的两个句子，有一类是意思相对的；对比往往用对偶的句式表达。两者的区别是：对偶以结构为特征，要求结构相同，字数相等；对比以意义为特征，要求意义相反或相对。如："横眉冷对千夫指，俯首甘为孺子牛。""金猴奋起千钧棒，玉宇澄清万里埃。""无边落木萧萧下，不尽长江滚滚来。""满招损，谦受益。"等等。这里的对偶，各有两句相对，字数相等、结构相同，甚至词性也相同。再如："朱门酒肉臭，路有冻死骨。"（杜甫）"过去泪水流成河，如今没牙学唱歌。"（民歌）这里是意义相反或相对的两种现象，形成了鲜明对比。

不同之处：对比的基本特点是意义对立，着眼于内容，不管结构形式；对偶的基本特点是结构对称，着眼于形式，着重于结构，要求起句和对句字数相等，结构相同或相似。

（8）衬托

衬托，也称之为"映衬"，是为突出某种事物，特意利用其它事物来作为陪衬的修辞方法，也称之为"烘云托月"的表现手法。将两个对立的事物或同一事物的两个相反或相对的方面，放在一起，使之相互对照，相得益彰。如"为人们利益而死，就比泰山还重；替法西斯卖力，替剥削人民和压迫人民的人去死，就比鸿毛还轻。"两种截然相反的生死观，放在一起对比，异常鲜明，突出了本质的对立。

衬托可分为"正衬"和"反衬"两种。

正衬，是选择有关事物，从正面来陪衬主要事物，如："三十功名尘与土，八千里路云和月。""桃花潭水深千尺，不及汪伦送我情。"

反衬，是选择相反或相异的事物，从反面衬托主要事物，如："天长地久有时尽，此恨绵绵无绝期""已是悬崖百丈冰，犹有花枝俏"。

衬托与对比的区别：

①衬托，有明显的主、次之分，衬体居于次要地位，用来陪衬和突出

主体。如："试玉要烧三日满，辨材须待七年期。"以"试玉"正衬"辨材"，前为次，后为主。

②对比，是表明对照或对立现象，没有明显的主、次之分，双方处于平列地位，分量相等。如："尔曹身与名俱裂，不废江河万古流。"

（9）反复

反复，是为突出某个意思，强调某种感情，有意重复使用某些词语或句子的修辞方法。如："总理，总理，我们离不开您。千缕哀思惊天，万语誓言动地。动地，动地，化为九重霹雳。"这里的"总理"、"动地"，反复出现，抒发了强烈的敬爱之情。

反复有连续反复和间隔反复两种。

连续反复，如："你总说，跑、跑、跑！跑哪去呀！""他在山坳那边消失了，可母亲还站在村口望着，望着，望着……""那歌声悠悠地，悠悠地，悠悠地，飘远了。"

间隔反复，如："跟爸妈一起干活，她喜欢；带着小妹玩，她喜欢；看门前小溪缓缓流过，她喜欢；站在窗前，听晚风轻轻吹过树林，她喜欢……"在诗歌中常出现整节诗或部分诗的反复，以加强语势，也是间隔反复。恰当的反复，可增强文章的节奏感，突出表达效果，强化情感的抒发。但不必要的重复，并不是真正的反复，反而会造成啰嗦或累赘的语病。这是应该注意的。

排比和反复有密切的联系，尤其是隔离反复常和排比"合流"。从句式上看，是排比，但有些词语重复出现，便是排比兼反复，能够同时发挥两种辞格的作用，相得益彰，思想更鲜明，气势更磅礴。如：

"一塘月光一塘银，一塘歌声一塘人；一塘镢头叮当响，一塘黑泥变黄金。"（陕西民歌《金银塘》）我们读了，只觉得一片人声、笑声、镢头声，月光闪烁，黑泥翻飞，是一个紧张热烈的劳动场面。一首万马奔腾的交响乐曲，一幅人马错杂的美妙图画。兼用排比和反复，造成了声音和形象的效果。

排比和反复，毕竟是不同的辞格，我们还是应仔细区别。

第一，反复着眼于词语或句子字面的重复，排比则是对结构和字数等方面都有不同要求。

第二，反复的主要修辞作用是强调突出，排比的主要修辞作用是加强语气。如"要去掉我们党内的盲目性，必须提倡思索，学会分析事物的方法，养成分析的习惯。"用三个动宾结构的句子形成排比，由"提倡"到"学会"，进而"养成"，显然有进层的意思，起了加强气势的作用。"看准那敌人，把它消灭！把它消灭！"用的是反复格，两个"把它消灭"的字面重复，强调并突出了革命斗争中奋勇杀敌的气氛，给人以战斗的信心和胜利的鼓舞。

（10）回环

回环，也称"回文"，是指语言中顺着说下来，反转回过去，造成回环往复的语言形式的修辞手法。如："有理不在言高，言高未必有理。""难者不会，会者不难。""总理爱人民，人民爱总理。""上海自来水来自海上。""不是东风压倒西风，就是西风压倒东风。"等等。这种词格的应用范围很广，在政论公文、科技论文、文艺作品中，多有运用。

在有些诗文中的运用，正念或倒念，均如行云流水，大都顺理成章，令人回味无穷，兴趣盎然，也称"回文诗"。如："烟霞映水碧迢迢，暮色秋色一雁遥。前岭落晖残照晚，边城古树冷萧萧。"可以倒念成："萧萧冷树古城边，晚照残晖落岭前。遥雁一色秋色暮，迢迢碧水映霞烟。"这里就是"回环"的手法。

（11）顶真

顶真，又称"联珠"、"蝉联"或"顶针"，是指把上句结尾的词语作为下句的开头，使临近的词语，上迎下接，连续顶接下去的一种修辞手法。如："天时不如地利，地利不如人和。""召之即来，来之能战，战之能胜。""茵茵牧草绿山坡，山坡畜群似云朵，云朵游动笛声起，笛声悠扬卷浪波。""希望是寄托于存在的，有存在，便有希望，有希望，便是光明。"等等。顶真能反映事理的因果关系或事物的承接关系，能够增强语言的表现力。

顶真（联珠）与回环（回文）的区别：

联珠与回文很相似。回文又称回环，是利用语言形式的回环往复造成的一种辞格。如："要而言之，就因为先前可以不动笔，现在却只好来动笔，仍如旧日的无聊的文人，文人的无聊一模一样。"（鲁迅）这里以"无聊的文人",说明那些打着"为革命而文学"幌子的口头革命派,不过是些并不打算干革命事业的无聊的文人;"文人的无聊",说明这般人有时写文章,也不过是些"无聊"的勾当。这二者有特殊联系,通过这种特殊的语言形式表现出来,加强了讽刺的效果。

回环,是从甲到乙,又从乙到甲,翻来覆去总是那几个词;联珠,从甲到乙,从乙到丙,从丙……一环扣一环,向前推进。"回环"和"顶真"中个别字句的重复,只是字句形式上的重复,不能称为"反复";"反复"中句子里的字词重复,则会导致重复内容的不同。

回文在形式上虽和联珠很相似,都是后一句开头的词语是前一句末尾的词语。但二者的根本点是不相同的,打个比方:联珠好似江河的波涛,后浪推前浪,是一直向前的关系;而回文则如织布穿梭,是回环往复的关系。回文,从甲到乙,又从乙到甲,回环往复的特点,在旧时文字游戏的"回文诗"中表现得尤为突出,如《龟山回文》:

> 潮迴暗浪雪山倾,远浦渔舟钓月明。
> 桥对寺门松径小,槛当泉眼石波清。
> 迢迢绿树江天晓,霭霭红霞海日晴。
> 遥看四边云接水,碧峰千点数鸥轻。

八行五十六字,正读成诗,倒读也成诗,是地地道道的回文诗。

（12）层递

层递,又称"递进"或"渐层",是指把三个以上的事物,按照大小、难易、长短、远近、深浅、轻重的不同程度,逐层排列的一种修辞手法。也就是连用一串语句,表达递升或递降的内容,层层递进地描述事物,说明道理。如:"这种作风,拿了律己则害了自己;拿了教人则害了别人;拿了指导革命则害了革命。"这里表达递升的内容。再如:"火车冲了过来……五十米,马不动;四十米,马不动;三十米,马还是不动!"这里表达递降的内容。使用层递,能步步深入地说明道理,达到层次清晰、表达周密的效果。

层递与排比的区别:

层递,看似一种比较特殊的排比,但与排比还是有区别的。层递具有明显的层递升降的阶梯性。排比虽然也讲究次序，但程度上没有层递性。排比在形式上要求结构相同或相似，但层递则不一定。

（13）设问

设问是指在叙述一件事情或阐明一个观点之前，有意先提出问题，自问自答，以引起人们思考和重视，然后自己作答或让听者、读者去领会和理解的一种修辞手法。这是一种无疑而问。如："人生自古谁无死？留取丹心照汗青。""什么叫问题？问题就是事物的矛盾。""他手里拿的是什么？是刀。刀有什么用处？可以杀人。他要拿刀杀谁？要杀人民。"再如："人的正确思想是从哪里来的？是从天上掉下来的吗？不是。是自己头脑里固有的吗？不是。人的正确思想，只能从社会实践中来。""谁是我们最可爱的人呢？我们的部队，我们的战士，我感觉他们是最可爱的人。""一个外国人，毫无利己的动机，把中国人民的解放事业当作他自己的事业，这是什么精神？这是国际主义精神。"采用设问的修辞方式，可以使观点突出，让听者或读者集中注意力，引起积极的思考。

用设问句式作文章的题目，非常醒目，可使读者一看就明白文章的主题，引起强烈的阅读愿望，达到较好的宣传效果。设问句用在文章的开头，可概括文章的中心或重点。设问句用在一段的开头或结尾，可起承上启下的作用。设问在语言表达中还有提纲挈领，使论述层次更清晰的作用。设问，是论说文常用的一种修辞方式。在论说文中的设问句，经常采用的有列举设问和连续设问两种方式。

列举设问，是根据某一问题的各个方面，先集中地列举出一连串的设问，然后进行论述。如毛泽东《论持久战》："然而战争的过程究竟会要怎么样？能胜利还是不能胜利？能速胜还是不能速胜？很多人都说持久战，但是为什么是持久战？怎样进行持久战？很多人都说最后胜利，但是为什么会有最后胜利？怎样争取最后胜利？这些问题，不是每个人都解决了的，甚至是大多数人至今没有解决的。"采用列举设问的论证方式，有破有立，说理更透彻，更富有说服力。

连续设问，是在整篇或一段文章中，反复进行设问。提出问题，解决问题；再提出问题，再解决问题，从而把事物的矛盾逐步揭示，把道理逐层说明，最后把总的论点阐述清楚。如"什么是知识？……此外还有什么知识呢？……我们现在看看一些学生，看看那些同社会实际活动完全脱离关系的学校里面出身的学生，他们的状况怎么样呢？……像这样的人是否可以算得一个完全的知识分子呢？……什么是比较完全的知识呢？……学生们的书本知识是什么知识呢？……有什么办法使这种仅有书本知识的人变为名副其实的知识分子呢？……"采用连续设问，可使文章有波澜，并增强说服力和感染力。

设问也常用于文艺语言，如："是人心，还是花环？是心花，还是泪花？心花泪花全扑上。"有抒情作用，能够委婉表达思想感情。在中国的民歌里，这类的设问，也有很多。如："什么树高高天上挂？什么花开在水中间？什么虫常把绿灯提？什么人最爱在夏天？"上节是自问，下节便是自答："槐树高高天上挂，荷花开在水中间。萤火虫常把绿灯提，少先队员最爱是夏天。"

（14）反问

反问又称反诘、诘问、激问，是指用疑问的形式表达确定的内容和强烈的感情，以加重语气的一种修辞手法。它也是无疑而问，但问而不答，答案即问题的反面。反问所采用的句式有：是非问、特指问、选择问和反复问四种类型。

反问一般采用是非问、特指问的句式。如："难道不能悼念敬爱的总理？难道不许缅怀革命的先烈？难道说他们的事业不应该歌颂？难道他们的业绩不该传扬？"如果是肯定的疑问形式，表达的意思是否定的；如果是否定的疑问形式，表达的意思是肯定的。如："从市政建设、外商谈判，到市民群众的水电煤气，市长哪一样不关心呢？""谁不知道他是个笑面虎？"（从否定问，意在肯定）"为人民呐喊，让敌人胆寒，怎么能说他是反革命的呢？"（从肯定问，意在否定）。

反问句的语气比较明显，感情比较强烈。如："射箭要看靶子，弹琴要看听众，写文章做演说倒可以不看读者不看听众么？""这个事实，难道还不明显吗？"采用是非问作反问，用否定形式"可以不看"和"还不明显"来发问，意思即"一定要看"、"十分明显"。用是非问作反问，常用反诘的语气词"难道"。有时虽不用，但意思也很明白。如"送来了，其目的是要我们看的。可是怎么敢看呢？"采用特指问作反问，用肯定的"敢看"

来发问，意思却指"不敢看"。

反问有时也采用选择问、反复问的句式。这种反问，语气虽不及是非问、特指问那样明显和强烈，但语意较含蓄，仍可发人深思。如："有人说，只要建设，不要破坏，那末，请问：汪精卫要不要破坏？日本帝国主义要不要破坏？封建制度要不要破坏？不去破坏这些坏东西，你就休想建设。"是反复问句式。字面上提出"要不要"，而正意是"要"。采用这种反问，可以启发读者思考问题，明辨是非。

采用反问的句式，比用陈述句的形式更富有感情色彩，在各类作品中都有普遍的运用。反问也常用来驳斥反动派的谬论，揭露和抨击反动派的罪行，能更加有力地击中敌人要害，使敌人理屈词穷，无处藏身。如："革命的发生是由于人口太多的缘故吗？古今中外有过很多的革命，都是由于人口太多吗？中国几千年以来的很多次的革命，也是由于人口太多吗？美国一百七十四年以前的反英革命，也是由于人口太多吗？"用了四个反问句（是非问）来驳斥，既有理，又有气势；"难道尽撤河防主力，倒叫做增强抗战么？难道进攻边区，倒叫做增强团结么？"连用两个反问（是非问），义正词严，尖锐泼辣。

反问也可以用作文章的题目，但一般用于驳斥谬论。用反问作题目，可以使文章能更集中地反映所要揭示的矛盾，使论点更加突出。

反问与设问的区别：

这两者都是无疑而问，即明知故问，有资料认为是属于同一类型的。但设问，是从正面提问的，一般要回答；反问，是从反面提问的，则只问不答，无需回答。反问句所要表达的肯定或否定，已经明确地包含在问句之中了。

（15）双关

双关，又称"双关语"，是指有意识利用语言文字的音、义条件，构成双重意义，使一句话关联到两件事，表面说甲，实际指乙，是"言在此，而意在彼"的一种修辞手法。运用这种修辞手法，能够在特定的语言环境中，使语言含蓄、幽默、风趣、多采，获得双重意义，增强表达效果。由于语言的含蓄两可，能同时表达两种意思，一种是字面上的意思，一种是隐含着的意思，可以适应隐蔽斗争的需要，含蓄深沉地表达思想和语义。

双关，又可分为谐音双关和语义双关两类，它们都有"表"、"里"两种意义。表面意义是次要的，寓意则是主要的。

谐音双关，是利用词语声音的相同或相近的条件而构成的一种双关。如："东边日出西边雨，道是无晴却有晴。"这里表面说阴晴的"晴"，实际是感情的"情"。"情"与"晴"，是语音上的双关。

语义双关，是用一些词语或一句话，同时关涉两种事物，表面上说甲，暗里在说乙。如："随风潜入夜，润物细无声。""谁言寸草心，报得三春晖。"这里形成的是语义上的双关。

有些歇后语，常用谐音双关和语义双关。谐音双关的有："孔夫子搬家——尽是输（书）"、"外甥打灯笼——照旧（舅）"、"卫生口罩——嘴上一套。""四两棉花——弹（谈）不上。"等等。语义双关的有："泥菩萨过河——自身难保。""懒婆娘的裹脚——又臭又长。""猪八戒照镜子——里外不是人。"等等。有些谜语就是利用意义双关这个条件来编的，如"抬头望明月（打一国家首都）——缅甸首都仰光"。

运用双关时应注意，反对趣味化和不能有歧义。

双关与借喻的区别：

借喻，在语句中只有比喻的一层意思；而语义双关，在语句中不仅有本层意义，还有其深层次意义。如"你与他碰撞，还不是鸡蛋碰石头！"借喻的意义只有一层——不能碰；"鸡蛋碰石头——还是不要碰！"语义双关，一层意思：碰不得；深层意思：碰则粉身碎骨。

（16）象征

象征，为文艺创作的一种表现手法，是通过特定的"象征物"来表现有某种联系的"象征义"的手法。能够使抽象的情理形象化，使所要表达的意思更为含蓄、更加深刻。如："黑暗即将过去，光明即在眼前。"其中"黑暗"和"光明"的象征意义，是非常明显的。鲁迅的《秋夜》曾以傲然挺立、坚定执着的枣树，象征坚强不屈的革命战士。

象征与借喻的主要区别：

借喻，是比喻的一种，只见喻体而不见本体和比喻词。如："党委的同志必须学好'弹钢琴'。"句中借"弹钢琴"比喻工作有轻重缓急，要全面照顾，互相配合。象征，是用具体表现事物的某种意义，即"托义于物"。

如："红色"象征革命；"红旗"象征胜利。

借喻和象征有相似，也有区别。象征，尽管也是以甲物示乙物，但与借喻不同。借喻可改成"甲像乙"，象征则不能说成"甲像乙"。

①借喻的喻体和未出现的本体之间有相似点，也可以换成明喻的格式。如"弹钢琴"，可以说成"工作方法好像弹钢琴"。而象征的象征体与象征义，则不能换成明喻的格式。如："鸽子象征和平"，不能说成"和平像鸽子"；"红色象征革命"，不能说成"革命就像红色"；"红旗象征胜利"，不能说成"胜利如同红旗"。象征的意义，是人们赋予的特定事物，如用"黄河"象征中华民族。

②借喻是用喻体直接代替本体，而象征体不能简单地代替象征义，要通过象征体把象征义表现出来。有的象征义很丰富，很深刻，要对象征体作一番细致的刻画和描述。如陶铸《松树的风格》，以"松树的风格"象征共产主义的风格，就是通过对松树风格的具体细致的刻画和描述，而表现出"共产主义风格"这一象征意义的。

（17）拈连

拈连，是活用词语或改造词语的一种修辞方法，它是把上文用于甲事物的某个词语，临时加以活用或改造，巧妙地用于下文的乙事物。拈连通常有两种格式：即顺连和反连。这里主要讲顺连。

顺连，是指利用上下文的联系，把本来适用于甲事物的词语，顺势巧妙地临时连用到乙事物上，借以开拓新的意境的修辞手法。这是拈连中用得最广泛、最典型的一种格式，能够含蓄形象，容易唤起人们的联想。由于是顺着说下来的，因此结构连贯，语气畅达，新颖生动，别有风味。如："织渔网啊，织渔网，织出一片好风光！""少年鲁迅，小书桌上刻了一个'早'，从此把一个坚定的信念，刻在了心中！""当年，他与红军战士一起，挑柴挑草，挑米挑货，直到把革命挑到天安门前。"这里的"织"、"刻"、"挑"的连用，所表达的效果，是显而易见的。

拈连与联珠有区别，它们是形似而实异的两种辞格，不能混淆。

①联珠，又称顶真，是一种以特殊的句式出现的辞格。用前一句结尾的词语做后一句开头的词语，使邻接的句子头尾蝉联，具有上递下接意味的一种修辞手法。如："指挥员的正确的部署来源于正确的决心，正确的决

心来源于正确的判断，正确的判断来源于周到的和必要的侦察，和对于各种侦察材料的联贯起来的思索。"这一连串的联珠句式，清楚地说明了作出军事计划之前的整个认识过程。

再如，对口表演《比炸弹》："乙：短兵相接呢？甲：短兵相接那更好，刺刀一捅使劲儿绞！乙：刺刀断了，甲：刺刀断了枪托捣！乙：枪托折了，甲：枪托折了拿牙咬！乙：你的志气真不小！"这是对口表演中的一段，一问一答，一句联一句，一环套一环，句句顶接，环环紧扣，表演起来就能如流水一般，顺流而下，有一泻千里的气势。

②拈连，则是活用词语或改造词语的一种辞格。它是把上文用于甲事物的某个词语，临时加以活用或改造，巧妙地趁便用于下文乙事物的修辞手法。如《部队歌谣选》："夜里天冷北风急，班长下岗月儿西；手拿针线灯下坐，为我熬夜缝军衣；线儿缝在军衣上，情意缝进我心里。"诗中写的"情意"，本无法缝，然而诗人把缝军衣的"缝"字拈连到"情意"上，"缝"字就临时有了"铭刻"的意思，描绘出班长给战士熬夜补军衣的一片深情厚谊。

再如，"有些天天喊大众化的人，连三句老百姓讲的话都讲不来，可见他就没有下过决心跟老百姓学，实在他意思仍是小众化。"这里的"小众化"是由"大众化"改造而成的（有人称为"仿词"），用来批评那些"没有下过决心跟老百姓学"的人，既带着点讽刺，又显得幽默有趣。

很明显，联珠和拈连的相同之处，都是建立在上下文的联系上面。两者的较明显区别是：联珠需要形式上的顶接，而拈连则不需要前后顶接。拈连是要求前后词语在意义或形式上有所变动。

（18）反连

反连，又称"仿连"或"仿词"，是指利用语义上的联想，把上文出现的词语，巧妙地临时仿造出一个新的词语（如"反义词"）用于下文，借以表达新的情趣的修辞手法，通常带有讽刺或幽默的意味。如"满心'婆理'而满口'公理'的绅士们……"句中的"婆理"，就是仿词。"那人用黄铜涂金做成一只戒指，以金戒指卖给一个乡下人，邻居说是'新闻'。其实呢，这只是条'旧闻'。"这里的"新闻"后用的"旧闻"，就是仿连。

（19）反语

反语，是指故意说与本意相反的话，以便更有效地表达本意的修辞手法。反语多数表示讽刺和嘲弄，能够增加说话或写文章的幽默感与讽刺性。在一定的情况下，运用反语比正说更有力量，也更带有强烈的感情色彩和特殊的表达效果。如："他是天底下头等的大好人，浑身上下毫无缺点，连肚脐眼都没有。""他够'先进'了，'先进'到公家的住房还没分，他就抢先搬进去住了。"这里明显是说反话，本意是这个人"不是好东西"、是加引号的先进。

反语有用褒义词表达贬义和用贬义词表达褒义两种。如："当三个女子从容地辗转于文明人所发明的枪弹的攒射中的时候，这是怎样的一个惊心动魄的伟大啊！"这里的"文明人"、"伟大"是取其反意来讽刺的。再如："一个幽灵，共产主义的幽灵，在欧洲徘徊。""幽灵"本是贬词，在这里是表达褒意的。也有资料将反语分为"讽刺反语"和"愉快反语"两类。把讽刺反语称"反语"，把愉快反语称"倒词"。许多的杂文中常用此类讽刺手法，以抨击时弊。

反语常常用在批判、揭露方面，可以达到幽默、讽刺的修辞效果。如"好办法，美国出钱出枪，蒋介石出人，替美国打仗杀中国人，'毁灭共产党'，变中国为美国的殖民地，完成美国的'国际责任'，实现'对华友好的传统政策'。""好办法"是反语，是指帝国主义的侵略政策。"国际责任"、"对华友好的传统政策"，是引用艾奇逊的话，作为反语，是"以子之矛，攻子之盾"的斗争方法，更有力地揭穿了所谓"国际责任"、"对华友好的传统政策"的反动实质。再看鲁迅《记念刘和珍君》："中国军人的屠戮妇婴的伟绩，八国联军的惩创学生的武功，不幸全被这几缕血痕抹杀了。""伟绩"、"武功"是反语，把中外反动派屠杀中国人民的凶暴和残忍暴露无遗。

有时为了要说得风趣和表达亲切的感情，也可以用反语。如："他把这间新房作了队里的仓库。昨天，听说子弟兵要来，他和老伴连夜收拾好，'强迫'连长他们住了进去。""强迫"是反语，表现了民拥军、军爱民的鱼水关系。"小李对熬红了眼睛的老首长说：'首长，我给您提个意见——您可要注意休息啊！'""我给您提个意见"是反语，不是有意见，而是对首长的赞扬和体贴。很风趣地体现了深厚情谊。

运用反语进行讽刺的时候，必须分清敌我友。"有几种讽刺：有对付敌人的，有对付同盟者的，有对付自己队伍的，态度各有不同。我们并不一般地反对讽刺，但是必须废除讽刺的乱用。"对于敌人，可以大胆地运用。鲁迅先生的杂文里，也常常用反语来讽刺敌人。

运用反语要明朗，要让人一看就知道是反语；如果不明朗，就会把意思搞颠倒。为了正确运用反语，达到明朗的要求，常用三种办法：

①把正面的意思同反面的意思一起说出来，不仅反语明确，还有对比的效果。

②把反语加引号以为提示。

③在反语的前后用可以标明是反语的词语，如"似乎"之类。

（20）析词

析词，是对一个词或一个成语，作出一种新的解释和剖析的修辞手法。析词，能够赋予一个词或一个成语深刻的意义，用来说明或评价某种事物，给读者以强烈的新颖的感觉。如"拿一句通俗的话来讲，就是'有的放矢'。'矢'就是箭，'的'就是靶，放箭要对准靶。马克思列宁主义和中国革命的关系，就是箭和靶的关系。"这里对"有的放矢"这个成语作了科学的解释，说明必须理论联系实际。再如"现在许多人在提倡民族化、科学化、大众化了，这很好。但是'化'者，彻头彻尾彻里彻外之谓也；有些人则连'少许'还没有实行，却在那里提倡'化'呢！"这里通过对"化"字的解释，指出了"化"的具体要求，就是要真正做到彻底的民族化、科学化、大众化。

（21）引用

引用，也叫"引语"，是在写文章或讲话时，引用古今中外名人或伟人的经典著作，引用先贤或英雄人物的言论，或者引用大家熟悉的成语、谚语、典故等，来说明问题、阐明观点的一种修辞手法。引用，能够使说理更透彻、文章更生动、语言更加概括和精练，也可以增强文章的说服力。有时因为揭露或批判反动谬论和错误言论的需要，也经常引用一些反面的材料，以便揭示矛盾或针锋相对地进行驳斥，来增强文章的战斗力。

引用，可分为直接引用和间接引用两类。直接引用，就是一字不差地引用原话；间接引用，就是只引原话（或原文）的主要意思。引用可用于文章之中，也可以用作文章标题。

（22）委婉

委婉，是不把要说的意思直截了当地说出来，而是用比较含蓄、婉曲的话来透露要表达的意思的一种修辞手法。有的是由于不能直说，只能用含蓄的手法表达；有的是由于不愿直说或不忍直说，而有意避忌一些话，采用比较婉转的手法来表达。如鲁迅《为了忘却的记念》："夜正长，路也正长，我不如忘却，不说的好罢。"这里"夜正长，路也正长"，把黑暗的社会比成黑夜，说明要取得胜利，还有一段较长的革命路程。"不如忘却"，意思是不能停留在消极的悲愤中，而要把这种悲愤化为力量。反动统治时期，"禁锢得比罐头还密"，鲁迅先生要把作品发表出来，只好把话说得委婉一点，真正的含义要让读者自己去体会。再如："下午两点三刻，当代最伟大的思想家停止思想了。让他一个人留在房里总共不过两分钟，等我们再进去的时候，便发现他在安乐椅上安静地睡着了——但已经是永远地睡着了。"这里的"停止思想"和"永远地睡着了"，都是"死"的另一种说法。用这种委婉说法，可以更加深切地表达无比沉痛的心情。

修辞方式的综合运用

我们在平时的说话或写文章中，由于内容的需要，往往同时综合运用几种修辞方式，主要有兼用的、连用的、兼连交错的三种类型：

兼用的，如："无产者在这个革命中失去的只是锁链。他们获得的是整个世界。"兼用了借代和对比两种手法。"锁链"是借代，以具体事物代替抽象概念——被奴役的地位。"失去的只是锁链"、"获得的是整个世界"，这又是鲜明的对比。"红雨随心翻作浪，青山着意化为桥。"这两句是对偶。用"随心"、"着意"来写"红雨"、"青山"，这是拟人。"红雨"又是桃花的借代。通过对偶、拟人和借代等手法的兼用，生动地反映了革命的热潮，给人以巨大鼓舞。再如："英帝国从'日不落'到'日落西山'。"这里的"日不落"和"日落西山"都是比喻，引用来作为对比，是三种修辞手法的兼用。曾经狂妄地宣称"大英帝国无落日"，曾经当年自夸"日不落"的海上霸王，如今都已"日薄西山，气息奄奄"。这里巧妙地运用两个引语，既贴切，又形象，起到了鲜明的对比作用。

连用的，如："亲爱的朋友们，当你坐上早晨第一列电车走向工厂的时候，当你扛上犁耙走向田野的时候，当你喝完一杯豆浆、提着书包走向学校的时候，当你坐到办公桌前开始这一天工作的时候，……朋友，你是否意识到你是在幸福之中呢？"连用了四个排比句（并列式）兼隔离反复，后面用了一个设问句，不仅表达了无比激动的感情，而且唤起读者注意，促使读者思考。再如："近啦，近啦！岛上的一切都看清楚了。小岛多么像战士们形容的那样，像一把锋利的剑，像一个威武忠诚的哨兵。""近啦，近啦！"这是连续反复，表示了战士们喜悦的心情。接着用两个明喻"像一把锋利的剑，像一个威武忠诚的哨兵"来比喻海岛，就把战士们守卫海岛的责任感和光荣感，生动而又形象地描写出来了。

兼连交错的，如："它是站在海岸遥望海中已经看得见桅杆尖头了的一只航船，它是立于高山之巅远看东方已见光芒四射喷薄欲出的一轮红日，它是躁动于母腹中的快要成熟了的一个婴儿。"这里是比喻的连用，又是排比和反复的兼用，更加深刻地批判了"红旗到底打得多久"的失败主义谬论，极大地鼓舞了人民群众对革命的必胜信心。

再如："这个攻击的形势，简直是急风暴雨，顺之者存，违之者灭。"这里是暗喻和对偶、对比的连用和兼用，生动地说明了形势一片大好，大长了革命的志气，大灭了敌人的威风。还有："人不犯我，我不犯人；人若犯我，我必犯人。"这里全句运用了联珠手法，前两句和后两句又是对偶和对比的兼用，结构严谨，铿锵有力，理直气壮地表明了我们的原则立场和对敌人的严正态度。

再看《念奴娇·昆仑》：前半阕用拟人手法，描绘了一幅莽莽苍苍、高大无比而又会作威作福的莽昆仑形象。还用了借喻和夸张的手法，用"玉龙"比喻蜿蜒的雪山，说群山蜿蜒、积雪深厚的昆仑，像千百万条玉龙腾空飞舞。还用了设问句"谁人曾与评说？"启发读者思考。后半阕进一步采取了和昆仑对话的口气，宣布要改造昆仑，表达了要改造世界的雄心壮志。接着又用了"安得倚天抽宝剑，把汝裁为三截？"这个设问句，引起下文。"一截遗欧，一截赠美，一截还东国"，是排比句，三个动词"遗"、"赠"、"还"用得既确切又富有变化。最后的"太平世界，环球同此凉热"，进一步抒发伟大的国际主义精神和远大的革命理想。

（二）辞趣

辞趣，是关于语感的利用，也就是语言文字本身的情趣的利用，大体可分为辞的意味、辞的音调和辞的形貌三个方面。

1. 辞的意味

辞的意味，大概由两个方面因素构成：一是由于语言文字的历史或背景的衬托；二是由于语言文字的上下或左右的包含。如：

①《上海民歌选》中"瓜不离秧，囡不离娘"，原句为"孩不离娘"，后来重版时修改。显示了上海民歌的地方色彩。

②鲁迅《社戏》中写船行驶得很快时说："淡黑的起伏的连山，仿佛是踊跃的铁的兽脊似的，都远远地向船尾跑去了，但我却还以为船慢。"文中不说船"向前行驶得快"，而说岸边的山"都远远地向船尾跑去"，便更如实地浮现出活动的印象，因此也就更有趣。

③袁宏《三国名臣序赞》中写诸葛亮："标榜风流，远明管乐。"其中"风流"含有功业文采，英俊杰出之意。而《三国志·刘琰传》中写刘琰："先主……以其宗姓，有风流，善谈论，厚亲待之，遂随从周旋，常为宾客。"其中"风流"则因与下文"善谈论"并提，而只是指仪态、风度而言。再如《红楼梦》第一回中写道："这东南有个姑苏城，城中阊门，最是红尘中一二等富贵风流之地。"其中"风流"由"红尘"、"富贵"等词语笼罩，就不过是风情、游乐的意思了。

以上三个例子说明，因为上下文包含关系的不同，造成的同一词语所含的意味也就大不相同了。

2. 辞的音调

辞的音调，是指利用语言文字的声音以及增饰语辞的情趣，所形成的现象。大体可分为象征的和装饰的两方面。象征的音调，同语言文字相顺应，可以辅助语言文字所含有的意味和情趣。这对我们来说较为深奥，这里且不谈。装饰的音调与语辞并没有什么内在的必然的联系，只为使语辞能够适口悦耳，听起来有音乐的风味。如：

①"灯不拨不明，理不辩不清。""舍得一身剐，敢把皇帝拉下马。""见困难就上，见荣誉就让，见先进就学，见后进就帮。"等等，就是自然

押韵，上口易诵，流畅适耳。

②《荀子·劝学》中有一段话："学不可以已。青，取之于蓝，而青于蓝；冰，水为之，而寒于水。"照意义，"青"和"冰"字下都不应有标点，而实际上读者差不多都有如上文的停顿，这就是为了便于阅读时的呼吸，读起来能够比较顺溜和有力的缘故。这种标点可称之为"修辞上的标点"、"音节上的标点"。

3. 辞的形貌

辞的形貌，是指在行文中故意使用形貌特殊、引人注目的字或其他符号。如：

①"洪潦浩方割"（张协《杂诗》）、"刷羽泛清源"（沈约《和谢宣城诗》）、"绮缟何缤纷"（曹植《杂诗》）等等，都连用了部首相同的字，既表达了作者的意思，又做到字面的好看。

②有些文章的书写或印刷，为强调突出某些部分，就变换成与其他部分不同的字体或加着重号。

③鲁迅在《伪自由书·中国人的生命圈》一文中讽刺反动派时用了："这'生命圈'便完结为'生命O'。"文中的"O"很有意思，含蓄、幽默，如果用"零"或其他什么词语，那就显得平淡无味了。

修辞与文体的关系，也就是指辞格与文体的关系。

"文体"又叫"语体"，是指政论语体、公文语体、科学语体、文艺语体等。与我们平常所说文章体裁不完全一样。当然，两者也有对应关系。如小说、诗歌等主要属于"文艺语体"；一般的论文、科学报告主要属于"政论语体"或"科学语体"；有些应用文，也应该主要属于"公文语体"。不同文体，有不同的作用，对语言形式的要求也各不一样。为了适情应景，便有各种不同的修辞准则。也就是说，辞格并不都适用于所有的文体。文艺语体的广泛性最大，一般来说，所有的辞格都适用于文艺语体。科学语体、特别是公文语体，有些辞格基本不适合运用，尤其是夸张、比拟、拈连、双关等，更不宜运用。如有关命令、指示、请示报告等，只要用准确而简洁的语言，把问题说清楚就行，并不要求动人的形象、丰富的联想。如：一个工厂向上级报告季度产量完成多少，还有什么问题，存在什么困难，只要说出具体数字，摆出具体问题，令人一目了然即可，总不能写成

"本季度产量如海洋，困难似弹簧"之类的词语。

辞格的运用，对表情达意有很大作用，但我们不能随意滥用，应根据文体需要，恰当地有选择地运用，以免不伦不类，因辞害意。

四、形式逻辑基础知识

我们学习汉语的时候，要学点文法和逻辑。这里所说的"逻辑"，为英文音译名，包含形式逻辑、数理逻辑和辩证逻辑。"逻辑"的原意为思维、言词、理性、规律性等。在现代汉语里，"逻辑"一词多义：指关于思维形式及其规律的科学，即"逻辑学"，如"学点逻辑"；指思维的规律性，如，"作出合乎逻辑的结论"；指客观规律性，如，"中国革命的逻辑"；指某种特殊的理论、观点或看问题的方法，如，"揭露霸权主义的强盗逻辑"等。简而言之，"逻辑"，就是研究概念、判断、推理的思维形式及其规律的科学。

逻辑学，旧称"伦理学"，曾译为"名学"、"辩学"，是形式逻辑和辩证逻辑的总称，也是关于研究思维形式及其规律的科学。我们通常所称的逻辑，实际是专指形式逻辑，在我国是一门古老的科学。形式逻辑，是以思维形式及其规律为主、也涉及简单逻辑方法的科学。

我们学习和运用形式逻辑知识，可以帮助我们正确进行思维，准确有条理地表达思想，严密而有说服力地进行论证，更好地交流思想，提高思维效率。对于更好地生活、学习和工作，都是有益的。

（一）概念

1、关于概念的内涵和外延

这里首先讲一个故事，也是一个笑话：在我国科学家代表团到美国访问期间，一位华裔老科学家到我代表团驻地拜访老朋友。有位团员问候老科学家："您爱人身体好吗？"对方听后，顿时脸色一变，十分尴尬。副团长见此情景，马上补充："我们是问，您太太身体好吗？"对方这才自然回答说："我是七十多岁的人了，今天我儿子也在场，你们竟问起我的女朋友来了。"

噢！原来是这么回事：新中国成立后，已废弃"太太"这个称呼，一般习惯用"爱人"指称丈夫或妻子，也可指恋爱中男女的一方。而美国，"爱人"仅指"女友"或"情人"。这才发生那个误会。这件生活小事告诉我们，日常使用词语时，不仅要注意所表达的概念，还要注意概念的含义在不同的语境中的变化。那么，什么是概念呢？

概念，就是事物的特有属性在人们头脑中的反映，或者说，概念是反映事物本质属性的思维形式。

属性，就是客观事物具有的各种性质及相互关系：如：形状、大小、气味、作用、美丑、好坏、善恶等。

特有属性，就是某类事物都具有而别类事物都不具有的那些属性。例如："人"，有生命，能运动，是人的属性。人类的特有属性，就是能制造和使用生产工具、能思维、有语言、有喜怒哀乐……，这些属性，是所有的"人"都具有，而别的动物或事物都不具有的属性。

概念是思维对客观对象的反映，是形成于思维的东西。它是看不见、听不到、摸不着的，必须借助于语言才能表达出来。而词和词组，就是概念的表达形式，概念则是词和词组的思想内容，如"人"、"人民"、"中国人民"、"伟大的中国人民"等一个个概念的语言形式。

那么，概念和语词的关系怎么样呢？

第一，概念要通过语词表达，但并不是所有语词都表达概念。一般说，语法上的实词都表达概念，而虚词就不表达概念。

第二，同一概念可以用不同语词表达（一义多词）。有几种情况：

①在不同的民族语言里，同一概念当然要由不同的词来表达。如："装订成册的出版物"这一概念，汉语用"书"这个词来表达，英语用"bcok"、俄语用"книга"表达。

②在同一种语言里，同一概念也可以用不同的词表达。如：汉语中的"大夫"和"医生"是同一概念的不同表达形式；"自行车"和"脚踏车"表达的是同一概念；"土豆"和"马铃薯"、"电动机"和"马达"等也是同一概念。

③同一语词也可表达不同的概念（一词多义），如：散文，指相对韵

文而言的文学形式，是广义的；指相对诗歌、小说、戏剧而言的文学形式，是狭义的；特指抒情散文而言，是更为狭义的。

概念是客观事物特有属性在人们头脑中的反映，一经形成，在一定的具体条件下就有它的确定性。人们说话、写文章都要使用概念，语意的精确来自概念的明确。如果我们不能准确地理解概念，便往往容易产生用词不当的弊病，就不能精确地表达语意。

《悲惨世界》作者、法国大作家维克多·雨果，有一次出国旅行，在某国边境，宪兵要检查登记，问道："姓名?"答："雨果。"问："干什么的?"答："写东西的。"问："以什么谋生?"答："笔杆子。"于是，宪兵就在登记簿上写下："姓名：雨果。职业：笔杆贩子。"

一个大作家在宪兵的笔下竟然成了"笔杆贩子"，这是怎么回事呢?原来双方对同一概念的含义有了不同理解。雨果所说"以笔杆谋生"是指作家，而宪兵所理解的"以笔杆谋生"是指"卖笔杆的"。

由雨果成了"笔杆贩子"的故事，可见，要正确表达思想，达到相互理解，就必须明确概念的含义。只有明确了概念的含义，才能明确这个概念所指对象范围，在逻辑上叫做明确概念的内涵和外延。

概念的内涵，是概念的内容，即表示概念所反映或表示的客观事物的特有属性，也就是概念的含义。如："人"这个概念的内涵，就是能制造和使用生产工具、有语言、能思维，是两足直立动物的特有属性。"商品"这个概念的内涵，就是用来交换的劳动产品这些特有属性。"资本主义国家"这个概念的内涵，就是资产阶级专政的国家这些特有属性。再如"船"的概念，是指水上的一种交通工具（是船的内部包含的意义），以"船"的这种特有的属性，可以区别于"车"（陆上的交通工具）的特有的属性。

概念的外延，是指具有概念所反映的特有属性的事物的运用和涉及的范围。如"船"的外延，就是一只只具体的船，有木船、铁船、水泥船、轮船；小船、大船、客船、货船等。概念的外延，亦即概念的适用范围。再如："人"这个概念的外延，就是指古今中外一切的人。"商品"这个概念的外延，就是指所有花色品种不同的投入交换的劳动产品。"资本主义国家"这个概念的外延，就是指美国、英国以及其他的资本主义国家。

概念的内涵和外延是概念的两个基本逻辑特征。概念的发展、变化与确定性，则是内涵和外延的性质。

概念的内涵和外延是有发展变化的，其原因主要是：

第一，客观事物本身在发展变化。如："车"这个概念，在古代只指人力车和畜力车，到了近代出现了汽车、火车、电车等机动车，"车"的内涵和外延都与古代大不相同了。

第二，人的认识在不断前进。如："水"，古代人只知它是一种无色、无臭、无味的液体。随着科学的发展，人们认识到它的分子是由两个氢原子与一个氧原子组成的（H_2O）。关于"水"的概念，现代人要比古代人的认识深刻得多了。

古代人对于自然界的风雨雷电的概念，带有迷信成分，就没有正确反映风雨雷电的特有属性；只有今天我们认识了风雨雷电的客观规律，才形成了正确反映这些现象的特有属性的概念。

概念的内涵和外延，在一定的思维或辩论过程中，又必须保持它的确定性。就是说，在同一时间、同一关系下，每一个概念的内涵与外延都必须是确定的，前后必须保持一致，不得随意变动。如："'看电影'是动宾结构的结构。"句中的"结构"这一概念的内涵、外延前后不一致，前一个指的是语法关系，后一个指的是具有某种语法关系的语言单位。一个是关系，一个是实体，实际上成了两个概念，所以这句话的意思就不好理解了。

概念的内涵，是概念对事物的特有属性的反映；概念的外延，是具体的、具有概念所反映的特有属性的那些事物。概念的内涵与外延之间有一种相互制约的关系：一个概念的内涵越多，其外延就越小；反之，一个概念的内涵越少，其外延就越大。这就是内涵与外延的反比关系，或叫反比规律。如："人"和"工人"，"人"这个概念的内涵是：能制造和使用生产工具的动物；"工人"这个概念的内涵，是在"人"这个概念的内涵中，再加上从事生产劳动和以工资收入为生活来源这些属性。

可见"人"这个概念的内涵少，而"工人"这个概念的内涵多。"人"这个概念的外延包括工人和其他的人，而"工人"这个概念的外延不包括工人以外的其他的人，因此"人"这个概念的外延大于"工人"这个概念的外延。

再如："青年"和"中国青年"。"中国青年"概念的内涵比"青年"的内涵多"中国"这个属性，其外延就相应地由"青年"缩小到"中国青年"的范围；反之，"青年"比"中国青年"的内涵少属性"中国"，其外延就相应地由"中国青年"扩大到"青年"的范围。

为了使概念明确、具体，可以用逐渐增多概念内涵的方法，来逐渐减少概念的外延，这个方法叫做概念的限制法。如："我们反对战争。"句中"战争"这个概念的外延太多了，它包括所有的或任何的战争，而我们反对的却只是某种战争。我们可用加多概念的内涵的方法来减少外延，改说为"我们反对非正义战争"，准确地表示了我们所要反对的对象。再如："我们应当团结一切人。"句中"人"这个概念的内涵太少而外延太多。应换成一个内涵较多而外延较少的概念，说成"我们应当团结一切可以团结的人"，准确地表示我们应团结的对象。

概念的内涵是质，概念的外延是量。任何一个概念，都是具有内涵与外延两个方面的。两者是统一和不可分割的。如，成绩与成就，时代与时期，经验与经验主义，神采奕奕与精神焕发，等等，都不是各不相同的概念。特定的句子中的任意替换概念，就是偷换概念。如果偷换概念，就会使说话或写文章发生错误。如果执意偷换概念，在讲话或写文章中，就是属于诡辩。如："他敢挑千斤重担。"如果改成："他应敢挑一千斤重的担子。"这就会闹成笑话了。

2、概念的种类及其相互关系

按照概念的内涵与外延，概念一般可分为以下几类：

（1）单独概念与普通概念：

单独概念，是反映个别事物的概念；普遍概念，是反映一类事物的概念。如"鲁迅"是单独概念，"作家"是普通概念。

（2）集合概念与非集合概念：

集合概念，反映同类现象的集体；非集合概念，反映同类对象的个性。如"工人阶级"是集合概念，"工人"是非集合概念。

（3）实在概念与虚假概念：

实在概念，反映客观世界里确实存在的事物；虚假概念，反映客观世界里确实不存在的事物。如"人、书、桌子",是实实在在的,属于实在概念;"玉皇大帝、鬼、妖魔",是虚无缥缈的,属于虚假概念。虚假概念的外延等于零。

(4)肯定概念与否定概念:

肯定概念,反映事物具有某种属性;否定概念,反映事物不具有某种属性。如:"无产阶级"属于肯定概念,"非无产阶级"属于否定概念;"正常死亡"属于肯定概念,"非正常死亡"属于否定概念。

(5)实体概念与属性概念:

实体概念,是反映客观存在的某种事物的本质属性的;属性概念,是反映客观存在的某种事物的某种属性的。如"北京、天安门、书、桌子",客观存在,是实体概念;"雄伟、伟大、封面、游泳、侵略",是属性概念。

(6)相容概念与不相容概念(主要从外延划分):

相容概念,是外延全部或部分相同;不相容概念,是指外延没有任何部分相同。如"工人与男青年",外延部分相同,即部分工人中间包括男青年,男青年有一部分也是工人,为相容概念;"男青年与女青年",外延没有任何部分相同,为不相容概念。

相容关系具有的三种形式:

①重合:即外延完全相同。如"北京与中国首都"、"土豆与马铃薯"等。

②从属:外延中是包含与被包含的关系。如"青年与女青年"、"桌子与方桌子"、"书与小说书"。

③交叉:外延部分重合。如"方桌子与石头桌子"、"亚洲人与中国人"等。

不相容关系具有的三种形式:

①并列:内涵相同,外延较大的种概念中的几个与外延较小的属概念之间是平列关系。如"学生"(所含大学生、中学生、小学生为平列关系)与"老师"是并列的"种"与"属"的关系。再如"椅子"(包含木椅、铁椅、竹椅,三者为平列的属概念,与椅子是"种"与"属"的关系。木椅,又可分为大、中、小木椅等,又是平列属概念,与木椅,又是"种"与"属"的关系等。)与"桌子"也是并列的"种"与"属"的关系。

②对立：内涵彼此对立，外延相互排斥。语言中的反义词，是此类概念的反映。如："成功与失败"、"虚心与骄傲"、"苦与甜"、"高与低"等。

③矛盾：种概念下的两个属概念，其中一个表示肯定，另一表示否定，两者外延相互排斥。如"动物"是种概念，两个属概念"脊椎动物"与"非脊椎动物"，是相互排斥的。

矛盾概念与对立概念不同。矛盾概念间不存在中间概念，对立概念中间则往往存有中间概念。如"无产阶级"与"非无产阶级"，是矛盾关系，不存在中间概念。而"无产阶级"与"资产阶级"，是对立关系，则存在中间概念"小资产阶级"。如果概念不明确，说话或写文章时，把从属关系或交叉关系混同于并列关系使用，就会使语意表达出现混乱，产生病句或语无伦次。如"今天出席会议的有青年、工人、领导和老年"，显然就不能清楚明白地表达应该表达的意思。

有些病句的根源，就在于逻辑概念的不明确。如：

①"参加会议的人基本上都到齐了。""基本上"与"都"，两个概念是矛盾关系，外延是互相排斥的，不能并存。

②"大扫除开始了，男女老少都参加，男的女的干重活，老的少的干轻活。""男、女、老、少"，这两对并列关系的四个概念，是互相交叉的。男女中有老少，老少中有男女，这里划分标准的不统一，就产生了概念之间外延有部分重合，所以不能作为并列关系使用。可改成"大扫除开始了，男女老少都参加。男的干重活，女的干轻活，年老体弱的除外。"

③"果园里种着西瓜、黄瓜、茄子、扁豆、西红柿等蔬菜。"这里的种概念"蔬菜"的属概念中，可包括黄瓜、茄子、扁豆、西红柿，但不能包括西瓜；"西瓜"从属于种概念"水果"，不能混同在种概念"蔬菜"之中，所以应删去"西瓜"。

④"参加联欢会的，有工人、农民、解放军、学生、小学生和机关干部。"这里的工人、农民、解放军、学生、机关干部，是按职业分类的种概念；而"小学生"应该从属于种概念"学生"，即"学生"与"小学生"是从属关系，非并列关系。所以不能以"小学生"与上属种概念"工人、农民、解放军、机关干部"并列，应删去"小学生"。

3、明确概念的方法

我们接触医药的时候，常见有"复方"、"单方"的说法。什么叫"复方"、"单方"呢？"复方"，按中医的解释就是"由两味或两味以上中药配成的药方"，"单方"就是指"民间流传的药方"，也称"丹方"。从逻辑上说，这些解释都属于"语词定义"。

（1）概念的定义

定义，是揭示概念内涵的逻辑方法，它以简短的语句概括地指明对象的本质特征。如："宪法就是国家的根本法。"这个定义揭示了"宪法"这个概念的内涵，它把宪法与其它法律区别开来。再如："直角三角形就是一个角是直角的三角形。"这个定义揭示了"直角三角形"这个概念的内涵，把直角三角形同其它三角形区别开来。又如："正方形就是四边相等、四角为直角的四边形。"这个定义揭示了"正方形"这个概念的内涵，它把正方形同其它四边形区别开来。还有"复句，是由两个或两个以上相对独立的分句组成的句子。"通过这一定义，就揭示了"复句"的内涵（即本质属性）。通过下定义，就可以帮助我们进一步明确概念的内在含义（内涵）和概念的范围（外延）。

定义的组成包括三个部分：

第一，被定义项（又称被定义者），就是其内涵被揭示的概念。在语言方面，常常是一个语词或一个词组，有时还可以是一个语句。

第二，定义项（又称定义者），就是用以揭示被定义项的内涵的概念。在语言方面，经常是一个词组，但有时也是一个语句或一组语句。

第三，定义联项（又称联结词），就是表示被定义项和定义项之间的必然联系的概念。在语言方面，常用"就是"、"是"、"叫作"等。

下定义必须遵循的规则有：

①要相称，即定义项的外延与被定义项的外延，必须是相等的。如果定义项的外延大于被定义项的外延，这叫做定义过宽。如："正方形就是四边相等的四边形。"如果定义项的外延小于被定义项的外延，这就叫做定义过窄。如："商品就是商店里出售的劳动产品。"再如"语文是一门基础学科。"这个定义下得不正确。因为"基础学科"的外延比"语文"的外延大。"基础学科"，不仅是"语文"一项，还有数学、外语等都是。因此，

定义者（"基础学科"）的外延太宽了，没有能够揭示出被定义者（"语文"）的特有的本质属性。

②定义一般不能采用否定形式判断。如果用了否定形式，就不能够揭示事物的特有属性与概念内涵。如："直线是不曲的线。"（定义项为否定概念）"文学不是历史。"（定义联项是否定的）。再如"语文不是历史"，这里并没有正面说明"语文"究竟是什么，因而说"语文不是历史"，仍然没有将"语文"的概念说清楚。

但是，对于某些事物来说，缺乏某种属性，本来就是它的特有属性。关于这种事物的定义，就必须用否定形式。如："无机物，就是不含碳的化合物。""不正确的思维，就是没有如实反映客观的思维。"

③定义不应使用比喻。比喻虽然富于形象性，但是没有直接地准确地揭示事物的特有属性，没有直接地准确地揭示概念的内涵。如："艺术家是灵魂的工程师。""建筑是凝固的音乐。""数学是锻炼思想的体操。"再比如："语文不是工具。"因为"工具"只是一种比喻，并没有说出"语文"特有的本质属性，所以这个定义，是仍然下得不对的。

④不能同语反复，即定义项中不能直接地或间接地包括被定义项。如果违反这条规则，就会出现循环定义的错误。如："麻醉就是麻醉剂所起的作用"（直接包括了被定义项）。"太阳是白昼发光的星体"（间接包括了被定义项）。再如"语文是语文学家研究的科学。"这里的"语文学家"，还需要用"语文"这个概念来说明，而"语文"在这里还没有明确的概念。这种在定义中前后循环往复的解释，是说明不了所要表达的意思的。

"语文"的正确定义是：语文是研究语言文字的科学。如果这样定义，就避免了上述的四种毛病，最终揭示了语文的本质属性。给某个事物的概念，下了正确的定义，就能够把不同质（内涵）的事物区别开来。

（2）概念的划分

在日常生活或工作中，我们常会遇到将人或事物分类的问题。分类又称划分，划分亦称分类。它是揭示概念外延的一种逻辑方法，也是把一个属概念划分为若干种概念。划分可以明确事物的范围，使认识具体化。如："学校分成高等学校、中等学校和小学。""学生分成男学生和女学生。""树木分为针叶树与阔叶树。""星分为恒星、行星、彗星与卫星。"分类不是随意的，必须遵循一定的标准。

概念的划分，通常由划分的母项、划分的子项与划分的标准三个部分组成。如：把"句子"划分为"主谓句"与"非主谓句"，"句子"便是"母项"；"主谓句"、"非主谓句"是划分的"子项"。至于"句子"是否同时具备"主谓两部分"，这种差异，便是划分的标准。

概念划分应该遵循的原则（分类的标准）有三条：

第一，划分必须穷尽。即划分出来的子项，其外延之和，必须等于母项的外延。"同时用几个标准"，不能理解为综合采用几方面的属性为标准，只要自始至终完全一致，这仍然是"同一标准"。如："脊椎动物分成哺乳类、鱼类、鸟类、爬行类、两栖类。"这个分类就是以生殖方式、体温、心脏结构等方面的属性为标准的。再如："汉语的词分为名词、动词、形容词、数词、量词、代词、连词、介词、副词、助词、叹词。"这个分类就是以词的意义和语法特点这两方面的属性为标准的。再比如："句子"可划分为"陈述句、疑问句、感叹句"，这样的划分，没有穷尽，是不完整的，因为"句子"还有另一项"祈使句"。

第二，划分出的子项，必须是不相容的。分类不能同时用几个标准，就是说，分类时标准必须一致，不能忽而采用这个标准，忽而采用另外的标准，否则就会造成混乱。如："城市居民分为汉族、少数民族、工人与干部。"这个分类同时用了三个标准：汉族和少数民族是按民族这个标准划分的；工人是按劳动性质这个标准划分的；干部是按职务这个标准划分的。再如"绘画分成油画、版画、山水画、人物画、水彩画等。"这个分类同时用了两个标准：油画、版画、水彩画是以使用的材料为标准分的；山水画、人物画是以题材内容为标准分的。再比如说："句子"可划分为"陈述句、疑问句、主谓句、复句"或又说"句子"可划分为"祈使句、疑问句、感叹句、独词句"，就违反了这条原则。

第三，在一次划分中，只能依据一个标准。分类的标准就是分类时所依据的某种或某些事物的属性。如：人，以年龄为标准，可分成老年人、中年人、青年人、少年儿童和婴幼儿；以性别为标准，可分成男人和女人；以肤色为标准，可分成黄种人、白种人、黑种人和红种人。再如：三角形，以边与边之间的关系为标准，可分为等边三角形、二等边三角形与不等边三角形；以内角为标准，可分为锐角三角形、直角三角形和钝角三角形。还有，比如：按"句子"的用途和语气，句子可划分为陈述句、疑问句、祈使句、感叹句四种类型。按"句子"的结构，可划分为主谓句和非主谓句。等等。如不遵循同一标准，势必造成子项交叉，导致概念混乱，产生病句。如"我国江河湖洋出产鱼、虾、盐、碱等水产。"句中水产（母项）这个概念指海洋、江河、湖泊所生产的动物（子项）鱼、虾、蟹等（子项中的子项）、藻类（子项）海带、石花菜等（子项中的子项），其中并不包括盐、碱（即不含这类子项，盐、碱从种概念，属"矿产"）。这里因为分类未按同一标准，造成概念混乱，出现病句。

（3）概念的限定与概指

概念的限定，又称概念的限制，是指增加概念的内涵。在表示概念的词语上加上限制性的附加词。如将"知识分子"限定为"工人阶级知识分子"（以区别于"资产阶级知识分子"），使外延较大的种概念，过度到外延较小的属概念。这就是概念的限制。是一种明确概念，准确表达思想的逻辑方法，即逻辑的严密性、语言表达的精确性。对概念的限制，可从性质、形状、色彩、气味、作用、时间、地点、等各种角度，加以规范。如"桌子"，可限定为"方桌子"（从形状），也可以限定为"红桌子"（从性质与色彩），也可以限定为"办公桌"（从用途），还可以限定为"新课桌"（从时间与用途）。

概念的概指，是指减少概念的内涵。即从语言运用上，从表达某个概念的词语中减去限制的附加成分。如将"工人阶级知识分子"中的"工人阶级"减去，概指到"知识分子"之中，使外延较小的属概念过度到外延较大的种概念。运用这种逻辑方法，有助于将个别具体的问题提高到原则上加以认识，即人们常说的"从个别到一般"，"从具体到抽象"。

在日常生活与科学研究中，运用这种逻辑方法，可以认识事物的本质，将对一般现象的了解上升到理性的认识（或概指为理论）。在语言的表达上，运用这种方法，可以减少啰嗦，使语言干净利落。如"车上坐着一位年迈的老人。"这里"年迈"即"老"的意思，以此限制老人，是逻辑上的概念限制的错误。再如"老师表扬了班上的好人好事和李小宁的拾金不昧的事迹。"这里的"表扬""好人好事"，已经对班上的做好事的人及其行为，加以概括，而"李小宁的拾金不昧"，只是其中的一项，再说就啰嗦了，属于画蛇添足。这就是犯了逻辑上概念与概指的错误。

（4）概念间的关系

有一个棋迷，他的棋艺一般，却专好找人下棋。有一次，遇到一位高手，连下了三盘，结果是连输了三盘。别人问他胜负如何，他不好意思说出自己三盘皆输的惨况，却大言不惭地说："第一盘我没赢，第二盘他没输，第三盘本来可以和，可是他又不肯和。"这位棋迷的三句话，没有一句直截了当说自己输了棋，可又都包含着可能输的情况。这种巧言令人无法肯定他是否连输三盘。这位棋迷能用这种拐弯抹角的话来为自己遮羞，就是因为他利用了概念中的反对关系，故意作出一种不确定的表述，从而掩盖了他连输三盘、难于启齿的结局。

那么，什么是概念的关系呢？概念间有哪些关系呢？

逻辑上讲，概念的关系主要是指概念外延之间的关系，可以分为相容关系和不相容关系两大类。

相容关系，两概念外延至少有部分重合。不相容关系，两概念外延没有任何重合部分。如：两个事件可能同时发生，这是相容；两个事件不能同时发生（如果只有两个结果，那就是对立事件了），这是不相容。抛硬币，不是正面就是反面，这是不相容。

相容关系又分同一关系、从属关系、交叉关系三种情况。

同一关系，又称"全同关系"或"重合关系"，是指外延完全相同的一组概念之间的关系。如果所有 A 都是 B，同时，所有 B 都是 A，那么，A 与 B 两概念之间就是同一关系。如：

《史记》的作者和司马迁

长江和中国最长的河流

北京和中国的首都

有最发达的大脑的动物与能思维的动物

"身长翅膀脚生云，再回延安看母亲！"句中"延安"和"母亲"的外延本无相同之处，但在这特定语言环境中，指的却是同一对象，因此二者具有一种临时性的同一关系。

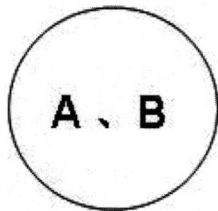

从属关系，又称"属种关系"，是指一个概念的外延全部被包含在另

一个概念的外延之中，并只构成它的一部分。如果所有 B 都是 A，但是，有的 A 不是 B，那么，A 和 B 就有从属关系。其中外延大的 A 称为属概念，外延小的 B 叫做种概念。如：

属概念（A）	国家	文学作品	学生
种概念（B）	社会主义国家	小说	中学生

注意！"工厂"与"车间"、"学校"与"班级"之类不是从属关系，而是整体与部分的关系。

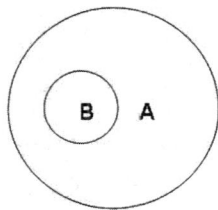

在运用从属关系时要注意：在说话和写文章的时候，属概念和种概念一般不能并列使用。如："晚会上，他们表演了音乐、舞蹈、曲艺、相声等文艺节目。"句中"曲艺"与"相声"是从属关系，并列不妥，应保留属概念"曲艺"而去掉种概念"相声"。再如："副食品店里售有蔬菜、西红柿、鱼、虾、羊肉等。"句中"蔬菜"与"西红柿"是从属关系，不应并列，应去掉种概念"西红柿"。

不过，有人认为，有时由于表达的需要，也有种概念和属概念并列使用的情况。如："我们要和日本的、英国的、美国的、法国的、意大利的以及一切资本主义国家的无产阶级联合起来。""他亲自在这里指挥着西北战场和全国各战场的战事。"

交叉关系，又称"部分重合关系"。是指只有一部分外延相同的概念之间的关系。如果有的 A 是 B，而且有的 B 是 A，那么，A、B 之间具有交叉关系。如：

工人与青年
共青团员与中学生
抒情诗与格律诗

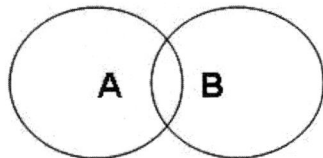

有交叉关系的概念，一般不能并列使用。如："他们这次公演的剧目，除了话剧《雷雨》之外，还有几个历史剧和独幕剧。"句中的"历史剧"和"独幕剧"可能有交叉关系，不能并列使用，可改"独幕剧"为"现代题材的独幕剧"。再如："几百名青年和妇女同志在防洪大堤上连续奋战了三天三夜。"句中"青年"和"妇女"是交叉关系，不能并列使用，可改"青年和妇女"为"男女青年"。

有时根据表达的需要，也有并列使用交叉概念的特殊情况。如："因为是熟人、同乡、同学、知心朋友、亲爱者、老同事、老部下，明知不对，也不同他们作原则上的争论，任其下去，求得和平和亲热。……结果是有害于团体，也有害于个人。"句中"熟人"、"同乡"、"同学"等概念都可能有交叉关系，但它们表示不同方面的交往关系，还是可以而且需要并列使用的。

注意！在表述中不能把交叉关系与从属关系混淆。如："青年人，特别是女同志很想使自己的体型健美。"句中的"青年人"与"女同志"是交叉关系，被误作为从属关系，应改"女同志"为"女青年"。

不相容关系可分为对立关系和矛盾关系。

对立关系，又称"反对关系"，是指在同一属概念下面两个不相容的种概念之间，它们的外延之和小于其属概念的外延，并且内涵差别最大。如：

"革命"与"反革命"

"胜利"与"失败"

"白色"与"黑色"

"长"与"短"

"美"与"丑"

"大"与"小"

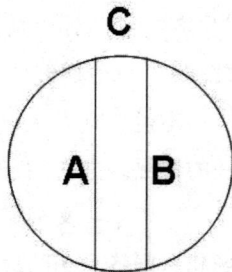

表述时恰当地运用对立关系的概念，可以形成鲜明对比，给人留下深刻印象，收到很好的效果。如：

①知识的问题是一个科学问题，来不得半点虚伪和骄傲，决定需要的倒是其反面——诚实和谦逊的态度。

②虚心使人进步，骄傲使人落后。

矛盾关系，是指在同一个属概念下面两个不相容的种概念之间，其外延相互排斥，两外延之和等于其属概念的外延。如：

"正义战争"和"非正义战争"（属概念为战争）

"金属"和"非金属"

"有机物"和"无机物"

"牛"和"非牛"

"红"与"不红"

同一属概念下的各个种概念之间的关系是并列关系，这种关系实际上就是不相容关系。如：

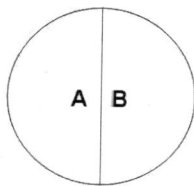

"老年人、中年人、青年人、少年儿童、婴幼儿"是并列关系，它们的属概念是"人"。

"白菜、青菜、萝卜、黄瓜、茄子、西红柿"是并列关系，它们的属概念是"蔬菜"。

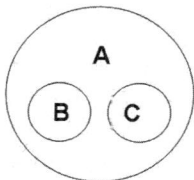

"代数、几何、三角"是并列关系，它们的属概念是"数学"。

矛盾关系和对立关系，可以看作并列关系中的两种特殊情形，其外延都是互相排斥，其主要区别在于：

两个矛盾关系的概念之间，没有其他中间概念，其外延之和等于邻近的属概念的外延，而两个对立关系的概念的外延之和小于邻近的属概念的外延，它们中间还可以有其它中间概念。如：

"进"与"不进"是矛盾关系；"进"与"退"是对立关系，两者之间有不进不退的中间状态——"守"。

（二）判断

第二次世界大战期间，德军官兵经常出入于法国巴黎的毕加索艺术馆。毕加索是世界著名的绘画大师，他特别反对侵略战争。有一次，在艺术馆的出口处，毕加索发给每个德国军人一幅他的名画《格尔尼卡》的复制品。这幅画描绘了西班牙城市格尔尼卡遭德军飞机轰炸后的惨状。一个德国盖世太保头目指着画问毕加索："这是您的杰作吗？""不。"毕加索严峻地说，"这是你们的杰作！"毕加索的回答，从语言表达来看是一个感叹句，从逻辑分析就是一个判断。

判断，是对事物情况的断定，或者说是断定事物情况的一种思维形式，也可以说是对事物情况有所肯定或否定的思维形式。如："中国人民是伟大的。""华罗庚是世界有名的数学家。""辱骂和恐吓决不是战斗。""万史车轮是不可阻挡的。"等等。

对事物既不肯定，又不否定的评论，就不是判断。如："他的为人好不好？"这就不是判断。那么，什么才是真正的判断呢？

1、判断的基本组成部分

判断的基本组成部分是：主词—系词—宾词。如："老李（主词）是（系词）干部（宾词）。""小王（主词）不（系词）勤劳（宾词）。""这本书（主词）不是（系词）好书（宾词）。"

主词，表示判断对象的概念。宾词，表示判断对象所具有的属性的概念。系词，是表示主词和宾词之间的肯定或否定关系的语言成分，常见的有"是"、"不"、"不是"、"等于"、"在于"、"不等于"、"不在于"等。

表达概念的语言形式是词或词组，表达判断的语言形式是句子。最常用来表达判断的是陈述句，反问句也能表达判断，如："中国人民（主词）难道就被这点小小的困难吓倒了吗（宾词）？"

判断中的系词时有时无，要依据有关情况而定。

2、判断有真假判断之分，也就是有正确与错误之分

凡符合客观现实的判断，是真实判断或称真判断；凡不符合现实、歪曲反映现实的判断，就是虚假判断，或称假判断。我们比较："段玉裁是清代人。""段玉裁是明代人。"这两句都是对事物有所肯定的判断，但第一句才是真判断，后一个则是假判断，因为这种判断不符合客观事实。再如："《说文解字》不是龚自珍的著作。""《说文解字》不是段玉裁的著作。"这两句都是对事物有所否定的判断，但前一个是真实的判断，因为那书确实不是龚自珍的著作，是真实情况，所以应该是真判断。而后一个是歪曲了事实，因为那本书确实是段玉裁的著作，所以反而是虚假的判断，即假判断。

正确的判断是符合实际的判断，错误的判断是不符合实际的判断。如："'天对地'和'绿叶对红花'这两个对子有一个是错误的。"句中的"天对地"和"绿叶对红花"这两个对子都是对的，说"是错误的"，判断不符合实际，因而是错误的判断。再如："'慎重'与'郑重'是一对近义词，'轻率'是'慎重'的反义词。"句中的判断符合实际，因而是正确的判断。

正确运用判断形式，应该注意判断结构的完整。一个完整的判断，包括主词、系词和宾词三部分。在语言表达上，系词不一定出现，主词或宾词也可以根据前后文而省略一项，但如果无法依据前后文补出来，那就是结构不完整。如："刘大妈的两个儿子参了军，女儿又是劳动模范，真是光荣的革命家庭。"句中第三个判断缺少主词，在前面也找不出来，应补上判断对象"刘大妈一家"。再如："这次总结采取的是领导和群众相结合。"句中宾词"领导和群众相结合"不完整，应在其后加上"的方法"。此外，还要注意主词和宾词的相应关系。

3、肯定判断和否定判断

判断因系词性质不同，从主词和宾词的关系看，可分为肯定判断和否定判断。肯定判断，是对事物有所肯定的判断；否定判断，是对事物有所否定的判断。如："屈原是伟大的诗人。"（肯定判断）"屈原不是一个军事家。"（否定判断）。

在肯定判断中，如果宾词是名词或名词性词组，那么主词是哪一领域的事物，宾词也应是同一领域的事物。如果各属不同的领域，那就不相应，不相称，不能配合。如："中学生是人的一生中最可宝贵的时期。"句中主词"中学生"属于"人"的领域，而宾词"人的一生中最可宝贵的时期"属于"时间"的领域，二者不相应。应改"中学生"为"中学时期"或"中学阶段"。

在肯定判断中，如果宾词是名词性的，主词和宾词不仅应为同一领域的事物，而且一般说来，主词的外延应小于宾词。主宾关系是种概念与属概念的关系。在少数情况下，主宾词外延也可以相等，二者为重合关系。但主词不应包含宾词，否则也是不恰当的。如："茅盾是文学家。"句中主词外延小于宾词，是对的。"文学家是茅盾。"句中主词包含了宾词，是不对的。"社会主义所有制是全民所有制。"句中主词外延大于宾词，是不对的，应主宾换位。

在肯定判断中，主词和宾词所述问题应一致，如不一致就是错误的。如："思想内容的好坏，是衡量优秀文艺作品的首要标准。"句中主词说了"好坏"两方面，宾词只说了"优秀"一面，应去掉主词中的"坏"。

在由叙述句和描写句表达的判断中，宾词并不表示事物，而是表示主词的动作、变化或性质状态。应注意作为判断对象的主词与表示属性的宾词之间的配合关系，即宾词所表示的属性必须是主词所能具有的，否则即主宾不相应。如："这个县的第一朵纺织之花不到半年就胜利建成投产了。"句中主词是以"花"比"厂"，而"花"不可能"建成投产"，故应直说"纺织厂"。

要注意主词的数量范围，正确表达肯定或否定。如一个判断中多次使用否定词，会造成混乱，甚至把意思完全表达反了。如："谁也不会否认这些成绩的取得不是全班同学共同努力的结果。"句中的"不会"、"否认"、"不是"三次否定，把意思搞反了。

要准确表达断定的程度：有的判断是说明客观事物的实在性，有的判断是说明事物发展的必然性，有的判断只指出事物发展的一种可能性，判断所表示的这三性，逻辑上称为判断的模态。这三种不同模态，反映了人们对客观事物断定的不同程度：必然性判断的程度最高，实在性判断次之，可能性判断最次。要根据客观实际和人们认识的深浅，运用不同的判断，准确地表达断定的程度。否则，就会出现错误。如："他讲一口普通话，必定是北京人。"句中该用可能性判断而错用了必然性判断。

准确表达断定的程度，不仅要注意判断的模态，而且要讲究分寸，必要时应对判断的系词作恰当的限制。如："文艺为人民服务，就是为工农兵服务。"句中判断片面、绝对，应改"就是"为"主要是"。再如："比赛不是为了荣誉。"应改"不是"为"不仅仅是"，以避免绝对化。

判断的否定，又称负判断。是通过否定某个判断所得的判断。如："并非一切产品都是商品。"这里的负判断是由原判断"一切产品都是商品"加上否定联结词"并非"而形成的复合判断。负判断与原判断成对立关系。负判断的真假与原判断的真假，有密切关系。原判断真，则负判断就假；原判断假，则负判断就真。如："曹操父子都是大军事家。"这个原判断是真的，那么，"并非曹操父子都是大军事家"这个负判断就是假的。同时，如果"曹操父子都是大军事家"这个原判断是假的，那么，"并非曹操父子都是大军事家"这个负判断就是真的。因此，原判断与其负判断之间的真假关系是矛盾关系。

为加强判断的准确性，可以对肯定或否定的对象加以某种限制。如：

"他（可能）是好人。"仍是肯定判断；"他（从来）不是好人。"仍是否定判断。有的判断，意思是否定判断，但从语言形式看，仍是肯定判断。如："这种人，表面上是一本正经的。"有的判断，意思上是肯定的，但从语言形式看，仍是否定判断。如："从表面看，这个人好像不是个学者。"肯定与否定，都决定于判断的"质"，俗称"质的区别"（即"质的划分"）。

4、判断对象的数量范围

从判断对象的数量范围看，判断可分单称判断、全称判断和特称判断。此三称判断，都同时包括肯定与否定两种判断。

单称判断，是主词反映某一单独事物，即判断对象是单个的事物。如："珠穆朗玛峰是世界最高峰。""他是南京人。"（单称肯定判断）；"珠穆朗玛峰不是容易攀登的。""他不是金坛人。"（单称否定判断）

全称判断，是主词反映某类事物的全部，即判断对象是某类事物的全部。例："所有金属都是有光泽的。"（全称肯定判断）；"所有的迷信都不是科学。"（全称否定判断）。全称判断常用标志有"凡是"、"每一个"、"一切"、"所有"、"全部"、"都"、"任何"、"毫不例外"等词。

特称判断，是主词反映某类事物的一部分，即判断对象是某类事物的一部分。如："有的金属是液体。"（特称肯定判断）；"有的鸟不是会飞的。"（特称否定判断）。特称判断一般都带有具体的人名、事物名或"绝大多数"、"大多数"、"许多"、"有的"、"一些"、"少数"、"极少数"等语气标识。如："整个班极少数的人是回民。"

很明显，单称、全称、特称判断，都是从主词反映的对象的"量"的角度划分的。如："小李是南京人"（单称）；"全班学生都是南京人"（全称）；"班上有个别学生不是南京人。"（特称）。

应根据实际情况，分别使用不同量的判断。如果数量范围不符合实际，就是错误的。如："金属都是固体。"句中误把特称判断作为全称判断，应改为"绝大多数金属都是固体"。"有些科技工作者是勤奋的人。"句中特称判断中的"有些"数量范围不明确，应改为"绝大多数"。

5、直言判断、假言判断、选言判断

【直言判断】

是直接对事物加以断定。如："李君今天来南京。"

【假言判断】

又称条件判断，是有条件的对事物加以断定。如："如果天不下雨，李君今天来南京。"

为了说明问题，首先讲一个故事：

举世闻名的大科学家爱因斯坦，很喜欢给劳动大众讲解科学知识。1933年秋天的一个傍晚，年过半百的爱因斯坦专程到柏林东区哈顿街工人学校，为工人讲解科学知识。一位中年工人好奇地问："爱因斯坦教授，听说您创立的相对论，世界上只有十几个人懂得，是吗？""唉，那不过是夸张的说法。"爱因斯坦慢慢地吸着烟，沉思片刻，然后风趣地解释说："如果你在一个漂亮姑娘身旁坐一个小时，你只觉得坐了片刻；反之，你如果坐在一个热火炉上，片刻就像一个小时。这就是相对的意思。"在与中年工人的对话中，爱因斯坦用了两个假言判断，深入浅出地讲解了相对论思想。

所谓假言判断，就是断定某一事物存在是另一事物存在的条件的判断，或者说是指有条件地断定某种情况存在的判断。

假言判断由两个支判断和联结词组成，前一个表示条件，叫前件；后一个表示结果，叫后件。如："如果（联结词）学习不努力（前件），就（联结词）不能取得好成绩（后件）。"

假言判断，有充分条件假言判断、必要条件假言判断、充分必要条件假言判断三种类型：

充分条件假言判断，就是断定前件是后件的充分条件的假言判断。充分条件就是"有之必然，无之未必不然"的条件。如："如果天下雨，地就湿。"

必要条件假言判断，就是前件为后件的必要条件的判断。必要条件就是"无之必不然，有之未必然"的条件。如："只有认识了自己的缺点，才能改正自己的缺点。"

充分必要条件假言判断，就是断定前件是后件的充分而且必要条件的假言判断。其特点是，有某条件必有某情况，没有某条件必没有某情况。如："如果，而且只有在标准大气压下，水温达到100℃，水才会沸腾。"

在运用假言判断的时候，要注意区别充分条件与必要条件，正确区分假言判断中的条件关系。从联结词入手，可以正确区分假言判断中的条件关系。"如果……那么"、"只要……就"是表示充分条件的典型的联结词，"只有……才"是表示必要条件的典型的联结词。有的假言判断用了别的联结词，有的省略了联结词，可以分别采用替换或补充典型联结词的方法加以检验。如："摩擦生热。"这个判断可以说成"只要摩擦就会生热"，而不能说"只有摩擦才能生热"，是充分条件假言判断。"知己知彼，百战不殆。"这个判断可以说"只有知己知彼才能百战不殆"，是必要条件假言判断。"理论一旦掌握群众，就会变成物质力量。"这个判断中的"一旦……就"既可代以"只要……就"，也可代以"只有……才"，是充分必要条件假言判断。

【选言判断】

是有选择的对事物加以断定。如："李君或者今天到，或者明天到。"

相传古代斯巴达人，在战场上表现得特别勇敢，并且非常珍视作战用的盾牌。如果有谁在战斗中失去了盾牌，那就是莫大的耻辱。一个战士，无论是从战场上生还，还是战死在战场上，都要与盾牌同在。有一位母亲在送儿子出征时，给儿子的临别赠言就是："要么带着盾牌回来，要么躺在盾牌上被抬着回来。"这位母亲的这句话，一直流传了下来，成为斯巴达人勇敢的象征。从逻辑上分析，这句话就是表达了一个选言判断。

所谓选言判断，就是断定几种可能情况的判断。选言判断的支判断叫选言支（肢），联结选言支的词叫联结项。一个选言判断所包含的选言支的个数可以是两个，也可以是两个以上。如："你说错了（选言支）或者我听错了（选言支）。""小李学习成绩不好，要么是由于他学习不得法（选言支），要么是由于他学习不够努力（选言支），要么是由于他智力很差（选言支）。"

根据选言支是否相容，选言判断分为相容选言判断和不相容选言判断两类。选言判断中各种可能性并不互相排斥，可以有两种或两种以上同时存在，就是相容选言判断。如："他从小喜爱音乐，可能是受了家庭的影响，也可能是受了老师的影响。""一个人的业余爱好，或者是音乐，或者是绘画，或者是集邮，或者是体育运动等。"选言判断中的各种可能性只允许有一种存在，不能有两种或多种同时并存，否则，就是不相容选言判断。如："哲学家要么是唯物主义的，要么是唯心主义的。""学生的学习成绩或者是优秀，或者是良好，或者是及格，或者是不及格。"

选言判断提出的几种可能性中应当至少有一种是真实的，也就是说，在包含的选言支里应至少有一个为真，否则这个选言判断就是虚假的。为保证选言判断的真实性，要注意选言支的穷尽问题。选言支把事物情况的各种可能都提出来了，就是穷尽的，反之就是不穷尽的。如果选言支是穷尽的，那么这个选言判断一定是真实的。如："学生的学习成绩或者是优秀，或者是良好，或者是及格，或者是不及格。"句中提出了各种可能，这个判断是真实的。"学生的学习成绩或者是优秀，或者是良好。"句中是不穷尽的，漏掉了两种可能，很不周密，很不恰当，这个判断是不真实的。

区分选言支之间是相容的还是不相容的，要恰当地选用联结词。在某些要求严格的场合，有必要加用适当词语。如："他有肺炎，或者患有肝炎，也可能兼而有之。"句中加上"兼而有之"；"工作人员可领工作服一件，或领工作皮鞋一双，二者不可兼得。"句中加上"不可兼得"。前者的相容关系和后者的不相容关系就明白无误了。

6、简单判断、复合判断、联言判断

【简单判断】

就是直言判断，是只包含一个主词、系词和宾词的判断。简单判断，直接对事物作出肯定或否定的判断，不需要附加任何条件。它仅仅是由概念组成，而不包含判断的判断。如："李君今天中午到。"句子由主词"李君"与宾词"中午到"两个概念直接组成。

【复合判断】

是"简单判断"的对称。是由两个或两个以上的简单判断组成的判断。以某个或某些判断作为其构成要素，通常由两个或两个以上的判断并借助于逻辑联结词而构成。如："对于恐怖分子，我们不但不能纵容，而且要坚决打击。""这件事情，你要么支持，要么反对。""不是东风压倒西风，就是西风压倒东风。"都是复合判断。其中"不但……而且"、"要么……要么"、"不是……就是"此类将两个判断连接起来的词，叫连接词，或叫联项。

复合判断根据连接词的不同性质，可分为假言判断、选言判断、联言判断等。假言判断（即条件判断）、选言判断，是最常见的复合判断。如："如果不下雨，李君今天到。"这是复合判断，也是假言判断。"李君或者今天到，或者明天到。"这是复合判断，也是选言判断。

【联言判断】

是由两个或两个以上的简单判断组成，其间或表示实际存在、或可能存在、或必然存在。

古希腊哲学家亚里士多德，是一个非常博学的人。十七岁时，他被父亲送到大哲学家柏拉图门下学习。亚里士多德很尊敬老师，然而，因为他很善于独立思考，所以对老师的观点并不十分赞同。他曾说："吾爱吾师，吾尤爱真理。"这句话后来被世人广为传诵，成为一句名言。从逻辑上分析，这句话表达了一个联言判断。

所谓联言判断，是断定几种事物同时存在的判断，反映的是同一种事物或者不同事物的共存性和相容性。联言判断包含的支判断叫做联言支（肢），联言判断至少包含两个或两个以上的联言支。联结联言支的词叫联结项。联结词有"既……又"、"不但……而且"、"一是……一是"、"不是……而是"、"不仅……也"等等。如："鲁迅既是文学家，又是战士。""文艺批评有两个标准，一个是思想性，一个是艺术性。"联言判断有时也省略联结词，如："我们要在战略上藐视敌人，在战术上重视敌人。"省略了联结词"既……又"。"我们有我们的优势，敌人也有敌人的优势。"省略了联结词"不但……而且"。

联言判断根据主谓项的多少不同，可分为联主判断、合谓判断、联主合谓判断三种形式。联主判断，是由多个主项一个谓项组成的判断。如："百花齐放、百家争鸣，是文艺创作的方针。"句中判断主项有"百花齐放"和"百家争鸣"两个。合谓判断，是由一个主项多个谓项组成的判断。如："曹操是政治家，同时又是军事家。"判断谓项有"政治家"和"军事家"两个。联主合谓判断，是由几个主项和谓项不同的简单判断组成的联言判断。它的形式较为复杂，有多个主项加多个谓项式，有联主判断加合谓判断式。如："讲卫生、懂礼貌、遵守社会秩序，是每个公民应有的文明行为、道德规范。"这个判断就是多个主项（"讲卫生"、"懂礼貌"、

"遵守社会秩序")加多个谓项("文明行为"、"道德规范")的联主合谓判断。

一个联言判断,当每个联言支都为真时,这个联言判断才是真的。只要有一个联言支是假的,则整个联言判断就是假的。联言判断的联言支,顺序有时候是可以改变的,但有时候却不能改变。如:"鲁迅既是文学家,又是战士。"也可以说成:"鲁迅既是战士,又是文学家。"而"我们不但要认识世界,而且要改造世界。"则不能说成:"我们不但要改造世界,而且要认识世界。"

在两个或两个以上的判断之间往往存在并列、连贯、递进、转折之类的并存、联转的关系。如"桃花开了,杏花开了,连榴花也绽出了花蕾。"表示了并列、递进的关系。"他不仅是学校的三好学生,而且是市里的三好学生。"句中是递进。"大雨过后,天边出现了彩虹。"句中是连贯。"虽然我没有见过他,但他说他早就认识了我。"句子是转折。

7、判断中的"周延"与"不周延"现象

周延,是涉及全部外延的意思。是判断中所用的某个概念,本身能够涉及它的全部外延或能涉及它这类事物的全部。这个概念便是"周延的",反之便是"不周延的"(即某个概念只涉及它的部分外延或只涉及某类事物的部分外延)。如:"人都有七情六欲。"这里"人"这个概念,涉及所有的人类,是周延的(一般是全称判断)。又如:"王小刚是中国人。"这里"王小刚"这个概念,只涉及了"一类事物"。"中国人"只是区别于外国人的一部分,是许多像王小刚一样,在中国国内居住、有中国国籍的黄种人的总和,所以是"不周延的"(一般是特称判断)。

(三) 推理

某商店保卫人员小王向公安局报告,该店昨夜被盗,丢失现金三万余元。侦察员老周前往调查,了解到夜间只有营业员秦某一人值班。秦某自称喝了酒,熟睡了一夜,天亮醒来,发现被盗。老周对现场作了详细的勘查,深思了一番,然后对小王说:"此案的盗窃犯不是别人,而是秦某本人。"经调查,果然如此。事后,小王问老周为什么能够断定罪犯就是秦某。老周笑了笑回答说:"我在勘查时,发现门窗完好,毫无人撬的痕迹。

再说，发案那天夜里正好下雨，现场找不到足迹。如果认为盗贼是从外面进入，显然是错误的。"老周作出秦某监守自盗的结论，从思维形式来说，就是运用了推理。什么叫推理？

所谓推理，就是从一个或几个已知的判断推出一个新的判断的思维过程。推理是由前提和结论组成的。如："三好学生要学习好、思想好、身体好。他学习好、思想好、身体好，所以他是三好学生。"推理中作为根据的已知判断，叫"前提"；根据前提通过推理所得到的新判断，叫"结论"。任何推理都由前提和结论组成。有前提并有结论的语言形式，不是复句，就是句群。

正确推理的基本要求：

第一，前提必须存在，并且必须可靠。

第二，推理的过程，必须符合推理的规则，要有科学性和合理性。

推理是两个或两个以上的判断所组成的一组判断。但是，由两个或两个以上的判断所组成的一组判断，并不一定就是推理。如："张某是哲学系学生，李某是历史系学生，他们都是共青团员。"这一组判断，就不是推理。从语言方面来说，识别一组判断是不是推理的方法，就看表达这一组判断的语言中，是否有"所以"这一类语词。换言之，前提与结论的关系是理由与推断、原因与结果的关系。汉语中的因果复句和含有因果关系的句群，都是表达推理的。句中如果有因果连词，一般用"因为"、"由于"联结的是前提，用"因此"、"所以"、"可见"联结的是结论。如果没有因果连词，那就要通过内容的分析来确定哪是前提、哪是结论了。

由于推理的方式（方法、形式）不同，推理可分为演绎推理和归纳推理两大类别。

第一类，演绎推理

就是前提与结论之间有必然性联系的推理。其主要特征是由普遍性的前提推出特殊性的结论，即由一般原理或普遍情况推出关于个别事物的结论。

演绎推理常有三段论、假言推理和选言推理等形式。

1、三段论式（大多是直言判断）

如：一次，毛泽东到广西南宁视察工作，工作之余想下水游泳。南宁的同志提了不少理由，劝他不要游泳。毛泽东不同意他们的意见，说：凡水皆可游，南宁的水是水，所以南宁的水也可游。这里毛泽东用的就是"三段论"。

三段论，就是由两个前提和一个结论组成的推理。在三段论的结论中充当宾词的那个概念叫做"大词"；结论中充当主词的那个概念叫做"小词"；结论没有出现而在前提中两次出现的那个概念叫做"中词"。中词是把大词和小词联系起来的媒介。两个前提中，包含大词的叫"大前提"，包含小词的叫"小前提"。在典型的三段论格式中，大前提总是表示一般性原理或普遍情况，小前提总是指出某个个别事物的情况。如："凡水（中词）皆可游（大词）（大前提），南宁的水（小词）是水（中词）（小前提），南宁的水（小词—主词）可游（大词—宾词）（结论）。

在日常说话和写作中，三段论往往用省略形式，即略去其中的一个不言而喻的前提或者结论。如："我们的事业是正义的，而正义的事业是任何敌人也攻不破的。"句中省结论"我们的事业是任何敌人也攻不破的"。

一个正确的三段论必须具备两个条件，即前提必须真实和推理过程必须正确。必须遵循的规则是：

第一，必须有、而且只能有三个概念。少于三个不能构成三段论，多于三个不能推出正确结论。把语词形式相同或相似的两个不同概念当作中词使用，会造成"四概念"错误。如："物质是永恒不灭的，钢铁是物质，所以钢铁是永恒不灭的。"句中的大前提中的"物质"是表达哲学上物质的概念。它是在人们意识之外、并不依赖于人们的意识的客观存在。小前提中的"物质"，是表达具体物体这个概念。这是两个不同的概念。

第二，中词至少要在一个前提中周延。具体判断的主词或宾词，如果是它的全部外延，那么它就是周延的；如果只涉及它的部分外延，那它就是不周延的。如果中词在两个前提都不周延，那么，就可能大词的外延与中词的外延的某一部分发生关系，而小词的外延却与中词外延中的另一部分发生关系。由于大词和小词没有同中词的外延中的同一个部分发生关系，大词与小词之间的关系就不能确定，就不能必然地推出结论。如："伟大的物理学家都是有广博知识的，伟大的文学家都是有广博知识的，所以，伟大的文学家都是伟大的物理学家。"这个三段论，就犯了中词"有广博知识的”不周延的错误。

第三，前提中不周延的概念在结论中也不得周延。对大词和小词而言，如果大词或小词在前提中本来只断定了部分外延，在结论中却断定了它的全部外延，这样，结论就超出了前提的范围，结论自然不可靠。如："六十年代青年是要学雷锋的，我们不是六十年代青年（而是八十年代青年），我们不必学雷锋。"这个三段论中，大词"学雷锋"在大前提中不周延，在结论中却周延了，结论不对。

第四，两个前提不能都是否定的。如果两个前提都是否定的，那么大词、小词都与中词相排斥，中词不能起中介作用，大词与小词就不能发生必然的联系，也就不能得出结论。如："机械唯物主义不是唯心主义，不可知论不是机械唯物主义，所以，不可知论不是唯心主义。"句中的结论"不可知论不是唯心主义"是错误的，因为不可知论是唯心主义。

2、假言推理（即条件判断）

假言推理，就是以假言判断作前提的演绎推理。假言推理分为充分条件假言推理和必要条件假言推理。如：

某百货商场采购员小林到外地去采购电视机，临行前问经理对这次采购任务有什么指示。经理说："如果是得奖产品，就要。"小林记住经理的话，就出发了。过了不久，小林空手而回，经理惊异地问："你怎么两手空空就回来了？"小林回答说："得奖产品一台也没有，其他牌电视机有的是，因为事先您指示如果是得奖产品就要，不是得奖产品，我当然就不能要了。"经理听了颇为生气地说："我说如果得奖产品就要，可没说不是得奖产品就不要哇！"小林很不服气，心想，明明是照你的话办，现在反倒责怪我，感到十分委屈。团支书小张听小林讲了经过，笑了笑说："严格说来，经理的话没说错，倒是你的想法不合逻辑。"小林的想法包含了一个假言推理。

假言推理以假言判断为前提，可分为充分条件假言推理和必要条件假言推理。前提中前一个判断叫前件（A），后一个判断叫后件（B）。

充分条件假言推理　就是以假言判断为充分前提条件的假言推理。假言前提中前件（A）和后件（B）的关系是：有 A 必有 B，无 A 不一定无 B。反之，无 B 必无 A，有 B 不一定有 A。根据这种关系，充分条件假言推理有以下两种正确形式：

第一，肯定前件式，即肯定顺推。顺着先后次序，从肯定前件到肯定后件。是一个前提肯定假言判断的前件，结论肯定其后件，它的形式是：如果 A，那么 B；A，所以，B。

例如："人如果患了阑尾炎，就一定会腹痛。此人患了阑尾炎。所以，此人一定会腹痛。"

第二，否定后件式，即否定倒推。是一个前提否定假言判断的后件，结论否定其前件，它的形式是：如果 A，那么 B；非 B，所以，非 A。如："人如果患了阑尾炎，就一定会腹痛。此人无腹痛症状。可见他没有患阑尾炎。"充分条件假言推理，不能由否定前件推出否定后件的结论，也不能由肯定后件推出肯定前件的结论。否则，就是不正确的。例："人如果患了阑尾炎，就一定会腹痛。此人没有患阑尾炎。（或此人腹痛。）可见，他不会腹痛。（可见，他患了阑尾炎。）"这个推理，显然是错误的。

必要条件假言推理，就是前提是一个必要条件假言判断的假言推理。假言前提中前件（A）和后件（B）的关系是：无 A 必无 B，有 A 不一定有 B。反之，有 B 必有 A，无 B 不一定无 A。根据这种关系，必要条件假言推理有以下两种正确形式：

第一，否定前件式，即否定顺推。一个前提否定假言判断的前件，结论否定其后件，它的形式是：只有 A，才 B；非 A，所以，非 B。例如："只有灯泡好，电灯才会亮。这个灯泡坏了。所以，这盏电灯不会亮。"

第二，肯定后件式，即肯定倒推。一个前提肯定假言判断的后件，结论肯定其前件，它的形式是：只有 A，才 B；B 所以，A。例如："只有灯泡好，电灯才会亮。这盏电灯是亮的。所以，这个灯泡是好的。"

必要条件假言推理不能由肯定前件推出肯定后件的结论，也不能由否定后件推出否定前件的结论。否则，就是不正确的。例如："只有灯泡好，电灯才会亮。这个灯泡是好的。（或：这盏电灯不亮。）所以，这盏电灯肯定会亮。（所以，这个灯泡肯定是坏了。）"

3、选言推理

是以选言判断作前提的演绎推理。包括大前提（选言判断充当）、小前提（直言判断充当）和结论三部分。着重讨论事物发展的可能性，并在各种可能性之间作出选择。是我们分析问题时常用的推理方法。

选言推理分为：相容的选言推理和不相容的选言推理。

相容的选言推理，是以相容的选言判断作为前提的选言推理，如：或者 A，或者 B；非 A（或 B）。所以，B（或 A）。也称否定肯定式，即一个前提否定选言判断的一个选言支，结论便肯定另一个选言支。如果选言判断包含两个以上的选言支，那么，一个前提否定选言判断的一部分选言支，结论便肯定剩下的一个选言支。否定肯定式是相容的选言推理的唯一正确形式。如："这话或者是我传达错了，或者是你听错了。我没有传达错。可见，这话是你听错了。"如果承认了选言前提中的一个选言支，就否认了另一个选言支，这是不正确的。如："这话或者是我传达错了，或者是你听错了。这话是你听错了。可见，我没有传达错。"

不相容的选言推理有两种形式：

第一，否定肯定式，这种形式与相容选言推理相同：要么 A，要么 B；非 A（或 B）。所以，B（或 A）。如："哲学家要么属于唯物主义阵营，要么属于唯心主义阵营。二元论者不属于唯物主义阵营。所以，二元论者属于唯心主义阵营。"

第二，肯定否定式，是前提中肯定选言判断的一个选言支，结论否定其余的选言支。其形式是：要么 A，要么 B；A（或 B）。所以，非 B（或 A）如："中国要么走社会主义道路，要么走资本主义道路。只有社会主义能够救中国。所以，中国不能走资本主义道路。"

4、关系推理

是前提和结论都是关系判断的演绎推理。如：

①"小张、小李是同乡；小赵和小张同乡；所以，小赵和小李也应该说是同乡。"

②"小赵是在小魏前毕业的；小魏又是在小孙前毕业的；小孙肯定低小赵好几届。"

第二类，归纳推理

是由一些个别的特殊性的前提推出普遍性结论的一种推理。是从个别事物的特点中找出普遍特点的思维方法，也是人们分析问题、阐明道理的常用方法。可以帮助我们从认识个别事物到认识事物的本质。如："一切所有号称强大的反动派，统统不过是纸老虎。原因是他们脱离人民。你看，希特勒是不是纸老虎？希特勒不是被打倒了吗？我也谈到沙皇是纸老虎，中国皇帝是纸老虎，日本帝国主义是纸老虎，你看，都倒了。"

归纳推理，是由个别推向一般，前提是个别性的判断，而结论是普遍性的判断。通过对一类事物中若干个别对象的考察和归纳，可以获得关于这一类事物的共同性质的认识。这就是归纳推理的作用。

归纳推理，可按其不同的推理方法，划分为：完全归纳法（或称完全归纳推理）、不完全归纳法（或称不完全归纳推理）。其中不完全归纳法又包括简单枚举法（即简单枚举归纳推理）和科学归纳法（又称因果关系归纳推理）。

（1）完全归纳法，是对某类事物所有个别对象，逐步加以考察之后，推出该类事物普遍具有的本质属性的推理方法。例："某个班上有五十个学生，每个学生学习都很刻苦，我们就说，某班所有学生学习都很刻苦。"完全归纳法的形式是：S1 是 P，S2 是 P……Sn 是 P（S1、S2……Sn 是 S 类中的全部事物）所以，所有 S 都是 P。

完全归纳法，只要前提真实，结论一定是可靠的。不仅具有认识作用，使人的认识由个别上升为一般，而且具有论证作用，可以用它对一些普遍性论断作较为严密的逻辑论证。当然，完全归纳法也有局限性。事实上，我们往往不能对某类事物的全部对象一一考察、研究，因此，在现实生活中，我们大多采用不完全归纳推理。

（2）不完全归纳推理，就是对作为前提的某类事物，进行部分考察、研究，然后加以推理的方法。如"我们从：看书（动词带宾语）、研究政策（动词带宾语）、进行工作（动词带宾语）……可见：凡是带宾语的都是动词。"这里只是某类事物（指"动词"）的部分（只有 3 个动词），就是不完全归纳推理。具体也可以分为：

第一，简单枚举法，是考察某种事物的部分对象，从中推出这种事物的全体具有某种性质的一种推理方法。如："住在海边的人看到每当月亮圆的时候，海上潮水最高。他们由此得出结论：月亮圆的时候潮水最高。"简单枚举法的形式是：S1 是 P，S2 是 P，……Sn 是 P（S1、S2……Sn 是 S 类中的部分事物）所以，所有 S 都是 P。

简单枚举法，能启发人们的思想，激发人们进一步去研究，在科学研究中有重要的价值。通过个别具体事例，来阐述论证某一普遍性的原理原则、思想观点，就是用的简单枚举法。这种方法，实际上也是一种简单的经验总结。中国的许多谚语，就是运用的这种推理方法。如"瑞雪兆丰年"、"春雨贵似油"、"饭后百步走，活到九十九"等。

当然，简单枚举法也有局限性。突出的是，仅仅根据一类事物中的部分对象，结论所断定的超出了前提所提供的范围，结论与前提没有必然的联系，真实的前提并不保证能推出可靠的结论。常见的毛病是"以偏概全"，也可能闹出一些笑话。如中国寓言中的"守株待兔"和"刻舟求剑"的故事。因此，不宜用于严格的逻辑论证。在数学等要求严密的自然科学中，也不采用这种方法来建立普遍性的结论。运用这种方法时，决不能轻率马虎，决不能只见树木不见森林，只顾一点不及其余，以致出现以偏概全的逻辑错误。

第二，科学归纳法（即因果关系归纳推理），是依据一类事物中部分对象的因果联系，推出关于这一类事物的一般性结论的推理方法。如"一切反动派都是纸老虎"，就是运用了科学归纳法。事物之间的因果联系，是事物间最普遍的必然联系。如果能正确无误地了解、掌握前因，又有合乎情理的分析、推理，那后果的预见和因此取得的结论，就会比较可靠。如：

A、通过无数次、多地、多处的养猪实践证明，优良的苗猪，成活率高，好养、易养、肉质好。

B、因此，人们作出判断：优良苗猪，是发展养猪事业的关键之一。这就是 A（因）经过的科学归纳法（因果关系归纳推理）到 B（果）。

再如：A、实践又表明，在江南地区，金坛苗猪，属该地区头等优良苗猪。这也是：A（因）经推理到 B（果）。

B、所以，金坛苗猪极受欢迎，市场销售量极大，在附近地区遥遥领先。同样是 A（因）经推理到 B（果）。

这种推理，因知其然又知其所以然，结论带有必然性。所以说，这样的推理是探求事物间因果关系的归纳推理，也称之为"科学归纳法"。科学归纳法与简单枚举法相比，结论一般比较可靠。

科学归纳法的形式是：S1 是 P，S2 是 P……Sn 是 P（S1、S2……Sn 是

S 类中的部分事物，它们与 P 有因果联系）所以，所有 S 都是 P。

科学归纳法常见的有四种方法：

①求同法：从各种对象、场合中排除不相干的因素，找出共同的原因。如："从对不同时间地点的不同人群的调查研究表明（A），吸烟危害健康，排除危害咽喉、气管、口腔等外（B），共同的一点是能引发肺癌（C）。"这里的从 A 到 B 到 C，即求同法。

②求异法：排除不引出结果的相同之处，找出对结果产生决定影响共同之处。如："甲乙两同学刚进中学时身体都比较瘦弱，毕业时甲同学长结实了，而乙同学仍然瘦弱。据了解，这两人年龄、性别相同，几年来同在学校住宿，但甲能坚持体育锻炼，乙不注意锻炼。由此可知，坚持体育锻炼是甲同学身体长结实的原因。"

求同法和求异法，是寻求事物间的因果联系的主要方法。求同法的结论并不十分可靠，因为可能有不相干的因素。求异法的结论比求同法可靠性大一些，因为有正反场合相比。如："某班有几名学习成绩优异的同学，他们的性别、年龄、原来的基础各不相同，但有一点是相同的：他们都有明确的学习目的和勤奋刻苦的学习态度。由此可推知，有明确的学习目的和勤奋刻苦的学习态度，是获得优异成绩的原因。"这里的求同法，得出的结论是正确的。再如"某甲一个晚上看了两小时书，又喝了几杯浓茶，结果整夜失眠。第二天晚上他又读了两小时书，吸了许多香烟，结果又整夜失眠。第三天晚上又读了两小时书，喝了大量咖啡，结果又整夜失眠。因此，他断定读两小时书是整夜失眠的原因。"这里求同法的结论是错的。因为读两小时书这一因素，是不相干的。喝茶、吸烟、喝咖啡三者包含了一个共同因素：含用大量兴奋的东西，这些才是失眠的原因。

③共变法：由甲乙现象中的甲现象的变化发现，甲乙前所共有的现象也随之发生变化，从中推知甲乙现象之间的因果关系。如："甲地 1948—1960 年，挖井 708 口，地面沉降 35 毫米；1960—1975 年，挖井 800 口，地面沉降 50 毫米；1975—1991 年，挖井 900 口，地面沉降 80 毫米。经研究推论，挖井越多，地下水用得愈多，地面沉降就越快。"这里运用的就是共变法。

④剩余法：找出引起结果的各种原因，将确认有因果联系的现象除去，

推知剩余的现象之间有因果联系。如：对海王星的发现。在此发现前，天文学家观察到火星的运行轨道有 4 处倾斜；已知 3 处倾斜是受已知 3 颗行星的吸引，由此推知另一处倾斜受另一未知行星的吸引，这就是近年来发现并命名的新的行星"海王星"。

（四）形式逻辑的基本规律

上述谈及的是概念、判断、推理，即逻辑思维的基本形式及各自的具体规则。形式逻辑，是以思维形式为主要研究对象的科学。各种思维形式最基本的和必须遵守的规则，就是形式逻辑的基本规律。

形式逻辑的基本规律有四类：即同一律、矛盾律、排中律、充足理由律。同一律、矛盾律、排中律对于一切思维形态都是有效的。

1、同一律

在同一议题中，一个思想（概念或判断）必须保证同一，不能任意变动。只有遵守同一律，思维才具有确定性，讨论问题才能有同一的出发点和可供权衡与评估的共同标准。任何思想，如果反映某客观对象是真的，那么，它就是真的；如果是假的，那么，它就是假的。同一律的公式为：甲是甲。

同一律的基本要求，即思想必须有确定性。如："书"这个概念，它既然反映书这一类事物，就必须反映"书"必须有确定的内涵。

在语言运用方面，同一律要求语言（语词、语句或一组语句）有确定的意义。利用语词歧义的诡辩、偷换概念、转移论题等，都属于违反同一律要求的错误。一个语词在不同的语言环境中可以表示不同的意义。但是，在同一个语言环境中，如果一个语词同时表达了几个不同的意义，这就犯了语词歧义的错误。

如果违犯同一律，就是犯了逻辑错误。所产生的逻辑错误，大致有偷换概念和偷换命题两类：

①偷换概念：即议论中将甲概念偷换为乙概念。在语言的运用方面，则表现为任意变动词语的含义（概念的内涵与外延）。如：

甲："你的说法有矛盾。"

乙："矛盾是普遍存在的，这有什么呢？"

这里甲、乙所指的"矛盾",为两个内涵完全不同的概念,在同一词语中被偷换了,即为偷换概念。

②偷换命题:即议论中将甲判断偷换为乙判断。

在语言的运用上,则是任意变动整个句子的意思。如:甲:"你的家乡鸟的种类多吗?"乙:"我的家乡鸟不多。"这里的"鸟的种类"与"鸟不多",是不同的命题。

2、矛盾律

在思维过程中,对同一事物或同一事物的同一方面,不能既肯定又否定。如:在中国寓言中的那个卖"武器"的人,既说他的"矛"锐不可当,又同时说他的"盾"坚不可摧。这种自相矛盾的说法,就违犯了矛盾律。矛盾律就是:任何思想不能既反映又不反映客观对象,也不能既是真实的又是虚假的。在概念方面,不能同时用两个互相矛盾的概念。在判断方面,不能既断定又不断定某一事物。不能自相矛盾,要有确定性。没有确定性,就是违反了矛盾律。如:"他的意见基本上是完全准确的。"句中"基本上"和"完全"自相矛盾。再如:"入夜,整个村庄漆黑一片,只有村头一间牛棚的窗前闪着一支蜡烛的微光。"这样的逻辑错误,就称之为"自相矛盾"。

正确运用矛盾律,可以揭穿对方言行中的矛盾,加强论辩的力量,暴露敌人的本质。

3、排中律

对两个非此即彼的矛盾着的事物或事物的某一方面,进行推理判断时,必须在肯定与否定之间明确表态,排除第三种可能,即排除居中的东西,也就是常说的"二者必居其一"。排中律就是:任何思想或者反映某客观对象,或者不反映这个客观对象;或者是真实的,或者是虚假的。在两个互相矛盾的判断中,必须承认一个是真的,这也就是要求思想有确定性。

在论证中,适时运用排中律,可以增强说服力,充分发挥作用。违犯排中律所产生的逻辑错误,就称之为"模棱两可"。如:"他强硬地向局长表示:'要么我走他来,要么就是我留下来,他分到其他单位去。"这里表明,没有居中的第二种选择。

4、充足理由律

作出的判断，都有可靠的根据、充分的理由，并且是合情合理的推断。如："在经过严格的政治审查、身体检测、文化考察以后，现在决定，这次批准他应征入伍。"也有提出的理由不充分，是虚假的。如："他一定是上海人，你看他总是'阿拉'、'阿拉'地说个不停。"因为会说上海话的，不一定是上海人。违犯充足理由律所产生的逻辑错误，也简称"理由虚假"。

（五）证明

用一些已知的真实判断来确定某一判断的真实思维过程或辩论过程，这就是证明。证明常用论点、论据和论证构成。如："这个工作就交给他吧（论点）。因为他干过这项工作（a），并且听说干得挺不错（b），而这次他又主动表示接受此项工作（c）。"这里有论点，论据也有 abc 三个，同时也是论证的过程。证明分为直接证明与间接证明两类：

1、直接证明

是论点（或论题）的真实性，由论据直接进行推断的证明。如毛泽东在《学习和时局》中列举并分析了党史上的四次"吃亏"，都是因为"骄傲"的原因之后（都是"真实的论据"），直接证明："全党同志对这几次骄傲，几次错误，都要引以为戒。"

2、间接证明

通过证明与原论点（论题）相排斥的论点（论题）来确定原论题的真实。间接证明包括：假言（条件）反正法和选言排他法。如："讲空话不能致富。如果讲空话能致富，那么成天夸夸其谈的人都会成为富翁了。"这便是假言反证法。再如：甲某后脑被刀直砍致死。存在两种可能：自杀与他杀。因为是后脑被砍，又是与身体垂直的刀痕，（排除自杀的可能性后）得出结论：他杀。

由"证明"带来的相应的就是"反驳"（实际是反证明）。因此，反驳，就是用已知的真实判断来证明对方论点（论题）的虚假性的思维过程或辩论过程。

反驳常用的方法是：反驳论题（论点）、反驳论据、反驳论证。

正确的论证，应该遵守以下几条原则：

①论题必须明确。否则就会犯"论旨不明"的错误。

②论题必须始终如一。否则，便是"偷换论题"。

③论据必须真实可靠。否则，便是"理由虚假"。

④论据必须充分。否则，便是"理由不足"（即证据不足）。

⑤论据不能依赖前提来证明。否则，便是"循环论证"。比如："名词前的形容词是状语；形容词在修饰名词。因为形容词在修饰名词，表示名词的状态，所以形容词在名词前是状语。"这样的证明，其实就是等于没有证明。

经过对语法、修辞、逻辑基础知识的简介和分析，相信大家都可以感悟到：

我们只要掌握必须的语法知识、掌握必要的修辞手法、掌握一定的逻辑常识，就可以使我们说话或写文章简明、简洁、生动、风趣，富有感染力。如果不懂语法、不懂修辞、不懂逻辑常识，乱用比喻夸张、语意不清、思维紊乱，就会张冠李戴，使文章不伦不类。所说的话也会让人听不明白，语句不通，笑话百出。在日常的学习和生活中，我们注意防止出现病句和学会修改病句，这也是非常重要的。

五、病句解析及作文提示

（一）病句解析

在现实生活中，我们话说清楚，让人们听了，就会明白。我们写文章，用词准确，没有病句，让人们看了，就能够理解。为什么会出现病句呢？原因是多方面的，归纳起来，一般不外乎语法、修辞、逻辑方面的毛病。只要查清病因，对症下药，就能正确、恰当、有效地避免和修改病句。我们经过分析研究，常见病句大概有以下类型：

1、用词不当型

组成句子的词是否用得恰当，直接关系到句子所表达的意思是否正确、通顺。凡用词不当的句子，一定不通顺。主要表现有：

（1）不理解词义。

对词的意思不能准确理解而用错，产生病句。例如：

①"劳动的人们在工地上热火朝天地繁忙着。"句中"繁忙"表示事情多，工作紧张繁杂，不得空闲。根据全句的意思，应改用"忙碌"，以表示人们的紧张活动，忙着做各种事情。这里用词不当，是没有辨清"忙碌"和"繁忙"这两个近义词之间的细微差别。

②"帝国主义对别国发动侵略战争，张牙舞爪，任意纵横，其实都是华而不实的纸老虎。"句中"华而不实"是表面好看而内容不实在的意思，一般形容人的思想作风、工作作风。对纸老虎只能用"外强中干"来修饰，以形容其外表强壮，内里空虚。这里是因为对这两个成语不理解而用错。

（2）褒贬不分。

汉语有不少词带有感情色彩，能直接表达爱憎感情，褒贬态度。伟大、和蔼、忠诚、爱戴、拥护、兴高采烈、赤胆忠心、艰苦奋斗等词语，都表示喜爱的感情，都是褒词。妄想、残酷、阻挠、批判、胡作非为、怙恶不悛等词语，都表示憎恶的感情，都是贬词。用词造句时，如果对词的感情色彩没有搞清楚，就可能会出现褒词贬用或贬词褒用的毛病，轻者成为笑话，重者属是非不分。例：

①"一个好的指挥员，行动须灵活，指挥要武断，遇到敌人尽可能避免纠缠。"句中"武断"虽有"做事决断，不犹豫"的意思，但是贬义词，表示判断和决定问题，不顾客观实际，不听取别人的意见，而只凭个人主观见解轻易地下结论。这显然不合句子的意思，是贬词褒用的毛病。应改用表示喜爱的褒义词"果断"，以表示考虑和处理问题，能及时地坚定地作出判断和决定，而这种判断和决定也是符合客观实际的，是正确的。

②"他们不接受批评教育，反而再接再厉，大搞阴谋活动。"句中"再接再厉"虽有"进步"的意思，但它是褒义词，比喻继续努力，越干越有劲。这里是褒词贬用，应改用贬义词"变本加厉"，以说明"他们"搞阴谋活动比原来更加严重，在反动的道路上滑得更远。

（3）轻重混淆。

有些同义词表达的语意有轻重之分，用词造句时，如不注意，就会把有的语意应该轻的说重了，或把有的语意应该重的说轻了。例：

①"那些不遵守纪律、学习不认真的同学，都是没有好结果的。"句中"没有好结果"语意太重，不利于教育后进同学，可改用"对自己的进步和成长都是不利的"一类词语。

②"这些共青团员和少先队员对我校贡献非常卓越。"句中"卓越"是非常优秀、超出一般的意思，这里用它语气太重，可改为"大"。

（4）范畴不明。

人和事物都有整体和个体之分，用以说明人或事物的词语，也必须分清整体和个体。有些同义词在使用的范围上也有大小之分，在用词造句时不能随意替代。否则，就会出现范畴不明的毛病。例如：

①"新学期开始，每个同学领到了七本新书籍。"句中的"七本"表明个体"新书"有多少，而后面却用了表示整体的词"书籍"，不妥当，应改"新书籍"为"新书"。

②"世界上有这么一种东西，它既不像动物，也不像飞禽，叫做蝙蝠。它喜欢黑暗，不喜欢光明。一切搞阴谋的两面派也和蝙蝠一样。"句中的"蝙蝠"是动物的一种，而用"动物"这个表示大范畴的词，无形中就把蝙蝠排斥于动物之外了，故应改用表示小范畴的词"走兽"，这样就与后文的"飞禽"相照应了。

（5）概念不一。

在同一个句子中，同一个词的概念应前后一致。否则，就不能清楚、准确地表达意思。例如：

"变是绝对的，不变是相对的。我们共青团员肯定也会变，只有坚持信念，不断进步，才能保持不变。"这里，句中前后两个"不变"的概念不一致。前一个"不变"，指事物不发生变化，处于相对的稳定状态；而后一个"不变"，则是指共青团员不变坏。这样的用词，不能清楚、准确地说明意思，反而容易引起误解。故应改末句为"才能保持共青团员的本色不变"。

（6）无视对象。

用词应与所说明的对象相称，然而有的人不看对象而乱用词语，以致所用的词语与所说明的对象不相称，发生笑话。例：

①每个青工都很爱护老陈师傅。

②李老师很爱戴同学们。

上例①②两句由于不看对象，分别用错了"爱护"、"爱戴"两个词。应该明白，领导对群众，年老的对年轻的，同志、同学、兄弟姐妹之间，用"爱护"，而群众对领导，年轻的对年老的，则应用"爱戴"，二者不可混用。故例①应改用"爱戴"，例②应改用"爱护"。

（7）生造词语。

用哪些字组合成一个合成词，这是社会的、历史的产物，是约定俗成的，决不能生造谁也不懂的词语。在一些人的写作中，常有生造词语的现象。例如：

①林场的树木长得很盛旺。

②张大伯流淌着眼泪诉说苦难家史。

以上例句中的"盛旺"、"流淌"都是生造的词语。"盛旺"是把原有的双音词颠倒了，应该说成"旺盛"或"茂盛"。"流淌"是把两个单音词"流"和"淌"硬凑在一起，只用"流"或"淌"即可。

（8）乱改成语。

成语是在长期流传和使用中固定下来的现成话，是人民群众在长期的语言实践中创造出来，也是经过锤炼逐渐丰富和积累起来的。成语语言特殊，结构固定，是经过约定俗成，不能随便拆动或改换的。但在有些人的写作中，则常常出现乱改成语的现象。例如：

①"小李兴趣勃勃地向大家介绍文娱会演的经过。"句中"兴趣勃勃"更改了成语中的一个字，应为"兴致勃勃"。

②"一切口头革命派都是李公好牛式的人物。"句中"李公好牛"，则是故意标新立异，改头换面，以致意义不明，应改作"叶公好龙"。

（9）词性错乱。

词汇很丰富，其中不同类的词有不同的性质，用法也不相同。如果随意乱用，就会造成病句。如：

① "中朝两国人民非常友谊。" 句中 "友谊" 是名词，误作形容词，可改作 "友好"。

② "我们应该正确学习态度。" 句中 "正确" 是形容词，误作动词，可改作 "端正"。

（10）指代不明。

在造句中不止一次使用代词时，如果关系交代不清，就会致使文理不通，不能明确表达意思。例：

"昨天，奶奶跟我谈心，教育我好好学习，不要再像我不识字，干什么都不方便。" 句中三个 "我" 交代不清，前两个 "我" 指作者自己，后一个 "我" 是作者间接引用奶奶的话时误用了第一人称。应将后一个 "我" 改成 "她"，或保留 "我"，将后文改成直接引话："……并对我说：'不要再像我不识字……'"

（11）重复多余。

用词造句应力求简明。有些句子多用了一些不必要的词，以致句子变得很累赘。例：

① "明天是我们学雷锋小组的活动日，我起床的时间要比平常早起一个小时。" 句中 "起床" 的 "起" 与 "早起" 的 "起" 字面重复，后一个 "起" 字应去掉。

② "许多同学们都表示赞成这样的意见。" 句中 "许多" 与 "们" 都表示复数，这里意思重复，只用其中一个词即可。

2、不合习惯型

汉语的使用，有一定的习惯，也就是说有汉语的语法规律。用词造句凡合乎汉语使用的习惯的，就是通顺的；反之，就是不通顺的，就会造成了病句。不合乎使用习惯的有多种情况：

（1）句子成分配合不当

句子的成分与成分之间，在意义上必须互相配合，而这种配合，也必须合乎汉语使用的习惯的。否则就会产生句子成分配合不当的错误。主要有：

第一，主谓不配，即主语和谓语配合不当的毛病。如：

① "南京玄武湖的风景建设得更加美丽了。" 句里 "风景" 不好 "建

设"，应删去"的风景"三字，或删去"建设得"三字。

②"凡是艺术团所到达的地方都毫无例外地受到当地人民的热烈欢迎。"这里，不是地方（"城市"）受到"欢迎"，而是"艺术团"受到"欢迎"，应改为"艺术团每到一个地方都……"。

第二，动宾不配，即动词和宾语配合不当的毛病。如：

①"许多同学都已提出自己的决心，要发扬'攻关'精神，攀登科学高峰。"句里不能说"提出决心"，可改成"表示……决心"。

②"领导作了关于国内外形势的报告和当前农村的情况。"句里的谓语是动词"作了"，它有两个宾语，即"报告"和"情况"。可以说"作了报告"，但不能说"作了情况"。应改成"作了关于国内外形势和当前农村情况的报告"。

第三，主宾不配，即主语和宾语配合不当的毛病。如：

"犯罪分子腐蚀青少年的手段遭到了我们的控诉。"句中"手段"是主语，"遭到"是动词作谓语，"控诉"是动词名物化作宾语。"遭到"我们"控诉"的是"罪行"而不是"手段"，应改"手段"为"罪行"，或改"控诉"为"揭发"。

第四，附加成分与中心词不配的毛病。如：

①定语与中心词不配。如：

"这是五四运动中知识青年走过的革命道路和优良传统。"句中的"革命道路"和"优良传统"都是中心词，共同带着一个定语"知识青年走过"这个主谓词组。可以说"走过的道路"，不能说"走过的传统"。改法有二：一是去掉"和优良传统"；一是在"优良传统"前边加上"他们的"。

②状语与中心词不配。如：

"小明坚强地要求参加社会调查。"句中"坚强"只能形容人的性格，不可表示行动、态度，不能作"要求"的状语，应改为"坚决"。

③补语与中心词不配。如：

"只要坚持体育锻炼，你的身体就一定会变得壮大。"句中用"壮大"来补充说明"身体""变"的结果，不贴切，可改为"结实"或"健壮"。

（2）呼应的虚词不相配合

汉语中有不少虚词是要成套地运用的，如果忽视这个问题，就会出现前后呼应的虚词不相配合的毛病。如：

① "我们既要有革命的理论，而要有丰富的社会知识和科学知识。"句中 "既" 和 "而" 呼应不当，因为 "而" 是表转折关系的，这里只能用 "既……又……" 表示句中递进的意思。

② "这本书虽然大致翻一下，也要花费很多时间。" 句中的 "虽然" 只能和 "但是" 配套使用表转折关系，而这里应该用 "即使……也……" 表假设关系。

（3）词序颠倒。

句子的结构，基本上就是安排各个成分的次序，也是安排词语的先后位置的问题。同样的几个词语，如果安排的位置不同，就会有不同意思的句子。如：

① "这个单位的问题完全没有解决。" 与 "这个单位的问题没有完全解决。" 意思是不一样的。

② "我找了才一刻钟就碰上了他。" 与 "我找了一刻钟才碰上了他。" 也是不一样的。

有些时候，由于词语位置安排不当，以致句子不通，或者不合习惯，不能正确地表达意思。例：

① "由于'读书无用论'的毒害，我对学习文化十分注意得不够。" 句中 "十分" 是修饰 "不够" 的，应该说成 "注意得十分不够"。

② "迎面吹来一股寒风，不禁使我打了个冷战。" 句中 "不禁" 是 "忍不住" 的意思，这里 "忍不住" 的是 "打了个冷战"，所以要把 "不禁" 用在 "打" 的前面。

3、结构残缺型

句子是由词和词组构成的，表达一个完整的意思。一般的句子都包含主语和谓语两种主要成分，还常带有连带成分——宾语、定语、状语、补语。如果缺乏一定的条件，句子中的某个成分少了，就使句子结构残缺不全，不能完整地表达意思，使人看了不清楚。句子结构残缺的毛病主要有：

（1）主语残缺，意思表达得不完整。如：

①"能有感情地朗读课文了。"句中主语残缺较明显，只要在这句的开头加上"我"或"他"等作主语即可。

②"在新形势下，使我更加刻苦地学习文化科学知识了。"由于在主语前不恰当地用了"在……下"、"使"等词语，因此就使原有的主语"我"、"新形势"等被掩盖而不明显了。句中应去掉"在"和"下"或去掉"使"。

（2）谓语残缺。如：

①"粮棉增产对于我们国家的重要性。"这只是一个偏正词组，缺谓语，不成句子。应把"的重要性"改成"有极大的重要性"，或改为"非常重要"。

②"我们要识别真假马列主义的能力。"句中"识别"的对象是"真假马列主义"而不是"能力"。应在"识别"之前加上"提高"或"有"，和"能力"相搭配组成句子的谓语部分；或去掉"的能力"。

（3）宾语残缺。如：

①"我们要使全国农业迅速地走上机械化。"句中"走上"是谓语，后边缺少一个真正的宾语。应在"机械化"的后边加上"的道路"，或者把"走上"改为"实现"做谓语。

②"由于进行了思想教育，大家都提高了。"句中应在句末加上"觉悟"做"提高"的宾语。

以上是就一般情况而言。在一定的语言环境里，有些句子成分省略掉是可以的，甚至是必要的。如：

问："找什么？"答："笔记本。"

这是两个人的对话，问句中不用主语"你"，答句中既不用主语"我"，又不用谓语"找"，只说出个宾语。这种情况不能作结构残缺论。又如：

问："你喜欢读鲁迅的小说《故乡》吗？"

答："喜欢。"

这里的答句省略了主语"我"和宾语"读鲁迅的小说《故乡》"，只用了谓语。这种情况也不能作结构残缺论。

如果表达的是一个普遍真理，对任何人都适用，若是针对任何人表示要求的话，则可不必说出主语。如：

"没有调查，没有发言权。""爱护花木！""随手关灯！"

一些说明自然现象的句子，也可无主语。如：

"下雪了！""刮风了！""打雷了！"

有时某人指着远处说："汽车！"以表示事物的突然出现，引起别人的注意。这里一个词就把意思表达清楚了，不能说句子意思不完整。

有些复句，前后分句的主语相同，则可省去其中一个。如："进了教室，我们就安静地等老师来上课。"（前一分句省了"我们"）"我们进了教室，就安静地等老师来上课。"（后一分句省了"我们"）

4、不切实际型

是否切合实际，是判断句子是否正确的一条重要标准。一个正确的句子，总是很切合实际的。但由于知识不足，对事理不甚明白，造出的句子往往不合事理或是错误的。有的用词造句的态度不够严肃，造出的句子完全违背了事实。例：

① "我两次看见他从这个工厂里走出来，我才知道这个热心帮助病人的老大爷，原来是这个工厂的工人。"句中理由不足，难以说明其结论是符合实际的。可以把"我……走出来"改为"经过调查了解"。

② "由于我重视了数、理、化学习，所以对语文学习放松了。"文中是强加因果关系，不合事理。原因不能说明结果，可问清原因后再改。

③ "科学发展到今天，谁也不会否认地球不是绕着太阳运行的。"多次否定引起混乱，结果不合实际。应去掉"地球"后边的"不"字。

④ "筑路时，小李的干劲真大，脸上的汗珠滚来滚去。"用"滚来滚去"形容汗珠之多，不恰当，因为汗珠绝不会滚来滚去的。可以改成"……脸上的汗珠不断往下滴"。

⑤ "这位老工人讲起话来，声音像银铃般脆。"比喻不当。老工人的声音绝不会像少女的声音那样清脆，而且像银铃一般。可改成"……声音像洪钟般响亮"。

（二）作文提示

常有人问，如何才能使自己的文章写得好呢？

其实一篇好的文章，除审题要准确，取材要鲜活外，就要看你的结构安排和语言运用了。文章，要有条有理，符合逻辑；语言，也要简明扼要，清楚明白，不要乱用方言和生造词句。对于那些感到下笔困难、无话可写的人来说，应该注意多看书、多写作、多练习、多应用。

在读书和学习的过程中，看书，要能够做一点摘抄，经常写一些读书笔记和心得体会。在日常生活中，空闲时，写写日记，要有条有理、清楚明白地记叙好一些事情。还要规范、清楚、明白地写好请假条等应用文字。要注意从一点一滴做起，慢慢地就会将想要写的写出来，将要说的话写清楚了。如果明白了这些基本要求，所有写文章和写好文章的窍门，这一切，也就都在其中了。

写得好的诗文中，有时多种修辞手法并用，往往造成了极好的表达效果。如《水浒》中诗："赤日炎炎似火烧（运用比喻和夸张），野田禾苗半枯焦（夸张）。农夫心中如汤煮（比喻、夸张），公子王孙把扇摇（借代）。"这里的上下句又形成了强烈的对比。不愧为千百年来，成为妇孺老少皆能传颂的一首好诗。

古往今来，很多的文人雅士以及许许多多勤奋的读书人，对语言文字的运用，都是非常重视的。下面选录一些"数字诗"与大家共赏，可具体体会运用语言文字的技巧。其中的一些妙言警句，值得品味。如：

李白《早发白帝城》："朝辞白帝彩云间，千里江陵一日还。两岸猿声啼不住，轻舟已过万重山。"

杜甫《绝句》："两个黄鹂鸣翠柳，一行白鹭上青天。窗含西岭千秋雪，门泊东吴万里船。"

唐伯虎《登山》："一上一上又一上，一上上到高山上。举头红日白云起，四海五湖皆一望。"

纪晓岚《月夜孤江垂钓》："一帆一桨一孤舟，一个渔翁一钓钩，一俯一仰一顿笑，一江明月一江秋。"

郑板桥《吟雪诗》："一片两片三四片，五片六片七八片。九片一片十一片，飞进芦花都不见。"

形容官僚主义："一声不响，两目无光；三餐不食，四肢无力；五官不正，六亲无靠；七窍不通，八面威风；久坐不动，十分无用。"

形容清官的诗："一尘不染，两袖清风；三思而行，四方赞誉；五湖四海，六神镇定；七情安然，八路作风；九泉无愧，十分可贵。"

为贪官画像："一身二用，两面三刀；三头六臂，四面楚歌；五斗折腰，六亲惟认；七上八下，八面玲珑；九霄难逃，十恶不赦。"

这里还有一个近乎文字游戏的故事：

西汉时，蜀中才子司马相如与卓文君星夜私奔，遂成夫妻，一度传为佳话。为谋生计，司马相如赴长安谋职，做官后，自觉身价百倍，便起了休妻之念，于是差人给卓文君送去一封家书，上写着："一二三四五六七八九十百千万；万千百十九八七六五四三二一。"

卓文君是有名的才女，她拆开信一看，见顺写着十三个数字，又倒着写十三个数字，排列的数字却无"亿"（谐无"意"），卓文君一下子明白了丈夫的遗弃之意。于是，她不假思索，挥毫疾书写了这样一首数字诗《文君怨》："一别之后，二地相思，只说是三四月，又谁知五六年。七弦琴无心弹，八行书不可传，九连环从中折断，十里长亭望眼穿。百思想，千系念，万般无奈把郎怨。万语千言说不完，百无聊赖十倚栏。重九登高看孤雁，八月中秋月圆人不圆。七月烧香秉烛问苍天，六月伏天人人摇扇我心寒。五月石榴如火偏遇冷雨浇花端，四月枇杷未黄我欲对镜心意乱。急匆匆，三月桃花随水转，飘零零，二月风筝线儿断。噫! 郎呀郎，巴不得下一世你为女来我为男。"

卓文君的这首数字诗，把从一至万共十三个数字，先从小到大，再从大到小巧妙嵌入，回环往复，曲尽衷肠，缠绵悱恻，凄婉哀绝，表达了一个女子对意中人又爱又恨的复杂情感。历代都为人们传诵，成为爱情诗中的经典。司马相如阅信后，越想越惭愧，悔恨不已。他深为卓文君的聪明才智和纯真爱情所感动，并立即用驷马高车，亲迎卓文君到长安。从此，他杜绝犬马声色，兢兢业业做学问，终成一代辞赋大家。

但是，现实生活中的某些状况，不能不令人有所担忧。

例如，近年来，很长一段时间内，中央电视台中文国际频道的公益性广告："我爸呀，没有别的爱好，从小就教我下棋。现在他老了，我陪他下棋，挺好的!"这里，尽管广告所要表达的意思，我们是知道的，但是，请问：是表达清楚了？不是。是让人听明白了吗？没有。请问："我爸""从小就教我下棋"，这"从小"是多大？是"我""从小"还是"我爸从小"？是"我爸"的年龄大还是"我"的年龄大啊？这里明显就是语义不清、不符合逻辑。就是说，这则广告是个病句。当然，这仅是众多病句中的一例。

六、现代文学作品选读

在现代汉语部分，我们选出了几篇有语言特色的现代文学作品，和大家一起学习并着重从语言的角度进行欣赏。

风　筝

鲁　迅

北京的冬季，地上还有积雪，灰黑色的秃树枝丫叉于晴朗的天空中，而远处有一二风筝浮动，在我是一种惊异和悲哀。

故乡的风筝时节，是春二月，倘听到沙沙的风轮声，仰头便能看见一个淡墨色的蟹风筝或嫩蓝色的蜈蚣风筝。还有寂寞的瓦片风筝，没有风轮，又放得很低，伶仃地显出憔悴可怜模样。但此时地上的杨柳已经发芽，早的山桃也多吐蕾，和孩子们的天上的点缀照应，打成一片春日的温和。我现在在那里呢？四面都还是严冬的肃杀，而久经诀别的故乡的久经逝去的春天，却就在这天空中荡漾了。

但我是向来不爱放风筝的，不但不爱，并且嫌恶他，因为我以为这是没出息孩子所做的玩艺。和我相反的是我的小兄弟，他那时大概十岁内外罢，多病，瘦得不堪，然而最喜欢风筝，自己买不起，我又不许放，他只得张着小嘴，呆看着空中出神，有时至于小半日。远处的蟹风筝突然落下来了，他惊呼；两个瓦片风筝的缠绕解开了，他高兴得跳跃。他的这些，在我看来都是笑柄，可鄙的。

有一天，我忽然想起，似乎多日不很看见他了，但记得曾见他在后园拾枯竹。我恍然大悟似的，便跑向少有人去的一间堆积杂物的小屋去，推开门，果然就在尘封的什物堆中发见了他。他向着大方凳，坐在小凳上；便很惊惶地站了起来，失了色瑟缩着。大方凳旁靠着一个蝴蝶风筝的竹骨，还没有糊上纸，凳上是一对做眼睛用的小风轮，正用红纸条装饰着，将要完工了。我在破获秘密的满足中，又很愤怒他的瞒了我的眼睛，这样苦心孤诣地来偷做没出息孩子的玩艺。我即刻伸手折断了蝴蝶的一支翅骨，又将风轮掷在地下，踏扁了。论长幼，论力气，他是都敌不过我的，我当然得到完全的胜利，于是傲然走出，留他绝望地站在小屋里。后来他怎样，我不知道，也没有留心。

然而我的惩罚终于轮到了，在我们离别得很久之后，我已经是中年。我不幸偶而看了一本外国的讲论儿童的书，才知道游戏是儿童最正当的行为，玩具是儿童的天使。于是二十年来毫不忆及的幼小时候对于精神的虐杀的这一幕，忽地在眼前展开，而我的心也仿佛同时变了铅块，很重很重地堕下去了。

但心又不竟堕下去而至于断绝，他只是很重很重地堕着，堕着。

我也知道补过的方法的：送他风筝，赞成他放，劝他放，我和他一同放。我们嚷着，跑着，笑着。——然而他其时已经和我一样，早已有了胡子了。

我也知道还有一个补过的方法的：去讨他的宽恕，等他说，"我可是毫不怪你啊。"那么，我的心一定就轻松了，这确是一个可行的方法。有一回，我们会面的时候，是脸上都已添刻了许多"生"的辛苦的条纹，而我的心很沉重。我们渐渐谈起儿时的旧事来，我便叙述到这一节，自说少年时代的胡涂。"我可是毫不怪你呵。"我想，他要说了，我即刻便受了宽恕，我的心从此也宽松了罢。

"有过这样的事么？"他惊异地笑着说，就像旁听着别人的故事一样。他什么也不记得了。

全然忘却，毫无怨恨，又有什么宽恕可言呢？无怨的恕，说谎罢了。

我还能希求什么呢？我的心只得沉重着。

现在，故乡的春天又在这异地的空中了，既给我久经逝去的儿时的回忆，而一并也带着无可把握的悲哀。我倒不如躲到肃杀的严冬中去罢，——但是，四面又明明是严冬，正给我非常的寒威和冷气。

一九二五年一月二十四日

【简析】

鲁迅（1881—1936），原名周树人，字豫才，浙江绍兴人。中国文学家、思想家、革命家，被誉为"中国现代文学之父"。

《风筝》是鲁迅散文集《野草》中的一篇，为回忆性散文。以风筝为线索，对"我"粗暴对待小弟的言行，作了深刻的反思。文章透过小"我"，反映出旧伦理道德统治下的整个社会面貌，即家长式的管理、长幼尊卑的秩序，是何等神圣，何等残酷，何等愚昧无知。它扼杀了儿童的天性，对仍在进行精神虐杀行为的人起了警醒作用。

鲁迅先生在语言运用上的高超的艺术功力，使《风筝》这篇文章不仅具有深沉的思想力量，而且具有强烈的艺术感染力。

《风筝》的语言别具特色。如文章第二段写早春二月故乡风筝季节的那段文字，绘声绘色，创造了鲜明的意境。在作者的笔下，似乎一切都鲜活起来。我们从字里行间，也嗅到大自然散发出的温暖的醉人的春意。各色的风筝、"发芽"的柳枝、"吐蕾"的山桃、喧闹的孩子们，唤起了我们的记忆，描绘出了一幅春意盎然的图画。

作者采用白描的手法，几笔就把人物形象、性格特点，传神地勾画出来。例如描写"十岁内外"，"多病，瘦得不堪"的小兄弟，"张着小嘴，呆看着空中出神"，为别人放的风筝"惊呼"，"高兴得跳跃"。这就把小兄弟善良、活泼可爱、喜欢游戏的性格表现了出来。当他私自做风筝的秘密被发现后，他那窘迫不堪的神情即显现在作者的笔下："他向着大方凳，坐在小凳上；便很惊惶地站了起来，失了色瑟缩着。"作者在这里写出了小兄弟的精神状态，是被封建礼教所麻木的自然流露，这不单纯是胆小的缘故，其深层原因更是造成此种现象的依据。当"我"彻底毁坏了他"将要完工"的风筝，"傲然走出"时，他"绝望地站在小屋里"。这里作者只是抓住小兄弟的表情神态，简约的几笔，就将他进行正当游戏的愿望遭到虐杀后，那种惊恐不安的内心，悲苦无奈的神态，那种绝望的心情，极其形象地揭示了出来，这些描写完全符合儿童的特点。与小兄弟的形象相对照，突出了"我"的粗暴、兄长的威严。两个对立的人物形象，栩栩如生，跃然纸上。这段写"精神的虐杀"的文字，写得多么真切，仿佛如见其人。

准确地运用动词、形容词是鲁迅作品比较突出的语言特色之一。鲁迅对遣词用字的要求很严，他曾说过：文章"写完后至少看两遍，竭力将可有可无的字、句、段删去，毫不可惜"。因此，在他的作品中，无论是叙事状物还是写景抒情，所用的动词、形容词都是非常鲜明生动的。例如："我"因为"很愤怒他的瞒了我的眼睛"偷做风筝，便"即刻伸手折断了蝴蝶的一支翅骨，又将风轮掷在地下，踏扁了"。因被"瞒"而"愤怒"，只一笔就勾画出了"我"的带有专制色彩的心理状态。一个"折"字，一个"掷"字，一个"踏"字，三个动词传神地写出了"我"的一连串动作，十分具体地表现出了"我"的盛怒和蛮横，把当时"我"粗暴地毁坏了弟弟的风筝的情景生动地再现出来，与小兄弟的瘦弱无助形成了鲜明的对照。这些平常的字眼，由于作者运用得恰到好处，就产生了不寻常的艺术效果，让人体验到简洁、明快、直白、洗练的语言特色。它令你同作品中的小兄弟一同难过，一同希望；也使你同那位兄长一同感到惭愧、悲伤，令你的心也那样"很重很重地堕下去"。

差不多先生传

胡　适

你知道中国最有名的人是谁？

提起此人，人人皆晓，处处闻名。他姓差，名不多，是各省各县各村人氏。你一定见过他，一定听过别人谈起他。差不多先生的名字天天挂在大家的口头，因为他是中国全国人的代表。

差不多先生的相貌和你和我都差不多。他有一双眼睛，但看的不很清楚；有两只耳朵，但听的不很分明；有鼻子和嘴，但他对于气味和口味都不很讲究。他的脑子也不小，但他的记性却不很精明，他的思想也不很细密。

他常常说："凡事只要差不多就好了，何必太精明呢？"

他小的时候，他妈叫他去买红糖，他买了白糖回来。他妈骂他，他摇摇头说："红糖白糖不是差不多吗？"

他在学堂的时候，先生问他："直隶省的西边是哪一省？"他说是陕西。先生说："错了。是山西，不是陕西。"他说："陕西同山西，不是差不多吗？"

后来他在一个钱铺里做伙计，他也会写，也会算，只是总不会精细。十字常常写成千字，千字常常写成十字。掌柜的生气了，常常骂他。他只是笑嘻嘻地赔礼道："千字比十字只多一小撇，不是差不多吗？"

有一天，他为了一件要紧的事，要搭火车到上海去。他从从容容地走到火车站，迟了两分钟，火车已开走了。他白瞪着眼，望着远远的火车上的煤烟，摇摇头道："只好明天再走了，今天走同明天走，也还差不多。可是火车公司未免太认真了。八点三十分开，同八点三十二分开，不是差不多吗？"他一面说，一面慢慢地走回家，心里总不明白为什么火车不肯等他两分钟。

有一天，他忽然得了急病，赶快叫家人去请东街的汪医生。那家人急急忙忙地跑去，一时寻不着东街的汪大夫，却把西街牛医王大夫请来了。差不多先生病在床上，知道寻错了人；但病急了，身上痛苦，心里焦急，等不得了，心里想道："好在王大夫同汪大夫也差不多，让他试试看罢。"于是这位牛医王大夫走近床前，用医牛的法子给差不多先生治病。不上一点钟，差不多先生就一命呜呼了。

差不多先生差不多要死的时候，一口气断断续续地说道："活人同死人也差……差……差不多，……凡事只要……差……差……不多……就……好了，……何……何……必……太……太认真呢？"他说完了这句格言，方才绝气了。

他死后，大家都称赞差不多先生样样事情看得破，想得通；大家都说他一生不肯认真，不肯算帐，不肯计较，真是一位有德行的人。于是大家给他取个死后的法号，叫他做圆通大师。

他的名誉越传越远，越久越大。无数无数的人都学他的榜样。于是人人都成了一个差不多先生。——然而中国从此就成为一个懒人国了。

【简析】

胡适（1891—1962），安徽绩溪人。现代著名学者、历史学家、文学家、哲学家。提倡文学革命，为新文化运动的领袖之一。

胡适的《差不多先生传》是一篇很别致的作品，为传记体裁的寓言，发表在 1924 年 6 月 28 日《申报·平民周刊》上。名为小说而实属杂文，是现代杂文的名作。以敦厚诙谐的笔调，千余字的短小篇幅，表达了极其严肃的内容。人们读起来几如芒刺在背，别有滋味。

作品按先纲后目的层次叙写人物，并以贴近生活的事例为佐证，巧妙地运用夸张、排比、映衬、讽喻等修辞手法，让人读来趣味盎然，在荒谬好笑的文字背后领悟作者的严肃用心——针砭国人敷衍苟且的态度，弘扬科学精神。在遣词造句上，作者照顾到主角的个性，写得十分浅白，使读者能透过其言语想见其为人。例如：搭不上火车，"他"说："可是火车公司未免太认真了。"不但使人仿佛见到主角埋怨的神情，更感受到他一向推诿塞责的习性。文章写他的临终遗言，用了许多省略号，更生动地表现出主角病情严重、说话吃力的样子。而写他的死，也延续了全文风趣自然的风格，用"一命呜呼"、"绝气了"，而不用"过世"、"与世长辞"等严肃的字眼。在修辞技巧上，作者善用排比和映衬，不但使文章颇见韵律，还能加强感染力。例如："他有一双眼睛，但看的不很清楚；有两只耳朵，但听的不很分明；有鼻子和嘴，但他对于气味和口味都不很讲究。他的脑子也不小，但他的记性却不很精明，他的思想也不很细密。""是山西，不是陕西"，"身上痛苦，心里焦急"等，都可以藉由对比，凸显主角马虎的程度与事情的严重性。

本文通篇善作讽谕，自始至终不跳出来作主观批评，而是透过现象与事件描述，使读者从中领悟道理，自作判断。例如："人人皆晓，处处闻名"、"差不多先生的名字，天天挂在大家的口头"，用意在讽刺国人个个苟且；大家都称赞他"真是一位有德行的人"，给他一个法号"圆通大师"，其实是在讽刺国人处事圆滑，凡事敷衍不认真。

文章最后两段，说明大家不但认同差不多先生的态度，甚至尊崇他、效法他，以回扣文章开头"是中国全国人的代表"，并直指："然而中国从此就成了一个懒人国了。"总结全中国人都像差不多先生一样，从小事的颜色不分、东西不分，到时间、金钱的苟且随便，最后糊涂一死收场。"不肯认真、不肯算帐、不肯计较"三句，排比兼反复，更明白表示这些"懒"，都是"不肯"所致，而不是"不能"。所以这两段是以讽谕总结全文，使首尾相应，也是作者对国人"差不多"的态度最严厉的讽刺，与最深切的忧虑。

牵牛花

叶圣陶

手种牵牛花，接连有三四年了。水门汀地没法下种，种在十来个瓦盆里。泥是今年又明年反复用着的，无从取得新的泥来加入，曾与铁路轨道旁种地的那个北方人商量，愿出钱向他买一点儿，他不肯。

从城隍庙的花店里买了一包过磷酸骨粉，揿和在每一盆泥里，这算代替了新泥。

瓦盆排列在墙脚，从墙头垂下十条麻线，每两条距离七八寸，让牵牛的藤蔓缠绕上去。这是今年的新计划。往年是把瓦盆摆在三尺光景高的木架子上的。这样，藤蔓很容易爬到了墙头；随后长出来的互相纠缠着，因自身的重量倒垂下来，但末梢的嫩条便又蛇头一般仰起，向上伸，与别组的嫩条纠缠，待不胜重量时重演那老把戏。因此墙头往往堆积着繁密的叶和花，与墙腰的部分不相称。今年从墙脚爬起，沿墙多了三尺光景的路程，或者会好一点儿；而且，这就将有一垛完全是叶和花的墙。

藤蔓从两瓣子叶中间引伸出来以后，不到一个月工夫，爬得最快的几株将要齐墙头了，每一个叶柄处生一个花蕾，像谷粒那么大，便转黄萎去。据几年来的经验，知道起头的一批花蕾是开不出来的；到后来发育更见旺盛，新的叶蔓比近根部的肥大，那时的花蕾才开得成。

今年的叶格外绿，绿得鲜明；又格外厚，仿佛丝绒剪成的。这自然是过磷酸骨粉的功效。他日花开，可以推知将比往年的盛大。

但兴趣并不专在看花，种了这小东西，庭中就成为系人心情的所在，早上才起，工毕回来，不觉总要在那里小立一会儿。那藤蔓缠着麻线卷上去，嫩绿的头看似静止的，并不动弹；实际却无时不回旋向上，在先朝这边，停一歇再看，它便朝那边了。前一晚只是绿豆般大一粒嫩头，早起看时，便已透出二三寸长的新条，缀一两张长满细白绒毛的小叶子，叶柄处是仅能辨认形状的小花蕾，而末梢又有了绿豆般大一粒嫩头。有时认着墙上斑剥痕想，明天未必便爬到那里吧；但出乎意外，明晨竟爬到了斑剥痕之上；好努力的一夜功夫！"生之力"不可得见；在这样小立静观的当儿，却默契了"生之力"了。渐渐地，浑忘意想，复何言说，只呆对着这一墙绿叶。

即使没有花，兴趣未尝短少，何况他日花开，将比往年盛大呢。

【简析】

叶圣陶（1894—1988），原名叶绍钧，字秉臣，江苏苏州人，著名作家、教育家、编辑家、出版家、社会活动家。

《牵牛花》是叶圣陶在二十世纪 30 年代初期写的一篇散文，刊于《北斗》创刊号（1931 年 9 月 20 日）；1981 年 11 月 18 日修改。文章记叙了作者在庭院种牵牛花的情景。文中并没有具体描绘花朵的美丽，而是把观察点落到了牵牛花那不被人注意的"嫩绿的头"上。

作者对所写之物进行了跟踪观察，表现出了"嫩头"随时间的推移而发生的变化，表现其旺盛的生长力令人惊叹，使人理解了生命力的顽强，并以此歌颂了人类奋发向上的力量。

文章倒数第二段，作者对所写之物进行了跟踪观察，表现出了"嫩头"随时间的推移而发生的变化。先由"藤蔓"引出其顶端的"嫩绿的头"，然后用"停一歇"后嫩头在方向上变化来说明它"无时不回旋向上"。"停一歇"，只间隔如此短暂的时间，嫩头就由"这边"朝向了"那边"，不正说明它时时刻刻都在向上伸展吗？接着，写它在"前一晚"和第二天"早起"所具有的不同形态。作者用"绿豆"作比，形象地说明了"前一晚"嫩头的大小，又通过对"早起"透出的新条，缀着的小叶子，长出的小花蕾及新生的嫩头的细致的描绘，生动地反映了嫩头的生长变化。之后，嫩头一夜之间便出乎意料地爬到了作者用以作标志的"斑驳痕"之上，这空间位置的变化，包含着它多少的努力啊，其旺盛的生长力怎能不使人惊叹？作者为什么着力描写嫩头的生长动势呢？答案便是："在这样小立静观的当儿，却默契了'生之力'了"。作者由这小小的嫩头，理解了生命力的顽强，并以此歌颂了人类奋发向上的力量。

初读《牵牛花》，也许会感觉有点儿"平淡"，"淡"到我们好像感觉不到是名师大家的手笔。但细细再品，才知叶老之文貌似平淡，而味之无穷。极朴素的语言，特简单的叙述，好像是闲居在家的老者向你推心置腹地传授种花的经验，开始你还不在意，可听着听着却心为之驰，神为之往了。

透过整篇文章平实、质朴、自然而亲切的语言，我们可以看出作者热爱生活的热情与力量，以及他那平静与安详的人格魅力。

雾

茅　盾

雾遮没了正对着后窗的一带山峰。

我还不知道这些山峰叫什么名儿。我来此的第一夜就看见那最高的一座山的顶巅像钻石装成的宝冕似的灯火。那时我的房里还没有电灯，每晚上在暗中默坐，凝望这半空的一片光明，使我记起了儿时所读的童话。实在的呢，这排列得很整齐的依稀分为三层的火球，衬着黑魆魆的山峰的背景，无论如何，是会引起非人间的缥缈的思想的。

但在白天看来，却就平凡得很。并排的五、六个山峰，差不多高低，就只最西的一峰戴着一簇房子，其余的仅只有树；中间最大的一峰竟还有濯濯的一大块，像是癞子头上的疮疤。

现在那照例的晨雾把什么都遮没了，就是稍远的电线杆也躲得毫无影踪。

渐渐地太阳光从浓雾中钻出来了。那也是可怜的太阳呢！光是那样的淡弱。随后它也躲开，让白茫茫的浓雾吞噬了一切，包围了大地。

我诅咒这抹煞一切的雾！

我自然也讨厌寒风和冰雪。但和雾比较起来，我是宁愿后者呵！寒风和冰雪的天气能够杀人，但也刺激人们活动起来奋斗。雾，雾呀，只使你苦闷，使你颓唐阑珊，像陷在烂泥淖中，满心想挣扎，可是无从着力呢！

傍午的时候，雾变成了牛毛雨，像帘子似的老是挂在窗前。两三丈以外，便只见一片烟云——依然遮抹一切，只不是雾样的罢了。没有风。门前池中的残荷梗时时忽然急剧地动摇起来，接着便有红鲤鱼的活泼泼的跳跃划破了死一样平静的水面。

我不知道红鲤鱼的轨外行动是不是为了不堪沉闷的压迫。在我呢，既然没有杲杲的太阳，便宁愿有疾风大雨，很不耐这愁雾的后身的牛毛雨老是像帘子一样挂在窗前。

【简析】

茅盾（1896—1981），原名沈德鸿，字雁冰，浙江桐乡人。中国现代著名作家、文学评论家、社会活动家，现代文艺奠基人之一。

茅盾在大革命失败后到了日本，《雾》写作于 1928 年 12 月。当时正是日本多雾也多风多雨的季节，文中描写了当时所看到的景象，以此抒发内心不能言明的思想感情。正如作者自己所说："这篇散文用象征手法，表示我对时局的看法和我当时的情绪。"

文章情由景出，自然流淌，情感一贯到底，构思严谨，立场鲜明。文章以"雾"作为景语，也作为意象，串联全篇："雾遮没了正对着后窗的一带山峰"；"晨雾把什么都遮没了，就是稍远的电线杆也躲得毫无影踪"；"渐渐地太阳光从浓雾中钻出来了。那也是可怜的太阳呢！光是那样的淡弱。随后它也躲开，让白茫茫的浓雾吞噬了一切，包围了大地"；"只见一片烟云——依然遮抹一切，只不是雾样的罢了"。在这几个对"雾"的描写语句中，"遮没了"、"什么都遮没了"、"吞噬了"、"包围了"等意象显得特别突出，好像有一股十分强大的力量，要遮没一切，包围一切，吞噬一切。对此，作者鲜明地表达了自己对"雾"的情感立场："我诅咒这抹煞一切的雾！"作者把强烈的主观感情与具有象征意义的景象融合在一起，表达了隐蔽在景物描写背后的主题。

作者用"雾"象征当时的险恶时局是非常贴切的。大革命失败后，全国都笼罩在白色恐怖中，到 1929 年 12 月，这种白色恐怖并没有减弱，只是方式有所改变，狂风暴雨般的大屠杀有所收敛，转而用封锁、孤立、收买、软化、窒息等方法来消磨一些革命者的意志，或者造出种种假象，使观望中的人更加迷惘惶惑。

"我自然也讨厌寒风和冰雪。但和雾比较起来，我是宁愿后者呵！寒风和冰雪的天气能够杀人，但也刺激人们活动起来奋斗。雾，雾呀，只使你苦闷，使你颓唐阑珊，像陷在烂泥淖中，满心想挣扎，可是无从着力呢！"这道出了作者当时的苦闷心境：到前线，到血与火的战斗中去拼杀，总比在这种不死不活的沉闷雾气中被包围被吞噬要痛快得多。由"雾"所造成的苦闷让作者几乎要发狂。"宁愿有疾风大雨，很不耐这愁雾的后身的牛毛雨老是像帘子一样挂在窗前。"这正是对压抑、愁苦情感的一种升华。

一日的春光
冰　心

去年冬末，我给一位远方的朋友写信，曾说："我要尽量地吞咽今年北平的春天。"

今年北平的春天来得特别的晚，而且在还不知春在哪里的时候，抬头忽见黄尘中绿叶成荫，柳絮乱飞，才晓得在厚厚的尘沙黄幕之后，春还未曾露面，已悄悄地远引了。

天下事都是如此——

去年冬天是特别地冷，也显得特别地长。每天夜里，灯下孤坐，听着扑窗怒号的朔风，小楼震动，觉得身上心里都没有一丝暖气。一冬来，一切的快乐、活泼、力量、生命，似乎都冻得蜷伏在每一个细胞的深处。我无聊地慰安自己说："等着罢，冬天来了，春天还能很远么？"

然而这狂风，大雪，冬天的行列，排得意外的长，似乎没有完尽的时候。有一天看见湖上冰软了，我的心顿然欢喜，说："春天来了！"当天夜里，北风又卷起漫天匝地的黄沙，忿怒地扑着我的窗户，把我心中的春意，又吹得四散。有一天看见柳梢嫩黄了，那天的下午，又不住地下着不成雪的冷雨，黄昏时节，严冬的衣服，又披上了身。有一天看见院里的桃花开了，这天刚刚过午，从东南的天边，顷刻布满了惨暗的黄云，跟着二枝风动，这刚放蕊的春英，又都埋罩在漠漠的黄尘里……

九十天看看过尽——我不信了春天！

几位朋友说，"到大觉寺看杏花去罢。"虽然我的心中，始终未曾得到春的消息，却也跟着大家去了。到了管家岭，扑面的风尘里，几百棵杏树枝头，一望已尽是残花败蕊；转到大工，向阳的山谷之中，还有几株盛开的红杏，然而盛开中气力已尽，不是那满树浓红，花蕊相间的情态了。

我想，"春去了就去了罢！"归途中心里倒也坦然，这坦然中是三分悼惜，七分憎嫌，总之，我不信了春天。

四月三十日的下午，有位朋友约我到挂甲屯吴家花园去看海棠，"且喜天气晴明"——现在回想起来，那天是九十春光中唯一的春天——海棠花又是我所深爱的，就欣然地答应了。

东坡恨海棠无香，我却以为若是香得不妙，宁可无香。我的院里栽了几棵丁香和珍珠梅，夏天还有玉簪，秋天还有菊花，栽后都很后悔。因为这些花香，都使我头痛，不能折来养在屋里。所以有香的花中，我只爱兰花、桂花、香豆花和玫瑰，无香的花中，海棠要算我最喜欢的了。

海棠是浅浅的红，红得"乐而不淫"，淡淡的白，白得"哀而不伤"，又有满树的绿叶掩映着，秾纤适中，像一个天真、健美、欢悦的少女，同是造物者最得意的作品。

斜阳里，我正对着那几树繁花坐下。

春在眼前了！

这四棵海棠在怀馨堂前，北边的那两棵较大，高出堂檐约五六尺。花后是响晴蔚蓝的天，淡淡的半圆的月，遥俯树梢。这四棵树上，有千千万万玲珑娇艳的花朵，乱烘烘地在繁枝上挤着开……

看见过幼稚园放学没有？从小小的门里，挤着的跳出涌出使人眼花缭乱的一大群的快乐、活泼、力量和生命；这一大群跳着涌着的分散在极大的周围，在生的季候里做成了永远的春天！

那在海棠枝上卖力的春，使我当时有同样的感觉。

一春来对于春的憎嫌，这时都消失了，喜悦地仰首，眼前是烂漫的春，骄奢的春，光艳的春——似乎春在九十日来无数的徘徊瞻顾，百就千拦，只为的是今日在此树枝头，快意恣情地一放！

看得恰到好处，便辞谢了主人回来。这春天吞咽得口有余香！过了三四天，又有友人来约同去，我却回绝了。今年到处寻春，总是太晚，我知道那时若去，已是"落红万点愁如海"，春来萧索如斯、大不必去惹那如海的愁绪。

虽然九十天中，只有一日的春光，而对于春天，似乎已得了报复，不再怨恨憎嫌了。只是满意之余，还觉得有些遗憾，如同小孩子打架后相寻，大家忍不住回嗔作喜，却又不肯即时言归于好，只背着脸，低着头，噘着嘴说："早知道你又来哄我找我，当初又何必把我冰在那里呢？"

【简析】

冰心（1900—1999），原名谢婉莹，笔名冰心，中国著名作家。

《一日的春光》是冰心于 1936 年 5 月 8 日夜在北平写下的一篇脍炙人口的散文。在写作此文之前大约两个月左右的时间里，冰心或是生病，或是杂事缠身。这样的思绪，不免使作者渴望自然春天的到来，祖国春天的到来。然而，尽管她苦苦等待春天，春天却迟迟不来。她到处寻找春光，却发现春天早已远去。因而，痛苦就难免和她时时相伴。然而，春光好似有意，在她九十日的等待之后，终于等来了春光的烂漫、骄奢、光艳与迷人的景象，从而饱尝了"一日的春光"带来的"快乐、活泼、力量和生命"。

这篇散文思路清晰，语言流畅，感情真挚，富有哲理意韵，是一篇不可多得的优美散文。文章讲述了作者寻春而不见春，在春意阑珊之时因饱尝海棠之景而顿觉无憾于整个春天的心路历程。文章用欲扬先抑的手法，表达了作者惜春、爱春，强烈盼望春天到来的期望之情。读此文能真切地感受到作者对春的执着之情，对事业的执着之心。

这篇散文语言颇有特色，尤其是修辞手法的运用在这篇文章中显得很突出，我们应好好品味。如：

"春还未曾露面，已悄悄的远行了。"用拟人手法写出春天的气息让人感觉不到。

"一冬来，一切的快乐，活泼，力量，生命，似乎都冻得蜷伏在每一个细胞的深处。"用拟人手法生动地写出冬天毫无生气，表现作者渴望从春光中领略快乐、活泼、力量和生命。

"当天夜里，北风又卷起漫天匝地的黄沙，愤怒的扑着我的窗户。"用拟人手法生动地写出北风卷起黄沙对人的威慑。

"这四棵树上，有千千万万玲珑娇艳的花朵，乱烘烘的在繁枝上挤着开……"这句运用拟人手法，生动地描绘了海棠花的茂盛，引出下文关于孩子们的联想，传达出作者所感受到的快乐、活泼、力量和生命，流露出欣喜之情；与下文"在海棠枝上卖力的春"形成呼应。

"一春来对于春的憎嫌，这时都消失了，喜悦的仰首，眼前是烂漫的春，骄奢的春，光艳的春。"这里用排比写出来作者寻春如愿时，无线欣喜之情。

再如："我要尽量的吞咽今年北平的春天。"这里"吞咽"一词用得妙，"春天"如食物一般能被人"吞咽"，写出作者要尽情享受、饱尝春天，表现了对春天的深切期盼之情。

第三编　古代汉语基础知识

一、古代汉语的基本概况

（一）古代汉语的概念

古代汉语和现代汉语，是汉语言文学在不同的历史时期的分段。古代汉语，就是古代汉民族使用的语言；现代汉语，也就是现代汉民族使用的语言。古代汉语是现代汉语的前身，现代汉语是对古代汉语的继承和发展。它们是相对而言，一脉相承的。从具体的时间段来看，我们也可以更加具体地说，凡"五四运动"以前汉民族所使用的语言，都可以看成为中国古代的汉语言，即古代汉语。

古代汉语也分有书面语和口头语两种。古代人民的口头语言，现在无法听到，无法查考，已经消亡。我们现在常说的古代汉语实际就是指古代的书面语。古代汉语的书面语形式，又有文言和古白话两种。文言文，是指用文言写成的文章作品，即以先秦口语为基础形成的上古汉语书面语以及后代用这种书面语写成的作品。古白话，是唐宋以来产生的为通俗文学作品所使用的语言，即六朝以后在北方话基础上形成的与口语直接联系的新的书面语，也是今天以北方方言为基础的普通话书面形式的源头。因此，我们也可以更加明确地说，古代汉语的文言，就是三千多年来的汉语书面语。

我们通常学习和研究的古代汉语，指的就是文言文。它的范围很广，先秦两汉的典籍，是正统的文言文。六朝以后模仿先秦两汉的作品写成的古文，也是文言文。如唐宋八大家韩愈、柳宗元、欧阳修、苏洵、苏轼、苏辙、王安石、曾巩的文章及蒲松龄的《聊斋志异》、龚自珍的《病梅馆记》等作品，也都是文言文。至于白话文，虽也有古代和现代之分，但古白话文与现代汉语的差异不大，就相对比较通俗易懂了。如：有关的佛经资料，唐宋传奇，宋元话本，明清白话小说等，都标志着古白话的形成和发展，也都是现代汉语的直接渊源。《水浒传》、《红楼梦》是古代白话文，《子夜》、《骆驼祥子》是现代白话文。它们都是和当时口语一致的书面语。即使古白话文中保留着一些文言的词语和语法规则，但只要我们学会了文言文、古白话中的一些知识，也完全是能够理解的。所以，古代汉语的文言文，才是我们学习和研究古代汉语的主要对象、重要内容和具体范围。而古白话文，则没有必要成为我们学习古汉语部分的主要内容和学习重点。对此，这应该是可以理解的。因此，我们也可以说，古代汉语，就是除现代汉语以外的、距今年代久远的、以文言文为主体的、古代汉民族的语言文字和文化。

（二）古代汉语的基本内容

根据以上的分析，我们学习古代汉语的主要对象，应该是文言文，重点应该是先秦两汉的重要典籍和文学作品。古代汉语的教学内容，一般的有：文选，常用词，通论三部分。通论主要包含文字、训诂、音韵、语法四个方面。我们要学习和掌握古文言词汇和语法知识。

古代汉语包括语言和文字。关于汉文字的产生、演变和发展，在第一部分已有介绍，这里不再重复。古汉语的语言，也具有语音、词汇、语法三个要素。三个方面都要学习，但要以词汇为主。

就通论所包含的有关的四个方面而言，对于汉字的研究，汉代就有"文字学"，为文字、音韵、训诂的总称。隋唐以后又扩大称其为"小学"，内容又分为训诂（重在字义）、字书（重在字形）、韵书（重在字音、兼释字义）。近代则改称为"语言文字学"。对于训诂，即训诂学，又有形训、义训、声训之别。训，为说明、解释；诂，为解说古言。对于音韵，即音韵学（属历史语音学的范畴）。我国周朝之前，文字尚未统一，还没有统一的音韵。其后有古音学、今音学、北音学、等音学。今天的音韵学，包括古音学、今音学和等韵学三部分，具体研究一个音节（体现为一个汉字）声、韵、调的分合异同等内容。

《尔雅》是周朝第一部字词分类的著作，也是中国最早的词典。"尔"的意思是近或接近；"雅"的意思是雅言，即正音。作者不可考，多认为是古代小学家们依据音韵、文字、训诂的知识积累，逐渐辑录而成的。开始编撰于战国中后期，至汉代开始形成现在的规模，共收录上古时期词语4300多个。此前大多用"直言法"（相同的字互注）、"读若法"（近似的字互注）。东汉服虔、汉末孙炎曾在《尔雅音义》中，采用"反切"注音，即用两个字去"切"被注音的字的注音法。前面的用其"声"，后面的用其"韵"。

《广韵》是根据隋代《切韵》重新修订的我国现存的最古的韵书。有206个韵部（实际61个）。后世通行宋代刘渊所著《平水韵》，有106韵，为此后诗、词押韵的准则。元代周德清所著《中原音韵》，是韵书的重大改革，对音韵学的研究有很大的价值。他以当时北京的实际语音为标准，依据前人音韵的变化，将音韵精简为19韵，已与现代汉语普通话16韵极为相近。清代段玉裁对研究古音韵学有重大贡献。在《六书音韵表》中，将《说文解字》所载文字的形声偏旁与《诗经》的用韵相互参照，清理并分离了部分混入的多余韵。这是一件极大的好事。他还大胆打乱历来韵部的次序，"因其自然"，把声音相近的排列在一起，创造"合韵"之说，以明音乐之理。

古今的语音不一样。不知道古音，从今天的语音看，就会感觉到《诗经》以及唐诗、宋词等古诗词，好像不押韵。其实，它们都是用古音写的，本来是押韵的。按照古音来念，就押韵了。我们不知道古音，就不容易欣赏古代诗词，有时还会弄错。旧体诗尤其是近体诗和词，特别讲究平仄，不讲究平仄就不行了。除了诗词，古书基本没有语音问题。如果对古诗词没有浓厚兴趣，只是一般了解，就没有必要重点学习古音韵部分。

对于语法，即语法学，是学习和研究古汉语的语法结构规律。古汉语的语法，与现代汉语大同小异，相差不大。有很多相同的，虽有不同，也容易掌握。古代汉语的语法特色和具体特点，都蕴含在具体的文言作品之中。古人对字词的注解通常重视上下文的语境义，即随文释义，我们需要特别注意理解和加以识别。

我们学习古汉语的重点，应该要放在词汇方面，必须花费大的力气。要注意古今词义的异同、词的本义和引申义、虚词的用法与语序等。有些看起来是比较普通的字词，但也要重视。常常让我们上当的就是那些常见的字，往往解释错了。有时错了，也不知道。如"羹"这个字，有些字典也误解为"汤"，其实本来就不是"汤"。"羹"是带汁的肉，即上古时代的红烧肉。《孟子》说"一箪食，一豆羹"。其中"食"是饭；"箪"是筐，盛饭的器皿；"豆"是盛菜的器皿，主要盛肉菜；"羹"，是红烧的肉食品。古有"五味羹"，是指做红烧肉要配很多佐料，可以说酸甜苦辣咸都有。《尚书·说命》："若作和羹，尔惟盐梅。"这是指作羹需用盐和梅，盐有咸味，梅子味酸。到了先秦两汉时期，"羹"更不是"汤"了。《史记·项羽本纪》记载，楚汉相争时，项羽抓了刘邦的父亲，架好了大火锅，威胁刘邦，要他投降，否则就烹了刘太公。可刘邦面对项羽却回答："吾翁即若翁，必欲烹而翁，则幸分我一杯羹。"这里的"一杯羹"，并不是"一杯汤"，而是"一碗肉"。有人怀疑，古代的穷人也能吃"羹"吗？穷人的羹，叫"菜羹"，是煮熟了的青菜，也不是汤。今天的北方所称"羹"和"汤"不是一个概念，也是不一样的。因此，有些字，好像认识，其实并不认识，不很清楚，需要注意。

在中国近现代的教育和教学中，本来是没有古汉语课程的。随着年代的久远和时代的差异，对于学习古代汉语言的意识和所具有的素质，逐步下降。后来针对学生阅读文言文能力较差的状况，才将其作为培养阅读文言文能力的基础课的。著名古汉语专家王力先生率先实践，把古汉语教学的内容改为文选、常用词、通论三部分。事实证明，其效果很好，是行之有效、事半功倍的好方法。在教学时只讲解通论和文选，通论又包括文字、音韵、词汇、语法和修辞等。学习文选应该重在对字、词、句的学习和落实。这对于我们继承和丰富优秀的古代文化遗产是非常重要的。

古代汉语，是世界上历史最悠久的语言之一。古代中国具有高度发达的文化，对睦邻国家产生过深远的影响，许多外国的语言里都有些汉语词存在。

（三）古代汉语的基本特点

古代汉语的基本特点大致是：单音词占优势、单音词向双音词发展、一词多义的现象极为普遍、词汇的使用和句子结构的差异等。

第一、古汉语词汇中，单音词占多数

古汉语词汇，特别是从先秦到魏晋南北朝的书面语言词汇，单音词占有大多数。例如："既克，公问其故。对曰：'夫战，勇气也。一鼓作气，再而衰，三而竭。彼竭我盈，故克之。'""夫大国难测也，惧有伏焉。吾视其辙乱，望其旗靡，故逐之。"（《左传·庄公十年》）这里前一段有三十个字，二十九个词，其中单音词占二十八个，双音词只有一个。后一段全部由单音词组成，二十二个字就是二十二个词。这足以说明，在古代汉语词汇中，单音词占优势的情况。古代汉语的词，往往就是一个个的字，所以前人研究古代汉语时常以字为单位。"字"与"词"没有严格区分。"虚词"也被称之为"虚字"，"名词"、"动词"也被称之为"名字"、"动字"。

第二、单音词逐步向双音词发展

汉语词汇的发展趋势，主要是从单音节词向双音节词发展。秦汉时期，单音词占绝对优势。秦汉以后，复音词尤其是双音词逐渐发展。从唐宋以后直到现在，双音词占绝对优势，而单音词则退居于次要地位。古汉语由单音词发展为双音词，大致有三种方式：

（1）由单音词改换双音词。实际是换一个说法，即用另外的字来构成双音的词。如：日——太阳、兵——兵器、藏——仓库、目——眼睛。

（2）加一实词素。就是加一个等义或近义的实词素，与原来的单音词构成一个双音词。如：月——月亮、天——天空、房——房屋。

（3）加一虚词素。就是加上一个虚词素，作为前缀或后缀，构成一个双音词。如：老——老杜、老刘、老虎、老鼠；镜——镜子；儿——儿子；尔——率尔；如——宴如。

"阿"作为附加词（即虚词素）出现于汉代，南北朝时期最为盛行，唐代以后就基本不通行了。"老"作为附加词，大约兴起于唐代，如"老杜（谓杜甫）、老刘（刘梦得）、老元（元微之）之类。"尔"、"如"、

"若"、"然",作为附加词,唐宋以后的仿古作品里还有出现,但口语里几乎失去构词能力。唯独"然"字频率很高,现在仍然使用。如:果然、居然、当然、必然、依然等。

其实,在古代汉语的自身发展过程中,有许多单音词已经发展为双音词了。如:秦代有"黔首"表示"民";《诗经·秦风》中也有"权舆"表示"始"。还有《汉书·匈奴传》中的"兼并",汉代《十五从军征》中的"阿谁",唐代王悔诗中的"老虎",杜甫诗中的"燕子",宋代王安石《上仁宗皇帝言事书》中的"弈棋",梅尧臣诗中的"船儿"等,都可以说明这一点。汉语词汇由单音词占优势发展到双音词占优势,大大减少了同音词和一词多义的现象,使语言日益精密、细致、明确,增强了语言的表达效果。

第三、一词多义的现象比较普遍

古代单音词居多,音节有限而词义无穷。词有本义和引申义,也有单音和多音词。词汇和词义的不断发展,形成了一词多义的现象。

如"解",新版《辞源》收了三个读音,列二十一个义项:

1、剖开、分割肢体。2、分散,分裂。3、解开,消散。4、脱去,排除。5、分析,解释。6、晓悟,理解。7、值得,知道。8、通达。9、排泄。10、乐曲的章节。11、武术用语。12、文体的一种。13、发送,解送。14、易卦名。15、怠忽,松弛。(下略)

古文"庖丁为文惠君解牛"中的"解"为:剖开、分割肢体;"严城解扉"中"解"为:开放;"桓公解管仲之束"中"解"为解开;"恐王下解也"中"解"为解体;"君知其解乎?"中"解"为见解。

再如"节",本义"竹节",又引申为:关节(用于人体)、节奏(用于音乐)、节别(用于政治)、礼节(用于人事)、节操(用于道德)、节气(用于时令)、节日(用于纪念)等。

其它的一词多义比较突出的还有"兵"、"亡"等,有兴趣的也可以自己细化并列举出来。

在古汉语中,一个词常常具有许多义项,并兼属许多词类。有的是本义,有的为引申;有的属比喻,有的是借代,比现代汉语中一词多义的现象要复杂得多。有时,一个词在某一处究竟表示什么意义,是什么性质的词，一时难以弄明白。有的词，多少年来大家理解得都不够一致。如：屈原长篇诗名"离骚"二字，有人认为是"遭遇着忧愁"，把"离"字理解为"罹"（遭遇、遭受）；有人认为是"离别的忧愁"，把"离"字理解为"离别"；有人认为是"被离间的忧思"，把"离"字理解为"离间"；还有人认为是"发牢骚"等等。这都是由于一词多义，是大家认识不一致而造成的。另外，还有一些类似的古今同物异名、同字异义的许多事例，这里就不一一列举了。

第四、词义的演变比较明显

由于社会的发展，一些原有词的词义也有了变化。如"信"一词，在"匈奴使持单于一信到国"中的"信"为"证明文件"；在"自可断来信，徐徐更谓之"中的"信"便为"信使"、"使者"，都不是指我们今天所谓的"信件"。在古文中，"信"叫"书"，"书"专指"信"。如"烽火连三月，家书抵万金"中的"家书"，即为"家信"、"书信"。

词义的演变形式，主要有三种：

（1）词义的扩大：由单指某事物扩大到兼指特征、性质、功能相似的事物。也就是把词的意义范围扩大了。如"琴"，原是古代的一种弦乐器，后演变为泛指以弦为主的乐器以及一些用弹奏、打击方式表演的乐器了。如"胡琴"、"瑶琴"、以及后来的"口琴"、"钢琴"、"手风琴"、"电子琴"等，就是词义发展而扩大了。

（2）词义的缩小：即由范围大变为范围小。如"金"，古代为一切重金属的统称，现在则仅专指"黄金"一种金属了。再如"瓦"，古代为土器已烧之总名，范围很广，今天已经缩小到只有用来盖房子屋顶的"瓦"了。词义发展中，缩小的情况比较少。

（3）词义的转移：就是词义搬家了，搬到附近的地方去了。也就是词义由这个范围转到另一范围，即由表示甲对象转为表示乙对象，或由此产生好坏、强弱不同的相反的意义。比如古代"脚"字，原义并不是今天的"脚"。我们今天所说的"脚"，古人称之为"足"。而古人所说的"脚"为"小腿"。《说文》："脚，胫也。"。后来就是从"小腿"转移到"足"那里去了。还有"牺牲"，古义为祭祀用的羊、牛、猪等祭品，如"牺牲玉帛，弗敢加也。"现在则用于一种动作行为了，如"不怕牺牲"、"壮烈

"牺牲"等。

掌握古今词义的发展变化，对于正确理解词语的内容，极为重要。我们要注意词义的辨析和对词义的理解。

第五、词汇的使用和句子结构也有差异

古代汉语的语法，主要体现在词汇使用和句子结构上。古代汉语大量使用省略句式。在大量的句子里看不到主语的存在，只能靠上下文的意思来推定。另外，很显著的一个用法是在否定句式中，将宾语提前。例如："时不我待"是典型的古汉语结构的一个成语，把"我"这个宾语提在动词"待"的前面。

古汉语的语法，与今天的大同小异，很多相同，也有不同。如"碑高三丈字如斗，负以灵鳌蟠以螭。"第一句好懂，下一句"负以灵鳌"，从语法讲，就是"以灵鳌负之"。鳌是海中大龟，这里是说乌龟背着石碑。"蟠以螭"，也应该是"以螭蟠之"，但有些人不能理解，往往容易弄错。"螭"是龙，"蟠"是盘绕的意思，这里指以龙盘绕石碑。有些词汇和句子的组成方法，与现代汉语是不相同的。不懂得古代语法结构，是不能够解释得清楚的。

第六、古汉语的四声也有不同于现代汉语四声的特点

古代汉语的"四声"为：平、上、去、入；现代汉语普通话的"四声"为：阴平、阳平、上声、去声（简称：阴、阳、上、去）。现代汉语的阴、阳两声，相当于古代汉语的平声。因此，现代汉语的四声，只相当于古代的平、上、去三声。入声没有了，已经归并到其它的三声之中，也称之为"入派三声"。

（四）学习古代汉语的目的和要求

文言文，是我们学习和研究古代汉语的主要对象，是古汉语书面语的大多数。我们的祖先勤劳而有智慧，几千年来，在各个领域都取得了伟大的极其丰富的成果。他们的聪明才智，他们的巨大成果，大量的都是通过古代的文言文储存和流传下来的。我们只有努力学习好古代汉语，才能够有效地了解和继承这些极其丰富的文化遗产。对于学习古代汉语的目的性和重要性，我们应该有如下的认识和要求：

1、培养和提高阅读文言资料的综合能力，继承优秀文化遗产

古人利用文言资料，留下了极其丰富的文化遗产，我们是有责任学习、继承和发扬光大的。对于大量的经典著作、文献资料、文学作品，我们只有阅读和理解，才能继承和发扬，才能够古为今用。我们研究古代文学，阅读古代散文、古代诗歌；研究自然科学，了解古代天文学和数学的伟大成就；研究传统医学，阅读古代医书等，都离不开阅读古文。在当今社会的政治、军事、经济、外交等诸多方面，我们要学习和继承古人的执政理念、攻防谋略、军事思想等，也同样需要学习和了解文言文。因此，不管是文科还是理科，也不管是自然科学还是社会科学，都要阅读古书。没有阅读文言的能力，古代的优秀文化遗产是不能为我们所用的。

例如：有人阅读医书，曾谈起中医的把脉，有四大类，即浮、沉、迟、数。其中的"浮"、"沉"似乎好懂，但"迟"、"数"就不好懂了。如果懂得古汉语，根据有关知识，就会知道：这里的"迟"是"慢"的意思；"数（朔）"是"快"的意思。

对于古典资料，能否准确判断、精准理解，是非常重要的。如果不能理解，造成误读、误解和误判，都将会事与愿违，适得其反。

2. 提高现代汉语的语言修养，增强现代汉语的表达能力

现代汉语是在古代汉语的基础上形成和发展的，与古代汉语一脉相承。现代汉语中还保留着古代汉语词语、语法规则、修辞手法，还保留着表现力极强的成语、格言、诗文名句等。如现代报刊在有关反腐倡廉的社论中使用的"唯名是争，唯利是图，唯官是抢，唯权是夺"，就是古代汉语中"唯……是……"的格式。"无所不知，无所不晓"（没有不知道的事情，没有不懂的地方），实际运用的就是古代汉语的语法规则。类似的例子还有很多。

熟悉古代文学的语言，对于提高现代汉语的表达能力，是有积极意义的。但不尊重有关词语的历史性和传承性，一味强调时代和发展，是会弄出笑话的。根据有关资料披露的情况：

如"跳槽"一词，在眼下，是一句很平常、很普通的词语，其意是炒老板的"鱿鱼"，已经不在原来的地方工作了。但"跳槽"本是青楼语，在明清时代，含有狎邪之意，相当不雅。徐珂的《清稗类钞》的解释：

"原指妓女而言，谓其琵琶别抱也，譬以马之就饮食，移就别槽耳。后则以言狎客，谓其去此适彼。"意思是说妓女和嫖客缠绵了一段之后，又发现了更有钱的人，于是另攀高枝，另就新欢。如同马从一个槽换到了另一个槽吃草，被形象地称为"跳槽"。后也用到嫖客身上。嫖客对妓女厌倦了，又另找了一个，也称"跳槽"。明代冯梦龙编的民歌集《挂枝儿》里有首《跳槽》的歌，青楼女子哀婉地唱道："你风流，我俊雅，和你同年少，两情深，罚下愿，再不去跳槽。"妓女与嫖客，互诉衷肠，最终达成"再不去跳槽"的协议。至此，"跳槽"已是专指风月场中男女另寻新欢的行为了。

现在，竟忘了"跳槽"这个充满狎邪意味的词的本来用法，只根据其形象而通俗的比喻，便当成了更换工作的代名词，是值得思考的。

再如"胴体"一词，时下，在形容女性的裸体时，除极少数用"玉体"，很多都用"胴体"，且多有狎亵之意。"胴体"如何成"裸体"？虽然有很多人曾对此进行了批评，但似乎并没有阻止对"胴体"的滥用。"胴体"的本意，几乎所有的词典都没有"女性裸体"的义项。《辞源》解释为"屠体，家畜屠宰后的躯干部分"。《现代汉语词典》解释"胴体"时，虽有"指人的躯体"的义项，但第一义项为"躯干，特指牲畜屠宰后，除去头、尾、四肢、内脏等剩下的部分"。因此，"胴体"虽有时也指"人的躯体"，但与"女性的裸体"并没有直接的语义关系。从词源学看，用"胴体"形容女性身体，也明显带有侮辱意味。传统的中国文化，没有人体美的空间，相关概念也很少。没有弄清"胴体"的基本意思，竟将"胴体"变成了"裸体"并特指为"女性裸体"的代名词，还居然含有比"女性裸体"更丰富的意蕴。仔细想一想，不觉得有点狎亵和不雅吗？

此类的例子，还有很多，值得商榷，要引起重视。有些词语，如"桃之夭夭"，本是美丽的意思，后来在发展的过程中"讹变"成了"逃之夭夭"，就成为逃跑了。后经约定俗成，得到认可，可以理解。但对于随意"误用"，又没有得到广泛认可，则是不能够接受的。

3. 培养和提高中等语文教学，特别是文言文的教和学的能力

要能够"教"得清楚，"学"得明白，才能达到目的，获取效果。

据有关资料：曾有个中学教师，大概还有一个老外，在讲解和学习杜甫《春望》中"烽火连三月，家书抵万金"时，竟解释为："打仗打了三

个月了，杜甫家里很穷了，没有办法，便把家里的书卖掉了，抵得一万块钱。"这是典型的望文生义。因为不懂得古汉语中的"家书"，就是"家信"，就闹出了这样的笑话。

也有大学教授闹笑话的，在讲授《韩非子·显学》中"故明据先生，必定尧舜者，非愚则诬也"时，竟将"非愚则诬"解释为"不是愚蠢就是污蔑"。其实这里的"愚"，就是"愚蠢"；"诬"，就是说谎。但因不懂得先秦时代的"诬"并没有"诬蔑"的意思，只当说谎、骗人讲。所以也就想当然，也出了笑话。

熟悉古代的语言及其规律，掌握古代语言的阅读和运用能力，可以为我们的进一步的学习、工作和研究奠定基础。

学习汉语言文化，首先要扎扎实实地抓好阅读。文言文是其中的难点，抓好古文选的阅读，应该是重点，尤须多下功夫。

古文选，是古代文言文的举例，是文字、音韵、词汇、语法等各种古汉语知识的综合体现。古汉语知识涉及面很广，重点应是学习和掌握词汇和语法知识。要注意掌握使用频率最高的常用词，而不是冷僻的使用频率很低的词。也要注意用古今对比的方法，弄懂并记住常用词的常用义，特别是要体会那些细微差别。不读古文选，就不能掌握相关知识；不理解有关词语，就很难提高阅读和运用古汉语的能力。

针对在文言文阅读和运用方面存在的一些主要的问题，我们经过简单的归纳，大致有如下几点，可以作为参考：

（1）接触不多，读不懂，不明白古文的意思，是可以理解的。有的认为古文的"之、乎、者、也"弄不懂，看了头痛，就不想读，不想学了。其实，道理很简单啊！不学，就不懂啊！永远不学，就永远不会懂啊！只要坚持学习，努力学习，是一定会一点点弄懂、慢慢地学会的。当然，这里面也有个方式方法的问题。

对于平时接触不多的古文，在学习的时候，首先要坚持"多读"，适当拓宽阅读的面和量；其次要"精读"，要读一篇，懂一篇，反复仔细、深入领会；还要"巧读"，即利用现代汉语与古代汉语的相关性来学习，熟悉和掌握现代汉语与古汉语的微妙差别。在学习中，要注意将感性认识和理性认识结合起来，而且要以感性认识为主，逐渐的将感性认识上升到理性认识的高度来理解。最好能在理解的基础上多读，读熟，有些精彩的部分，也最好要能够背诵。如果能有几篇、几十篇古文读起来琅琅上口，烂熟于心，那么对一些常见的句式，常规的实词、虚词，如"之乎者也"之类，也能"熟则精"、"精则巧"、"巧则活"。所谓的"熟能生巧"、"熟读唐诗三百首，不会做诗也会偷"，也许有些道理。如果能够这样，也将会有事半功倍之效。

最近有一篇来自安徽的确实令人"震撼"的报道：安庆华中路第二小学六（1）班学生叶飞围绕"美"所写的自命题作文《美说》，通篇文言文，思路不拘一格，提出了对"美"的辩证看法。阅卷老师给了满分，在教师 QQ 群和微信群里，大家用"震撼"描述阅卷老师的感受。据了解，叶飞的父母都比较喜欢古文诗词，叶飞受此影响，从小就喜欢阅读传统文化经典：三四岁时即熟读《三字经》、《弟子规》、《千字文》等启蒙读物，后来深入到四书五经。三年级就看完中国古典四大名著。他"读书分泛读和精读。泛读的书，他自己想看什么，就看什么；精读的书，每天坚持按计划进行"。其父母"不仅支持孩子买他喜欢读的书"，"还经常和孩子一起读书，鼓励他不仅要看，还要学会思考"。叶飞六年级开始用文言文写作，习作都是用文言文完成的。此报道，应该是"功夫不负有心人"的又一成功的例子，说明了学习文言文并不是比登天还难的事情啊。

但是，这里也必须明确指出：我们学习文言文，不是文化复古，而是要读懂文言文，提高阅读古书的能力，古为今用。这一点，从"五四运动"一开始，就非常明确，是一个方向。因此，学古文和写文言文，是两回事，不能混为一谈。在今天，也应该是非常明确的。对在现代各类作文考试（包括高考作文）中，擅自使用文言文写作，要给予降分，有的甚至要按照零分计算的做法，主要就是这个原因。当然了，学习写作文言文，作为个人的兴趣和爱好，是无可非议的。但作为社会教育，则是不应该提倡的。

（2）我们阅读文选，首先要着眼于语言。不仅着眼于文学语言的优美，还要着眼于古今词语的意义和用法。如《论语、侍坐章》："鼓瑟希，铿尔，舍瑟而作。"作为文学作品，在阅读文句以后，要着重领会描写了怎样的情境，表达了人物怎样的情趣、爱好和态度等。但作为语言资料，则要求弄懂"鼓"、"瑟"、"希"、"铿"、"尔"、"舍"、"而"、"作"的古今意义和用法。要逐字逐句读，不能囫囵吞枣。按古汉语的学习要求，应该懂得："鼓"原是名词，这里用作动词，但不能作"敲打"解，而应作"弹奏"解。因为"瑟"不同"鼓"，是一种拨弦乐器。"希"同"稀"，但不能解释为"稀少"，而是指瑟的声音渐渐减慢减弱，慢慢接近尾声了。"尔"是助词，用在象声词"铿"的后面，开敲推瑟发出的声音。象声词或形容词后加"尔"或"然"都是同一种构词方法。"作"一般作"劳作"解，这里为本义，作"起来"解，即"起身"。"而"是连词，连接"舍瑟"和"作"两个动作，但不是并列关系，而是偏正关系。

阅读文选，应一字一句，细细比较推敲。可以有重点有一般，但必须认真和仔细，要注意常用词和特殊句式的用法。再如《左传·烛之武退秦师》："晋侯秦伯围郑，以其无礼于晋，且贰于楚也。晋军函陵，秦军泛南。"对于这段话中的"晋侯"、"秦伯"、"郑"、"楚"、"函陵"、"泛南"等人名、爵位、国名、地名，只要一般了解即可，不必多花力气。而对于"以"、"其"、"于"、"贰"、"军"这几个常用词的意义和使用法则，必须掌握。对于不同于现代汉语的"无礼于……"、"贰于……"这样的句式，我们更加应该注意分析和比较。"无礼于……"或"贰于……"句式虽然相似，但表达的意义则不完全相同。"无礼于晋"是指对晋国无礼；"贰于楚"并不是对楚有二心，而是指表面上跟晋好，实际上向着楚。据史料可知，郑文公在晋楚城濮之战后，曾与晋盟，后又同楚亲近，不参加翟泉之会。这也是一个比较明显的例证。

古汉语的用词造句与现代汉语多有不同，一些特殊词汇、句式和修饰手法，是古代的书面语所特有的。我们要熟悉和掌握古汉语在语言文字运用方面的微妙差别，在理解的基础上加以运用。

（3）有些词语，不明白古今的差别，一味的用现代汉语来解释，往往会造成误解。著名的古文学泰斗王 力先生曾经告诫我们：一些难懂的、不认识的字词，一查字典、词典，就懂了，一点不困难，一般不会弄错。常常使我们上当的是有些常见的字，看起来容易，往往会弄错。对那些似曾相识的一个字、词、一句话，好像能够解释，也不通过查证，就认定某个意思、某种解释，这是不靠谱的。自以为是，望文生义，往往造成错误。

他认为，望文生义就是胡猜，是不应该的。语言是社会产物，有社会性。全社会的人都懂得的语言，才是语言。随便创造，主观臆断，断章取义，都是不可以的。但根据有关资料显示，此类的有关情况，在现实生活中的事例还真不少。

例如："劳燕分飞"，有时候竟成了"劳燕纷飞"。其中"劳燕"也被解释为"辛劳的燕子"。其实只要懂得古汉语，就会明白："劳燕"是指"伯劳"和"燕子"两种鸟类。"劳"为"伯劳"的简称，俗称"胡不拉"，是食虫鸟类。与"辛劳"无关，是八竿子也打不着的。作"辛劳"解释，就是胡猜。古有"东飞伯劳西飞燕，黄姑织女时相见"的诗句，《西厢记》中也有："他曲未通，我意已通，分明伯劳飞燕各西东。"这里的"劳"和"燕"分别朝不同的方向飞去。是"分飞"，而不是想象中的"纷飞"。它们最常见的飞行姿态，就是"分飞"。这里有"相遇总是太晚，离别总是太疾"的意思。

因此，东飞的伯劳和西飞的燕子，构成了感伤的分离，为不再聚首的象征。与想象中"辛劳"的燕子"纷纷"飞起，风马牛不相及！

再如，用"七月流火"形容盛夏的炽热，比喻待客的热情，看似顺理成章。但《诗经·国风·豳风》："七月流火，九月授衣。"中的七月，是指农历，并非公历。换算公历，则相当于八九月份。"火"是指大火星，并非通常太阳系中的火星（行星）。大火星是恒星，古称心宿二。为天蝎座里最亮的一颗著名的红巨星，能放出火红色的光亮。这里的"流"，是指西沉，向西边落下。数千年前，我们的祖先就发现了天体的运行规律。每年的夏末秋初，这颗红巨星就落向夜空西边，成为天气逐渐转凉的征兆。

因此，这里的"七月"（阴历），并非盛夏的七月（阳历）；"流火"也非似火的骄阳。所以，"七月流火"并不是指七月的天气热得像流火，而是指天气日渐转凉。这是应该注意理解和比较的。

还有"阑珊"一词，常被误解误用，也是一个典型。据报道：某春节前，为烘托气氛，某电视台用城市夜景做节目。报道标题《灯火阑珊不夜城》，也有文字报道贴到网上。展示了该市灯光璀璨、雍容华美的除夕夜景，确实很美。有主持人说"现在整个城市夜色阑珊，市民们在广场上尽兴地游玩"。此外，报纸也曾有"五一长假期间，游客们意兴阑珊"的句子。作者原本想更深刻地感染观众和读者，却错用了"灯火阑珊"这个经典词语，也误用了"阑珊"一词。

其实"阑珊"有五种含义：一是表示"衰减、消沉"，如"诗兴渐阑珊"、"意兴阑珊"，意为没有什么诗兴了，兴致不高了。二是形容灯光"暗淡、零落"，如辛弃疾《青玉案·元夕》中写道："众里寻他千百度，蓦然回首，那人却在灯火阑珊处。"三是表示"残、将尽"，如"春意阑珊"，意思指春天渐去渐远。四是指"凌乱、歪斜"，如"字阑珊，模糊断续"，表达字迹凌乱。五是指"困窘、艰难"，如"近况阑珊"，意为情况不好，处境困难。从这些解释看，"阑珊"并没有可以表示"灯火通明"、"兴致很高"的义项。

值得提醒的是，"阑珊"的本义实为"零落"。辛弃疾词中的"那人却在灯火阑珊处"，是指元夕灯会的高潮已过，灯火零落，游人稀疏，而相约的人还在等着他。这应该是明白的，但现在却偏偏要拿"灯火阑珊"来形容"气氛很好、灯火通明、兴致很高"等等，这也实在是，错得有点离谱了。

（4）有的词语，用现代汉语来理解，好像讲得通，其实并不精确，也容易造成错误。现实生活中的例子较多，也是要注意的。

如："莘莘学子"，就经常有读错和用错的。曾有电视台报道"各地纷纷为莘莘学子们参加高考提供便利。"也有记者说："祝愿莘莘（xīnxīn）学子都取得好成绩。"这都不正确，有使用错误，也有读音错误。首先，"莘"确有两个读音，然而"莘莘学子"中的"莘"应当读"shēn"，而不是记者口中的"xīn"。其次，"莘莘"是个叠加形容词，表示"众多"。"莘莘学子"四个字连用，为组合词组。有些人不能理解，常常用错。古汉语中，"莘莘"出自《国语·晋语四》："周诗曰：莘莘征夫，每怀靡及。"《现代汉语词典》等辞书均释其为"众多"之意。"莘莘学子"应是"众多的学子"。不理解"莘莘"的意思，在"莘莘学子"前加了"一大批"、"许许多多"，或在"莘莘学子"后面加上"们"字，就造成了词意重复的错误。

还有在"莘莘学子"前加上"一位"、"每一个"，同样也是错误的。因为"学子"和"莘莘"连用，就是"众多的学生"。再加以限定，就犯了逻辑的错误。如："作为一名莘莘学子，我一定要好好学习。""每一位莘莘学子都应当为中华崛起而读书。"这些用法，也都是错误的，值得注意。

再如"凯旋"一词，有的书籍、报刊或网络常有用错的情况。如：体总网曾有题为"第四届国际残奥会中国举重代表团凯旋而归"的报道。《体坛周报》也刊登过"郭跃抱着奖杯不撒手 凯旋而归刘国梁一醉方休"的新闻。神舟六号载人飞船成功返航后，很多媒体都有"热烈祝贺'神六'胜利凯旋"的标题。媒体在不同场合频现的"凯旋而归"和"胜利凯旋"的标题和报道，确实让人费解，似乎也很不应该。

"凯旋"的"凯"字，本义是"军队得胜所奏的乐曲"，引申为胜利之意。《说文》的解释很清楚："还师振旅乐也。"按语为："经传多以为之。亦作凯。"《礼记·表记》说："凯以强教之。即以胜乐为训。"《左传·僖公二十八年》中有："振旅恺以入于晋。"宋代刘克庄也在《破阵曲》中写道："六军张凯声如雷。""凯旋"的"旋"字，在《说文》中释为"周旋，旌旗之指麾也"。《小尔雅》释为"还也"，《字林》则解作"回也"，意思可理解为"返回"。李白在《寄东鲁二稚子》中写道："桃今与楼齐，我行尚未旋。"

综合起来："凯"就是胜利，"旋"就是归来。"凯旋"就是"胜利归来"的意思。既然如此，又何必非要在前面加"胜利"或者在后面加"归来"呢，不是画蛇添足吗？

还有"不负众望"与"不孚众望"，这两个成语仅一字之差，常被混用，造成错误。某新闻报道曾有将"不负众望"用成"不孚众望"的报道，引起哗然，成为笑柄。其原因就是没有理解"负"和"孚"这两个字的不同意思而造成的。

"负"为违背，背弃，后引申为辜负、对不起。"不负"就是"不辜负"之意。曹操曾有句名言："宁教我负天下人，休教天下人负我。"意思是说，曹操宁愿辜负天下人，不能让天下人辜负他。而"孚"意则为"信用"。《诗经·大雅·下武》中有"永言配命，成王之孚"，即这个意思。后引申为"为人所信服"，如《曹刿论战》中就有"小信未孚，神弗福也"。很明显，"负"与"孚"意思相反，根本不同。

在表达"不辜负人们的期望"时,"不负众望"和"深孚众望"为同义词,但"深孚众望"程度更深。"不孚众望"是根据"不负众望"与"深孚众望"重新组合的一个新成语,意思与前两者截然不同。"不负众望"的意思是不辜负大家的期望,而"不孚众望"的意思是不能使群众信服。虽一字之差,意思却截然相反。在某报刊创刊二十周年的题贺作品中,有"一以贯之,不孚众望"之句,也是错用了。

(5)注重古代经典词语的内涵,有助于我们对古汉语的理解和运用,也有助于我们的分析和研究,能够吸收其精华。如现代人经常称道和引用的:"大道至简"、"大智若愚"、"有容乃大"、"上善若水"、"厚德载物"、"天道酬勤"、"宁静致远"、"知足常乐"、"否极泰来"等经典词语,体现流传千年的国学智慧。能够破迷解悟,对于修身养性、为人处世,具有引领的作用。之所以能够流传千古而不衰,成为典范,都是有其深刻的历史渊源的。

时代虽然发展了,但有些经典的词语,是不能完全站在今天的角度来理解的,也是不能简单从字面来解释的。

例如大家都知道的"中庸之道",有人认为是指不偏不倚、折中调和的处世态度。也有人认为,"中庸"就是平庸,庸俗;是庸庸碌碌、无所作为、马马虎虎、不好不坏、得过且过的处世哲学。纵观几千年的中国历史,"中庸",是儒家的道德标准、儒家的修行法宝。其含义是天人合一于至诚、至善,达到"致中和,天地位焉,万物育焉"、"唯天下至诚,为能尽其性。能尽其性则能尽人之性;能尽人之性,则能尽物之性;能尽物之性,则可以赞天地之化育;可以赞天地之化育,则可以与天地参矣"的境界。"中"是一种凡事都追求不偏不倚、无过不及的最为恰当的状态;"庸"是说这样做有不可更易的常理。

参照许慎《说文解字》,从文字学分析,"中,内也;上下通也"、"庸,用也"。"中庸",即中道之运用。因此,中是一种常理;中庸,即为态度、理性和平衡,体现了正确、方正和坚持。中正之心,并不是没有主见,也不是没有作为。恪守中道,坚持原则,不偏不倚,无过无不及。善于执两用中,折中致和,追求中正、中和、稳定、和谐,是保持中正立场的规律和方法,是人们修为的最高境界。在平时生活中,我们常说的做人做事都要掌握一个"度",就是这个道理。简单地说,就是要自我管理,顺应自然规律,时刻保持克制和正气。

因此,"中庸之道",并非现代人所普遍理解的中立、平庸,而是稳定、和谐;并非人们所说的是和稀泥、不负责、没担当,而是有理想、有责任、有担当的行为。"直而不肆,光而不耀",保持自我心态的和谐和与环境的和谐,这是无人能及的理想境界。中庸之道,是一种方法论。中庸之道的思维方式,与折中主义完全不同。叩其两端的方式,更加接近于现代逻辑中的试错法。中庸之道,已经渗透到与中国文化有关的元素和成分之中,成为普遍的文化心理和社会心理的核心要素之一。我们正确地认识中庸之道,并加以合理运用,既是一种智慧,也是一种无可回避的文化责任。

当然,在时代的发展和变化中,有些古代词语的内涵也随之发生了变化,应该是情理之中的。例如:"孝敬"和"孝顺",是中华民族的传统美德;"尊老爱幼"、"爱心"、"奉献"等是我们做人的高贵品质。这与封建社会尽力推崇的"忠孝节义"的内涵,是有本质区别的。其中的"君叫臣死,不得不死"、"父叫子亡,不得不亡",还有所谓的"师道尊严"、"家长作风"等,都包含浓厚的封建和宗教色彩,是明显错误的。要求在单位要绝对服从领导,在学校要绝对服从老师,在家里要绝对服从父母,而且是不论是非、对错,一律都要绝对服从,这是没有道理和不合时宜的。某些含有封建意识的行为,甚至构成违法犯罪,我们不能照搬照用。应该摒弃的,就不应该继承和发扬。

在当今的社会,上级与下级、老师与学生、家长与孩子,首先应该都是平等的,在人格上是平等的。当前的有识之士,针对幼儿教育和家庭教育提出的"做朋友,讲道理"的做法,是一个符合时代发展和教育特色的、与时俱进的好办法,也应该是符合学生教育和成人教育的好办法,更应该是人与人之间的新型的人际关系的开始。

在当今的时代,我们学习和掌握一定的古代汉语知识,既是历史的责任和现实的需要,也是作为一个中国人所必须应有的素质。要抓好文言文的阅读,要提高阅读文言文的能力,就必须了解古代汉语的有关特点,掌握古代汉语的基础知识。古代汉语的内容十分丰富,我们要从阅读文言文的实际需要出发,不断深入,努力学习,才能获取效果,产生愉悦。

如果你能够懂得文言文，当你读《道德经》的时候，你就如同在与老子"论道"；当你读《论语》的时候，你就如同在与孔子"说仁"；当你读《孙子兵法》的时候，你就如同在和孙子"谈兵"；当你读《天问》的时候，你就如同在跟屈原"聊天"；你如果能够掌握文言文，就能够理解他们的思想精髓，享受他们的文明成果，运用他们的发明创造；就能够传承古代文明，发扬光大，而不至于发生误会，产生错误。这该是多么开心、多么美好的事呀！

为方便阅读和理解文言文，掌握古代汉语的基础知识，我们将结合有关的语言实际，分别介绍一些古代汉语的基础知识要点。

二、古代汉语的基础知识要点

古代汉语，内容丰富，体系完整，可以视其为一个语言王国，一个兴旺发达的语言王国。这个语言王国，是由几个大的家族和许多大的家庭组成的。每个家族中的每个家庭，又有许许多多的成员。他们面貌各异，性格不一，身怀绝技，丰富多彩。其中关系密切者、功能相同者、以类相聚者，又可以组成许多名号不一的团体。如同人类社会一样，也是纷繁复杂，精彩纷呈的。国家要依法治理，才能使整个社会有道可循，有条不紊。古代汉语这个语言王国，也是有法可循的。也是以法约束这个国度的民众，让他们更好地各尽其能，使古代汉语这个语言王国更加繁荣。

为掌握要点，提高效率，我们且选文言实词、文言虚词这两大家族，依据文言句法，挨门逐户去拜访相关成员，与他们沟通感情，交流思想，获得共鸣，以求在畅游古代汉语王国的时候，能够自由方便。

（一）实　词

古代汉语的实词队伍庞大，成员众多，难以计数。依据功能，可分为：名词，动词，形容词，数词，量词，代词。我们可以深入了解，逐一拜访。如了解代词，也可以同时拜访数词和量词；还有特殊的拜访对象，如实词的活用现象。

1、代　词

代词的众多成员，或具有代替作用，或具有指示作用，或具有疑问作用。可分为人称代词、指示代词、疑问代词三个团体。

（1）人称代词

人称代词的成员，主要就是代替人或事物，依其具体功能又分为三个小分队：第一人称代词，第二人称代词，第三人称代词。

【第一人称代词】

常见的第一人称代词，主要有"吾"、"我"、"余"、"予"。它们可以表示单数，也可以表示复数。"吾"、"我"常用于对话，"余"、"予"常用于自叙。至于"朕"字，则为古代皇帝强占的特有的自称，而不是一般的人称代词了。

吾说公以霸道，其意欲用之矣。诚复见我，我知之矣。（《史记·商君列传》）

句中的"吾"和第二个"我"作主语，第一个"我"作宾语，都表示单数。

曰："丘前来！若所言，顺吾意则生，逆吾心则死。"（《庄子》"柳下跖怒斥孔丘"）

句中两个"吾"皆作定语，译作"我的"。

上曰："夫运筹策帷帐之中，决胜千里外，吾不如子房。"余以为其人计魁梧奇伟，吾见其图，状貌如妇人好女。（《史记·留侯世家》）

句中，自叙用"余"，对话用"吾"，都译作"我"。

【第二人称代词】

常见的第二人称代词主要有："汝（女）"、"尔"、"而"、"若"、"乃"等，是"你"、"你们"或"你的"、"你们的"的意思。"汝（女）"、"尔"、"而"是不拘礼节很随便的称呼，一般只用于上对下、长辈对晚辈，或者亲密无间的朋友之间，否则就是表示对对方不够尊重。如：

今有人于此，曰："予汝天下而杀汝身。"庸人不为也。（《韩非子·内储说上·七术》）

句中前一个"汝"作"予"的宾语，译作"你"；后一个"汝"作"身"的定语，译为"你的"。

尔作言造语，妄称文武。（《庄子》"柳下跖怒斥孔丘"）

句中"尔"译作"你"，表示对对方不够尊重。

今者王问可以为相者，我言若，王色不许我。（《史记·商君列传》）

句中"若"作"言"的宾语，译作"你"，用于亲密无间的朋友之间。

王师北定中原日，家祭无忘告乃翁。（陆游《示儿》）

句中"乃"作"翁"的定语，用于长辈对晚辈，译作"你的"。

汝知而心与左右手、背乎？（《史记·孙子吴起列传》）

句中"汝"作主语，译作"你"；"而"作"心与左右手、背"的定语，译作"你的"。

【第三人称代词】

常用的第三人称代词，主要有"之"、"其"、"彼"等。"之"在句中一般作宾语，或者既作前边动词的宾语，又作后边动词的主语，即为兼语。"其"在句中主要作定语。"彼"常与"我"或"己"等第一人称代词对举。如：

河曲智叟笑而止之。（《列子》"愚公移山"）

句中"之"译为"他"，代愚公，作动词"止"的宾语。

遂散六国之纵，使之西面事秦。（李斯《谏逐客书》）

六国，指韩、魏、燕、赵、齐、楚六国。句中前一个"之"是助词，译作"的"；后一个"之"，既是"使"的宾语，又是"事"的主语，即为兼语。

项羽乃疑范增与汉有私，稍夺之权。（《史记·项羽本纪》）

句中"之"用法同"其"，作定语，译作"他的"，代"范增"。

人有亡鈇（斧）者，意其邻之子。（《列子·说符》）

句中"其"作定语，译作"他的"。

其行曲治，其养曲适，其生不伤，夫是之谓知天。（《荀子·天论》）

句中三个"其"都作定语，译作"他们的"。

彼竭我盈，故克之。（《左传·曹刿论战》）

句中"彼"作主语，译作"他们"，代齐国军队；"之"作"克"的宾语，译作"他们"，代齐国军队。

知彼知己，百战不殆。（《孙子·谋攻》）

句中"彼"作"知"的宾语,译作"他们",代敌方。

（2）指示代词

指示代词常见的有："此"、"是"、"斯"、"彼"、"其"、"他"、"或"等,具有表示近指、远指、旁指、虚指和无指的作用。

【表示近指】

表示近指的代词,主要有"是"、"斯"、"之"、"然"、"尔"等,相当于现代汉语的"此"、"这"、"这个"、"这样"。如：

岂若吾乡邻之旦旦有是哉?（柳宗元《捕蛇者说》）

句中"是"译作"这",表示近指,指代悍吏们的骚扰。

夫星之队,木之鸣,是天地之变,阴阳之化,物之罕至者也。（《荀子·天论》）

句中"是"译作"这",表示近指,指代"星之队,木之鸣"。

夫天下之道,理安,斯得人者也。（柳宗元《封建论》）

句中"斯"译作"这样",表示近指,指代"天下之道,理安"。

夫法术之难行也,不独万乘,千乘亦然。（《韩非子·孤愤》）

句中"然"译作"这样",表示近指,代"法术之难行"。

同是被逼迫,君尔妾亦然。（《孔雀东南飞》）

句中"尔"、"然"都表示近指,译作"这样"。

之二虫又何知?（《庄子·逍遥游》）

句中"之"译作"这",表示近指。

【表示远指】

表示远指的代词主要有："彼"、"夫"、"其"等,相当于现代汉语的"那"、"那个"、"那样"。如：

鞅曰："彼王不能用君之言任臣,又安能用君之言杀臣乎?"（《史记·商君列传》）

句中"彼"译作"那个",表示远指。

以俟夫观人风者得焉。（柳宗元《捕蛇者说》）

句中"夫"译作"那些",表示远指。

夫假物者必争,争而不已,必就其能断曲直者而听命焉。（柳宗元《封建论》）

句中"其"译作"那些",表示远指。

【表示旁指】

"他"是一个特殊的指示代词,既不是近指,也不是远指,而是指另外的对象,相当于现代汉语的"别的"、"旁的"、"其他的"。如:

商君欲之他国。(《史记·商君列传》)

句中"他"既不是近指,也不是远指,而是指另外的对象,译作"别的"。

他日,复见其邻人之子,动作态度无似窃斧者。(《列子·说符》)

句中"他"是"另外"的意思。

【无指和虚指】

指示代词中还有两个特殊者:所用代词不是确指,而是排除一切对象,这叫"无指",主要有"莫"、"无",相当于现代汉语的"没有谁"、"没有什么";代词所代表的对象没有明确说出,这叫"虚指",主要用"或"("有人"、"有的")。如:

权以示臣下,莫不响震失色。(《赤壁之战》)

句中"莫"是无指代词,译作"没有谁"。

楚人有鬻矛与盾者,誉其盾之坚:"物莫能陷也。"俄而又誉其矛曰:"吾矛之利,物无不陷也。"(《韩非子·难势》)

句中"莫"、"无"皆为无指代词,译作"没有什么"。

今或谓人曰:"使子必智而寿。"则世必以为狂。(《韩非子·显学》)

句中"或"是虚指代词,译作"有人"。

或以为死,或以为亡。(《史记·陈涉世家》)

句中两个"或"皆是虚指代词,译作"有的人"。

(3) 疑问代词

疑问代词常见的有:"谁"、"孰"、"何"、"胡"、"曷"、"奚"、"安"、"焉"、"恶"等。它们无非是提出问题,表示疑问。不外乎问人、问事物、问时空、问因果等。如:

微斯人,吾谁与归?(范仲淹《岳阳楼记》)

句中"谁"同现代汉语的"谁"用法一样,问人(只能问人),"哪个人"。

生人果有初乎？吾不得而知之也。然则孰为近？曰：有初为近。孰明之？由封建而名之也。（柳宗元《封建论》）

句中"孰"问事物，意为"哪个，什么"。

予尝求古仁人之心，或异二者之为，何哉？（范仲淹《岳阳楼记》）

句中"何"问原因，译作"为什么"。

如太行、王屋何？（《列子》"愚公移山"）

句中"何"问行为，译作"怎么样"。

何故怀瑾握瑜，而自令见放为？（《史记·屈原列传》）

句中"何"问原因，译作"什么"，作"故"的定语。

自古受命及中兴之君，曷尝不得贤人君子与之共治天下者乎？（曹操《求贤令》）

句中"曷"问人，译作"哪个人"。

即不幸有方二三千里之旱，国胡以相恤？（贾谊《论积贮疏》）

句中"胡"问物，译作"什么"。"胡"一般只问情况、原因（怎么、为什么）。如下句：

子墨子曰："胡不见我于王？（《墨子·公输》）

句中"胡"问原因，译作"为什么"。

先生饮一斗而醉，恶能饮一石哉？（《史记·滑稽列传》）

句中"恶"问原因，译作"怎么"。

学恶乎始，恶乎终？（《荀子·劝学》）

句中"恶"问处所，译作"什么（地方）"。

故法术之士奚道得进，而人主奚时得悟乎？（《韩非子·孤愤》）

句中前一个"奚"问方式，译作"什么（途径）"；后一个"奚"问时间，译作"什么（时候）"。

日月安属？列星安陈？（屈原《天问》）

句中两个"安"皆问处所，译作"什么上面"。

今兼听杂学，缪行同异之辞，安得无乱乎？（《韩非子·显学》）

句中"安"是问情理，译作"怎么"。

且焉置土石？（《列子》"愚公移山"）

句中"焉"是问处所，译作"哪儿"。

2、数量词

数词这个大家庭的成员，具有表示数目多少和次序先后的本领；量词这个大家庭的成员，有表示事物和行为动作的数量单位的功能。

数词和量词这两个大家庭，关系十分密切，成员常常联合行动。因而，这两个家庭便合并而成数量词。人、事、物及行为动作都以数和量来表示。古代汉语中数量词的语法作用，和现代汉语基本相同，主要是用来修饰名词或动词。但是，古代汉语中数的称述和现代汉语有些不同，量词也较少运用。古代汉语中数量词的用法也有一定的规律，我们可以从下述常见用法中加以体会。

（1）数词跟名词直接结合，不用量词

现代汉语中，表示人或事物的数量，一般要用数词加上量词。而文言文中，除了度量衡的单位必须用量词外，其他情况下往往不用量词，而把数词直接加在名词的前面或后面，翻译时则按现代汉语的习惯，译成"数+量+名"的形式或"名+数+量"的形式。

【数词在名词前（数+名）】

一屠晚归，担中肉尽，止有剩骨。（蒲松龄《狼》）

句中数词"一"＋名词"屠"，译作"一个屠夫"。

二川溶溶，流入宫墙。（杜牧《阿房宫赋》）

句中数词"二"＋名词"川"，译作"两条河"。

【数词在名词后（名+数）】

尝贻余核舟一。（魏学洢《核舟记》）

句中名词"核舟"＋数词"一"，译作"一只核舟"。

李氏子蟠，年十七。（韩愈《师说》）

句中名词"年"＋数词"十七"，译作"十七岁"。

（2）数词和名词组合，用上量词

随着社会的发展，在文言文中渐渐出现了量词。在表示人或事物的数量时，数词和名词组合并用上了量词，而且数、量词连用在名词的前面或后面，可用现代汉语中"数+量+名"的形式翻译。

【数、量词在名词后（名+数+量）】

车六七百乘，骑千余，卒数万人。（《史记·陈涉世家》）

句中名词"车" + 数词"六七百" + 量词"乘",译作"六七百辆战车"。"卒数万人"的形式同此。

我持白璧一双,欲献项王。(《史记·项羽本纪》)

句中名词"白璧" + 数词"一" + 量词"双",译作"一双白璧"。

【数、量(有时不用)词在名词前,中间加助词"之"隔开 [数 + (量)+之+名]】

大王遣一介之使至赵,赵立奉璧来。(《史记·廉颇蔺相如列传》)

句中数词"一" +量词"介" +之+名词"使",译作"一个使者"。

吾不能举全吴之地,十万之众,受制于人。(《赤壁之战》)

句中数词"十万" + 之+名词"众",译作"十万甲兵"。

(3) 数词和动词组合

在文言文中,计算动作次数时,一般用数词直接修饰动词。这有两种情况。

第一种情况:数词直接用在动词前面,不用量词(数+动),一般用动补词组来翻译,并用上量词。如:

驴一鸣,虎大骇,远遁。(柳宗元《黔之驴》)

句中数词"一" + 动词"鸣",译作"叫了一声"(动补词组)。

齐人三鼓。(《左传》"曹刿论战")

句中数词"三" +动词"鼓",译作"擂了三次鼓"(动补词组)。

第二种情况:数词用在动词后面,并在二者之间用助词"者"隔开,不用量词(动+者+数),常用主谓词组或动词性的偏正词组来翻译,并用上量词。如:

盖一岁之犯死者二焉。(柳宗元《捕蛇者说》)

句中动词"犯死" + 者+数词"二",译作"冒死亡威胁只有两次"(主谓词组)。

举所佩玉玦以示之者三。(《史记·项羽本纪》)

句中动词"示之" + 者+数词"三",译作"多次示意"。

(4) 虚 数

文言数词中的"三"、"九"、"十二"和"十"、"百"、"千"、"万"等,常常用来表示数量的众多,并表示夸张的意思,我们不能拘泥于字面去如实地理解。如：

军书十二卷，卷卷有爷名。（《木兰辞》）

可译为：军书有很多卷，卷卷都有父亲的名字。

万里赴戎机，关山度若飞。（《木兰辞》）

可译为：走很远的路奔赴战场，飞快地越过了道道关塞和座座山岭。

将军百战死，壮士十年归。（《木兰辞》）

可译为：在多次战斗中，不少将军牺牲了，木兰及其战友经过多年战斗生活（还是）回来了。

公输盘九设攻城之变，子墨子九距之。（《公输》）

可译为：公输盘多次用了随机应变的攻城方法，墨子多次抵御了他。

一篇之中三致志焉。（《史记·屈原列传》）

可译为：篇中多次表示这种心意。

（5）分　数

古代汉语中分数的表示法，除了和现代汉语相同的以外，很多情况下是母数、子数连用，中间不用"分"和"之"。如：

借第令毋斩，而戍死者固十六七。（《史记·陈涉世家》）

句中"十六七"即十分之六七。

能相通者什九，不者什一。（徐光启《甘薯疏序》）

句中"什九"即十分之九，"什一"即十分之一。

（6）倍　数

古代汉语中的倍数也有特定的说法，一倍，用"倍"；十倍，有时用"什"；百倍，作"百"等，一般不用"倍"字。如：

故用兵之法，十则围之，五则攻之，倍则分之，敌则能战之，少则能逃之，不若则能避之。（《孙子兵法·谋攻》）

句中"十"即十倍，"五"即五倍，"倍"即一倍，这里指比致人多一倍。

3、实词的活用

实词分为名词、动词、形容词、数词、量词、代词六类。每个词都归属于一定的词类，同一类的词都具备共同的语法特点。这是古今汉语所共有的语法规律。如果一个词经常具备两类或两类以上的语法特点，这就是词的兼类。

在古代汉语中,有些词很善于变化。它原属甲类,而在特定的条件下,按照一定的语言习惯可灵活用作乙类词,临时具备乙类词的语法特点,这就是词的活用。词的活用,不是词的兼类。词的活用,主要表现在实词里。

实词的活用,有各种现象。在文言文中大量出现,异彩纷呈,生气勃勃。文言文中的实词,有时面目未变,而其身份已变。我们必须准确地辨认并解释活用的实词,以便更好地理解句意。现在,就让我们来分别认识古代汉语实词活用的各种现象。

(1)名词用作状语

状语是用在动词或形容词前面的,其作用是对动词或形容词进行修饰、限制。常用作状语的是副词。在现代汉语中,名词一般不用作状语。而在古代汉语王国里自由度比较高,名词用作状语这种词类活用的语法现象,则是屡见不鲜的,而且有多方面的修饰作用。为了便于掌握这种古代汉语常识,我们可以归纳出下面几方面的用法。

第一、人事名词用作状语

古代汉语人事名词用在动词前作状语,一般具有表示动作、行为的特征、状态;表示动作、行为的对待方式;表示动作、行为所用的工具;表示动作、行为发生的处所;表示动作、行为的采用方式或依据等作用。现在我们就分别了解一下。

【表示动作、行为的特征、状态】

用比喻的方法,拿用作状语的人事名词来形象地描述动作、行为的特征、状态,这是最常见的一种用法。这类状语一般可译为"像……一样(似的)"。如:

少时,一狼径去,其一犬坐于前。(蒲松龄《狼》)

句中的人事名词"犬"用在动词"坐"的前面作状语,修饰动词"坐",意思是"像狗似的"。

项伯亦拔剑起舞,常以身翼蔽沛公,庄不得击。(《史记·项羽本纪》)

句中的人事名词"翼"用在动词"蔽"的前面作状语,修饰动词"蔽",意思是"像鸟张开翅膀一样"。

【表示动作、行为的对待方式（亦即对人的态度）】

这种用法是把动词的宾语所表示的人，当用作状语的那个人事名词所表示的人来对待。这类状语一般可译为"像对待……一样"或"把……当作……"。如：

齐将田忌善而客待之。（《史记·孙子吴起列传》）

句中的人事名词"客"用作动词"待"的状语，表示"待之"的态度是"当做宾客一样"。

【表示动作、行为所用的工具】

这种用法，是把人事名词所表示的物作为动作、行为所用的工具。这类状语一般可译为"用（拿）……"。如：

黔无驴，有好事者船载以入。（柳宗元《黔之驴》）

句中的人事名词"船"用作动词"载"的状语，表示"载"的工具，意思是"用船"。

狼，速去！不然，将杖杀汝。（马中锡《中山狼传》）

句中的人事名词"杖"用作动词"杀"的状语，表示"杀"所用的工具，意思是"拿杖"。

【表示动作、行为发生的处所】

这种用法，是把人事名词所表示的事物作为动作、行为发生的处所。这类状语一般可译为"在……上（中）"。如：

卒廷见相如，毕礼而归之。（《史记·廉颇蔺相如列传》）

句中的人事名词"廷"用作动词"见"的状语，表示"见"的处所，意思是"在朝廷上"。

泽居之鱼鳖，山居之麋鹿。（徐光启《甘薯疏序》）

句中的人事名词"泽"用作动词"居"的状语，表示"居"的处所，意思是"在水里"。"山"这个人事名词用作动词"居"的状语，表示"居"的处所，意思是"在山中"。

【表示动作、行为的采用方式或依据】

这种用法，是把人事名词所表示的事物用来表示动作、行为的采用方式或依据。这类状语没有一定的译法。如：

恐不可户说，辄以是疏先焉。（徐光启《甘薯疏序》）

句中的人事名词"户"用作动词"说"的状语，表示"说"所采用的方式，意思是"挨家挨户地"。

失期，法当斩。（《史记·陈涉世家》）

句中的人事名词"法"用作动词"斩"的状语，表示"斩"的依据，意思是"按照法律"。

第二、时间名词用作状语

古代汉语时间名词用在动词或形容词前面（有时用在主语前面）作状语，一般可表示动作、行为发生的时间；表示动作、行为的次数和经常；表示情况的逐渐发展变化；表示及时、按时或当时等意义，而且往往用连词"而"或"以"把它和谓语中心词连接起来。现在我们就分别了解一下。

【表示动作、行为发生的时间】

时间名词用在动词前面作状语，表示动作、行为发生的时间，有时用"而"或"以"把状语和中心词连接起来。这类状语一般可译为"在……"（"在"有时可省去）。如：

暮投石壕村，有吏夜捉人。（杜甫《石壕吏》）

句中的时间名词"暮"和"夜"分别用作动词"投"和"捉"的状语，表示"投"和"捉"的时间，各自的意思是"傍晚"、"在夜里"。

朝而往，暮而归。（欧阳修《醉翁亭记》）

句中的时间名词"朝"和"暮"分别用作动词"往"和"归"的状语，并分别用"而"把状语和中心词连接起来，表示"往"和"归"的时间，各自的意思是"早晨"、"傍晚"。

【表示动作、行为的次数和经常】

时间名词用在动词前面作状语，表示动作、行为的次数和经常。这类状语一般可译为"每……"。如：

其始，太医以王命聚之，岁赋其二。（柳宗元《捕蛇者说》）

句中的时间名词"岁"用作动词"赋"的状语，表示"赋"的次数和经常，意思是"每年"。

君子博学而日参省乎己，则知明而行无过矣。（《荀子·劝学》）

句中的时间名词"日"用作动词"参"、"省"的状语，表示"参"、

"省"的经常，意思是"每天"。

【表示情况的逐渐发展变化】

时间名词用在动词或形容词前面作状语，表示情况的逐渐发展变化。这类状语一般可译为"一××地"或"一×一×地"。如：

有如此之势，而为秦人积威之所劫，日削月割，以趋于亡。（苏洵《六国论》）

句中的时间名词"日"和"月"分别用作动词"削"和"割"的状语，表示"削"、"割"这类情况的逐渐发展变化，各自的意思是"一天天地"，"一月月地"。

【表示及时、按时或当时等意义】

时间名词用在主语或动词前面作状语，表示动作、行为发生的及时、按时或某种情况发生于当时等。如：

谨食之，时而献焉。（柳宗元《捕蛇者说》）

句中的时间名词"时"用在动词"献"前面并用"而"连接作状语，表示"献"的"按时"，可解为"到时"（即到了该交蛇的时候）。

时浓雾半作半止。（徐宏祖《游黄山记》）

句中的时间名词"时"用在主语"浓雾"前，作谓语"半作半止"的状语，表示"半作半止"这种情况发生在"当时"。

第三、方位名词用作状语

古代汉语方位名词用在动词前作状语，一般表示动作、行为发生的处所，表示动作、行为的趋向。现在就让我们分别了解一下。

【表示动作、行为发生的处所】

方位名词用在动词前面作状语，表示动作、行为发生的处所。这类状语一般可译为"在……"、"到……"、"到了……"。如：

时东南风急，盖以十舰最著前，中江举帆，余船以次俱进。（司马光《赤壁之战》）

句中的方位名词"中江"用作动词"举"的状语，表示"举"这个动作发生的处所，意思是"到了江中心"。

荆州北据汉沔，利尽南海，东连吴会，西通巴蜀，此用武之国。（诸葛亮《隆中对》）

句中的方位名词"北"、"东"、"西"分别用作动词"据"、"连"、"通"的状语，表示"据"、"连"、"通"发生的处所，各自的意思是"在北边"、"在东边"、"在西边"。

【表示动作、行为的趋向】

方位名词用在动词前面作状语，表示动作、行为的趋向，一般可译为"向……"、"到……"。如：

赵王于是遂遣相如奉璧西入秦。（《史记·廉颇蔺相如列传》）

句中的方位名词"西"用作动词"入"的状语，表示"入"的趋向，意思是"向西"。

孔子东游，见两小儿辩斗。（《两小儿辩日》）

句中的方位名词"东"用作动词"游"的状语，表示"游"的趋向，意思是"到东方"。

综上所述，我们可以看出，一个名词，当它用在动词或形容词前面时，它已不表示人或事物的名称，不充当句子的主语，而只对它后面的动词或形容词起修饰、限制作用，这时它就成了句中的状语成分。对这样的名词，我们常用动宾词组、介宾词组等形式来翻译。

（2）名词用作动词

名词表示人或事物的名称，在句子里常作主语、宾语。在古代汉语里，有些名词可以作动词用，具有动词的语法功能。这种语法现象，在文言文中常可见到，人们常以"名动化"称之。

名词用作动词这种语法现象，常见的有如下几种情况：

第一、代词"之"前面的名词用作动词。

代词"之"一般不受名词修饰，而且一般在宾语位置上。而名词决不带宾语，只有动词才带宾语。因此，代词"之"前面的名词，一般用作动词。如：

驴不胜怒，蹄之。（柳宗元《黔之驴》）

句中的"蹄"原为名词，现用在代词"之"的前面，则活用为动词，解为"用蹄子踢"。

又有经行峡、宴坐峰，皆后人以贯休诗名之也。（沈括《梦溪笔谈·雁荡山》）

句中的"名"原为名词，现用在代词"之"的前面，则活用为动词，译作"命名"。

第二、副词特别是否定副词后面的名词用作动词。

副词的作用是修饰动词和形容词，一般不能修饰名词，也不月在名词之前。如果副词特别是否定副词后面出现名词，那么这个名词就活用作动词。如：

但二月草已芽，八月苗未枯，采掇者易辨识耳，在药则未为良时。（沈括《梦溪笔谈·采草药》）

句中的"芽"用在副词"已"后面，活用为动词，是"发芽"的意思。

设以炮至，吾村不齑粉乎？（徐珂《冯婉贞》）

句中的"齑粉"用在否定副词"不"的后面，已活用为动词，译为"成了粉末"。

第三、能愿动词后面的名词常用作动词。

能愿动词，经常用在一般动词之前，因而名词如果用在能愿动词后面，而又找不到另外的动词，那么这个名词就活用作动词。如：

云青青兮欲雨，水澹澹兮生烟。（李白《梦游天姥吟留别》）

句中的"雨"用在能愿动词"欲"之后，而又无别的动词，故"雨"活用为动词，意为"下雨"。

假舟楫者，非能水也，而绝江河。（《荀子·劝学》）

句中的"水"用在能愿动词"能"之后，且又无别的动词，故此"水"也活用为动词，意为"游水"。

第四、名词之前没有动词，而后面往往是介宾词组，此名词用作动词。

补语常用在动词之后，介词结构又往往充当动词的补语，所以名词用在介词结构之前，而又别无动词时，这个名词就活用作动词。如：

沛公军霸上。（《史记·项羽本纪》）

句中的"军"后省略介词"于"，实际用在介词结构"于霸上"之前，而又别无动词，因而活用为动词，意为"驻军"。

有时名词后面并无介词结构，而它前面又无动词，而且这个名词在句中已不表示人或事物的名称，那么这个名词就用作动词。如：

中峨冠而多髯者为东坡。(魏学洢《核舟记》)

句中的"峨冠"前无动词，后无介词结构，活用为动词，意为"戴着高高的帽子"。

第五、介词结构后面的名词用作动词。

介词结构常用来修饰其后的动词，如果名词用在介词结构后面受这个介词结构修饰，那么这个名词就活用为动词。如：

而此独以钟名，何哉？(苏轼《石钟山记》)

句中的"名"受其前面的介词结构"以钟"的修饰，活用为动词，意为"命名"。

第六、一句中有两个名词连用，其中有一个名词用作动词。

一句中有两个名词连用（包括一名词叠用），这两个名词不是并列关系，也不是偏正关系，其中一个名词表示主动者或被动者，那么，表示主动者的名词后面的名词一般用作动词，表示被动者的名词前面的名词一般也用作动词。如：

愿为市鞍马，从此替爷征。(《木兰辞》)

句中的"市"用在表被动者的名词"鞍马"之前，表示人的行为，活用为动词，意为"买"。

大楚兴，陈胜王。(《史记·陈涉世家》)

句中的"王"用在表主动者的名词"陈胜"之后，说明"陈胜"干什么，就活用作动词，意为"称王"。

命一上将将荆州之军以向宛、洛。(《三国志·诸葛亮传》)

句中的"将"字叠用，前者是名词，后者表明前者所表示的人的行为，活用作动词，意为"统率"。

第七、"所"字后面的名词用作动词。

"所"字常用于动词之前，与这个动词组成"所字结构"。如果名词用在"所"字之后，就活用为动词。如：

乃丹书帛曰"陈胜王"，置人所罾鱼腹中。(《史记·陈涉世家》)

句中的"罾"与前面的"所"组成"所字结构"，已不是名词，而活用作动词，意为"用罾捕"。

第八、"而"字前边或后边的名词常作动词。

“而”作连词最多见的作用是连接两个动词。如果“而”所连接的两个词里有一个确为动词，那么另一个词尽管原为名词，这时也活用作动词。如：

为坛而盟，祭以尉首。（《史记·陈涉世家》）

句中的“而”前边是动词性词组“为坛”，后边的“盟”这时自活用为动词，作“宣誓”解。

夫五人之死，去今之墓而葬焉，其为时止十有一月耳。（张溥《五人墓碑记》）

意为：这五个人的牺牲，距离现在修墓安葬他们，为时不过十一个月罢了。句中的“而”后边是动词“葬”，前边的“墓”这时则由名词活用为动词，意为“修墓”。

越天都之胁而下。（徐宏祖《游黄山记》）

句中的“而”前边是动宾词组“越天都之胁”，后边的方位名词“下”，这时就用作动词，当“下山”讲。

综上所述，名词活用作动词的情况是较复杂的，我们必须仔细辨认。名词用作动词后如何解释，这要看上下文具体情况而定，但总和该名词原意有联系，我们通过仔细捉摸，便可了解它的意思。

（3）动词用作名词

动词是表示动作、行为、发展变化的。在古代汉语中，动词有时表示的不是动作、行为、发展、变化，而是人或事物的名称，这时，该动词就活用作名词。动词用作名词，一般有以下两种情况。

第一、由动词转化而成的名词所表示的人或事物，是由动词所表示的动作、行为的结果或对象而决定。如：

吾忘持度。（《郑人买履》）

句中的“度”表示度量的结果“尺码”，它已由动词活用为名词。

越明年，政通人和，百废俱兴。（范仲淹《岳阳楼记》）

句中的“废”表示废弛的对象即“废弛不办的事情”，这里也用作名词。

第二、由动词转化而成的名词所表示的人或事物，其作用或特点与动词所表示的动作、行为有直接关系。如：

一屠晚归，担中肉尽，止有剩骨。（蒲松龄《狼》）

句中的"屠"作动词是"宰杀牲畜"的意思，这里表示宰杀牲畜的人，即"屠夫"。因而用作名词后表示的人的作用与作动词时表示的动作、行为是有着直接关系的。

悉使赢兵负草填之，骑乃得过。（司马光《赤壁之战》）

句中的"骑"作动词时的意思是"坐在牲畜或其他东西上，两腿分跨在两旁"。这里用作名词，是"战马"的意思，战马是被人骑的，所以这里的"骑"与作动词时的意思有着直接关系。

由上述可知，动词用作名词后表示的意思是不难理解的。我们可以把动词用作名词，看作动词所修饰的中心词被省略。因此，我们解释用作名词的动词时，一般可以以动词为修饰语，再补上中心词。

（4）形容词用作名词

形容词表示人或事物的性质、特点等。古代汉语中，形容词有时用作名词，它所表示的人或事物所具有的性质、特点，仍是形容词所表示的性质、特点。在翻译时，我们可以把活用作名词的形容词看作形容词所修饰的中心词被省略，一般只要以形容词为修饰语，再补上中心词即可。如：

一时齐发，众妙毕备。（林嗣环《口技》）

句中的"妙"作形容词有"奇巧、神奇"的意思。这里用作名词，意为"妙处"（指各种神情毕肖的声音），具有"奇巧、神奇"的特点。

是故圣益圣，愚益愚。（韩愈《师说》）

句中前一个"圣"和"愚"都由形容词用作名词，"圣"意为"圣人"，具有"圣明"的特点；"愚"意为"愚人"，具有"愚蠢"的特点。

（5）形容词用作动词

古代汉语中形容词往往具有动词的性质，也就活用为动词了。形容词用作动词时，有使动用法和意动用法，也有一般用法。现将形容词用作一般动词的情况说明如下。

【带宾语的形容词用作动词】

动词的一个显著的特点是带宾语。如果形容词带宾语，具有动词的性质，这时的形容词就活用为动词。如：

西人长火器而短技击。（徐珂《冯婉贞》）

句中的"长"和"短"后面分别带宾语"火器"和"技击"，具有动词的性质，分别表示"擅长"和"不善于"两种行为。

复前行，欲穷其林。（陶潜《桃花源记》）

句中的"穷"带宾语"其林"，由形容词用作动词，意为"走到……尽头"。

【"所"字后面的形容词用作动词】

"所"字常用在动词之前，与这个动词组成"所字结构"。如果形容词用在"所"字之后，就活用作动词。如：

衣食所安，弗敢专也，必以分也。（《左传·曹刿论战》）

句中的"安"用在"所"字之后，和"所"字组成"所字结构"，这时活用为动词，意为"安身"。

今不速往，恐为操所先。（《赤壁之战》）

句中的"先"用在"所"字之后，和"所"字组成"所字结构"，这时活用为动词，意为"抢了先"。

【形容词直接用作动词】

如果没有标志，形容词明显表示动作、行为、发展、变化，这时就活用作动词。如：

问其深，则其好游者不能穷也。（王安石《游褒禅山记》）

句中的"穷"明显表示"好游者"的行为，具有动词的性质，意为"走到尽头"。

天下非小弱也。（贾谊《过秦论》）

句中的"小"、"弱"也显然是表示"天下"发展变化的情况，活用为动词，意为"变小"、"变弱"。

由上述可知，形容词活用作一般动词后，语法功能虽有变化，但意义和原义仍有联系，并不难解。

（6）动词的使动用法

一般句子，主语是动作的施动者，宾语是动作的对象。在有使动用法的句子中，主语不是动作的施动者，而是主语使宾语发出某个动作，也就是说动词和宾语之间的关系，不是一般的支配关系，而是含有"使它怎样"的意思。表示使动，一般用动词或由形容词转化而成的动词，很少用由名词转化而成的动词。

一个动宾结构究竟是否表示使动，一般可从两方面辨别。

第一、不及物动词后面如带有宾语，一般是表示使动。如：

君将哀而生之乎？（柳宗元《捕蛇者说》）

句中的"生"是不及物动词，意为"活下去"，而"活下去"的不是前面的主语"君"，而是其后的宾语"之"，是"君"使"之""活下去"，因此"生"是使动用法。

大王必欲急臣，臣头今与璧俱碎于柱矣！（《史记·廉颇蔺相如列传》）

句中的"急"是形容词用作动词，且是不及物动词，表示主语"大王"使宾语"臣""急"，意即"逼迫"。因而"急"在这里是使动用法。

先破秦入咸阳者王之。（《史记·项羽本纪》）

句中的"王"是名词用作不及物动词，表示使宾语"之""为王"，是使动用法。

第二、如果是及物动词，那就必须考察它的上下文。如：

①挟澄源、奴子仍下峡路。（徐宏祖《游黄山记》）

②元济于城上请罪，进诚梯而下之。（《李愬雪夜入蔡州》）

③悉使羸兵负草填之。（《赤壁之战》）

④均之二策，宁许以负秦曲。（《史记·廉颇蔺相如列传》）

上例①②句中的"下"是及物动词，后面都带有宾语，但用法不同。①句中的"下峡路"是一般动宾结构，②句中的"下之"则是使动式。③④句中的"负"是及物动词，后面也都带有宾语，但用法也不同。③句中的"负草"是一般动宾结构，④句中的"负秦"则是使动式。这些都是考察上下文之后得出的结论。

综上所述，我们可以看出，判断一个动词是否表示使动，根本的一点还是要以具体的语言环境为依据。翻译的方法一般可以用"使……"式，但有时也可以换一个适当的动词而不用"使……"式。如："忿恚尉"可译成"使尉恼怒"，也可以译成"触怒将尉"。

（7）动词的意动用法

意动用法是主观上认为宾语所代表的人或事物具有某种性状，或者说是动词对其宾语含有"认为它怎么样"或者"将它看作什么"的意思。形容词用作动词，一般表示前一种情况；名词用作动词，一般表示后一种情况；用动词表示意动的情况甚少。现分述如下。

【形容词用作动词表示意动】

形容词用作动词并带宾语，其作用又是认为宾语所表示的人或事物具有形容词所表示的性质、特点，即对宾语含有"认为它怎么样"的意思，这就表明形容词具有意动用法。如：

客之美我者，欲有求于我也。（《邹忌讽齐王纳谏》）

句中的"美"是认为其宾语"我"所代表的人具有"美"的特点，意为"以……为美"，即"认为……美"。

大将军邓骘奇其才，累召不应。（范晔《张衡传》）

句中的"奇"是认为其宾语"其才"所表示的事物具有"奇"的性质，意为"以……为奇"，即"认为……很不平凡"。

【名词用作动词表示意动】

名词用作动词并带宾语，其作用又是将宾语所表示的人或事物看作名词所表示的人或事物，即对宾语含有"将它看作什么"的意思，这就说明名词具有意动用法。如：

邑人奇之，稍稍宾客其父。（王安石《伤仲永》）

句中的"宾客"是把宾语"其父"所代表的人当作宾客看待，意为"以……为宾客"，即"把……当作宾客"。

贫者席地而卧。（方苞《狱中杂记》）

句中的"席"是把宾语"地"所表示的事物当作席，意为"以……为席"，即"把……当作席"。

由此可知，动词的意动用法，可以用"以……为……"式来表示，也就是"认为……是……"或"把……当作……"，这和使动用法的"使……"式是不一样的，我们一定要注意辨别两种情况，不可混淆。

【动词表示意动】

个别动词也有意动用法，这是极其罕见的。如：

凡人之有鬼也。（《荀子》）

句中的动词"有"是意动用法，"有鬼"表示"认为鬼存在"。

4、形同义异的古今词

从古至今，随着时代的变化，时间的推移，汉语中的不少词义都发生了变化，这很正常。我们在阅读古代文献时，要特别注意这样一种现象：古文中的一些单音词或双音词，其字形与现代汉语中的某些词完全一样，而其意义则不同。对此，我们一定要仔细审察，正确解释，切莫将这样的一些文言词混同于现代汉语中与其字形相同的词，否则将会误读有关的古代文献。现在，我们就通过一些例子来认识和辨别古文中易与今词混淆的词，也就是形同义异的古今词。如：

若夫厚赏者，非独赏功也，又劝一国。（《韩非子·六反》）

句中的"劝"，意为"鼓励"，非今义之"规劝"。

入而徐趋，至而自谢。（《战国策》"触詟说赵太后"）

句中的"谢"，意为"道歉、请罪"，非今义之"感谢"。

鲁君疑之，谢吴起。（《史记·孙子吴起列传》）

句中的"谢"，意为"辞谢、辞退"，非今义之"感谢"。

罢而孝公复让景监，景监亦让鞅。（《史记·商君列传》）

句中的"让"，意为"责备"，非今义之"谦让"。

若无兴德之言，则责攸之、袆、允等之慢，以彰其咎。（诸葛亮《出师表》）

句中的"慢"，意为"怠慢"，非今义之"缓慢"。

存者且偷生，死者长已矣。（杜甫《石壕吏》）

句中的"偷"，意为"苟且、马虎"，非今义之"偷窃"。

周文败，走出关。（《史记·陈涉世家》）

句中的"走"，意为"跑、逃跑"，非今义之"一般的行走"。

戎马关山北，凭轩涕泗流。（杜甫《登岳阳楼》）

句中的"涕"，意为"眼泪"，非今义之"鼻涕"。

停车坐爱枫林晚，霜叶红于二月花。（杜牧《山行》）

句中的"坐"，意为"因为"，非今义之"坐着"。

将何适而非快？（苏辙《黄州快哉亭记》）

译为：（他）要到什么地方去才会不愉快呢？（就是说，只要心胸坦然，无论到什么地方都是愉快的。）快，愉快、痛快，非今义之"速度不慢"。

以上皆为一些单音词古今意义的区别，我们再看一些双音词古今意义的区别。古代汉语中的某些双音词与现代汉语中的某些双音词，字形完全相同，但由于时代的变化，这些词的古今意义也发生了变化，我们必须正确辨析。如：

宿将爪牙，若李广、程不识者，非摧抑，乃废不用。（章炳麟《秦政记》）

文中"爪牙"古义是"猛将"，无贬义。今之"爪牙"是贬义词。

因其富厚，交通王侯，力过吏势，以利相倾。（晁错《论贵粟疏》）

文中"交通"，古义是"联络"、"勾结"。今之"交通"是各种运输、通讯事业的总称。

烈士暮年，壮心不已。（曹操《龟虽寿》）

"烈士"古代指刚正有节操的男子，今指为革命事业献出生命的人。

古者丈夫不耕，草木之实足食也。（《韩非子·五蠹》）

"丈夫"，古义是"成年男子"，今义是"夫妇俩的男方"。

婉贞于是率诸少年结束而出。（《清稗类钞·冯婉贞》）

句中的"结束"义为整好装束，即穿戴好。现代汉语中的"结束"则表示完成的意思。

老大嫁作商人妇。（白居易《琵琶行》）

句中的"老大"意为年纪大了，如今的"老大"指兄弟数人中排行第一的。

牺牲玉帛，弗敢加也，必以信。（《左传·曹刿论战》）

句中的"牺牲"指祭祀用的祭品猪、牛、羊，而今说"牺牲"则指为正义事业献出生命（即为正义而死）。

还有一些所谓"双音词"，其实是两个单音词，切莫混同于现代汉语的双音复合词，更要辨清它们古今意义的区别。如：

墨子者，显学也。其身体则可，其言多而不辩。（《韩非子·外储说·左上》）

句中"身体"，指"身"和"体"。"身"是自身、自己，"体"是实践；今义指人的身体。

愚者，为一物一偏而自以为知道，无知也。（《荀子·天论》）

句中"知道"，是"知"和"道"两个词。"知"即今之"知道"、

"懂得"、"明白","道"是"规律"。

今世主有地方数千里。(《商君书·算地》)

句中"地方",是"土地"和"方圆"两个词,而不同于今之"地方"为一个词。

子布、元表诸人各顾妻子,挟持私虑,深失所望。(《赤壁之战》)

句中"妻子",指妻子和子女,今义专指男子的配偶。

先帝不以臣卑鄙,猥自枉屈,三顾臣于草庐之中。(诸葛亮《出师表》)

句中"卑鄙",是"卑"和"鄙"两个词。"卑"为地位低,"鄙"是粗野。今义指品质恶劣。

昨日入城市,归来泪满巾,遍身罗绮者,不是养蚕人。(张俞《蚕妇》)

句中"城市",是"城"和"市"两个词。"城"指城里,"市"是动词,为"卖买"之意。而非今"城市"一词。

皆存想虚致,未必有其实也。(王充《论衡·订鬼》)

句中的"其实"是两个单音词:代词"其"(那),名词"实"(事实,实际情况)。而现代汉语的"其实"是一个副词,是"实际上"的意思。

王曰:"善哉!虽然,公输般为我为云梯,必取宋。"(《墨子·公输》)

句中的"虽然",是"虽"和"然"两个词,分别译作"即使"、"如此"。

曾子曰:"参也与子游闻之。"有子曰:"然。然则夫子有为言之也。"(《礼记·檀弓上》)

句中"然则",是"然"和"则"两个词的组合,译作"(既然)如此(这样),那么(就)……"

亲贤臣,远小人,此先汉之所以兴隆也;亲小人,远贤臣,此后汉之所以倾颓也。(诸葛亮《出师表》)

句中两个"所以"都表示"……的缘故"的意思,不同于现代汉语中表示因果关系的关联词语"所以"。

中间力拉崩倒之声。(林嗣环《口技》)

句中"中间"不是现代汉语中的方位名词"中间（阴平）"，而是两个词："中"，作"其中"解；"间（去声）"，作"夹杂"解。

可以一战。（《左传·曹刿论战》）

句中的"可以"是"可"和"以"两个词。"可"即今之"可以"，"以"义为"凭"。今天讲"可以"表示认可，有"行"、"能"、"好"等义。

古代汉语中有些双音词，我们不能轻率地视之为联合复词。虽然它们都由两个含有相反意义或含义有所不同的词素构成，但它们的意义，决不是两个词素意义的相加，而只是用其中一个意义。这类词我们称之为偏义复词。我们必须分清偏义复词和联合复词。如：

昼夜勤作息。（《孔雀东南飞》）

句中的"作息"由意义相反的"作"（劳作）和"息"（休息）这两个词素构成，这里据上下文可知，"作息"只指"作"，而无"息"义。今言"作息"则包括两方面。

我有亲父兄。（《孔雀东南飞》）据全诗内容可知，"我"之"父"已去世，因此，这里只用作"兄"义。

5、通假字

古代，汉字数量很少，不够用，于是写文章的人常常借用其他音同或音近的字来代替，这就是所谓"通假"或称"通借"。有时，写文章的人或抄文章的人，或者为了省事，或者由于笔误（也就是写别字），或者因方言习惯写法，也会造成用字通假的现象。总之，文言文中的用字通假，是一种"表"（字形和字音——古代读音）属于甲字，而"里"（意义）实属于乙字的临时用字现象。通假字现象，一般出现在实词范围之内。如今，我们若能熟悉文言文用字通假现象，就有助于避免望文生义，也不会误解古人心中的意思。现举例如下：

召有司案图，指从此以往十五都予赵。（《史记·廉颇蔺相如列传》）

句中"案"，按通常意思"桌子"、"案卷"、"案件"、"木盘"都解释不通，我们就考虑通假用法："案"通"按"，察看，查看。"案图"，就是查看地图。

将军身被坚执锐，伐无道，诛暴秦，复立楚国之社稷，功宜为王。

（《史记·陈涉世家》）

句中"被"，按通常意思"被子"、"遮盖"和表示被动的用法，都解释不通，我们就考虑通假用法："被"通"披"，穿着（披着）。"被坚执锐"就是"披坚执锐"。

愿伯具言臣之不敢倍德也。（《史记·项羽本纪》）

句中"倍"，按通常意思"倍数"、"加倍"都解释不通，我们就考虑通假用法："倍"通"背"，背弃，"倍德"，就是背弃道德，也就是忘恩负义的意思。

古字通假的问题，是很复杂的。以上仅是举例说明古字通假的现象。我们平时阅读古典文献，如遇到某字按其本义在句中讲不通时，就要考虑其是否为通假字。但我们也不可以随意猜测，最稳妥的办法就是向某些字典请教，通过查阅资料来消除我们的疑虑。

为便于读者学习方便，我们整理了一批常见通假字，现附录于下。

常见通假字一览：

A

"案"通"按"

①审察，察看，查看。例：

召有司案图，指从此以往十五都予赵。（《史记·廉颇蔺相如列传》）

②按住。例：

梦见夫人据案其身哭矣。（王充《论衡·订鬼》）

B

"被"通"披"

①穿着。例：

操吴戈兮被犀甲 （屈原《国殇》）

②披着。例：

屈原至于江滨，被发行吟泽畔，颜色憔悴，形容枯槁。（《史记·屈原列传》）

"板"通"版",

上有文字或图形，用木板或金属等制成供印刷用的模板。例：

庆历中，有布衣毕昇，又为活板。（沈括《活板》）

"辨"通"辩"，辩解。例：

故略上报，不复一一自辨。（王安石《答司马谏议书》）

"不"通"否"

①不能。例：

以为能相通者什九，不者什一。（徐光启《甘薯疏序》）

②不可。例：

秦王以十五城请易寡人之璧，可与不？（《史记·廉颇蔺相如列传》）

③否则。例：

不者，若属皆且为所虏！（《史记·项羽本纪》）

"徧"通"遍"，遍及。例：

小惠未徧，民弗从也。（《左传·曹刿论战》）

"篦"通"鎞"，古代妇女用在头上的装饰品。例：

钿头银篦击节碎，血色罗裙翻酒污。（白居易《琵琶行》）

"栢"通"杯"，酒器。例：

沛公不胜栢杓，不能辞。（《史记·项羽本纪》）（这里"栢"代酒）

"倍"通"背"，背弃。例：

愿伯具言臣之不敢倍德也。（《史记·项羽本纪》）

"罢"通"疲"，疲劳，疲乏。例：

罢夫羸老易子而咬其骨。（贾谊《论积贮疏》）

"暴"通"曝"，晒。例：

虽有槁暴不复挺者，鞣使之然也。（《荀子·劝学》）

"宾"通"傧"，傧相，旧指为主人接引宾客的人。例：

设九宾于廷，臣乃敢上璧。（《史记·廉颇蔺相如列传》）

C

"材"通"才"，才能，本领。例：

食之不能尽其材。（韩愈《马说》）

"厝"通"措"，放置。例：

命夸娥氏二子负二山，一厝朔东，一厝雍南。（《列子》"愚公移山"）

"唱"通"倡"，首先提出，首先号召。例：

今诚以吾众诈自称公子扶苏、项燕，为天下唱，宜多应者。（《史记·陈涉世家》）

"沈"同"沉"，深入，程度深。例：

常记溪亭日暮，沈醉不知归路。（李清照《如梦令》）

这里的日暮：黄昏时候。沈醉：即沉醉，为自然景色所陶醉。句意：我常常记起，在黄昏的溪亭边，为自然景色所陶醉，连回家的路都不知道了。

"错"同"措"，放在。例：

以君为长者，故不错意也。（《战国策·唐雎不辱使命》）

"参"通"骖"，古代驾在车两旁的马。例：

沛公之参乘樊哙者也。（《史记·项羽本纪》）

"裁"通"才"，刚刚。例：

手裁举，则又超忽而跃。（蒲松龄《促织》）

"椎"通"锤"，锤子。例：

若见鬼把椎锁绳墨，立守其旁。（王充《论衡·订鬼》）

"钞"通"抄"，抄写。例：

道中手自钞录。（文天祥《指南录后序》）

"卒"通"猝"，急忙。例：

先生仓卒以手搏之，且搏且却，引蔽驴后，便旋而走。（马中锡《中山狼传》）

句意：东郭先生急忙用手同狼格斗，一边格斗一边退却，躲避到驴子的后边，绕着圈子跑。

"绌"通"黜"，罢黜。例：

屈平既绌。（《史记·屈原列传》）

"从"通"纵"，纵向。例：

合从缔交，相与为一。（贾谊《过秦论》）

"廛"通"缠"，束。例：

不稼不穑，胡取禾三百廛兮？（《诗经·伐檀》）

D

"顿"通"钝",受挫,受损失。例:

必以全争于天下,故兵不顿而利可全。(《孙子·谋攻》)

E

"尔"通"耳"

①而已,罢了。例:

无他,但手熟尔。(欧阳修《卖油翁》)

②感叹语气词,"哩"。例:

非死则徙尔。(柳宗元《捕蛇者说》)

"而"通"尔",你的。例:

而翁归,自与汝复算耳!(蒲松龄《促织》)

F

"反"通"返",返回。例:

寒暑易节,始一反焉。(《列子》"愚公移山")

"奉"通"捧",捧着。例:

王必无人,臣愿奉璧往使。(《史记·廉颇蔺相如列传》)

"缻"通"缶",盛酒的瓦器,古代秦人常敲击它来作为歌唱的节拍。例:

赵王窃闻秦王善为秦声,请奉盆缻秦王,以相娱乐。(《史记·廉颇蔺相如列传》)

G

"盖"通"盍",何,怎么,为什么。例:

技盖至此乎?(《庄子·养生主·庖丁解牛》)

H

"惠"通"慧",聪明。例:

甚矣,汝之不惠。(《列子》"愚公移山")

"衡"通"横"

①横的。例:

左手倚一衡木,右手攀右趾。(魏学洢《核舟记》)

②横行。例:

有勇力者聚徒而衡击。（贾谊《论积贮疏》）

③横向。例：

外连衡而斗诸侯。（贾谊《过秦论》）

④梗塞，阻塞。例：

困于心，衡于虑，而后作。（《生于忧患，死于安乐》）

"忽"通"惚"，辽阔渺茫的样子。例：

平原忽兮路超远。（《国殇》）

"画"通"划"，弹奏弦乐的一种动作。例：

曲终收拨当心画，四弦一声如裂帛。（白居易《琵琶行》）

"函胡"通"含糊"，厚重模糊。例：

南声函胡，北音清越。（苏轼《石钟山记》）

"怳"通"恍"，恍惚，突然惊起的样子。例：

忽魂悸以魄动，怳惊起而长嗟。（李白《梦游天姥吟留别》）

"还"通"旋"，回转，掉转。例：

扁鹊望桓侯而还走。（《扁鹊见蔡桓公》）

"华"通"花"，例：

常恐秋节至，焜黄华叶衰。（汉乐府《长歌行》）

"火"通"伙"，例：

出门看火伴，火伴皆惊忙。（《木兰辞》）

"曷"通"何"，什么，干什么。例：

缚者曷为者也？（《晏子使楚》）

<h2 style="text-align:center">J</h2>

"具"通"俱"，都。例：

越明年，政通人和，百废具兴。（范仲淹《岳阳楼记》）

"见"通"现"

①表现，例：

是马也，虽有千里之能，食不饱，力不足，才美不外见……（韩愈《马说》）

②出现，例：

风吹草低见牛羊。（北朝民歌《敕勒歌》）

③呈现，露出。例：

而境界危恶，层见错出，非人世所堪。（文天祥《指南录后序》）

"距"通"拒"

①抵挡，抵御，对付。例：

公输盘九设攻城之机变，子墨子九距之。（《墨子·公输》）

②把守。例：

距关，毋内诸侯，秦地可尽王也。（《史记·项羽本纪》）

"钜"通"巨"。例：

山高风钜，雾气去来无定。（徐宏祖《游黄山记》）

钜：大。句意：山高风大，雾气散去和生成都没有定准。

"戒"通"诫"，告诫。例：

三保戒团众装药实弹，毋妄发。（徐珂《冯婉贞》）

"景"通"影"，影子。例：

赢粮而景从。（贾谊《过秦论》）

"简"通"拣"，挑选。例：

盖简桃核修狭者为之。（魏学洢《核舟记》）

"钧"通"均"，平等。例：

邀见讲钧礼。（周容《芋老人传》）

"噭"通"噭"，口。例：

牛羊蹄躈各千计。（蒲松龄《促织》）

"衿"通"襟"，衣襟。例：

壁上小虫，忽跃落衿袖间。（蒲松龄《促织》）

"贾"通"价"，价格。例：

置于市，贾十倍，人争鬻之。（刘基《卖柑者言》）

K

"窥"通"跬"，半步。例：

固当窥左足以效微劳。（马中锡《中山狼传》）

L

"陇"通"垄"，高地。例：

自此，冀之南，汉之阴，无陇断焉。（《列子》"愚公移山"）

"雷"通"擂",敲击。例:

瑜等率轻锐继其后,雷鼓大震,北军大坏。(《资治通鉴·赤壁之战》)

"廪"通"懔",畏惧。例:

可以为富安天下,而直为此廪廪也!(贾谊《论积贮疏》)

"陵"通"凌",凌侮。例:

贾家庄几为巡徼所陵迫死。(文天祥《指南录后序》)

"卤"通"鲁",鲁莽,粗疏草率。例:

于反复不宜卤莽。(王安石《答司马谏议书》)

"离"通"罹",遭遇。例:

"离骚"者,犹离忧也。(《史记·屈原列传》)

M

"霾"通"埋",陷没。例:

霾两轮兮絷四马。(《国殇》)

"莫"通"暮",晚。例:

至莫夜月明,独与迈乘小舟,至绝壁下。(苏轼《石钟山记》)

"晦"通"亩",泛指田亩、田间。例:

末技游食之民,转而缘南晦……(贾谊《论积贮疏》)

N

"内"通"纳"

①接纳,让……进来。例:

距关,无内诸侯,秦地可尽王也。(《史记·项羽本纪》)

②把……装进。例:

先生如其指,内狼于囊。(马中锡《中山狼传》)

"女"通"汝",你。例:

逝将去女,适彼乐土。(《诗经·硕鼠》)

O

"殴"通"驱",驱赶。例:

今殴民而归之农,皆著于本……(贾谊《论积贮疏》)

P

"娉"通"聘",指女子出嫁。例：

当其时，巫行视小家女好者，云是当为河伯妇，即娉取。(《西门豹治邺》)

"畔"通"叛"，背叛。例：

寡助之至，亲戚畔之。(《孟子·公孙丑下》"得道多助，失道寡助")

Q

"取"通"娶"，把女子接过来成亲。例：

当其时，巫行视小家女好者，云是当为河伯妇，即娉取。(《西门豹治邺》)

"诎"通"屈"

①折屈。例：

公输盘诎。(《公输》)

②弯曲着。例：

(佛印)卧右膝，诎右臂支船……(魏学洢《核舟记》)

"齐"通"剂"，药剂。例：

在肠胃，火齐之所及也。(《扁鹊见蔡桓公》)

"阙"通"缺"

①中断。例：

自三峡七百里中，两岸连山，略无阙处。(郦道元《三峡》)

②短缺。例：

必能裨补阙漏，有所广益。(诸葛亮《出师表》)

"契"通"锲"，刻。例：

其剑自舟中坠于水，遽契其舟……(《刻舟求剑》)

"瞿"通"惧"，吃惊。例：

三保瞿然曰……(《清稗类钞·冯婉贞》)

"趣"通"促"，催促。例：

巫妪何久也？弟子趣之！(《西门豹治邺》)

"禽"通"擒"，捉，活捉。例：

将军禽操，宜在今日。(《资治通鉴·赤壁之战》)

"其"通"岂"，难道。例：

尽吾志也而不能至者，可以无悔矣，其孰能讥之乎？（王安石《游褒禅山记》）

R

"鞣"通"揉"，使……弯曲。例：

木直中绳，鞣以为轮，其曲中规。（《荀子·劝学》）

S

"適"通"谪"，调发，调到。例：

二世元年七月，发闾左適戍渔阳九百人，屯大泽乡。（《史记·陈涉世家》）

"说"通"悦"，高兴。例：

公输盘不说。（《墨子·公输》）

"属"通"嘱"，嘱托。例：

属予作文以记之。（范仲淹《岳阳楼记》）

"帅"通"率"，带领。例：

帅突将三千为前驱。（《资治通鉴·李愬雪夜入蔡州》）

"竦"通"耸"，高。例：

水何澹澹，山岛竦峙。（曹操《观沧海》）

"逝"通"誓"，发誓，决心。例：

逝将去女，适彼乐土。（《诗经·硕鼠》）

"受"通"授"，传授。例：

师者，所以传道受业解惑也。（韩愈《师说》）

"孰"通"熟"，仔细。例：

唯大王与群臣孰计议之。（《史记·廉颇蔺相如列传》）

"生"通"性"，生性，本性，人的禀性、资质。例：

君子生非异也，善假于物也。（《荀子·劝学》）

"识"通"志"，记住。例：

因笑谓迈曰："汝识之乎？……"（苏轼《石钟山记》）

"杓"通"勺"，酒器，有时代酒。例：

沛公不胜桮杓，不能辞。（《史记·项羽本纪》）

"舍"通"捨",舍弃,放弃,丢掉。例:

舍其文轩,邻有敝舆而欲窃之。(《墨子·公输》)

"善"通"缮",修治,拭,擦。例:

善刀而藏之。(《庖丁解牛》)

"蟺"通"鳝",鳝鱼。例:

蟹八跪而二螯,非蛇鳝之穴无可托者,用心躁也。(《荀子·劝学》)

"食"通"饲",喂养。例:

谨食之,时而献焉。(柳宗元《捕蛇者说》)

"矢"通"屎",大便。例:

每薄暮下管键,矢溺皆闭其中,与饮食之气相薄。(方苞《狱中杂记》)(矢:这里用作动词,解大便。)

T

"汤"通"烫",用热水焐。例:

疾在腠理,汤熨之所及也。(《扁鹊见蔡桓公》)

"帖"通"贴",例:

当窗理云鬓,对镜帖花黄。(《木兰辞》)

"廷"通"庭",院子。例:

起,听于廷,闻愬军号令,应者近万人,始惧。(《李愬雪夜入蔡州》)

"庭"通"廷",国君听政的朝堂。例:

赵王乃斋戒五日,使臣奉璧,拜送书于庭。(《史记·廉颇蔺相如列传》)

"田"通"畋",打猎。例:

今王田猎於此。(《孟子·庄暴见孟子》)

W

"亡"通"无",没有。例:

河曲智叟亡以应。(《愚公移山》)

"顽"通"玩",玩耍。例:

我又不同你顽。(吴敬梓《范进中举》)

"无"通"毋",不要。例:

硕鼠硕鼠,无食我黍!(《诗经·硕鼠》)

无：不要。句意：大老鼠啊大老鼠，不要再吃我种的黍！

X

"信"通"伸"，伸张。例：

孤不度德量力，欲信大义于天下，而智术浅短，遂用猖蹶，至于今日。（诸葛亮《隆中对》）

"县"通"悬"，挂。例：

不狩不猎，胡瞻尔庭有悬貆兮？（《诗经·伐檀》）

"郤"通"隙"

①空隙，间隙。例：

批大郤，导大窾。（《庖丁解牛》）

②嫌隙，隔阂。例：

今者有小人之言，令将军与臣有郤。（《史记·项羽本纪》）

"向"通"响"，发出响声。例：

砉然向然。（《庖丁解牛》）

"畜"通"蓄"，积蓄。例：

畜积足而人乐其所矣。（贾谊《论积贮疏》）

"孅"通"纤（纤）"，细致。例：

古之治天下，至孅至悉，故其畜积足恃。（贾谊《论积贮疏》）

"虚"通"墟"，指有人住过而现已荒废之所，也指集市。例：

去逾四十里，之虚所卖之。（柳宗元《童区寄传》）

Y

"踰"通"逾"，越过。例：

远之人逖闻之，以为踰汶之貉、踰淮之橘也。（徐光启《甘薯疏序》）

"已"通"以"，例：

自董卓已来，豪杰并起，跨州连郡者不可胜数。（诸葛亮《隆中对》）

"圉"通"御"，防御。例：

公输盘之攻械尽，子墨子之守圉有余。（《公输》）

"以"通"已"，已经。例：

卒买鱼烹食，得鱼腹中书，固以怪之矣。（《史记·陈涉世家》）

"以"通"与"，例：

三老、官属、豪长者、里父老皆会，以人民往观之者三二千人。（《西门豹治邺》）

"与"通"以"，用。例：

乃弃其步军，与其轻锐倍日并行逐之。（《史记·孙子吴起列传》）

"炎"通"焰"，火焰。例：

顷之，烟炎张天，人马烧溺死者甚众。（《赤壁之战》）

"昳"通"逸"，气度不凡。例：

邹忌修八尺有余，而形貌昳丽。（《邹忌讽齐王纳谏》）

"有"通"又"，又，再。例：

①虽有槁暴，不复挺者，輮使之然也。（《荀子·劝学》）

②对联、题名、并篆文，为字共三十有四。（魏学洢《核舟记》）

"要"通"邀"，邀请。例：

张良出，要项伯。（《史记·项羽本纪》）

"员"通"圆"，例：

以精铜铸成，员径八尺。（《汉书·张衡传》）

"厌"通"餍"，满足。例：

诸侯之地有限，暴秦之欲无厌，奉之弥繁，侵之愈急。（苏洵《六国论》）

"疑"通"拟"，比拟。例：

远方之能疑者，并举而争起矣。（贾谊《论积贮疏》）

"圜"通"圆"，例：

其法为一大圜室，以巨幅悬之四壁，由屋顶放光明入室。（薛福成《观巴黎油画记》）

"邪"通"耶"，疑问语助词，吗。例：

其真无马邪？其真不知马也。（韩愈《马说》）

"翼"通"翌"，明天，第二天。例：

翼日进宰。（蒲松龄《促织》）

"亿"通"繶"，束。例：

不稼不穑，胡取禾三百亿兮？（《诗经·伐檀》）

Z

"指"通"旨"

①意图，意思。例：

卜者知其指意。（《史记·陈涉世家》）

②旨趣。例：

其称文小而其指极大。（《史记·屈原列传》）

"章"通"彰"，显著，现出。例：

或隐弗章。即章矣……（徐光启《甘薯疏序》）

"止"通"只"，仅。例：

担中肉尽，止有剩骨。（蒲松龄《狼》）

"曾"通"增"，增加。例：

所以动心忍性，曾益其所不能。（《生于忧患死于安乐》）

"坐"通"座"，座位。例：

满坐寂然，无敢哗者。（林嗣环《口技》）

"直"通"值"，价钱，价格。例：

①半匹红绡一丈绫，系向牛头充炭直。（白居易《卖炭翁》）

②市中游侠儿得佳者笼养之，昂其直，居为奇货。（蒲松龄《促织》）

"转"通"啭"，声音转折。例：

空谷传响，哀转久绝。（郦道元《三峡》）

"质"通"锧"，铁砧，和斧同为古代用以腰斩人的刑具。例：

君不如肉袒伏斧质请罪，则幸得脱矣。（《史记·廉颇蔺相如列传》）

"质"通"贽"，古时初次拜见人时所送的礼物。例：

厚币委质事楚。（《史记·屈原列传》）

"卒"通"猝"，仓猝，马上。例：

五万兵难卒合，已选三万人，船、粮、战具俱办。（《赤壁之战》）

"蚤"通"早"，时间靠前。例：

旦日不可不蚤自来谢项王！（《史记·项羽本纪》）

"知"通"智"，智识，才智。例：

君子博学而日参乎己，则知明而行无过矣。（《荀子·劝学》）

"祇"通"只"，例：

祗宜近盼天都，明日登莲顶。（徐宏祖《游黄山记》）

"支"通"肢"，例：

四支僵劲不能动。（宋濂《送东阳马生序》）

"尊"通"樽"，酒杯。例：

人间如梦，一尊还酹江月。（苏轼《念奴娇·赤壁怀古》）

"疐"通"踬"，跌倒，因跌下而压着的意思。例：

前虞跋胡，后恐疐尾，三纳之而未克，徘徊容与，追者益近。（马中锡《中山狼传》）

（二）虚　词

一提起文言文，或曰古文，大家就会自然而然地想起"之、乎、者、也、矣、焉、哉"等，这些就是我们通常所说的文言虚词，也就是古代汉语的虚词。在古代汉语王国中，文言虚词是一个不容忽视的大家族！主要由连词、介词、副词、助词这几个大家庭组成。他们成员众多，面孔各异，作用不同，而又不乏关联，几乎每个成员都是多面手，真可谓韵致多多，我们当仔细辨认。

1、连　词

连词，具有连接作用，有巧妙绝伦的本领，就像连接列车车厢的挂钩一样。可以把一篇文章中的词、词组、句子这些各不相同的车厢连接起来，组成蕴含丰富的列车，奔向各个地方，发挥各自的作用。

连词主要有："而"、"且"、"则"、"虽"、"然"、"因"等。

【而】

"而"是文言虚词大家族中最为活跃的成员之一，像川剧的变脸一样，善于变化，能够表示并列、递进、顺承、转折、偏正、假设等多种关系，让人捉摸不定，当要细心辨识。

第一，表并列关系的"而"，一般连接两个意义相近的形容词、动词或类似形容词、动词的其他词语，这种"而"一般不译。如：

智术之士，必远见而明察，不明察不能烛私；能法之士，必强毅而劲直，不劲直不能矫奸。（《韩非子·孤愤》）

句中"远见"和"明察"、"强毅"和"劲直"这两对形容词，皆由

"而"连接表示并列关系。"远见而明察"可译为"识见高远、明察秋毫"，"强毅而劲直"可译为"坚决果断、刚强正直"，其中"而"不译。如：

王顾左右而言他。（《孟子·梁惠王下》）

句中"而"连接"顾左右"和"言他"这两个表示行为的动宾词组，而且这两个行为差不多是同时进行的，所以"而"在这里是表示并列关系的。此句可译为："齐宣王回过头两边张望，讲别的话去了。"其中"而"不译。

第二，表递进关系的"而"，连接两个词语时，意在强调后者，一般可译为"而且"、"并且"。如：

马陵道狭，而旁多阻隘，可伏兵。（《史记·孙子吴起列传》）

句中"而"连接前后两个分句"马陵道狭"和"旁多阻隘"，构成递进关系，可译为"而且"。

第三，表顺承关系的"而"连接表示动作、行为的两个词语时，这两个动作、行为有先后次序，一般不译。如：

樊哙覆其盾于地，拔剑切而啖之。（《史记·项羽本纪》）

句中"切"和"啖"由"而"连接，表示先"切"后"啖"，连贯而下，两者为顺承关系，"切而啖"译为"切着吃"即可。

第四，表转折关系的"而"连接两个词、词组、句子，前后意义相反，一般可译作"然而"、"反而"、"可是"、"但是"、"却"等。如：

位尊而无功，奉厚而无劳。（《战国策·触詟说赵太后》）

句中"位尊"和"无功"、"奉厚"和"无劳"，表示转折关系，"而"可译为"却"。

舟已行矣，而剑不行。（《吕氏春秋·刻舟求剑》）

句中"而"连接"舟已行"和"剑不行"这两种动静相反的状态，表示转折关系，可译为"可是"。

第五，表偏正关系的"而"用于状语和动词之间，这时"而"可译为"地"，或不译。如：

吾尝终日而思矣，不如须臾之所学也。（《荀子·劝学》）

句中"而"用在状语"终日"和动词"思"之间，表示偏正关系，可译为"地"。

第六，"而"有一种特殊用法，即表示假设关系，这时的"而"在句中意思与"如"（如果）相同。如：

朝拜而不道，夕斥之矣。夕受而不法，朝斥之矣。（柳宗元《封建论》）

句中"而"是如果的意思，表示假设关系。

【且】

第一，"且"用在两动词之间，表并列关系，含有"又……又……"、"一边……一边……"的意思。如：

遥望老子杖藜而来，须眉皓然，衣冠闲雅，盖有道者也。先生且喜且愕，舍狼而前，拜跪啼泣。（马中锡《中山狼传》）

句中"且……且……"译作"又……又……"，表示"喜"和"愕"两个动词为并列关系，"且喜且愕"可译为"又喜又惊"。

先生仓卒以手搏之，且搏且却，引蔽驴后，便旋而走，狼终不得有加于先生，先生亦竭力拒，彼此俱倦，隔驴喘息。（马中锡《中山狼传》）

句中"且……且……"，译作"一边……一边……"，表示"搏"和"却"两个动词为并列关系，"且搏且却"可译为"一边搏斗一边退却"。

第二，"且"有时用在词和词之间或句和句之间，表递进关系，一般可译作"而且"、"并（并且）"。如：

王不行，示赵弱且怯也。（《史记·廉颇蔺相如列传》）

句中"且"用在"弱"和"怯"两个形容词之间，含有进一层的意思，可以译作"而且"。

第三，"且"用在分句间，作为选择词，表示选择关系。如：

足下欲助秦攻诸侯乎？且欲率诸侯破秦也？（《史记·郦生陆贾列传》）

句中"且"表示前后两句所述为选择关系，二者不可得兼，可译作"还是"。此句可译为："您想要帮助秦国攻打其他诸侯国吗？还是要率领其他诸侯国击破秦国啊？"

综上可知，"且"既可用在两动词之间表示并列关系，又可用在两形容词间或分句间表示递进关系，还可用在分句间表示选择关系。

【则】

在连词大家庭中，"则"这个成员本领也不小，也是个多面手，它可以在句中表示顺承、假设、转折等关系。如：

每闻琴瑟之声，则应节而舞。（蒲松龄《聊斋志异·促织》）

句中"则"前后两种情况——"闻琴瑟之声"和"应节而舞"，在时间上有先后，是一种顺承关系，"则"可译为"就"。

人主不除此五蠹之民，不养耿介之士，则海内虽有破亡之国，削灭之朝，亦勿怪矣。（《韩非子·五蠹》）

句中"则"之前所述为假设存在的条件，"则"之后所述为在假设条件下所产生的结果，前后两个分句构成了假设关系，"则"可译为"那么"。

今闻章邯降项羽，项羽乃号为雍王，王关中。今则来，沛公恐不得有此。（《史记·高祖本纪》）

句中"则"当"若"、"如果"讲，表假设。"今则来"可译为"如今若他来了"。

黔无驴，有好事者船载以入，至则无可用，放之山下。（柳宗元《黔之驴》）

句中"好事者船载以入"，本为有用，至黔后竟"无可用"，结果与愿望相反，故句中"则"表示转折关系，可译作"却"。

【虽】

在连词大家庭中，"虽"这个成员本领也不单一，可在句中表示转折、假设等关系，分别译作"虽然"、"即使"。如：

洛阳虽有此固，其中小，不过数百里，田地薄，四面受敌，此非用武之国也。（《史记·留侯世家》）

句中由"有此固"反成为"非用武之国"，这是一个转折，这里"虽"表示转折关系，可译作"虽然"。

故以战去战，虽战可也；以杀去杀，虽杀可也；以刑去刑，虽重刑可也。（《商君书·画策》）

句中三个"虽"，其前边的分句都是指假设存在的条件，其后边的分句都是指在假设条件下产生的结果，故"虽"表示假设关系，可译作"即使"。

【然】

在连词大家庭中，"然"也是一个颇有名气的成员，其本领也不可小

觑。"然"在句子中,常见的用法是表示转折关系。如:

此二子者,世谓忠臣也,然卒为天下笑。(《庄子》"柳下跖怒斥孔丘")

"然"在句中作连词,表示转折关系,可译作"但是"、"可是"、"然而"。

"然"在句子中,不但可以表示转折关系,还可以同其他词连用,在你眼前造成雾幛,我们千万要擦亮眼睛,看清它的面目。如"然"与"则"、"而"等连用时,"然"是代词,译作"如此"、"这样";"则"是连词,表示承接;"而"也是连词,表示转折。如:

汤、武之王也,不修古而兴;殷夏之灭也,不易礼而亡。然则反古者未必可非,循礼者未足多是也。(《商君书·更法》)

句中"然"作"这样"解,肯定上文所举事实;"则"作"那么"解,引出下文的阐述,前后句构成承接关系。

夫垂泣不欲刑者,仁也;然而不可不刑者,法也。先王胜其法不听其泣,则仁之不可以为治亦明矣。(《韩非子·五蠹》)

句中"然"与"而"连用,"然"是代词,可译作"(虽然)如此"、"这样";"而"是连词,表示转折,可译作"却"。

虽然,每至于族,吾见其难为。(《庄子》"庖丁解牛")

句中"虽然"是"虽"与"然"连用。"虽"是连词,译作"虽然";"然"是代词,译作"如此"、"这样"。"虽然"即是"虽然如此(虽然是这样)"。

【因】

"因"是连词大家庭中不可或缺的一员。它常单独活动,也会与其他成员相伴而行,我们得认清其行踪。如:

驴不胜怒,蹄之。虎因喜,计之曰:"技止此耳!"因跳踉大㘎,断其喉,尽其肉,乃去。(柳宗元《黔之驴》)

句中"因"译作"于是"、"就"。

今杀相如终不能得璧也,而绝秦赵之欢,不如因而厚遇之,使归赵。(《史记·廉颇蔺相如列传》)

句中"因而"即"因此而",可译作"因此就"。

2、介 词

介词这个大家庭的所有成员，个个都有巧妙本领。就像媒介一样，常用在名词、代词前边，组成介词结构。将有关的名词或代词介绍给相关的动词或形容词，用作动词或形容词的状语或补语，以表示动作行为的方向、对象、时间、处所、原因、方式等。介词这个大家庭的主要成员有："于（於）"、"以"、"为"、"与"、"因"等。

【于（於）】

"于（於）"是介词这个大家庭中最常露面的一员。是介词这个大家庭以至文言虚词这个大家族中最为活跃的成员之一。常和其后的名词、代词组成介词结构，表示时间、处所、比较等，我们要好好领教其变化术。现在看几个例子。

繁启蕃长于春夏，蓄积收藏于秋冬。（《荀子·天论》）

句中两个"于"，分别同"春夏"和"秋冬"组成介词结构，做"繁启蕃长"和"蓄积收藏"的补语，表示（农作物）"繁启蕃长"和"蓄积收藏"的时间，都译作"在"。

为长安君约车百乘，质于齐。（《战国策·触詟说赵太后》）

句中"于"，同"齐"组成介词结构，做"质"的补语，表示所至处所，译作"到"。

青，取之于蓝，而青于蓝。（《荀子·劝学》）

句中两个"于"都同"蓝"组成介词结构，分别作"取"和"青"的补语，前者用在动词"取"的后面，表示所自，译作"从"；后者用在形容词"青"的后面，指出比较的事物，译作"比"。

【以】

在介词这个大家庭中，"以"称得上活跃分子，本领多多。可表示工具、对象；表示凭借、依靠；表示率领、表示"按照……"、"就……而论"、表示原因等，还可解为"于"。"以"还可用作连词，表示并列、目的、结果等。我们不能掉以轻心，要在活动环境中去认识它。如：

常以身翼蔽沛公，庄不得击。（《史记·项羽本纪》）

句中"以"同"身"组成介词结构，作"翼蔽"的状语，表示工具（拿身体当作遮挡的工具），可译为"用"。

夫以秦之强，大王之贤，由灶上骚除，足以灭诸侯，成帝业，为天下一统，此万世之一时也！（《史记·李斯列传》）

句中"以"表示"凭借"、"依靠"。

使龙骧将军胡彬以水军五千援寿阳。（《淝水之战》）

句中"以"表示"率领"。

大封功臣二十余人，皆为列侯。其余各以次受封。（《三国志·武帝纪》）

句中"以"表示"按照……"。"以次"译为"依次"、"按照次序"。

孙膑以此名显天下，世传其兵法。（《史记·孙子吴起列传》）

句中"以"表原因，译作"因为"。

（秦始皇）以秦昭王四十八年正月生于邯郸。（《史记·秦始皇本纪》）

句中"以"用法同"于"，表示时间，译作"在"。

"以"有时用于两个形容词或动词之间，用法同"而"，作为连词，以表示并列、目的、结果。这是我们应当引起注意的。如：

法令既明，士卒安难乐死，主明以严，将智以武。（《史记·张仪列传》）

句中两个"以"的用法，同"而"，表示并列关系。

有圣人作，构木为巢，以避群害，而民悦之，使王天下，号之曰有巢氏。（《韩非子·五蠹》）

句中"以"译作"用来"，表示"构木为巢"是手段，其目的是"避群害"。

今逐客以资敌国。（李斯《谏逐客书》）

句中"以"表示"逐客"这一做法必将产生"资敌国"的结果。上句可译为："如今（若）驱逐客卿（势必会）资助敌国。"

【为】

在介词这个大家庭中，"为"颇有能耐，可以表示对象、原因、目的、假设（"如果"）等。它的用法：

第一，有时"为"的用法相同"于"。如：

为天下理财，不为征利。（王安石《答司马谏议书》）

句中"为"表示对象，译作"替"。"为天下……"可译为"替国家……"。

媪之送燕后也，持其踵而为之泣。（《战国策·触詟说赵太后》）

句中"为"表示对象，译作"对着"。"为之泣"可译为"对着她流泪"。

天行有常，不为尧存，不为桀亡。（《荀子·天论》）

句中"为"表示原因，译作"因为"。

旦日飨士卒，为击破沛公军。（《史记·项羽本纪》）

句中"为"表示目的，译作"为了"。

孙叔敖戒其子曰："为我死，王则封女，女必无受利地。（《列子·说符》）

句中"为"表示假设，译作"如果"。

第二，有时"为"用同"于"，可译作"在"、"对"等。如：

为其来也，臣请缚一人过王而行。（《晏子春秋》）

句中"为"用同"于"，译作"在"。

万物同宇而异体，无宜而有用为人，数也。（《荀子·富国》）

句中"为"用同"于"，译作"对"。"有用为人"可译为"对人都有用"。

【与】

"与"这个成员，一般指出对象，可译为"同"、"跟"，"替"、"为"。"与"还常到连词大家庭中客串，则译为"和"。如：

受时与治世同，而殃祸与治世异，不可以怨天，其道然也。（《荀子·天论》）

句中"与"是介词，译作"同"、"跟"。

陈涉少时，尝与人佣耕。（《史记·陈涉世家》）

句中"与"是介词，译作"替"。

独卿与子敬与孤同耳。（《赤壁之战》）

句中前"与"是连词，译作"和"；后"与"是介词，可译作"同"、"跟"。

【因】

"因"在介词大家庭中，很能干。能表达"通过"、"凭借"、"依靠"、

"利用"、"由于"等意思。请看：

廉颇闻之。肉袒负荆，因宾客至蔺相如门谢罪。（《史记·廉颇蔺相如列传》）

句中"因"可译作"通过"。"因宾客"译为"通过宾客的关系"。

善战者因其势而利导之。（《史记·孙子吴起列传》）

句中"因"可译作"利用"。"因其势"译为"利用那发展趋势"。

益州险塞，沃野千里，天府之土，高祖因之以成帝业。（《三国志·诸葛亮传》）

句中"因"可译作"凭借"。"因之"译为"凭借这有利条件"。

因前使绝国功，封骞博望侯。（《史记·卫青霍去病列传》）

句中"因"可译作"由于"。

3、副 词

在文言虚词这个大家族中，副词是个兴旺的大家庭，成员众多，生气勃勃。通常以句子的状语出现，对其后的动词、形容词起修饰作用。根据各自不同的作用，又可分成为几个小家庭。即：程度副词、范围副词、时间副词、情态副词、语气副词、否定副词、肯定副词、表敬副词等。

（1）程度副词

程度副词家庭成员有个共同的作用，就是表示事物的性状的程度。常见成员有："甚"、"极"、"绝"、"尤"、"愈"、"稍"、"益"、"弥"、"良"、"殊"、"颇"等，它们一般修饰形容词或动词，表示相关事物的性状的程度。如：

广身以大黄射其裨将，杀数人，胡虏益解。（《史记·李将军列传》）

句中"益"修饰动词"解"，译作"渐渐地"。

少益嗜食。（《战国策·触詟说赵太后》）

句中"少"修饰动词"益"，译作"稍微"。"少益"译为"稍微增加（一点）"。

左右或言："贼骑稍近，请分兵拒之。"公怒曰："贼在背后，乃白！"（《三国志·武帝纪》）

句中"稍"修饰形容词"近"，可译作"渐渐"。

语事良久，孝公时时睡，弗听。（《史记·商君列传》）

句中"良"修饰形容词"久",译作"很"。

老臣今者殊不欲食。(《战国策》"触詟说赵太后")

句中"殊"修饰"不欲食"这个动词性词组,译作"很"。

立孝文帝,陆生颇有力焉。(《史记·陆贾列传》)

句中"颇"修饰动词"有",译作"很"。

(2)范围副词

范围副词家庭成员的共同作用,是表示事物的范围。常见成员有:"皆"、"尽"、"悉"、"举"、"俱"、"咸"、"毕"、"备"、"凡"、"率"、"但"、"仅"、"止"、"第"、"徒"、"直"、"特"等,它们一般表示范围广或范围小。如:

盈缩之期,不但在天;养怡之福,可得永年。(曹操《龟虽寿》)

句中"但"表示范围小,译作"只"。"不但在天"译为"不只由天决定"。

孙子谓田忌曰:"君第重射,臣能令君胜。"(《史记·孙子吴起列传》)

句中"第"表示范围小,译作"只"。"第重射"译为"只管下大注的金钱"。

居五年,秦人富强,天子致胙于孝公,诸侯毕贺。(《史记·商君列传》)

句中"毕"表示范围广,译作"都"。"诸侯毕贺"译为"诸侯都来庆贺"。

险阻艰难,备尝之矣。(《左传·僖公二十八年》)

句中"备"表示范围广,译作"全"。

六王咸伏其辜,天下大定。(《史记·秦始皇本纪》)

句中"咸"表示范围广,译作"都"。

(3)时间副词

时间副词,主要表示动作行为的时间、快、慢、连续、频率等。常见成员有:"方"、"正"、"适"——表示现在时;"已"、"既"、"业"、"尝"、"曾"等——表示过去时;"欲"、"将"、"且"、"寻"、"卒"等——表示将来时;"遽"、"疾"、"急"、"亟"等——表示动作过程很快;"渐"、"寝"、"徐"等——表示动作过程缓慢;"乃"、"即"、"遂"、

"旋"、"辄"、"迭"、"复"、"数"等——表示动作的连续、频率。如：

谢安得驿书，知秦兵已败，时方与客围棋。(《淝水之战》)

句中"方"表示现在时，译作"正在"。

既克，公问其故。(《左传·曹刿论战》)

句中"既"表示过去时，译作"已经"。

自吾嗣为之十二年，几死者数矣。(柳宗元《捕蛇者说》)

句中"几"表示将来时，译作"几乎"、"差一点"。

（4）情态副词

情态副词家庭成员主要有"固"、"盖"、"乃"等，具体本领不尽相同，我们当细加区别。如：

人固有一死，或重于泰山，或轻于鸿毛。(司马迁《报任安书》)

句中"固"表示肯定，译作"本来"。

前朝恩封三子为侯，固辞不受。(曹操《让县自明本志令》)

句中"固"表示肯定，译作"坚决"。

计其长，曾不盈寸，盖简桃核修狭者为之。(魏学洢《核舟记》)

句中"盖"表示猜测、推断，译作"大概"。

必以长安君为质，兵乃出。(《战国策·触詟说赵太后》)

句中"乃"是才的意思。"兵乃出"译为"才出援兵"。

审配宗族，至乃藏匿罪人，为逋逃主。(曹操《抑兼并令》)

句中"乃"是"竟"的意思。

（5）肯定副词

肯定副词的家庭成员，主要有"诚"、"信"等，其作用是对相关事物表示肯定。如：

今天下三分，益州疲弊，此诚危急存亡之秋也。(诸葛亮《出师表》)

句中"诚"，意为"真的"、"确实"，表示对"危急存亡之秋"的肯定。

若妻信病，赐小豆四十斛，宽假限日；若其虚诈，便收送之。(《三国志·华佗传》)

句中"信"意为"真的"、"确实"，表示对"病"的肯定。

（6）否定副词

否定副词主要有"不"、"否"、"弗"、"毋"、"勿"、"未"、"莫"、"无"等，其作用是对相关事物表示否定。如：

弗能必而据之者，诬也。（《韩非子·显学》）

句中"弗"意为"不"，用在动词"能"前表示否定。

距关，毋内诸侯。（《史记·项羽本纪》）

句中"毋"，相当于"不要"，对动词"内"表示禁止、不同意之类的否定。

亡羊而补牢，未为迟也。（《战国策·楚策》）

句中"未"意为"不"，对"为迟"表示否定。

孟舒、魏尚之术，莫得而施。（柳宗元《封建论》）

句中"莫"译作"不"，对"得而施"表示否定。

（7）表敬副词

表敬副词家庭成员，主要有"请"、"谨"、"敬"、"窃"、"辱"、"敢"、"猥"、"幸"等。常用在动词之前，并无具体意义。只是表示对人的尊敬、礼貌，或表示自己的谦虚。如：

老臣窃以为媪之爱燕后贤于长安君。（《战国策·触奢说赵太后》）

句中"窃"表示自己的谦虚，可译作"我私下"。

敢布腹心，君实图之。（《左传·宣公十二年》）

句中"敢"，用在动词"布"前表自谦之意，可译为"冒昧地"。

愚以为营中之事，悉以咨之，必能使行阵和睦，优劣得所。（诸葛亮《出师表》）

句中"愚"表自谦，译作"我"。

（8）语气副词

语气副词家庭成员，主要有"其"、"讵"、"庸"、"宁"、"殆"、"竟"等。表示反问、推测等语气。如：

一之谓甚，其可再乎？（《左传·僖公五年》）

句中"其"与"乎"字呼应，表示反问语气，可译作"难道"。

王侯将相宁有种乎？（《史记·陈涉世家》）

句中"宁"表示反问语气，相当于"难道"。

势之来，其生人之初乎？（柳宗元《封建论》）

句中"其"表示推测语气，相当于"大概"。

君其图之！（《商君书·更法》）

句中"其"表示请求的语气。可译为："请您仔细考虑吧！"

4、助　词

在文言虚词这个大家族中，助词是特殊的大家庭。其成员总是附着在一个词、一个词组或一个句子的后边或前边，表示某种附加意义。其基本功能相同的成员，又以类相聚成结构助词和语气助词。

（1）结构助词

结构助词，主要有"之"、"者"、"所"、"然"等。常附着在词、词组的后面，在句子中起一定的结构作用。

【之】

结构助词中的"之"，常用在定语的后边，相当于现代汉语的"的"；用在主语和谓语之间，组成加"之"的主谓结构；用在宾语和动词之间，起把宾语放到动词前边的作用；用在主语和介词结构之间，以加重介词结构。此外，"之"字还可以附着在时间副词之后起衬音作用，如"顷之"、"久之"等。这就是结构助词"之"的主要作用。如：

虑世事之变，讨正法之本，求使民之道。（《商君书·更法》）

句中三个"之"，分别用在定语"世事"、"正法"、"使民"的后边，相当于现代汉语的"的"。

令既具，未布，恐民之不信，已乃立三丈之木于国都市南门，募民有能徙置北门者，予十金。（《史记·商君列传》）

句中第一个"之"用在主语和谓语之间，组成加"之"的主谓结构，无实在意义；第二个"之"用在定语的后边，相当于现代汉语的"的"。

子墨子起，再拜，曰："请说之。吾从北方闻子为梯，将以攻宋。宋何罪之有？……"（《墨子·公输》）

句中"宋何罪之有"中的"之"用在宾语"何罪"和动词"有"之间，起到把宾语放到动词前边的作用。

是以人之于让也，轻辞古之天子，难去今之县令者，薄厚之实异也。（《韩非子·五蠹》）

句中第一个"之"用在主语"人"和介词结构"于让"之间，以加重介词结构，无实义。

顷之，燕昭王卒，惠王立，与乐毅有隙。（《史记·田单列传》）

句中"之"字附着在时间副词"顷"之后起衬音作用，"顷之"即不久。

【者】

结构助词中的"者"，常用在形容词、动词、动宾词组或其他词组的后边，组成名词性的"者"字结构，表示"……的人"或"……的东西"，相当于现代汉语的"的"字结构。如：

此其近者祸及身，远者及其子孙。（《战国策·触詟说赵太后》）

句中两个"者"都用在形容词后边，译作"……的后果"。

假舆马者，非利足也，而致千里。（《荀子·劝学》）

句中的"者"字用在动宾词组"假舆马"后边，译作"……的人"。

古者禽兽多而人少。（《庄子》"柳下跖怒斥孔丘"）

"者"在句中表示有意的停顿。

言之，貌若甚戚者。（柳宗元《捕蛇者说》）

句中"者"用在形容词"戚"后面，译作"……的样子"或"……似的"。

【所】

结构助词中的"所"，主要有两种用法：一种是与"为"配合构成"为……所……"句式，表示被动；另一种是用在动词的前边，组成名词性的"所"字结构，有时在"所"字结构后边加"者"，一般译为"……的人"、"……的事"、"……的东西"等。如：

故行仁义者非所誉，誉之则害功；工文学者非所用，用之则乱法。（《韩非子·五蠹》）

句中两个"所"皆用在动词的前边，组成名词性的"所"字结构，译为"……的人"。

子言非不辩也。吾所欲者土地也，非斯言所谓也。（《韩非子·五蠹》）

句中"所"用在动词"欲"的前边，组成名词性的"所"字结构，并在"所"字结构后边加"者"，译为"……的东西"。

【然】

结构助词"然",常在形容词或动词的后边,一起作状语,有时作谓语。"然"一般译作"……似的"、"……的样子"、"……地"。如:

天下知之,则欲与天下同苦乐之,天下不知之,则傀然独立天地之间而不畏,是上勇也。(《荀子·性恶》)

句中"然"译作"……的样子"。傀然:巍然,高大的样子,作动词"独立"的状语。

杂然相许。(《列子》"愚公移山")

句中"然"译作"……地","杂然"作"相许"的状语。

(2) 语气助词

语气助词,主要有:"乎"、"也"、"矣"、"焉"、"哉"、"耳(尔)"、"欤(与)"、"邪(耶)"、"夫"、"者"等。每一个语气助词,往往不止一种本领。可以在不同的语境中表达各不相同的语气,一般可表达陈述、疑问、感叹、猜测等语气。如:

吾与汝毕力平险,指通豫南,达于汉阴,可乎?(《列子》"愚公移山")

句中"乎"表示疑问语气,是"是非问",译为"吗"。

彼王不能用君之言任臣,又安能用君之言杀臣乎?(《史记·商君列传》)

句中"乎"表示反问语气,是"特指问",译为"呢"。

谓修君子之道自容乎?谓以君子之道教之也?(王充《论衡·问孔》)

此句为选择问句,句中"乎"译为"呢";"也"表示疑问语气,译为"呢"。

今亡亦死,举大计亦死,等死,死国可乎!(《史记·陈涉世家》)

句中"乎"表示猜测、商量的语气,译为"吧"。

由是观之,夫无屯伯之试,州部之关,岂明主之备哉?(《韩非子·问田》)

句中"哉"与"岂"配合,表反问兼感叹语气,译为"吗"。

治乱天耶?……治乱非天也。(《荀子·天论》)

句中"耶"表示设问语气,译为"吗";"也"表示否定的陈述语气,译为"啊"。

吴起者，魏人也。（《史记·孙子吴起列传》）

此为判断句，句中"者"表示停顿语气，句末"也"表示肯定的陈述语气。

秦无亡矢遗镞之费，而天下诸侯已困矣。（贾谊《过秦论》）

句中"矣"表示陈述语气，说明事实的存在，译为"了"。

君子不为小人之匈匈也辍行。（《荀子·天论》）

句中"也"表示语气停顿以引出下文。

予以为周之丧久矣，徒建空名于公侯之上耳。（柳宗元《封建论》）

句中"耳"表示限止，相当于现代汉语的"而已"。

夫大国难测也，惧有伏焉。（《左传·曹刿论战》）

句中"夫"为发语词，表示下文将发议论；"也"表示停顿语气，"焉"表示陈述语气，皆可译作"啊"。

南方有鸟焉，名曰蒙鸠。（《荀子·劝学》）

"焉"用于句中表示停顿。有人将"焉"看作兼词"于彼"，解作"在那里"，也讲得通。

向不出其技，虎虽猛，疑畏卒不敢取。今若是焉，悲夫！（柳宗元《黔之驴》）

句中"焉"表示陈述语气；"夫"表示感叹语气，译作"啊"。

语气助词，不仅可以单独行动，而且还常常联合行动，形成了几个语气助词连用的现象。这是为了细致确切地表达语气。叠用的语气助词，各自保持其原有的作用，但句子的语气重点落在最后一个语气助词上。如：

呜呼，亦盛矣哉！（张溥《五人墓碑记》）

句中"矣"、"哉"连用，加重感叹语气。

噫吁嚱！危乎高哉！蜀道之难，难于上青天。（李白《蜀道难》）

句首连用三个语气助词"噫吁嚱"，加强感叹语气，紧扣读者心弦。

（三）文言句法

古代汉语的句法结构，基本同于现代汉语。现代汉语句子所有的成分，古代汉语同样具有。当然，同中有异，古代汉语的句式也有特殊的地方。

我们要较顺利地阅读古典文献，势必会遇到古代汉语的句式的问题，遇到文言句法的问题。因此，我们必须了解并掌握古代汉语句式的一些特点，懂得一些基本的文言句法。

1、判断句

现代汉语的判断句，主要是用判断词"是"和它后面的名词或名词性的词语构成一个"是……"式来表示。而在文言文中，"是"一般用作指示代词，而不是用作判断词。因此，文言文中的判断句，则用其他格式来表示。文言判断句的一般格式如下。

【"……，……也"式】

这种格式的判断句，翻译时有用"是"和不用"是"两种形式。

①翻译时用"是"的。如：

张衡字平子，南阳西鄂人也。（范晔《后汉书·张衡传》）

翻译为：张衡字叫平子，是南阳西鄂人。

②翻译时不用"是"的。如：

王不行，示赵弱且怯也。（《史记·廉颇蔺相如列传》）

翻译为：大王（要是）不去，正显示了赵国弱小而且胆怯。

【"……者……也"式】

这种格式的判断句，翻译时用"……是……"的形式。如：

陈胜者，阳城人也。（《史记·陈涉世家》）

翻译为：陈胜是阳城人。

【无"者"、"也"式】

这一类判断句，翻译时也用"……是……"的形式。如：

冰，水为之。（《荀子·劝学》）

翻译为：冰是水凝结而变成的。

【"……乃……"、"……为……"式】

这两种格式的判断句，其中的"乃"、"为"相当于现代汉语的判断词"是"，翻译的形式都用"……是……"。如：

当立者乃公子扶苏。（《史记·陈涉世家》）

翻译为：该当立为皇帝的是公子扶苏。

如今人方为刀俎，我为鱼肉，何辞为？（《史记·项羽本纪》）

翻译为：现在人家正是刀和砧板，我们就是鱼肉，为何还要告辞呢？

有些句子中的"乃"并不表示判断。如：

精思博会，十年乃成。（范晔《后汉书·张衡传》）

句子中的"乃"当"才"讲。

2、被动句

一般的句子，其主语是主动者；而有些句子，其主语是被动者，这样的句子就是被动句。在古代汉语中，被动句的表现形式一般有如下几种。

【"……于……"式】

此类型被动句，用介词"于"引出主动者。"于"当"被"、"受"讲。如：

暴见于王。（《孟子·庄暴见孟子》）

翻译为：我庄暴被王接见。

【"……见……"（"……见……于……"）、"……受（被）……"（"……受……于……"）式】

这类形式的被动句，用"见"、"受"等引出动词，用"于"引出主动者。如：

臣诚恐见欺于王而负赵。（《史记·廉颇蔺相如列传》）

翻译为：我实在怕被王欺骗而辜负了赵国。

信而见疑，忠而被谤。（《史记·屈原列传》）

翻译为：诚实的人却被怀疑，忠心的人反被诽谤。

【"……为……"、"……为……所……"式】

此类型被动句，常用"为"引出主动者，用"所"引出动词。如：

贤能为之用。（诸葛亮《隆中对》）

翻译为：有德、有才的人被他任用。

今不速往，恐为操所先。（《资治通鉴·赤壁之战》）

翻译为：现在不赶快前去，恐怕被曹操占先。

【主动句式表被动内容】

有些被动句，从字面上来看，并没有"为"、"见"之类表示被动的字眼，而是用主动句的形式表示被动的内容。如：

予羁縻，不得还。（文天祥《指南录后序》）

翻译为：我被拘留不能回国。

3、宾语前置

一般的句子，动词或介词在前，宾语在后；而有些句子，宾语则放在动词或介词前面。对这类语法现象，我们称之为宾语前置。文言句式中宾语前置的情况，主要有以下几种：

【疑问句中，作宾语的疑问代词，一般放在动词或介词前面。】

沛公安在？（《史记·项羽本纪》）

翻译为：沛公在哪儿？原句疑问代词"安"作宾语，放在动词"在"的前面。

何以战？（《左传·曹刿论战》）

翻译为：凭什么（条件）作战？（原句疑问代词"何"作宾语，放在介词"以"的前面。）

【否定句里，作宾语的代词，一般放在动词前面。】

古之人不余欺也！（苏轼《石钟山记》）

翻译为：古代的人不欺我啊！原句代词"余"作宾语，放在动词"欺"的前面。

三岁贯女，莫我肯顾。（《诗经·硕鼠》）

翻译为：供养你多年，（都）不肯照顾我。原句代词"我"作宾语，放在动词"顾"的前面。

【方位名词和时间名词作介词的宾语，往往提前。】

沛公北向坐，张良西向坐。（《史记·项羽本纪》）

翻译为：沛公面向北坐，张良面向西坐。原句方位名词"北"和"西"分别做介词"向"的宾语，都放在介词"向"的前面。

【用"之"、"是"为标志的宾语前置句。】

有时为强调反问语气，把宾语提到动词的前面，而且在宾语和动词之间加上"之"字，构成"宾——（之）——动"的格式。如：

宋何罪之有？（《墨子·公输》）

翻译为：宋国有什么罪？原句"何罪"作动词"有"的宾语，提到"有"的前面，并在其间加一个"之"字，起强调反问语气的作用。

有时为强调肯定语气，把宾语提到动词前面，并在宾语前后分别加上

"唯"和"是",构成"(唯)——宾——（是）——动"。如：

　　唯才是举，吾得而用之。（《三国志·武帝纪》）

　　翻译为：只要推举出有才能的人，我就收来并任用他们。原句"才"是动词"举"的宾语，为加强肯定语气，就提到"举"之前，并在"才"的前后分别加上"唯"和"是"。

4、定语后置

　　一般的句式，定语放在中心语的前面。古代汉语中常有定语后置的现象，即把定语放在中心语的后面，并且附有"者"字，可用现代汉语中的"的"字结构来翻译。如：

　　求人可使报秦者，未得。（《史记·廉颇蔺相如列传》）

　　翻译为：寻找可以出使答复秦国的人，没有找到。原句"可使报秦者"是"人"的定语，并放在"人"后面。

　　盖简桃核修狭者为之。（魏学洢《核舟记》）

　　翻译为：是挑选狭长的桃核刻成的。（原句"修狭者"作"桃核"的定语，并放在"桃核"后面。）

5、谓语前置

　　一般的句子，谓语放在主语之后，对主语起说明作用。有时由于古代汉语的语法习惯，或者为了强调谓语，加强感叹或反问的语气，就把谓语提到主语的前面。如：

　　甚矣，汝之不惠！（《列子·愚公移山》）

　　即"汝之不惠甚矣"的倒置。"汝之不惠"是主语，"甚"是谓语。为了强调谓语"甚"，加强感叹语气，就把"甚"提到"汝之不惠"之前。可译为："你不聪明到极点了！"或："你太不聪明了！"

6、介词结构

　　介词后面加上宾语，组成介宾词组，又称介词结构。文言文里常见的有"以"、"于"组成的介词结构，还有"为"、"与"组成的介词结构。介词结构在句中可作状语、补语。

【介词结构作状语】

　　介词结构用在动词前，作状语，翻译时词序与现代汉语相同。如：

以地事秦，犹抱薪救火。（苏洵《六国论》）

翻译为：拿自己的国土供奉秦国，如同抱着柴禾去救火。原句"以地"这个介词结构用在动词"事"前面作状语，翻译时词序不变。

谁为大王为此计者？（《史记·项羽本纪》）

翻译为：谁替大王想出这个计策的？原句中介词结构"为大王"用在动词"为"之前作状语，翻译词序不变。

【介词结构作补语】

介词结构用在动词或形容词之后，对动词或形容词起补充说明的作用，则充当补语成分。翻译时，有的仍作补语处理，词序就不变；有的则作状语处理，词序要调整，即把介词结构由动词或形容词的后面调到前面。如：

庞涓死于此树之下。（《史记·孙子吴起列传》）

翻译为：庞涓死在这棵树的下面。原句中介词结构"于此树之下"用在动词"死"之后作补语，说明"死"的处所，翻译时词序不变，仍作补语处理。

为坛而盟，祭以尉首。（《史记·陈涉世家》）

翻译为：筑坛而盟誓，用尉的头祭祀。原句中介词结构"以尉首"用在动词"祭"后面作补语，说明"祭"所用之物，翻译时按状语处理，把它调到"祭"之前。

7、疑问句

文言文的疑问句一般有两种表现形式：一种是句末带疑问语气词的；一种是句末不带疑问语气词，而句中有疑问代词或表示可否的词。

【句末带疑问语气词的】

技盖至此乎？（《庄子·庖丁解牛》）

翻译为：技术怎么高超到这般程度呢？

岂他人之过哉？（宋濂《送东阳马生序》）

可译为：难道是别人的过错吗？

【句末不带疑问语气词，而句中有疑问代词或表示可否的词的】

奈何取之尽锱铢，用之如泥沙？（杜牧《阿房宫赋》）

可译为：怎么能够将（从六国）搜取来的所有金玉珠宝，像使用泥沙一样挥霍一空呢？

廉颇老矣，尚能饭否？（辛弃疾《永遇乐·京口北固亭怀古》）

可译为：廉颇老了，饭量还好不好呢？

8、省略句

古代汉语比较简略，只要不影响意思的表达，往往可以省略一些成分。因此，我们在阅读文言文时，一定要注意上下文，仔细琢磨，发现其中省略的成分，以便正确理解文义。

句子成分省略的常见情况，有以下几种：

【省主语】

①承上句省主语。如：

诸葛亮谓刘备曰："事急矣，请奉命求救于孙将军。"遂与鲁肃俱诣孙权。（《资治通鉴·赤壁之战》）

句主语"诸葛亮"仍作下句主语，因而下句主语省略。

遽扑之，入石穴中。（蒲松龄《聊斋志异·促织》）

句宾语"之（指虫）"作下句主语，因而下句主语省略。

②叙述对话的时候，"曰"的主语常承上文省略。如：

曰："日食饮得无衰乎？"曰："恃粥耳。"曰："老臣今者殊不欲食，乃自强步，日三四里，少益嗜食，和于身也。"（《战国策·触詟说赵太后》）

细读原著全文，可知这段对话中三个"曰"的主语先后为"触詟"、"太后"、"触詟"，这里都省略了。

【省谓语】

①省动词谓语。如：

一鼓作气，再而衰，三而竭。（《左传·曹刿论战》）

首句谓语为动词"鼓"，后两句皆承前省略动词谓语"鼓"。

②省形容词谓语。如：

公之视廉将军孰与秦王？（《史记·廉颇蔺相如列传》）

据原著上文意思可知主语"秦王"后省形容词谓语"威"。

【省宾语】

①省动词后边的宾语。如：

扶苏以数谏故，上使外将兵。（《史记·陈涉世家》）

句主语"扶苏"作下句宾语，因而下句承前省略动词"使"后面的宾语"之"（代扶苏）。

②省介词后边的宾语。如：

孙膑以刑徒阴见，说齐使。齐使以为奇，窃载与之齐。（《史记·孙子吴起列传》）

依前句之意可知，后句的介词"以"和"与"的后边分别省略代词宾语"之"（指"孙膑"）。

【省介词"于"】

古代汉语中，动词或动词性词组后的补语如是"于"组成的介词结构，那么介词"于"往往省略。如：

今以钟磬置水中……（苏轼《石钟山记》）

动词"置"后面省略介词"于"（"在"的意思）。

今君乃亡赵走燕。（《史记·廉颇蔺相如列传》）

动词"亡"后面省略介词"于"（"从"的意思）；动词"走"后面省略介词"于"（"到"的意思）。

9、固定句式

古代汉语中，有些词语反复出现在不同的句子中，尽管句子意思不同，但翻译的基本方法则相同。这样的词语可以和其他词语组合成固定句式（也称"凝固结构"）。掌握了古代汉语中常见的固定句式，将会为我们阅读文言文带来方便。现将常见的固定句式介绍如下：

【孰与……】

"孰"是疑问代词，意为"谁"、"哪个"，常同介词"与"结合成一个凝固结构，用来表示比较和选择。"孰与……"可译为"比……怎么样"、"哪有……好呢"之类的句式。如：

公之视廉将军孰与秦王？（《史记·廉颇蔺相如列传》）

意为：诸位认为廉将军比秦王怎么样？"孰与"表比较，"怎么样"意为"哪一个厉害"。

【不亦……乎】

"不亦……乎"是表示委婉的反问句式，可译为"不是……吗"、"岂不是……吗"。"亦"，凑音的音节，读轻声，意义不明显，也可译成

"也"。如：

学而时习之，不亦说乎？（《论语》）

意为：学习了知识并按时习练它，不也是快乐吗？

吾射不亦精乎？（欧阳修《卖油翁》）

意为：我射箭的技巧难道不够精吗？

【如何　奈何　若何】

"如"、"奈"、"若"都是动词，表示"办"、"处置"、"对待"、"安顿"等意思。"何"是疑问代词，意为"怎么"、"怎样"。"如"、"奈"、"若"经常分别跟"何"结合起来构成用以询问办法或原因的格式，意为"怎么"、"怎么样"、"怎么办"、"怎么处置"等等。如：

取吾璧，不予我城，奈何？（《史记·廉颇蔺相如列传》）

意为：拿了我的璧，不给我城，怎么办？句中以"奈何"问办法。

奈何取之尽锱铢，用之如泥沙？（杜牧《阿房宫赋》）

意为：怎么搜取所有金玉珠宝一点也不留，用起它们却像泥沙一样（随意）？句中"奈何"用以问原因。

【如……何　奈……何　若……何】

"如何"、"奈何"、"若何"中间插进名词、代词或词组，意为"怎么对待（处置、安顿）"，可译为"把……怎么办"、"拿……怎么样"、"对……怎么样"等，都是用来询问办法的。它一般放在句末或充当复句的最后一个分句。如：

以残年余力，曾不能毁山之一毛，其如土石何？（《愚公移山》）

意为：就凭你晚年剩余的那一点力量，（甚至）还不能去除山上的一根草木，（你）又能把那整座山上的土和石头怎么样呢？

巫妪、三老不来还，奈之何？（《西门豹治邺》）

意为：巫妪、三老还不回来，这怎么办呢？

【无乃……乎　得无……乎】

"无乃……乎"、"得无……乎"是常见的表测度的习惯说法。"无乃"的原意是"不是"，与句末的语气词"乎"相呼应，构成了"无乃……乎"，但意思并非"不是……吗"那么直截了当，而是表示委婉的商榷语气，对某种情况加以推测，相当于"恐怕（只怕）……吧"。"得无……

乎"里的"得"一定要与"无"合用，并与"乎"相呼应，形成一个固定格式，委婉地表示对情况的推测，相当于"该不会……吧"、"只怕是……吧"。如：

师劳力竭，远主备之，无乃不可乎？（《左传·殽之战》）

意为：部队（因为长途行军）筋疲力尽，远方的主人（指对方）又有了准备，这样做恐怕不行吧？

日食饮得无衰乎？（《触詟说赵太后》）

意为：（您）每天的饮食该不会减少吧？（亦即"胃口还不差吧？"）

【何……为】

反问句式"何……为"即"何以……为"的省略。"何以"是"以何"的倒置，即"为什么"。"为"已虚化成语气词。"何以……为"，不能照原来意思解释，它大致可理解为"还用……做什么"、"要……干什么"。如：

如今人方为刀俎，我为鱼肉，何辞为？（《史记·项羽本纪》）

意为：现在人家正是切肉用的刀和砧板，而我们是被切的鱼和肉，还要向他告辞干什么呢？

今人言君皆有状，天子重致君狱，欲令君自为计，何以多对为？（《汉书·张汤传》）

意为：现在大家控告你，都是有切实根据的。皇帝很难处理你这个案件，想让你自己了断，你还要竭力辩解做什么？

【谓为……　谓……为……】

"谓为……"即"说是……"（"认为是……"），"谓……为……"即"说……是……"（"认为……是……"）。这两种句式，都表示"认为"的意思。如：

惟博陵崔州平、颍川徐庶元直与亮友善，谓为信然。（《三国志·隆中对》）

意为：只有博陵人崔州平、颍川人徐庶和诸葛亮友好，认为他确实是管仲、乐毅那样的人。

众谓予一行为可以纾祸。（文天祥《指南录后序》）

意为：大家认为我作为一个使节去一下，是可以免除祸患的。

【有……者】

"有……者"常用于叙述某个特定人物的行为事迹的开始，以突出所要叙述的对象，即"有个……的人"。如：

有郭四者，凡四杀人。（方苞《狱中杂记》）

意为：有个叫郭四的人，先后共杀了四次人。

【有以……　无以……】

动词"有"、"无"常和介词"以"连用，组成"有以……"、"无以……"的句式。其意义相当于"有什么可以拿来……的"、"没有什么可以拿来……的"。如：

项王未有以应。（《史记·项羽本纪》）

意为：项王没有什么话可以用来回答的。

河曲智叟亡以应。（《愚公移山》）

意为：河曲智叟没有什么话可以用来回答的。

【其……，其……】

"其……，其……"是表示选择的句式，相当于现代汉语的"是……，（还）是……"。如：

其真无马邪，其真不知马也！（韩愈《马说》）

意为：是真没有千里马呢，还是真不识千里马呢？

【非惟……，抑……】

文言文中的"非惟……，抑……"是表递进关系的句式，相当于现代汉语中的"不仅……而且……"。如：

非惟天时，抑亦人谋也。（《隆中对》）

意为：不仅仅是时机好，而且也是人筹划得当。

【非……则……】

"则"与否定副词"非"构成"非……则……"的格式，表示"不是这样，就是（或"而是"）那样"，可译作"不是……就是……"或"不是……而是……"。如：

其业有不精，德有不成者，非天质之卑，则心不若余之专耳，岂他人之过哉？（宋濂《送东阳马生序》）

意为：他们的学业有不精进，品行有不成就的，不是天资太差，而是用心的程度不像我那么专一罢了，难道是别人的过错吗？

【可以……而直……】

"可以……而直……"是一个转折复句，可译成"（本来）可以……却竟然……"。如：

可以为富安天下，而直为此廪廪也！（贾谊《论积贮疏》）

意为：（本来）可以使天下富足安定，却竟然造成这种（积贮不足的）令人害怕的情形！

【何……焉为】

"何……焉为"这种疑问句式中，"何"是疑问代词，"焉为"是两个疑问语气词连用。这个句式可译为"有什么……呢"。如：

夫子何命焉为？（《墨子·公输》）

意为：先生有什么见教呢？

三、文言文选读

通过前三章的介绍，我们基本了解了文言虚词、文言实词以及文言句法的有关知识，为阅读文言文提供了方便。

我们阅读文言文时，又常常需要将它翻译成白话文。那么，如何才能将文言文准确地翻译成白话文呢？总结前人的经验和智慧，翻译文言文必须遵循三个基本原则，即：信、达、雅三个字的要领。

【信】，就是译文要准确无误地表达原文的意思，不误解、不歪曲、不随意增减。

【达】，就是译文要明白、通畅、无语病，要符合现代汉语的语法规则和用语习惯。

【雅】，就是译文要力求优美自然，富有文采。要体现原文的语言特色，译出原作的意蕴和美质。

文言文翻译，要想达到"雅"的标准，必须对我国的古今语言十分熟悉，并有较强的驾驭语言的能力和修养。这对于中学生来说，是比较困难的，目前不作过高要求。然而"信"、"达"则必须做到。

为此，翻译文言文，应以直译为主，意译为辅。直译为主，要字字落实；意译为辅，要文从字顺。

直译，要将原文中的字句落实到译文中，尤其在关键词句的理解和表达上，要求与原文保持一致。难以直译或直译后无法表达原文意蕴的地方，才酌情采用意译作为辅助手段。如：

《鸿门宴》中有句："秋毫不敢有所近。"句中"秋毫"比喻极小的东西。如直译此句就是："连秋天里野兽的毫毛也不敢接近。"这样就不能明白、准确地表达原句意思。因此，我们应意译为："连最小的东西都不敢占有。"

在翻译文言文的具体过程中，有些方法值得我们灵活运用。这些方法可概括为六个字：留、删、补、换、调、选。

现在我们就结合一些例句，来了解这六个字的使用方法。

【留】原文中的国号、年号、人名、物名、地名、职称、器皿等专用名词，可照录。如：

陈胜自立为将军，吴广为都尉。（《陈涉世家》）

句中的"陈胜"和"吴广"都是人名，"将军"和"都尉"都是官名，只需照录即可。

【删】原文中不需要翻译的词，应果断地删去。如：

夫战，勇气也。（《曹刿论战》）

句中的"夫"为句首发语词，没有实在意思，翻译时应该删去。此句可译作："作战，靠的是勇气。"

再如：

肉已尽矣，而两狼之并驱如故。（《狼》）

句中的"之"用在主谓之间，起补足音节的作用，没有实在意思，翻译时应该删去。此句可译作："骨头已经扔完了，但是两只狼仍像原来一样一起追赶（屠夫）。"

【补】原文中有省略的成分，翻译时应补出省略的成分。如：

日初出大如车盖，及日中则如盘盂。（《两小儿辩日》）

句中"如盘盂"前省略谓语"小"，翻译时应补出。此句可译作："太阳才出来时，像车盖一样大；等到中午时，就像盘盂一样小。"

【换】翻译时应把原文中的古词换成现代词。如：

每岁京尹出浙江亭校阅水军……（《观潮》）

句中的"岁"应换成现在的通俗说法"年"。此句可译作："每年京都临安府长官到浙江亭外检阅水军……"

【调】有些句子出现谓语前置、定语后置、宾语前置、介宾结构后置等句式，翻译时需要调整词序以符合现在的语言习惯。如：

甚矣，汝之不惠！（《愚公移山》）

此句为谓语前置句式，翻译时可以调整为"汝之不惠甚矣"的形式。此句可译作："你太不聪明了！"（此为意译，如直译则成："你的不聪明太厉害了！"这样就显得别扭了。）

【选】选用恰当的词义翻译。文言文中，一词多义的现象比较常见，翻译时必须选用恰当的词义。如：

三顾臣于草庐之中……（《出师表》）

句中的"顾"是一个多义词，有回头看、看、探问、拜访、顾惜、顾念、考虑等多种解释，翻译时选用"拜访"最为恰当。此句可译作："三次到（我的）茅庐中拜访我……"

此外，文言文中常出现词类活用和通假字现象，我们翻译时都必须审慎。文言文中多见单音词，翻译时往往需将要单音词扩为同义的双音词或多音词。文言文中有些句子，为了增强气势，故意用了繁笔，翻译时可以将其凝缩。文言文中有些句子，言简而意丰，翻译时要扩展其内容，这样才能把意思表达清楚。所有这些，都是我们在翻译文言文时应注意的地方。

翻译文言文作品（以至外国作品），一般应以直译为主，意译为辅，要遵循"信、达、雅"的基本原则。这是自严复翻译《天演论》以来就已经确认的。鲁迅也认为直译（也就是"硬译"）好。如今中学文言文教学的要求，也应该如此。

对于"以直译为主"还是"以意译为主"的比较和争论，在自"五四"以来的近百年内，几乎没有停止，但大多都认为："直译"可见其功底，体现阅读古文的能力；"意译"表现其悟性，体现其运用古文的水平。作为一篇好的文言文翻译，既要体现语言文字的精髓，也要考虑语言文字的演化，应该在整体的意义方面有完整的和明确的表达。也有不少人明确指出："意译"过于注重译者的情感，而疏忽原著的意思。对于初学者来说，还是应该以直译为主，以意译为辅，以便学会和理解词语的本义。二者相辅相成，相得益彰，应该融会贯通，力争完美。我们认为，这些都是很有道理的，也是行之有效的。

现在，我们再选几篇文言文作品为例，有的配上"讲解"，有的配上"提示"、"注释"和"译文"，供大家阅读和参考，以便在阅读中进一步巩固和提高对原有基础知识的理解与运用，感受与古人对话、交流的乐趣。

《学而》三章

一

子曰："学而时习之，不亦说乎？有朋自远方来，不亦乐乎？人不知，而不愠，不亦君子乎？"

二

曾子曰："吾日三省吾身。为人谋而不忠乎？与朋友交而不信乎？传不习乎？"

三

子曰："不患人之不己知，患不知人也。"

【讲解】

孔子（公元前551—公元前479），名丘，字仲尼。春秋末期鲁国陬邑（今山东曲阜市东南）人。是我国古代著名的思想家、教育家、儒家学派创始人。相传有弟子三千，七十二贤人。他曾修《诗》、《书》，定《礼》、《乐》，序《周易》，作《春秋》。孔子的思想及其学说在中国历史上产生了极其深远的影响。《论语》是由孔子弟子编纂而成的"语录体"散文集。记录孔子及其弟子的言行，反映了孔子的思想。《论语》与《孟子》《大学》《中庸》合称"四书"。

《学而》是《论语》第一篇，包括16章，内容涉及诸多方面。

选文第一章，即原篇第一章。宋代著名学者朱熹评价极高，称为"入道之门，积德之基"。提出以学习为乐事，做到人不知而不愠，反映了孔子学而不厌、诲人不倦、注重修养、严格要求自己的主张。

读这一章，主要应抓住的是："学而时习之，不亦说乎？"

学什么？主要是指学习西周的礼、乐、诗、书等传统文化典籍。孔子教学的内容，主要包括三个方面：一是以文学、品行、忠诚、信实四个基本内容教育学生；二是以礼、乐、射、御、书、数（称"六艺"）为教学的主要科目；三是以《诗》、《书》、《礼》、《乐》、《易》、《春秋》（称"六书"）为基本教材。总之，孔子的教学内容包括道德教育、文化知识和技能技巧的培养三个部分。

"时习之"如何解释？

时，用作副词，表示在一定的时候，在适当的时候，时常等。《论语》中说到"温习"的意思，似乎只用"温"（子曰"温故而知新，可以为师矣。"——仅此一次），而不用"习"。因此，"习"解为"实习、练习"较好。之，代所学知识。"时习之"就是按一定的时间去习练所学的知识。因此，"学而时习之"可译为："学习了知识并且用一定的时间去习练它。"

"不亦说乎"如何解释？

"不亦……乎"，即"不也……吗"，是反问句式。"说（yuè）"同"悦"，为喜悦、愉快、高兴。"不亦说乎"可译为："不也是很愉快吗？"

以上问题搞清楚了，这一章就不难懂了。

选文第二章，为原篇第四章。所讲的自省，为自我修养的基本方法。提出了"忠"和"信"的范畴。忠是"尽"，对人办事都得尽心尽力。"信"为信任和信用，诚实不欺，用以处理上下级和朋友之间的关系。信与言论有关，表示说真话，说话算数，是立身处世的基石。

阅读这一章，主要应抓住的是"吾日三省吾身"。

"三"是虚数，多次的意思。"省（xǐng）"是动词，检查、察看的意思。"三省"就是多次反省。"吾日三省吾身"就可译为"我每天多次反省自己"。

此外，再理解"传"的意思。受之于师谓之传，此处动词用作名词，指老师传授给自己的知识。

这样一来，第二章就不难懂了。

选文第三章，为原篇第十六章。是孔子对学生所传授的为人处世之道。这里的潜台词是：在了解别人的过程中，也使别人了解自己。

读这一章，我们要搞清几点：

第一，"患"的意思是：怕，忧虑，担心。

第二，"人"指有教养、有知识的人。

第三，"之"用于主谓之间，取消句子独立性，无实义。

第四，"不已知"，宾语前置，即"不知己"，不了解自己。

至此，我们就可顺利地将"不患人之不已知，患不知人也"译为："不怕别人不了解自己，只怕自己不了解别人。"

庄暴见孟子

庄暴见孟子，曰："暴见于王，王语暴以好乐，暴未有以对也。"曰："好乐何如？"孟子曰："王之好乐甚，则齐国其庶几乎！"

他日，见于王曰："王尝语庄子以好乐，有诸？"

王变乎色，曰："寡人非能好先王之乐也，直好世俗之乐耳。"

曰："王之好乐甚，则齐其庶几乎！今之乐犹古之乐也。"

曰："可得闻与？"

曰："独乐乐，与人乐乐，孰乐？"

曰："不若与人。"

曰："与少乐乐，与众乐乐，孰乐？"

曰："不若与众。"

"臣请为王言乐。今王鼓乐于此，百姓闻王钟鼓之声、管龠之音，举疾首蹙頞而相告曰：'吾王之好鼓乐，夫何使我至于此极也？父子不相见，兄弟妻子离散。'今王田猎于此，百姓闻王车马之音，见羽旄之美，举疾首蹙頞而相告曰：'吾王之好田猎，夫何使我至于此极也？父子不相见，兄弟妻子离散。'此无他，不与民同乐也。

"今王鼓乐于此，百姓闻王钟鼓之声、管龠之音，举欣欣然有喜色而相告曰：'吾王庶几无疾病与，何以能鼓乐也？'今王田猎于此，百姓闻王车马之音，见羽旄之美，举欣欣然有喜色而相告曰：'吾王庶几无疾病与，何以能田猎也？'此无他，与民同乐也。今王与百姓同乐，则王矣！"

【讲解】

孟子，名轲，字子舆，是战国时期伟大的思想家、教育家、政治家，儒家学派的代表人物，与孔子并称"孔孟"。政治上，孟子主张法先王、行仁政；学说上，孟子推崇孔子，反对杨朱、墨翟。他主张仁政，提出"民贵君轻"的民本思想。他游历于齐、宋、滕、魏、鲁等诸国，效法孔子，推行自己的政治主张。孟子的仁政学说，被认为"迂远而阔于事情"，没有得到实行。最后他退居讲学，和学生"序《诗》《书》，述仲尼之意，作《孟子》七篇"。后世尊孟子为"亚圣"。其后世弟子将孟子的言行记录成《孟子》一书，属语录体散文集。

《庄暴见孟子》选自《孟子·梁惠王下》，集中讨论了"与民同乐"的王道思想。孟子不愧为心理专家、辩论高手。他用王道推论，感到"齐国大概治理得差不多了"。想借此进一步向齐宣王灌输他的王道思想，以促使齐国能实现其治国主张。当齐宣王接见的时候，他不失时机地向齐宣王描绘了其乐融融的"君民同乐"图。本文记述了两次与齐王"好乐"的谈话，表现了君王应"与民同乐"，实行"仁政"的思想。

文章开头一段，记述庄暴和孟子关于齐宣王好乐的谈话。读这一段文章，我们应弄懂以下各句。

（1）"暴见于王"：暴，是庄暴自称，犹如"我庄暴"。见，接见。王，指齐宣王。这一句是"……于……"式被动句，可译为"我庄暴被大王接见"。

（2）"王语暴以好乐"：语，读 yù，对……说，告诉。以，用，把。好，喜欢，爱好。乐，读 yuè，音乐。以好乐，是介词结构，翻译时可作状语处理。这一句可译为"大王把喜好音乐的事告诉我"。

（3）"未有以对"：未有以，没有什么可以拿来……。对，回答。这一句可译为"没有什么话拿来应答"。

（4）"王之好乐甚"：之，用于主谓之间，无实意。甚，很，厉害，翻译时可作状语处理。这一句可译为"大王（如果）非常喜好音乐"。这里补上"如果"是为了照应下文"则"构成假设关系。

（5）"则齐国其庶几乎"：则，那么。其，表示猜测，大概、恐怕的意思。庶几，差不多，这里指"差不多治理好了，有希望了"。这一句可译为："那么齐国恐怕就治理得很不错了吧!"

此外,我们还应明白:文中第一、二两个"曰"的前面都承前省略了主语"庄暴"。而第二个"曰",则表示一个人在一定时间内说话的话头掉换,语气变更。

"他日……不若与众"这一部分文章,记述了孟子和齐宣王关于好乐的谈话。读这一部分文章,我们应着重搞清以下句子。

(1)"他日,见于王":他日,另一天。见于王,省略主语"孟子",而且是被动句。

(2)"王尝语庄子以好乐,有诸":尝,曾经。诸,兼词,等于"之乎"(这回事、吗)。有诸,有之乎,有这回事吗?

以上两句连起来可译为:"另一天,孟子被齐宣王接见,问道:'大王曾经把喜好音乐的事告诉庄暴先生,有这回事吗?'"

(3)"王变乎色":乎,于,在……上。色,脸色。变乎色,在脸色上发生了变化。这一句可译为:"齐宣王变了脸色"。

(4)"直好世俗之乐耳":直,只,不过,仅仅。世俗之乐,时下流行的音乐。耳,罢了。这句可译为"只不过喜好时下流行的音乐罢了"。

(5)"可得闻与":得,能。与,表疑问语气助词,吗。这句是主语省略句,且是疑问句,可译为:"(这道理)可以让我听听吗?"

(6)"独乐乐,与人乐乐,孰乐":这里我们要搞清两处连用的两个"乐"字,都是前者读 yuè,名词用作动词,欣赏音乐;后者读 lè,形容词,快乐。独乐乐,独自一人欣赏音乐快乐。孰乐,"孰"是疑问代词"哪个";"乐"读 lè,快乐。这句可译为:"独自一人欣赏音乐快乐,同他人一起欣赏音乐也快乐,哪一种更快乐呢?"

(7)"不若与人":"人"后面省略"乐乐"。这句可译为:"不如与他人一起欣赏音乐更快乐。"

以上句子搞懂了,其他句子也就不难解释了。这一部分文章的意思,我们就会理解到:孟子因势利导,消除顾虑,抓住时机加以启发,把齐宣王的思路引上自己的轨道("不若与人","不若与众")。为展开下文的议论,作好铺垫。

从"臣请为王言乐"到文章最后的这一部分,是文章议论的主体。举例对比，论述了"王与百姓同乐"的道理。在读懂前文的基础上，读这一部分文章，就容易了。我们要扫除的语言障碍，也不多了。

（1）"臣请为王言乐"：臣，谦词，我。乐，读 yuè，欣赏音乐（的事）。这句可译为"那就请让我来为大王您讲讲关于欣赏音乐的事吧"。

（2）"鼓乐于此"：鼓乐，奏乐。于此，介词结构，做补语，在这里。

（3）"举疾首蹙頞而相告"：举，皆、都。疾首，因忧愁而头痛。蹙（cù），收紧。頞（è），鼻梁。蹙頞，皱眉头。这句可译为"都愁得头痛，皱着眉头，相互告诉说"。

（4）"夫何使我至于此极也"：夫（fú），句首语助词。极，极致，极端，顶点，困穷。此极，这样坏的地步。这句可译为："怎么使我们落到这般坏的地步呢？"

（5）"何以能田猎也"：田猎，在野外打猎。春秋战国时代，田猎是一项带有军事训练性质的活动。由于它要发动百姓驱赶野兽，各级地方官员都要准备物资和亲自参与。所以，古人主张应该在农闲时候有节制地举行，以免扰乱正常的生产秩序。这句可译为："怎么能打猎呢？"

（6）"今王与百姓同乐，则王矣"：王，读 wàng，动词，受百姓拥戴而为天下之王，统一天下。这句可译为："现在大王能同百姓们同乐，那就可以以王道统一天下了。"

至此，我们读这篇文章，就没有语言障碍了；孟子阐述的"王与百姓同乐"的道理，我们也就基本明白了。

庖丁解牛

庖丁为文惠君解牛。手之所触，肩之所倚，足之所履，膝之所踦，砉然向然，奏刀騞然，莫不中音：合于《桑林》之舞，乃中《经首》之会。

文惠君曰："嘻，善哉！技盖至此乎？"

庖丁释刀对曰："臣之所好者，道也；进乎技矣。始臣之解牛之时，所见无非牛者；三年之后，未尝见全牛也。方今之时，臣以神遇而不以目视，官知止而神欲行。依乎天理，批大郤，导大窾，因其固然，技经肯綮之未尝，而况大軱乎！良庖岁更刀，割也；族庖月更刀，折也。今臣之刀十九年矣，所解数千牛矣，而刀刃若新发于硎。彼节者有间，而刀刃者无厚；以无厚入有间，恢恢乎其于游刃必有余地矣！是以十九年而刀刃若新发于硎。虽然，每至于族，吾见其难为，怵然为戒，视为止，行为迟。动刀甚微，謋然已解，如土委地。提刀而立，为之四顾，为之踌躇满志；善刀而藏之。"

文惠君曰："善哉！吾闻庖丁之言，得养生焉。"

【讲解】

庄子，名周，字子休（亦说子沐），宋国蒙人。是东周战国中期著名的思想家、哲学家和文学家。是继老子之后，战国时期道家学派的主要代表人物，与老子齐名，被称为"老庄"。其代表作品《庄子》中的名篇，有《逍遥游》、《齐物论》、《养生主》等。庄子的想象力极为丰富，语言运用自如，灵活多变，能把一些微妙难言的哲理说得引人入胜。其作品被称为"文学的哲学，哲学的文学"。

《养生主》是谈养生之道的文章。"养生主"意为养生的要领。庄子认为，养生重在顺应自然，忘却情感，不为外物所滞。庄子思想的中心，一是无所依凭，自由自在；一是反对人为，顺其自然。本文的字里行间，虽谈论养生，实际体现了作者的哲学思想和生活旨趣。

《养生主》全文分三部分。《庖丁解牛》是第二部分。以厨工分解牛体比喻人之养生，说明处世、生活都要"因其固然"、"依乎天理"。取其中虚"有间"，方能"游刃有余"，从而避开是非和矛盾的纠缠。

现在，我们就从头阅读这篇文章：

文章首句"庖丁为文惠君解牛"。"庖丁"，就是厨师丁。"为"读 wèi，介词，替。文惠君，即梁惠王。这一句的意思就是：厨师丁替梁惠王宰牛。这里，概述了文章首段的内容。

接下来："手之所触，肩之所倚，足之所履，膝之所踦"。这里的四个"之"，都是用于主谓之间，取消句子独立性，无实意。四个"所"字结构，都可用名词性偏正词组解释成"……的地方"。动词"触、倚、履"，可分别解释为：接触、靠、踩。动词"踦"意思是：用一只脚站立（意为宰牛时抬起一条腿，用膝盖抵住牛）。现在，我们就能顺利地读懂这一组排列整齐的主谓词组——细致地描绘了庖丁解牛时手、肩、足、膝的动作，十分协调、非常熟练。

接下来，文章又细致地描绘了庖丁解牛时，随动作而发出的动听的声音："砉然向然，奏刀騞然，莫不中音：合于《桑林》之舞，乃中《经首》之会。"

"砉"读 huā，象声词；"向"通"响"；砉然向然，解释为发出"砉砉"的响声。

奏，进的意思。"騞"读 huō，象声词，比"砉然"的声音更大。

莫，无指代词，没有一个。"中"读 zhòng，合乎，符合。音，音律。

合，符合。于，同的意思。《桑林》，传说中，汤时的乐曲名。舞，舞乐的节拍。《经首》，传说中，尧时的乐曲名。会，指节奏。

至此，我们再读文章首段，一幅精彩的"庖丁解牛图"，便跃然眼前：

厨师丁替梁惠王宰牛，凡手所接触的地方，肩所倚靠的地方，脚所踩的地方，膝盖所抵住的地方，都发出"砉砉"的响声。进刀时发出的"騞騞"的声音，那些声音，没有不合乎音律的：既合乎汤时《桑林》舞乐的节拍，又合乎尧时《经首》乐曲的节奏。

多生动的美图啊！既突出了庖丁解牛的熟练技术，也引起了下文的议论。

这里，我们要先搞清文章第二段至倒数第二段的词句的意思。

"善哉"：好极啦！哉，表感叹的语气助词，呢，啊，啦。

"技盖至此乎"：盖，通"盍（hé）"，疑问代词，何，怎么。乎，表疑问语气助词，呢。这句意思是："技术怎么高超到这般程度呢？"

"释刀对曰"：释，放下。对，回答。

"臣之所好者，道也；进乎技矣。"臣，庖丁自称。好，读 hào，爱好。道，道理，规律。"臣之所好者，道也"是"……者……也"式判断句，译作："我爱好的是事物的规律。"进，超过、超越。乎，用同"于"，为"比"的意思。"进乎技矣"的意思是：超越技术了。这就是说，庖丁解牛已经不局限于技术这一境界了，而是有更高的境界。这更高的境界，就是"所好者，道也"。这是问题的本质。

"所见无非牛者"：看见的没有不是整头牛的。这里的"牛"指全牛。

"方今之时，臣以神遇而不以目视，官知止而神欲行。"方，正当。"方今之时"等于说"现在"。臣，我。神，精神。遇，会合，接触。官知，耳眼等器官的感觉，主要指视觉。神欲，精神活动。这句的意思是："现在，我只凭精神和牛接触，而不用眼睛去看了。视觉停止了，而精神还在活动。"这就不是一般的厨师做能做到的了。

"依乎天理"：依，按照。乎，用同"于"，在……方面。天理，指牛的生理上的天然结构。依照牛的生理上的天然结构来解牛，这就是庖丁的高超之处。他绝不是违背自然而蛮干！

"批大郤，导大窾，因其固然"：批，击。郤，读 xī，空隙。导，顺着，循着，这里有导入的意思。窾，读 kuǎn，空。因，依照，顺着。其，它，指牛体。固，本来。然，……的样子。"因其固然"和"依乎天理"的精神，是一致的。这就让我们很自然、很明白地想起老子的"道法自然"。

"技经肯綮之未尝，而况大軱乎！"技，应是"枝"字，指枝脉。经，指经脉。技经，脉络相连的地方。肯，骨间的肉。綮，结合处。肯綮，筋骨结合的地方。尝，尝试。未尝，没有拿刀去尝试（指没有碰着刀）。而况，何况。軱，读 gū，大骨。

"良庖岁更刀，割也；族庖月更刀，折也。"良庖，一般人所称的技术高明的厨工。岁，名词用作状语，每年。更，换。割，割肉。族，众，一般。族庖，一般的厨子。折，断，指用刀砍骨头。这是两个"……也"式判断句，可译作："一般人所称的技术高明的厨工每年要换一把刀，是（因为他用刀）割肉；一般的厨师每月就得更换一把刀，这是用刀砍骨头的缘故。"

"刀刃若新发于硎"：若，像。新，刚。发，出。于，从。硎，磨刀石。这句话的意思是"刀口还像刚从磨刀石上磨出来的一样"。同样是刀，庖丁的刀就是同别的厨工不一样啊！

"彼节者有间，而刀刃者无厚；以无厚入有间，恢恢乎其于游刃必有余地矣！"牛的骨节有间隙，而刀口（薄得几乎）没有厚度。彼，它的，指牛的。节，骨节。间，间隙。无厚，没有厚度，形容刀口薄而锋利。恢恢，宽绰，宽大有余。乎，用同"然"，作形容词词尾，"……的样子"。游，运转。这几句话的意思就是："那牛的骨节有间隙，而刀刃薄得几乎没有厚度；用没有什么厚度的刀锋进入骨节的空隙，对于刀刃的运转来说，那就显得很宽绰了！"这是为什么呢？正因为庖丁解牛能够"因其固然"、"依乎天理"。

下文还有些词句需要搞清楚：

是以：即"以是"，因此，所以。

虽然：虽然这样。虽，虽然。然，这样。

每至于族：每次碰到筋骨交错聚结的地方。

其难为：其，它，指"族"。为，解，解剖。

怵然为戒：怵（chù）然，警惕的样子。戒，小心。

视为止，行为迟：视，视力，目光。止，停留（在一点上），集中。行，动作。迟，缓慢。

动刀甚微，謋然已解，如土委地：微，轻。謋（huò），象声词，骨肉离开的声音。如，像。委，散落。"委"后省介词"于"，在。"委地"即"委于地"，散落在地上。

为之四顾，为之踌躇满志：为，因为，由于。顾，看，望。踌躇，悠闲自得的样子。满志，心满意足。

善刀而藏之：善，通"缮"，修治，这里是拭、擦的意思。藏，收。之，它，指刀。

至此，已消除了一道道语言障碍。我们再读文章第二段至倒数第二段，就清楚地懂得了庖丁解牛技术高超的原因，就是"因其固然"，"依乎天理"。这段议论，包含了深刻的哲理：一切事物，都有它的客观规律。只有反复实践，才能积累经验，加深认识，以至掌握事物的规律，取得非凡的成就。

文章最后一段，写文惠君听了庖丁的议论后发出感叹："善哉！吾闻庖丁之言，得养生焉。"以点明"养生之道"结束全文。其实，我们也已能从全文中悟出深刻的哲理。

谋 攻

凡用兵之法[1]，全国为上，破国次之[2]；全军为上，破军次之；全旅为上，破旅次之；全卒为上，破卒次之；全伍为上，破伍次之[3]。是故[4]百战百胜，非善之善者[5]也；不战而屈人之兵[6]，善之善者也。故上兵伐谋⁽⁷⁾，其次伐交⁽⁸⁾，其次伐兵⁽⁹⁾，下政⁽¹⁰⁾攻城。攻城之法为不得已。修橹
轒辒，具器械，三月而后成⁽¹¹⁾；距堙⁽¹²⁾，又三月而后已⁽¹³⁾。将不胜其忿
而蚁附之⁽¹⁴⁾，杀士卒三分之一，而城不拔⁽¹⁵⁾者，此攻之灾也。故善用兵
者，屈人之兵而非战⁽¹⁶⁾也，拔人之城而非攻也，毁人之国而非久也，必以
全争于天下⁽¹⁷⁾，故兵不顿而利可全⁽¹⁸⁾，此谋攻之法⁽¹⁹⁾也。

故用兵之法，十则围之⁽²⁰⁾，五则攻之，倍则分之⁽²¹⁾，敌则能战之⁽²²⁾，
少则能逃之⁽²³⁾，不若则能避之⁽²⁴⁾。故小敌之坚，大敌之擒也⁽²⁵⁾。

夫将者，国之辅也⁽²⁶⁾。辅周则国必强，辅隙则国必弱⁽²⁷⁾。故君之所以
患于军者⁽²⁸⁾三：不知军之不可以进而谓之进⁽²⁹⁾，不知军之不可以退而谓之
退，是谓縻军⁽³⁰⁾；不知三军之事而同三军之政者，则军士惑矣⁽³¹⁾；不知三
军之权而同三军之任，则军士疑矣。三军既惑且疑，则诸侯之难⁽³²⁾至矣。
是谓乱军引胜⁽³³⁾。

故知胜⁽³⁴⁾有五：知可以战与不可以战者胜，识众寡之用⁽³⁵⁾者胜，上下
同欲⁽³⁶⁾者胜，以虞待不虞⁽³⁷⁾者胜，将能⁽³⁸⁾而君不御⁽³⁹⁾者胜。此五者，知
胜之道⁽⁴⁰⁾也。故曰：知彼⁽⁴¹⁾知己，百战不殆⁽⁴²⁾；不知彼而知己，一胜一
负⁽⁴³⁾；不知彼不知己，每战必殆。

【提示】

孙武（约公元前535—?），字长卿，春秋时齐国乐安（今山东惠民）
人。著名军事家，世称"兵圣"。著有《孙子兵法》十三篇，为后世兵法
家所推崇，誉为"兵学圣典"，置于《武经七书》之首。被译为英文、法
文、德文、日文，成为国际最著名的兵学典范。

《孙子兵法》，是中国优秀传统文化和古典军事文化遗产的瑰宝。其内
容博大精深、思想精邃富赡、逻辑缜密严谨，为世界三大兵书之一（另外
两部是：克劳塞维茨《战争论》，宫本武藏《五轮书》）。

《谋攻》阐述战略运筹，以谋略胜敌的方法，总结了古用兵之道。即
以智谋攻城，不专用武力，而采用各种手段使守敌投降。具有极高的学用
价值和启迪意义。

【注释】

（1）凡用兵之法：凡，凡是，大凡。用，使用，此为指导。兵，军事，
此作战争。之，的。法，法则。

（2）全国为上，破国次之：全，使保持完整。国，指敌国。为，是。上，上策。破，使……破。次，差一等。

（3）军、旅、卒、伍：军，古代军队编制的名称，一万二千五百人为一军，五百人为一旅，百人为一卒，五人为一伍。《周礼·地官·小司徒》："五旅为师，五师为军。"郑玄注："军，万二千五百人。"

（4）是故：所以。

（5）善之善者：前"善"，高明；后"善"，最高明。

（6）而屈人之兵：而，却。屈，使……降服。人，指敌人。兵，军队。

（7）故上兵伐谋：故，所以。上，上等。兵，用兵（策略）。伐，进攻，这里有打破、粉碎的意思。谋，（敌方的）计谋。

（8）伐交：打破（敌方的）外交。交，指敌方的外交、结盟。

（9）伐兵：打破（敌方的）军队。兵，指敌方的武装力量、军队。

（10）下政：下策。

（11）修橹轒辒（fényūn），具器械，三月而后成：修，制造。橹，进攻时护身的大盾。轒辒，又名轒辒车，古代攻城武器名，为四轮无底木车，上蒙牛皮抵御城上箭矢，人在车中推车前行，可掩护士卒抵近城墙进行攻击，但无法直接破坏城墙；一车可藏十人左右。具，准备。器械，指攻城用的各种战具。

（12）距堙：积土成山，高临敌城。距，备，治。堙，土山。

（13）已：止，完毕。

（14）将不胜（shēng）其忿而蚁附之：将，将官。胜，堪，能承担，能承受。不胜，禁不住。其，自己的。忿，愤怒，急躁。蚁，名词做状语，像蚂蚁一样。附，附着。之，指城墙。

（15）拔：攻取，打下来。

（16）非战：不用交战。

（17）必以全争于天下：必，一定要。以，用。全，全胜的策略。争，争夺胜利。

（18）故兵不顿而利可全：故，所以。兵，军队。顿，困顿，坏，损，挫折。利，胜利。全，完全取得。

（19）谋攻之法：以谋略胜敌的法则。法，方法，法则。

（20）十则围之：十，十倍（于敌）。则，就。围，包围。之，他们，指敌人。

（21）五则攻之，倍则分之：五，五倍。攻，进攻。倍，多一倍，即两倍。分，分散。

（22）敌则能战之：敌，匹敌，指兵力相等。则，就。战，战胜；一说，抗击。之，他们，指敌人。

（23）少则能逃之：逃，逃走，退却。

（24）不若则能避之：不若，不如，此指力量比敌军弱。避，躲，设法躲开，避免（决战）。

（25）故小敌之坚，大敌之擒也：小，弱小。敌，军队。之，用于主谓间，取消独立性。坚，固守。大，强大。之，的。擒，动词用作名词，活捉的，即俘虏。

（26）夫将者，国之辅也：夫，发语词。将，将帅。者，表停顿语气助词。国，国君。之，的。辅，辅佐，助手。

（27）辅周则国必强，辅隙则国必弱：辅，辅助。周，周到，周密。则，就。国，国家。隙，有缺陷，不周到。

（28）所以患于军者：所以，用来……。患，危害。者，……的情况。

（29）不知军之不可以进而谓之进：知，懂得。而，却。谓，叫，命令。之，代军队。谓之进，犹言"使之进"。

（30）是谓縻军：是，这。谓，叫做。縻，羁绊，束缚，牵制。

（31）不知三军之事而同三军之政者，则军士惑矣：三军，周代制度，天子建六军，诸侯大国建三军（上军、中军、下军），此为军队的统称。事，事务。而，却。同，参与，干预，干涉。政，（军队的）行政。则，就。军士，将士。惑，迷惑、困惑。矣，了。

（32）诸侯之难：难，灾难，祸患。指诸侯乘隙而进攻所造成的灾难。

（33）乱军引胜：乱军，（自己）乱（自己的）军队。引，夺掉，失去。引胜，（自己）夺去（自己的）胜利。

（34）知胜：可以预见胜利。

（35）识众寡之用：识，懂得。众，（兵）多。寡，（兵）少。用，运用，此为用兵方法。

（36）上下同欲：上下同心。同，相同。欲，心愿。

（37）以虞待不虞：以自己有准备去对付没有准备之敌。以，用。虞，预料，有准备。

（38）将能：将帅，有才能。

（39）君不御：国君不加以牵制。御，驾驭，牵制。

（40）知胜之道：认识、把握胜利的依据。道，方法，此为依据。

（41）知彼：了解敌方。

（42）殆：危险。

（43）一胜一负：胜负的可能性各占一半。

【译文】

大凡指导战争的法则是：使敌人举国降服是上策，用武力击破敌国就次一等；使敌人全军降服是上策，击败敌军就次一等；使敌人全旅降服是上策，击破敌旅就次一等；使敌人全卒降服是上策，击破敌卒就次一等；使敌人全伍降服是上策，击破敌伍就次一等。

因此，百战百胜，算不上是高明中最高明的；不通过交战就降服敌军，才是高明中最高明的。所以，上等的用兵策略，是用谋略挫败敌方的计谋，其次就是挫败敌方的外交、结盟，再次是用武力击败敌军，最下之策是攻打敌人的城池。攻城的办法，是不得已而为之的办法。制造大盾牌和四轮车，准备攻城的所有器具，起码得三个月后才能完成。堆筑用于攻城的土山，起码又得三个月后才能完毕。如果将领难以抑制焦躁情绪而命令士兵像蚂蚁一样爬墙攻城，尽管士兵死伤三分之一，而城池却依然没有攻下，这就是攻城带来的灾难。所以善于用兵的人，使敌人屈服而不是靠交战，占领敌人的城池而不是靠强攻，毁灭敌国不需长期作战。一定要用全胜的策略争胜于天下，因而军队不受挫而可获得全面胜利。这就是以谋略胜敌的法则啊。

所以，在实际作战中运用的法则是：我方兵力十倍于敌就围歼敌人，五倍于敌就进攻敌人，两倍于敌就分散敌人兵力，势均力敌就设法抗击敌人，兵力少于敌人就要退却，兵力弱于敌人就避免决战。所以，弱小的一方若死拼固守，那就会成为强大敌人的俘虏。

将帅是国君的助手。辅助之谋缜密周详，国家就必然强大；辅助之谋疏漏失当，国家就必然衰弱。所以，国君对军队行动的危害有三种情况：不懂得军队不可以前进却下令前进，不懂得军队不可以后退却下令后退，这叫做束缚军队；不懂得军队的战守之事、内部事务却干预军队的事务，将士们就会迷惑而无所适从；不懂得军队的权谋，却干预军队的指挥，将士就会疑虑。军队既迷惑又疑虑重重，诸侯就会趁机兴兵作难。这就是自乱其军，自取失败。

所以，预见胜利的情况有五个方面：能准确判断仗能打或不能打的，胜；知道根据敌我双方兵力的多少采取对策的，胜；全国上下，全军上下，意愿一致、同心协力的，胜；以己方有充分准备来对付毫无准备之敌的，胜；主将有才能而君主又不加干预的，胜。这五方面就是预见胜利的方法。所以说：了解敌方也了解自己，每一次战斗都不会有危险；不了解对方但了解自己，胜负的机率各半；既不了解对方又不了解自己，每一次战斗都会有危险。

劝 学（节选）
荀 子

君子⁽¹⁾曰：学不可以已⁽²⁾。

青，取之于蓝，而青于蓝⁽³⁾；冰，水为之，而寒于水。木直中绳，輮以为轮，其曲中规⁽⁴⁾。虽有槁暴，不复挺者，輮使之然也⁽⁵⁾。故木受绳则直，金就砺则利⁽⁶⁾，君子博学而日参省乎己，则知明而行无过矣⁽⁷⁾。

故不登高山，不知天之高也；不临深溪，不知地之厚也；不闻先王之遗言⁽⁸⁾，不知学问之大也。干、越、夷、貉⁽⁹⁾之子，生而同声，长而异俗，教使之然也。诗曰："嗟尔君子，无恒安息⁽¹⁰⁾。靖共尔位，好是正直⁽¹¹⁾。神之听之⁽¹²⁾，介尔景福⁽¹³⁾。"神莫大于化道，福莫长于无祸。

吾尝终日而思矣⁽¹⁴⁾，不如须臾之所学⁽¹⁵⁾也；吾尝跂而望⁽¹⁶⁾矣，不如登高之博见⁽¹⁷⁾。登高而招⁽¹⁸⁾，臂非加长也，而见者远⁽¹⁹⁾；顺风而呼，声非加疾⁽²⁰⁾也，而闻者彰⁽²¹⁾。假舆马者⁽²²⁾，非利足也⁽²³⁾，而致千里⁽²⁴⁾；假舟楫⁽²⁵⁾者，非能水⁽²⁶⁾也，而绝江河⁽²⁷⁾。君子生非异也⁽²⁸⁾，善假于物⁽²⁹⁾也。

南方有鸟焉，名曰蒙鸠，以羽为巢⁽³⁰⁾，而编之以发，系之苇苕⁽³¹⁾，风至苕折⁽³²⁾，卵破子死。巢非不完也，所系者然⁽³³⁾也。西方有木焉，名曰射干，茎长四寸，生于高山之上，而临百仞之渊，木茎非能长也，所立者然也。蓬生麻中，不扶而直；白沙在涅⁽³⁴⁾，与之俱黑。兰槐之根是为芷⁽³⁵⁾，其渐之滫⁽³⁶⁾，君子不近，庶人不服⁽³⁷⁾。其质⁽³⁸⁾非不美也，所渐者然也⁽³⁹⁾。故君子居必择乡，游必就士，所以防邪辟而近中正⁽⁴⁰⁾也。

物类之起，必有所始。荣辱之来，必象其德⁽⁴¹⁾。肉腐出虫，鱼枯生蠹⁽⁴²⁾。怠慢忘身，祸灾乃作。强自取柱⁽⁴³⁾，柔自取束⁽⁴⁴⁾。邪秽在身，怨之所构⁽⁴⁵⁾。施薪若一，火就燥也⁽⁴⁶⁾，平地若一，水就湿也。草木畴生⁽⁴⁷⁾，禽兽群焉⁽⁴⁸⁾，物各从其类也。是故质的⁽⁴⁹⁾张，而弓矢至焉；林木茂，而斧斤至焉；树成荫，而众鸟息焉。醯⁽⁵⁰⁾酸，而蚋聚焉。故言有招祸也，行有招辱也，君子慎其所立乎！

积土成山，风雨兴焉⁽⁵¹⁾；积水成渊，蛟龙生焉；积善成德，而神明自得，圣心备焉⁽⁵²⁾。故不积跬步，无以至千里⁽⁵³⁾；不积小流，无以成江海。骐骥一跃⁽⁵⁴⁾，不能十步；驽马十驾⁽⁵⁵⁾，功在不舍。锲⁽⁵⁶⁾而舍之，朽木不折；锲而不舍，金石可镂⁽⁵⁷⁾。蚓无爪牙之利⁽⁵⁸⁾，筋骨之强，上食埃土，下饮黄泉，用心一⁽⁵⁹⁾也。蟹六跪⁽⁶⁰⁾而二螯，非蛇鳝之穴无可寄托者⁽⁶¹⁾，用心躁⁽⁶²⁾也。

【提示】

荀子，名况，时人尊称荀卿，战国末期赵国猗氏（今山西安泽县）人。著名思想家、文学家、政治家。先秦儒家的最后代表，先秦诸子中最后一位大师。他不但集儒家之大成，而且集百家之大成。荀子与其弟子撰成《荀子》一书，今传32篇。他弟子众多，著名者有韩非、李斯、浮丘伯等。

《劝学》是《荀子》三十二篇的第一篇，阐述荀子的教育思想。全文以"学不可以已"为中心论点，从学习的意义、作用、态度等方面，有条理、有层次地加以阐述。用比喻说明道理，强调学习的重要性，勉励人们勤奋学习。

【注释】

（1）君子：指有学问有修养的人。

（2）学不可以已：学习不能停止。已，停止。

（3）青，取之于蓝，而青于蓝：青，靛青，一种染料。蓝，蓼（liǎo）蓝，一年生草本植物，茎红紫色，叶子长椭圆形，干时暗蓝色；花淡红色，穗状花序，结瘦果，黑褐色；叶子含蓝汁，可以做蓝色染料。于，从。而，却。于，比。靛青，从蓝草中取得，却比蓼蓝（色更）深。

（4）木直中（zhòng）绳，輮（róu）以为轮，其曲中（zhòng）规：木，木料。直，挺直。中，合于，符合。绳，木工用来取直的黑线。輮，同"煣"，用火熨木使……弯曲。以，连词，用同"而"。为，成为。轮，车轮。其，代木。曲，弯曲程度。规，圆规。

（5）虽有槁暴（pù），不复挺者，輮使之然也：虽，即使。有，同"又"。暴，同"曝"，晒（干）。槁暴，枯干。挺，直。者，……的原因。輮，一种加工方法。使，使得，令。之，代木。然，这样。也，表判断语气助词。

（6）故木受绳则直，金就砺则利：故，所以。受，接受，承受。受绳，经墨线量过（斧锯加工）。则，就。直，变直。金，指金属制的刀剑等。就，接近，靠近。砺，磨刀石。利，锋利。

（7）日参（cān）省（xǐng）乎己，则知（zhì）明而行无过矣：日，每天。参，检验，检查。省，省察，反省，自我检查。乎，用同"于"，对。知，通"智"，智慧。明：明达。行，行为。过，过失，过错。

（8）遗言：犹古训。

（9）干、越、夷、貉：皆古国名。干、越，在今江浙一带。夷、貉，指当时居住在东方和北方的少数民族。

（10）嗟尔君子，无恒安息：嗟，语助词，呵、哟。尔，你、你们。无，不要。恒，常（想）。安息，安逸。

（11）靖共尔位，好是正直：靖，安。共，通"供"。尔，你的。位，职位。好，爱好。正直，正直的德行。

（12）神之听之：神明知道了这些。

（13）介尔景福：会赐予你极大的幸福。尔，你的。景福，大的幸福。

（14）终日而思矣：终日，整天。而，表修饰关系连词。思，思考。

（15）不如须臾（yú）之所学：须臾，片刻，一会儿，极短的时间。所学，所学到的东西。

（16）跂（qì）而望：跂，踮起脚后跟站着。而，连接两个动词，表并列关系。望，往远处看。

（17）博见：见得广。

（18）招：招手。

（19）臂非加长也，而见者远：非，没有。加，增加。也，句中停顿语气助词。而，然而。见者远，看见的人很远。等于说，能够看见在很远的地方的人。

（20）加疾：疾，快，急速。加疾，有加大、变得宏亮的意思。

（21）彰：（听得）清楚。

（22）假舆马者：假，凭借，借助，利用。舆，车。者，……的人。

（23）利足：使脚走得快，善于走路。

（24）而致千里：却能够达到千里之远。而，却。致，达到。

（25）舟楫：指船。舟，船。楫，船桨。

（26）非能水：不是善于游泳。水，名词用作动词，游水。

（27）绝江河：横渡江河。绝，横渡。

（28）君子生非异也：君子不是禀赋生来与别人有什么不同。生，同"性"，资质，禀赋。

（29）善假于物：善于通过对事物的考察而获得知识啊。于，介词，引出动作的对象。物，外物，指各种客观条件。

（30）以羽为巢：以，用。为，筑。

（31）编之以发，系之苇苕（tiáo）：以，用。之，它，代上文的"巢"。

（32）风至苕折（shé）：苕，芦苇的穗。折，折断。

（33）巢非不完也，所系者然：非，并非。不完，没编好。所系者，所系的东西。然，使……成这样。

（34）涅：可做黑色染料的矾石，这里可解作黑土。

（35）芷：即白芷，一种香草。

（36）其渐之滫（xiǔ）：其，若。渐，浸。滫，泔水，已酸臭的淘米水。

（37）庶人不服：庶人，普通百姓。服，佩戴。

（38）质：本质。

（39）所渐者然也：被熏陶、影响的情况就是这样的。渐，浸，熏陶、影响。者，……的情况。然，这样。

（40）游必就士，所以防邪辟而近中正：就士，接近有学问有道德的人。所以，用来。邪辟，品行不端。中正，正直。

（41）必象其德：必和他的德行好坏相适应。

（42）蠹（dù）：蛀蚀器物的虫子。

（43）强自取柱：坚强的东西自然被用作支柱。

（44）柔自取束：柔软的东西自然被用来做绳子捆东西。

（45）构：造成、结成、集结。

（46）施薪若一，火就燥也：施，放。薪，木柴。若一，同样。就，接近，趋向。燥，干燥的（木柴）。火就燥也，火总是朝着干燥的一方烧去，即干柴易先燃烧。

（47）畴生：丛生。畴，同"俦"，同类、伙伴。

（48）禽兽群焉：禽兽同类的聚居在一起。群，类。焉，于之，在那里。

（49）质的：质，箭靶。的，靶子上正中的目标。

（50）醯（xī）：多汁的肉酱。

（51）风雨兴焉：兴，起。焉，于此，在这里。

（52）积善成德，而神明自得，圣心备焉：积，积累。善，善行，好事。而，则，那么，就。神明，精神和智慧。自，自然。得，获得。

（53）故不积跬（kuǐ）步，无以至千里：跬：半步，古代称跨出一脚为"跬"，跨两脚为"步"。无以：没有用来……的（办法）。

（54）骐骥一跃：骐骥，骏马，良马。一跃，跃一下。

（55）驽马十驾："驽马十驾"后省略"亦及之"，劣马拉车连走十天（也能到达）。驽马，劣马。驾，马拉车一天所走的路程，称为"一驾"。

（56）锲（qiè）：用刀刻。

（57）镂（lòu）：原指在金属上雕刻，泛指雕刻。

（58）爪牙之利：锐利的爪牙。定语后置。

（59）用心一：（这是）用心专一（的缘故）。

（60）蟹六跪：跪，蟹脚。六跪，六条腿。蟹实际上是八条腿。

（61）寄托者：寄托，容身，藏身。者，……的地方。

（62）躁：浮躁，不专心。

【译文】

君子说：学习是不可以停止的。

靛青是从蓝草里提取的，可是比蓝草的颜色更深；冰是水凝结而成的，却比水还要寒冷。木材直得可以符合拉直的墨线，用煣的工艺把它弯曲成车轮，那么木材的弯度就合乎圆的标准了。即使又被风吹日晒而干枯了，木材也不会再挺直了。这是因为经过加工使它成为这样的啊。所以木材用墨线量过，再经辅具加工就能取直；刀剑等金属制品，在磨刀石上磨过就能变得锋利。君子广博地学习，而且每天检查反省自己，那么他就会智慧明达，而行为就不会有过失了。

所以，不登上高山，就不知天有多么高；不面临深涧，就不知道地有多么厚；不听得先代圣王的遗训，就不知道学问的博大。干、越、夷、貉这些国家的孩子，刚生下来啼哭的声音是一样的，而长大后风俗习性却不相同，这是后天教育不同使它如此。《诗经》上说："你这个君子啊，不要总是贪图安逸。（而要）恭谨对待你的本职工作，爱好正直的德行。神明听到这一切，就会赐给你洪福。"精神修养没有比受道德熏陶感染更大了，福分没有比无灾无祸更长远了。

我曾经整天思索，却不如片刻学到的知识多；我曾经踮起脚远望，却不如登到高处看得广阔。登到高处招手，手臂没有比原来加长，可是别人在远处也能看见；顺着风呼叫，声音没有变得洪亮，可是听的人在远处也能听得很清楚。借助车马出行的人，并不是脚走得快，却可以达到千里之外；借助舟船的人，并不善于游泳，却可以横渡江河。君子的资质秉性跟一般人没什么不同，只是君子善于借助外物罢了。

南方有一种叫"蒙鸠"的鸟，它用羽毛作窝，还用毛发把窝编结起来。把窝系在嫩芦苇的花穗上，风一吹苇穗折断，鸟窝就坠落了，鸟蛋全部摔烂，幼鸟也摔死了。这不是窝没编好，而是不该系在芦苇上面。西方有种叫"射干"的草，茎有四寸高，长在高山之巅，面对百丈深渊。并不是它的茎能长这么高，而是它生长的位置使它这样的。蓬草长在麻地里，不用扶持也能挺直；白沙混进了黑土里，就会变得跟黑土一样黑。兰槐的根就是香芷，一旦浸入臭水里，君子就不接近它，普通百姓也不佩戴它。不是香芷的本质不美，而是被浸泡臭了才这样的。所以君子居住要选择好的环境，交友要接近有学问有道德的人，以此来防品行不端的人而接近正直之士。

事情的发生都是有起因的，荣辱的降临也与德行相应。肉腐烂了就生蛆，鱼枯死了就生虫。懈怠疏忽忘记了做人准则，就会招来灾祸。坚强的东西自然被用作支柱，柔软的东西自然被用来做绳子捆东西。邪恶污秽的东西存在于自身，这是怨恨所造成的。摆上好像是同样的柴禾，火总是朝着干燥的柴烧去；平整的土地看上去好像也一样，可水总是流向低洼的湿处。草木分类丛生，禽兽同类相聚，万物都各自依附着它们的同类。所以靶子设置好了，箭就会射来这里；树长成了森林，伐木者就会拿着斧头来砍伐；树木成荫，众鸟就会来这里栖息；醋变酸了，蚊虫就会来这里聚集。所以言语可能招来灾祸，行为可能招来羞辱，君子为人处世应当保持谨慎啊！

堆积泥土成了高山，风雨就从这里兴起了；汇积水流成为深渊，蛟龙就从这儿出现了；积累善行养成高尚的品德，自然会心智澄明，圣人的精神境界也就具备了。所以不积累半步的行程，就没有办法达到千里之远；不积累细小的流水，就没有办法汇成江河大海。骏马跃一下，也不足十步远；劣马拉车走十天，也能走得很远，它的成功就在于不停地走。如果用刻刀刻几下就停了下来，那么连腐烂的木头也刻不断。如果不停地刻下去，那么金石也能雕空。蚯蚓没有锐利的爪牙以及强健的筋骨，却能向上吃到泥土，向下可以喝到泉水，这是由于它用心专一啊。螃蟹有八条腿、两个蟹钳，但是如果没有蛇、鳝的洞穴它就无处存身，这是因为它用心浮躁啊。

岳阳楼记
范仲淹

庆历四年[1]春，滕子京谪守巴陵郡[2]。越明年[3]，政通人和[4]，百废具兴[5]。乃重修岳阳楼，增其旧制[6]，刻唐贤今人诗赋于其上。属予作文以记之[7]。

予观夫巴陵胜状[8]，在洞庭一湖。衔远山，吞长江，浩浩汤汤[9]，横无际涯⁽¹⁰⁾；朝晖夕阴，气象万千⁽¹¹⁾。此则岳阳楼之大观也⁽¹²⁾。前人之述备矣⁽¹³⁾。

然则北通巫峡⁽¹⁴⁾，南极潇湘⁽¹⁵⁾，迁客骚人，多会于此⁽¹⁶⁾，览物之情，得无异乎⁽¹⁷⁾？

若夫淫雨霏霏⁽¹⁸⁾，连月不开⁽¹⁹⁾；阴风怒号，浊浪排空⁽²⁰⁾；日星隐曜⁽²¹⁾，山岳潜形⁽²²⁾；商旅不行，樯倾楫摧⁽²³⁾；薄暮冥冥⁽²⁴⁾，虎啸猿啼。登斯⁽²⁵⁾楼也，则有去国怀乡，忧谗畏讥⁽²⁶⁾，满目萧然，感极而悲者矣⁽²⁷⁾。

至若春和景明⁽²⁸⁾，波澜不惊⁽²⁹⁾，上下天光，一碧万顷⁽³⁰⁾；沙鸥翔集，锦鳞游泳⁽³¹⁾，岸芷汀兰⁽³²⁾，郁郁⁽³³⁾青青。而或长烟一空⁽³⁴⁾，皓月千里⁽³⁵⁾，浮光跃金⁽³⁶⁾，静影沉璧⁽³⁷⁾；渔歌互答⁽³⁸⁾，此乐何极⁽³⁹⁾！登斯楼也，则有心旷神怡⁽⁴⁰⁾，宠辱偕忘⁽⁴¹⁾，把酒临风⁽⁴²⁾，其喜洋洋⁽⁴³⁾者矣。

嗟夫⁽⁴⁴⁾！予尝求古仁人之心⁽⁴⁵⁾，或异二者之为⁽⁴⁶⁾，何哉？不以物喜，不以己悲⁽⁴⁷⁾；居庙堂之高则忧其民⁽⁴⁸⁾；处江湖之远则忧其君⁽⁴⁹⁾。是⁽⁵⁰⁾进亦忧，退亦忧。然则何时而乐耶？其必曰"先天下之忧而忧，后天下之乐而乐"乎⁽⁵¹⁾。噫！微斯人，吾谁与归⁽⁵²⁾？

时六年九月十五日。

【提示】

范仲淹（989－1052年），字希文，世称范文正公，苏州吴县（现江苏吴县）人。北宋政治家、军事家、文学家，著作有《范文正公集》。

《岳阳楼记》选自《范文正公集》，是作者在"庆历新政"变法运动失败后贬居时写的。通过对迁客骚人登楼时或喜或悲的览物之情的分析，表达了"不以物喜，不以己悲"的博大胸怀和"先天下之忧而忧，后天下之乐而乐"的政治抱负，并以此勉励友人，警策自己。

滕子京与范仲淹为同榜进士，两人交谊颇厚。滕子京被政敌诬告贬为岳州巴陵郡（郡治在岳阳市）知州。范仲淹遂借作记之机，含蓄委婉地规劝他要"不以物喜，不以己悲"、身处逆境也莫忘忧国忧民。这是本文的命意之所在，也决定了文章叙议结合的风格。本文由扼要的叙事、生动的写景和简明的议论三部分组成。篇中写阴雨、晴明的两段文字，用语凝练，形象富有特征性，达到了较高的艺术水平。

【注释】

（1）庆历四年：公元1044年。庆历，宋仁宗赵祯的年号。本文末句中的"时六年"，指庆历六年（1046年），标明作文的时间。

（2）滕子京谪（zhé）守巴陵郡：滕子京降职任岳州太守。滕子京，范仲淹的朋友。谪，封建王朝官吏降职或远调。守，指做太守。

（3）越明年：过了第二年。越：越过，过了。

（4）政通人和：政事通顺，百姓和乐。这是赞美滕子京业绩斐然的话。

（5）百废具兴：原来被废弃的许多事，都兴办起来了。具，通"俱"，全、皆、都。

（6）乃重修岳阳楼，增其旧制：乃，于是，就。增，扩大。旧制：原有的建筑规模。岳阳楼，为中国四大名楼之首。其它的有：黄鹤楼（湖北武汉）、滕王阁（江西南昌）、大观楼（云南昆明）。还有认为，要加上我国明代就有"楼记"、现代据此"楼记"建设的也是很有名的"南京阅江楼"，中国实际应该有五大名楼。这也是一种说法。

（7）属（zhǔ）予（yú）作文以记之：属，同"嘱"，嘱托。以，用来。

（8）予观夫（fú）巴陵胜状：夫，指示代词，相当于"那"。胜状，胜景，美好景色。

（9）衔（xián）远山，吞长江，浩浩汤汤（shāng）：衔，衔接。吞，吞纳。浩浩汤汤：水势浩大的样子。

（10）横无际涯：宽阔无边。横：广远。涯，边。际涯：边际。际、涯的区别：际专指陆地边界，涯专指水的边界。

（11）朝晖夕阴，气象万千：早晨阳光照耀，傍晚阴气昏暗，气象变化多端。朝，在早晨，名词做状语。晖：日光。阴，阴暗。气象，景象。万千，千变万化。

（12）此则岳阳楼之大观也：此，这。则，就。大观，雄伟壮丽的景象。

（13）前人之述备矣：前人之述，指上面说的"唐贤今人诗赋"。备，详尽，完备。

（14）然则北通巫峡：然则，（既然）这样，那么。北，名词用作状语，向北。巫峡，长江三峡之一，在湖北省巴东县西。

（15）南极潇湘：南面直达潇水、湘水。潇水是湘水的支流。湘水流入洞庭湖。南，向南。极，尽，到……尽头，远通。

（16）迁客骚人，多会于此：迁客，被贬谪流迁的人。骚人，诗人。战国时屈原作《离骚》，因此后人也称诗人为骚人。会，聚会。于，在。此，这里。

（17）览物之情，得无异乎：观赏自然景物时触发的感情，怎能不会有所不同呢？览，看，观赏。得无……乎，莫非……吧，大概……吧。异，不同。

（18）若夫淫（yín）雨霏霏（fēi）：若夫，用在一段话的开头引起论述的词，即发语词。下文的"至若"用在又一段话的开头引起另一层论述。"若夫"近似"像那"。"至若"近似"至于"、"又如"。淫雨，连绵不断的雨。霏霏，雨（或雪）繁密的样子。淫，过多。

（19）不开：不放晴。

（20）阴风怒号，浊浪排空：阴，阴冷。号，呼啸。浊，浑浊。排空，冲向天空。

（21）日星隐曜（yào）：太阳和星星隐藏起光辉。曜，光辉。

（22）山岳潜形：山岳隐没了形体。岳，高大的山。潜，潜藏，被掩没。形，形迹、形体。

（23）樯（qiáng）倾楫摧：桅杆倒下，船桨折断。樯，桅杆。楫，桨。倾，倒下。

（24）薄（bó）暮冥冥：薄暮，傍晚。冥冥，（天色）昏暗的样子。

（25）斯：这，在这里指岳阳楼。

（26）则有去国怀乡，忧谗畏讥：则，就。去，离开。国，京都。去国，离开京都，也就是离开朝廷。忧谗，担忧受到诽谤。畏讥，害怕受到讥讽。

（27）满目萧然，感极而悲者矣：萧然，萧条凄凉的样子。感，感慨。极，到极点。而，表示顺接。

（28）至若春和景明：又如春风和煦，阳光明媚。或：又如到了春天，风和日丽。至若：至于、又如。这里用在开头，承接前一层，引起下一层论述。春和：春风和煦。景：日光。明：明媚。

（29）波澜不惊：波澜平静。惊，起伏，有"起"、"动"的意思。不惊：不起，不动。有"平静"的意思。

（30）上下天光，一碧万顷：上下天色湖光相接，一片碧绿，广阔无际。万顷，极言其广。

（31）沙鸥翔集，锦鳞游泳：沙鸥，沙洲上的鸥鸟。翔集，时而飞翔，时而停歇。集，栖止，鸟停歇在树上。锦鳞，指美丽的鱼。鳞，代指鱼。游，指水面浮行。泳，指水中潜行。

（32）岸芷（zhǐ）汀（tīng）兰：此句为互文，应解释成"岸上与小洲上的香草、兰花"。芷，香草的一种。汀，水边平地。

（33）郁郁：香气浓郁。青青：青翠茂盛。

（34）而或长烟一空：有时大片烟雾完全消散。而或，有时。长，大片。一，全。空，消散。

（35）皓月千里：皎洁的月光照耀千里。

（36）浮光跃金：浮动的波光象跳跃的金子。

（37）静影沉璧：平静的水中的月影，好似沉在湖中的一块璧玉。璧，圆形的玉。

（38）渔歌互答：渔人唱着歌互相应答。答，应和。

（39）何极：哪里有穷尽。极，尽头。

（40）心旷神怡：心情开朗，精神愉快。旷，开阔。怡，愉快。

（41）宠辱偕忘：光荣和屈辱一并都忘了。

（42）把酒临风：端酒当着风，就是在清风吹拂中端起酒来喝。把，拿。临，面对。

（43）洋洋：高兴得意的样子。

（44）嗟（jiē）夫（fú）：相当于"唉"。"嗟夫"为两个词，皆为表感叹的语气词。

（45）予（yú）尝求古仁人之心：尝，曾经。求，探求。古仁人，古时品德高尚的人。心，思想感情。

（46）或异二者之为：或许和以上两种人的思想感情有所不同。或，近于"或许""也许"的意思，表委婉口气。异，不同于。为，心理活动，心情。二者，这里指前两段的"悲"与"喜"。

（47）不以物喜，不以己悲：不因为外物的好坏和自己的得失而或高兴或悲哀。以，因为。

（48）居庙堂之高则忧其民：在朝中做官就为百姓担忧。庙，宗庙。堂，殿堂。庙堂，指朝廷。

（49）处（chǔ）江湖之远则忧其君：处在僻远的江湖之间，意思是不在朝廷做官，就为君主担忧。之，定语后置的标志。

（50）是进亦忧，退亦忧：是，这样。进，指在朝廷做官。退，指不在朝廷做官；一说指不做官。

（51）其必曰"先天下之忧而忧，后天下之乐而乐"乎：那一定要说"在天下人担忧之前就担忧，在天下人享乐之后才享乐"吧。先，在……之前；后，在……之后。其：指"古仁人"。必，一定。

（52）微斯人，吾谁与归：如果没有这种人，我同谁一道呢？微：非，无；如果不是，如果没有。斯人，这样的人。谁与归，就是"归与谁"。归，归依。

【译文】

庆历四年的春天，滕子京降职到岳州做太守。过了第二年，政事顺利，百姓和乐，很多长年荒废的事业又重新兴办起来了。于是重新修建岳阳楼，扩大了它旧有的规模，还在上面刻上唐代贤人和当代才子的诗赋。滕子京嘱咐我写一篇文章来记述这件事。

我看那巴陵郡的美丽的景色，集中在洞庭湖上。洞庭湖，连接着远处的群山，吞吐长江的流水，水波浩荡，宽阔无边。在一天里，或早或晚，时阴时晴，景象千变万化。这就是岳阳楼的雄伟景象。前人对它的描述已经很详尽了。

然而，因为这里往北面通向巫峡，南面直到潇水、湘水，被降职远调的官吏和南来北往的诗人，大多在这里聚会。他们看了自然景物而触发的感情，怎能不会有所不同呢？

如果遇上阴雨连绵繁密，有时连着整月没有晴天，寒风怒吼，浊浪冲天，太阳和星星隐藏了光辉，山岳隐没了形体；商人和旅客无法通行，桅杆倒下，船桨折断；傍晚天色昏暗，虎在长啸，猿在哀啼。此时登上岳阳楼，就会产生离开国都，怀念家乡，担心人家说坏话，惧怕被批评指责的感觉，满眼是萧条的景象，感慨悲伤到极点啊！

至于春风和煦，阳光明媚的日子，湖面风平浪静，天色湖光相接，一片碧绿，广阔无际；沙鸥时而飞翔，时而停歇，美丽的鱼儿在湖中游来游去；湖岸上和沙洲上的小草、兰花，香气浓郁，草木茂盛。而有时大片烟雾完全消散，皎洁的月光一泻千里。月光照耀下的水波，闪耀着金光；无风时静静的月影，好似沉入水中的玉璧；渔夫的歌声一唱一和，这样的乐趣哪有穷尽！此时登上岳阳楼，就会有心胸开阔，精神愉悦，忘却荣辱得失，举起酒杯面对和风，喜气洋洋的感觉！

唉！我曾经探求过古时品德高尚的人的思想，或许不同于以上两种心情，这是为什么呢？他们不因为外物的好坏和个人的得失而或喜或悲；在朝廷做官，就为百姓担忧；不在朝廷做官，就为君王担忧。这样（就是）在朝为官也担忧，不在朝廷做官也担忧。既然这样，那么，什么时候才快乐呢？那一定要说"在天下人忧虑之前就忧虑，在天下人快乐之后才快乐"吧？

唉！如果没有这种人，我同谁一道呢？

写本文的时间，是庆历六年（公元 1046 年）九月十五日

四、中华传统诗词选读

中国的诗词源于《诗经》《楚辞》，历经唐诗、宋词的双峰并峙，达到了前所未有的高度，直至元、明、清和近现代，历时数千年，形成了独特的中国诗词文化，成为中华传统文化的重要组成部分。诗词是一种意境和情怀，流传的历代著名诗词作者以及他们的名句和名篇，底蕴丰厚，至今仍深深印刻在人们心中。今天我们仍可以学习其精华，享受其境界，感受其情怀，传承其精神，仍可从中不断受到思想教育和艺术熏陶。下面，我们将选择部分广泛流传的大家都比较熟悉的有一定影响的传统诗词，进行简单的提示，供大家阅读，以便进一步学习和体会中国传统诗词的魅力。

《诗经》第一篇《关雎》

关关雎鸠，在河之洲。窈窕淑女，君子好逑。

参差荇菜，左右流之。窈窕淑女，寤寐求之。

求之不得，寤寐思服。悠哉悠哉，辗转反侧。

参差荇菜，左右采之。窈窕淑女，琴瑟友之。

参差荇菜，左右毛之。窈窕淑女，钟鼓乐之。

【提示】

《诗经》是中国诗歌之始，其中的千古名句很多，尤以第一首广为人知。中国的爱情诗也有很多，其中的千古名篇，也尤以《关雎》影响最大。"窈窕淑女，君子好逑"更是男子追求美女最充分的理由。

李白《静夜思》

床前明月光，疑是地上霜。

举头望明月，低头思故乡。

【提示】

诗句明白如话，琅琅上口。情真意切，情景交融，真实动人。表达了浓浓的思乡之情。千百年来，广为传诵，是中国民众妇孺皆知的最为熟悉的古典诗歌。有赞誉为"妙绝古今"。

王勃《送杜少府之任蜀州》

城阙辅三秦，风烟望五津。

与君离别意，同是宦游人。

海内存知己，天涯若比邻。

无为在岐路，儿女共沾巾。

【提示】

此诗为送别友人的名作。"海内存知己，天涯若比邻"，高度地概括了"友情深厚，江山难阻"的情怀，成为传之千古，有口皆碑的名句。全诗意境旷达，清新高远，一洗送别诗中的悲凉凄怆，独树一帜。

王维《九月九日忆山东兄弟》

独在异乡为异客，每逢佳节倍思亲。

遥知兄弟登高处，遍插茱萸少一人。

【提示】

写游子怀乡思亲，是游子佳节思乡思亲的名篇。诗句含蓄深沉，朴素自然。异乡生活，孤独凄然，遇到佳节，思念倍加。千百年来，曾打动多少异乡游子之心。

孟郊《游子吟》

慈母手中线，游子身上衣。

临行密密缝，意恐迟迟归。

谁言寸草心，报得三春晖。

【提示】

这是一首吟颂母爱的颂歌。全诗无华丽的词藻，语言淳朴，清新流畅。以通俗形象的比喻，寄托了赤子情怀。情真意切，千百年来一直动人心弦，引起万千游子的共鸣，被广为传颂。

白居易《赋得古原草送别》

离离原上草，一岁一枯荣。

野火烧不尽，春风吹又生。

远芳侵古道，晴翠接荒城。

又送王孙去，萋萋满别情。

【提示】

全诗章法谨严，语言自然流畅，情景交融。诗句"野火烧不尽，春风吹又生。"最为有名，影响最大。既形象又生动地揭示了野草极其顽强的生命力，富有哲理。千百年来，曾经激发了众多的志士仁人，抛头颅、洒热血、为革命事业奋斗不止、视死如归的革命豪情，堪称绝唱。

李清照《夏日绝句》

生当作人杰，死亦为鬼雄。

至今思项羽，不肯过江东。

【提示】

全诗二十个字，连用三个典故，并无堆砌之弊，表达的都是诗人的心声：人活着要做人中的豪杰，为国家建功立业；人死也要为国捐躯，做鬼中的英雄。女词人李清照的爱国激情，溢于言表。慷慨激昂，掷地有声，表达了鲜明的人生价值。借古讽今，正气凛然，鞭挞了南宋当权派的无耻行径。

文天祥《过零丁洋》

辛苦遭逢起一经，干戈寥落四周星。

山河破碎风飘絮，身世浮沉雨打萍。

惶恐滩头说惶恐，零丁洋里叹零丁。

人生自古谁无死？留取丹心照汗青。

【提示】

作者在面临生死关头，回忆一生，感慨万千。写出了当时的历史背景和个人的心境。用"干戈寥落"四字，暗含着对苟且偷生者的愤激，对投降派的谴责！用凄凉的自然景象喻国事的衰微，极深切地表现了他的哀恸。用"身世浮沉"，概括了自己艰苦卓绝的斗争和坎坷不平的一生。"人生自古谁无死？留取丹心照汗青！"以磅礴的气势、高亢的情调结束全篇，表现出他的民族气节和舍身取义的生死观。结尾直抒胸臆，表现了诗人为国家安宁，愿慷慨赴死的民族气节，是一曲千古不朽的壮歌。诗句对仗工整，比喻贴切，形象鲜明，感情挚烈，读之使人怆然！

陆游《示儿》

死去元知万事空，但悲不见九州同。

王师北定中原日，家祭无忘告乃翁。

【提示】

陆游一生致力抗金，希望收复中原。虽频遇挫折，却仍未改初衷，表现了高度的爱国热忱。《示儿》诗为陆游绝笔，相当于遗嘱。当时八十五岁的陆游一病不起，在临终前，表达了自己的无奈以及对收复失地的期盼。这是陆游爱国诗中的又一名篇。从诗中可以领会到诗人的爱国激情是何等的执着、深沉、热烈而真挚！凝聚着诗人对抗战事业的必胜信念。

曹植《七步诗》

煮豆燃豆萁，豆在釜中泣。

本是同根生，相煎何太急？

【提示】

诗人用形象、生动、贴切的语言和大家都比较熟知的典故，也运用了浅显生动的比喻，表达出了自己的情感，因此逃过一劫。从此，"本是同根生，相煎何太急？"即成为形容兄弟相残时的名句。

王维《相思》

红豆生南国，春来发几枝。

愿君多采撷，此物最相思。

【提示】

这是一首借咏物寄相思的诗。一题为《江上赠李龟年》，可见也是眷怀友人的诗。语虽单纯，却富于想象；以设问寄托情思，暗示珍重友谊。表面嘱人相思，背面却深寓自身相思之重。一语双关，意味深长。妙笔生花，婉曲动人。全诗情调高雅，饱满奔放。语言朴素无华，韵律和谐，为绝句上品。

李绅《悯农》

锄禾日当午，汗滴禾下土。

谁知盘中餐，粒粒皆辛苦。

【提示】

诗人选择了人们生活中比较典型的细节和熟知的事实，道出了"劳动的艰辛，劳动果实来之不易"这个浅显的道理。"谁知盘中餐，粒粒皆辛苦"的感叹和告诫，成为教育人们要珍惜劳动成果的格言。

王之涣《登鹳雀楼》

白日依山尽，黄河入海流。

欲穷千里目，更上一层楼。

【提示】

这首诗后两句形象地揭示了"登高，才能望远；望远，必须登高"的哲理，体现了无止境探求的愿望。表达了诗人在登高望远中的胸襟抱负，激励人们要有昂扬向上精神。

杜甫《春夜喜雨》

好雨知时节，当春乃发生。

随风潜入夜，润物细无声。

野径云俱黑，江船火独明。

晓看红湿处，花重锦官城。

【提示】

是描绘春夜雨景，表现喜悦心情的名作。开头用"好"赞美"雨"。以唤起联想，接着把雨拟人化为"知时节"，春天万物萌芽生长需要下雨，雨下了，多"好"啊！"好"雨，不仅"知时节"，还"润物细无声"，是实实在在的"好"。作者把"潜入夜"和"细无声"相配合，让人们看得见，听得清。这首"春夜喜雨"诗，不仅是切夜、切春的典型的春雨、"好雨"，也表现了诗人的"好人"品格，盼望和喜爱这样的"好雨"。尽管题目中的"喜"字在诗句里没有露面，但"喜"意都从罅缝里迸透了。诗人正在盼望春雨"润物"，雨下起来了，于是就满心欢喜地叫"好"。无限喜悦的心情，表现得多么生动！这种喜悦之情，难道不是很崇高的感情吗？

孟浩然《春晓》

春眠不觉晓,处处闻啼鸟。

夜来风雨声,花落知多少。

【提示】

这首诗,通过"春晓"一觉醒来后瞬间的听觉与联想,生动地表达了诗人喜爱春天和怜惜春光的情感,意境十分优美。春宵梦酣,一觉醒来,天已大亮了。听到屋外处处是鸟儿的欢鸣,是充满活力的春晓景象,也是对春天的赞美。接着很自然地转入联想:昨夜在朦胧中曾听到一阵风雨声,现在庭院里盛开的花儿到底被摇落了多少?联系前两句,夜里正是一阵轻风细雨,把诗人送入甜蜜的梦乡,也把清晨清洗得更加明媚。但风雨要摇落春花,带走春光。"花落知多少"的遐想,隐含了对春光流逝的淡淡哀怨。语言流畅、琅琅上口、贴近生活、情景交融,也是深受人们喜爱的原因。

白居易《忆江南》

江南好,风景旧曾谙。日出江花红胜火,春来江水绿如蓝。能不忆江南?

江南忆,最忆是杭州。山寺月中寻桂子,郡亭枕上看潮头。何日更重游?

江南忆,其次忆吴宫。吴酒一杯春竹叶,吴娃双舞醉芙蓉。早晚复相逢?

【提示】

白居易曾在杭州和苏州做官。这首词是写春天日出时的江南风光,也是他回忆江南景物的作品。江南风光之美,在于她的秀丽明艳,而最美丽的是那碧绿的江水,最明艳的是那鲜红的江花。写江南的"日出江花"和"春来江水",正是写最美的地方,最美的时刻,最美的景色。形容花红和水绿的两句诗,都是比喻:春风吹拂的满江绿水,就像青青的蓝草一样绿;晨光映照的岸边红花,比熊熊的火焰还要红。白居易把江南的春天渲染得多么绚丽多彩,多么生机勃勃!那让人迷醉的春色,怎么能让人不怀念江南?结尾的反问句,诉说了诗人对江南的深深的热爱,也激发读者对那美丽风光的深切向往。

杜牧《山行》

远上寒山石径斜，白云生处有人家。

停车坐爱枫林晚，霜叶红于二月花。

【提示】

这是一首描写和赞美深秋山林景色的七言绝句。通过写远山、坡路、白云、人家、枫叶和想象中二月花，用"寒"点明时节；用"远"呼应"石径斜"和"白云生处"（"生处"，一作"深处"），突出了山路的高、缓和绵长。以枫林为主景，展现了一幅生动和谐的山林秋色图，意境深远美丽。不仅即兴咏景，而且咏物言志，一改封建文人秋季的哀伤叹息，通过深秋的枫林呈现了生机勃勃的春天景象。

岑参《白雪歌送武判官归京》

北风卷地白草折，胡天八月即飞雪。忽如一夜春风来，千树万树梨花开。

散入珠帘湿罗幕，狐裘不暖锦衾薄。将军角弓不得控，都护铁衣冷难着。

瀚海阑干百丈冰，愁云惨淡万里凝。中军置酒饮归客，胡琴琵琶与羌笛。

纷纷暮雪下辕门，风掣红旗冻不翻。轮台东门送君去，去时雪满天山路。

山回路转不见君，雪上空留马行处。

【提示】

这是岑参边塞诗的代表作。诗人以敏锐观察力和浪漫奔放的笔调，描绘了祖国西北边塞八月飞雪的壮丽景色以及边塞军营送别归京使臣的热烈场面，表现了诗人和边防将士的爱国热情以及他们对战友的真挚感情。内涵丰富，色彩瑰丽，气势磅礴，意境鲜明，具有极强的艺术感染力，堪称盛世大唐边塞诗的压卷之作。"忽如一夜春风来，千树万树梨花开"，为千古传诵的名句。

高适《别董大》

其一

千里黄云白日曛，北风吹雁雪纷纷。

莫愁前路无知己，天下谁人不识君。

其二

六翮飘飖私自怜，一离京洛十余年。

丈夫贫贱应未足，今日相逢无酒钱。

【提示】

这是一首慷慨悲歌、出自肺腑的诗作佳篇。作者以真诚的情谊，坚强的信念，为灞桥柳色与渭城风雨涂上了豪放健美的色彩。作品是写高适与董大久别重逢，短暂聚会后，又各奔他方的赠别之作。当时两人都处在困顿的境遇之中，贫贱相交，自有深沉的感慨。但高适却以开朗的胸襟，豪迈的语调，把临别赠言说得激昂慷慨，鼓舞人心。"莫愁前路无知己，天下谁人不识君？"是对朋友的劝慰，说得多么响亮，多么有力！充满着信心和力量，激励朋友抖擞精神去奋斗、去拼搏。写别离时，一扫以往缠绵忧怨的老调，显得雄壮豪迈。以其内心之真，写别离心绪，故能深挚；以胸襟之阔，叙眼前景色，故能悲壮。在分手之际，不是内心的郁积喷薄而出，则不能把临别赠语说得如此体贴入微和坚定不移，也就不能使朴素无华的语言铸造出冰清玉洁、醇厚动人的诗情。

元稹《离思》

曾经沧海难为水，除却巫山不是云。

取次花丛懒回顾，半缘修道半缘君。

【提示】

诗人以沧海之水和巫山之云，隐喻爱情的深广与笃厚。见过大海、巫山，别处的水和云，就难以看上眼了。经历过沧海的人，别处的水就很难吸引他了；除了云蒸霞蔚的巫山之云，别处的云就都黯然失色了。意为除了自己思念和钟爱的女子，再也没有能使诗人动情的女子了。喻指对爱情的忠诚，说明非伊莫属、爱不另与。成语"曾经沧海"，比喻眼界开阔、见多识广的人，对一般的比较平常的事物，也就不放在眼里了。

张九龄《望月怀远》

海上生明月，天涯共此时。

情人怨遥夜，竟夕起相思。

灭烛怜光满，披衣觉露滋。

不堪盈手赠，还寝梦佳期。

【提示】

通过主人公望月时的思潮起伏，表达了诗人怀念远方亲人的情思。是月夜怀人之作，情深意永，细腻入微。"海上生明月，天涯共此时"，由景入情，寄景抒情。一轮皎月从海边冉冉升起，展现出了广阔壮丽的动人景象，自然勾起了对人的思念。遥隔天涯的远方人，此时可能也在对月相思吧。望月是实景，怀远是设想，诗人巧妙地把写景和抒情融合起来。彼此共对皓月之境，又蕴含怀远之情，留下联想和想象的空间。全诗从"望"、"怀"着眼，把"月"和"远"作为抒情对象。处处不离明月，句句不离怀远，把月写得那么美丽，那么柔情，把情写得那么沉着。望月念远，相思难眠，梦中相逢，都是人世间常有的情景，诗人娓娓道来，亲切感人。作品表现的情意是沉着缠绵而不见感伤，语言是自然浑成而不露痕迹，对后代的诗人有着深远的影响。

苏轼《水调歌头》

明月几时有？把酒问青天。不知天上宫阙，今夕是何年。我欲乘风归去，又恐琼楼玉宇，高处不胜寒。起舞弄清影，何似在人间。

转朱阁，低绮户，照无眠。不应有恨，何事长向别时圆？人有悲欢离合，月有阴晴圆缺，此事古难全。但愿人长久，千里共婵娟。

【提示】

此篇是作者中秋望月怀人之作，表达了对胞弟苏辙的无限怀念之情，属于苏词代表作之一。构思奇拔，蹊径独辟，极富浪漫主义色彩。上片望月，苏轼把青天当朋友，把酒相问，显示了他豪放的性格和不凡的气魄。

"不知天上宫阙，今夕是何年。"把对明月的赞美与向往之情更推进了一层。下片怀人，由中秋的圆月联想到人间的离别，同时感念人生的离合无常。"但愿人长久，千里共婵娟。""婵娟"是美好的样子，这里指嫦娥，也就是代指明月。"共婵娟"就是共明月的意思。全词意境豪放而阔大，情怀乐观而旷达，对明月的向往之情，对人间的眷恋之意，以及那浪漫的色彩，潇洒的风格和行云流水一般的语言，至今仍给人们以健康的美学享受。

辛弃疾《青玉案　元夕》

东风夜放花千树，更吹落、星如雨。宝马雕车香满路。凤箫声动，玉壶光转，一夜鱼龙舞。

蛾儿雪柳黄金缕，笑语盈盈暗香去。众里寻他千百度。蓦然回首，那人却在，灯火阑珊处。

【提示】

南宋淳熙初年，统治阶级偏安江左，不顾强敌压境，国势日衰，沉湎于歌舞享乐，不思收复中原。洞察当时形势的辛弃疾，满腹激情而请缨无路，不乏哀伤、怨恨，因而写下了这首词。以写元宵佳节满城花灯、满街游人、通宵歌舞的热闹景象作衬托，着意写他所欣赏、追求的是一个不爱繁华、站在冷落之处的美人，以此来比喻自己不愿随波逐流、趋炎附势的性格。

后　　记

汉语，是我们的母语。认字、读书、写文章，看起来容易，似乎很轻松，其实真正做好并不简单。阅读与写作，陪伴我们终生，让我们甘苦备尝。中国人能否自如、准确、优雅地使用汉语言文字，是衡量我们的"母语教育"是否成功的重要标志。

我从高校中文系毕业后，一直从事语文教学工作。退休后，仍不断有人问及语文学习与写作的方法。有的学生苦于语文难学，有的教师苦于语文难教，有的家长苦于没有办法辅导孩子学习语言文化，还有文学爱好者提出诸如阅读、欣赏与写作等方面的问题，更有关于传统文化学习和继承等方面的有关具体问题的讨论，等等。这都促使我不得不温习专业知识，且有了要留下一点东西，以尽余年的想法。

我的想法，得到了同事和朋友们的理解和支持。我尝试编写的《简明汉语常识》，是根据中国传统教育的特点，结合自己多年学习与研究的心得体会。其中有我的同事与挚友王炳荣先生的鼎力相助。他始终参与研讨，无私提供了许多有价值的资料，给了我很大的鼓励和支持。也有不吝赐教，让我受益匪浅的朋友。还有提供珍藏的宝贵资料，任我参考和选用的朋友。所有这些，让我非常感动，不能忘怀。

此书的编撰完成，是不断学习、多方支持、同心努力的结果，也是多方的知识融合、智慧结晶和友谊成果。希望能对万千学子和热爱中文的朋友，在学习汉语言文化知识方面有所助益；也希望能为普及汉语常识、服务当今社会、传承中华文明，作出有益的贡献。

在力求科学、系统、通俗的前提下，经过两年多的认真探讨、用心编写和反复修改的书稿，被有关的同仁和朋友誉之为：是当前学习汉语的文化快餐；称之为：是简明的中国文字史、书法史、文学史和文化史；是学习和普及汉语基础知识的相关资料和有关工具；可作为初、高中学生学习语文的课外辅导资料，也可作为大学非文科一、二年级学生的非正式的语文课本或课外辅导教材；其中有关部分的相关内容，对于仍在普遍进行的中考和高考，也有学习、辅导和借鉴作用；是学习汉语言文化的简易、实用的基础读本，等等。我深知自己的不足，相差甚远，其实难副。但他们的意见、看法和指导，确实给了我极大的鼓励和鞭策。为此，在《简明汉语常识》出版之际，特向始终热情关心、鼓励和支持我的老同事、高级教师王炳荣同志；老同学、江苏大学中文系陈　东教授；老同学、苏州日报社前副总编徐　颖（秋末）先生；老朋友、作家石　楠先生以及席建海先生等有关朋友们，谨致谢忱！

　　目标相似，朋友相知。本书中的有关插图，基本得益于国内网络；在某些方面，也得益于对相关汉语言、文字和文化资料的学习、参照和运用。在此，谨向有关的朋友一并表示诚挚的谢意！

　　我深知自己的水平、能力有限，现实给予的时间也有限，所编之拙著难免有谬误和不尽如人意之处，诚请相关专家学者和普天下有识之士不吝教正。

编者　黄启岑

2016 年 9 月 28 日